T4-AIK-784

STUDIEN ZU GREGOR VON NYSSA
UND DER CHRISTLICHEN SPÄTANTIKE

SUPPLEMENTS TO

VIGILIAE CHRISTIANAE

Formerly Philosophia Patrum

TEXTS AND STUDIES OF EARLY CHRISTIAN LIFE
AND LANGUAGE

VOLUME XII

STUDIEN ZU GREGOR VON NYSSA UND DER CHRISTLICHEN SPÄTANTIKE

HERAUSGEGEBEN VON

HUBERTUS R. DROBNER UND CHRISTOPH KLOCK

E.J. BRILL
LEIDEN • NEW YORK • KØBENHAVN • KÖLN
1990

Gedruckt mit Hilfe der Geschwister Boehringer Ingelheim Stiftung für Geisteswissenschaften in Ingelheim am Rhein

Der Computersatz wurde betreut von Fa. Bardehle Datentechnik in Salzkotten bei Paderborn

ISBN 90 04 09222 6
ISSN 0920-623X

PRINTED IN THE NETHERLANDS

INHALT

IV. ANHANG

VORWORT

Seit 1969 treffen sich, nunmehr in vierjährigem Rhythmus, die Gregor von Nyssa-Forscher zu eigenen Kolloquien, um durch gemeinsame Arbeit an einem bestimmten Thema, einer Schrift oder Schriftengruppe Gregors das Verständnis dieses auf so vielen Gebieten der christlichen Lehre bedeutenden Kirchenvaters zu fördern[1]. Ihre Ergebnisse werden jeweils in Kongreßakten veröffentlicht[2], die sich längst als unentbehrliche Hilfsmittel für die Beschäftigung mit Gregor erwiesen haben. Daher schien es gerechtfertigt, allen an der Interpretation Gregors Beteiligten einmal mehr die Möglichkeit zu eröffnen, ihre Studien in einem Sammelband zu veröffentlichen, um so die weitgespannten Interessen und den aktuellen Stand der Fragestellungen zu dokumentieren.

Der willkommene Anlaß zu einem solchen Unternehmen ist der 60. Geburtstag von Herrn Professor Dr. Andreas Spira (Mainz), der an der Organisation der Kolloquien, der Herausgabe ihrer Akten, am Fortschritt der Edition und der Studien zu Gregor von Nyssa nicht geringen Anteil hat. Ihm sei daher diese Sammlung von Beiträgen zu Gregor von Nyssa von seinen Kollegen, Schülern und Freunden mit herzlichen Glückwünschen gewidmet.

Darüber hinaus sind einige Aufsätze aufgenommen worden, die nicht Gregor von Nyssa zum Thema haben, wohl aber wichtige Bereiche der christlichen Spätantike behandeln, insbesondere die Problematik der christlichen Aneignung und Umformung paganen Gedankenguts. Wir danken allen Kollegen, die einen Beitrag zu diesem gerade dem verehrten Jubilar vertrauten Forschungsgegenstand zur Verfügung gestellt haben.

Die Artikel sind in der Originalsprache abgedruckt, in den fünf Konferenzsprachen Deutsch, Englisch, Französisch, Italienisch und Spanisch. Um aber die Benutzung des Bandes zu erleichtern, wurde jedem Aufsatz eine Resümee, einheitlich in deutscher Sprache, beigegeben. Die Übersetzungen besorgte Hubertus R. Drobner. Für die mühevollen Arbeiten der Manuskriptherstellung ist Frau Ingrid Wolf

---

[1] 1969 Chevetogne, 1972 Freckenhorst, 1974 Leiden, 1978 Cambridge, 1982 Mainz, 1986 Pamplona, 1990 St. Andrews.

[2] HARL, Écriture et culture philosophique; DÖRRIE/ALTENBURGER/SCHRAMM, Gregor von Nyssa und die Philosophie; van WINDEN/van HECK, *Colloquii Leidensis Acta*; SPIRA/KLOCK, The Easter Sermons; SPIRA, The Biographical Works; MATEO-SECO/BASTERO, El "Contra Eunomium I".

und Herrn Joachim Suppelt, beide Paderborn, sowie Herrn Ralf Staffa, Mainz, herzlich zu danken. Dank gilt auch den Herausgebern der Reihe "Supplements to Vigiliae Christianae" für die freundliche Aufnahme des Werkes.

Der Band schließt mit vollständigen Verzeichnissen der zitierten Abkürzungen, Quellen und Literatur, einem vollständigen Bibel-, Quellen- und Autorenregister, sowie Auswahlregistern der wichtigsten griechischen und lateinischen Wörter und Begriffe. Quellen und Literatur sind daher in den Anmerkungen abgekürzt zitiert. Form und Zitierweise der einzelnen Aufsätze sind redaktionell vereinheitlicht, die sprachlichen und nationalen Eigenheiten jedoch nach Möglichkeit belassen worden.

Paderborn/Mainz,
am Fest des hl. Benedikt von Nursia 1989

Hubertus R. DROBNER
Christoph KLOCK

Die Autoren

Rev. Juan Luis BASTERO, Pamplona, Spanien
Jürgen BLÄNSDORF, Mainz, Deutschland
Rev. Hubertus R. DROBNER, Paderborn, Deutschland
Rev. Michel VAN ESBROECK SJ, München, Deutschland
Martin ESPER, Hattert, Deutschland
Everett FERGUSON, Abilene, Texas, USA
Rev. José Luis ILLANES, Pamplona, Spanien
Rev. Reinhard KEES, Berlin, DDR
Manfred KERTSCH, Graz, Österreich
Georg LUCK, Baltimore, Maryland, USA
Rev. Lucas F. MATEO-SECO, Pamplona, Spanien
Rev. Anthony MEREDITH SJ, Oxford, England
Alden A. MOSSHAMMER, San Diego, Kalifornien, USA
Rev. Martin F. G. PARMENTIER, Hilversum, Niederlande
Udo REINHARDT, Mainz, Deutschland
Bruno SALMONA, Genua, Italien
Rev. Jesús SANCHO BIELSA, Pamplona, Spanien
Rev. Marek STAROWIEYSKI, Warschau, Polen
Rev. G. Christopher STEAD, Cambridge, England
Rev. Alberto VICIANO, Pamplona, Spanien
Rev. Lionel R. WICKHAM, Cambridge, England

Tabula gratulatoria

Rev. Theofried BAUMEISTER OFM, Mainz, Deutschland
Rev. Theodor BODOGAE, Hermannstadt, Rumänien
Caius FABRICIUS, Göteborg, Schweden
Maria GIESCHE, Mainz, Deutschland
Rev. Stuart George HALL, London, England
Marguerite HARL, Paris, Frankreich
Reinhard M. HÜBNER, Eichstätt, Deutschland
Christoph KLOCK, Mainz, Deutschland
Theo KOBUSCH, Bochum, Deutschland
Nicholas DE LANGE, Paris, Frankreich
Friedhelm MANN, Münster, Deutschland
Henriette MEISSNER, Mainz, Deutschland
Elias MOUTSOULAS, Athen, Griechenland
Ekkehard MÜHLENBERG, Göttingen, Deutschland
Dietram MÜLLER, Mainz, Deutschland
Walter NICOLAI, Mainz, Deutschland
John F. PROCOPÉ, Cambridge, England
Jürgen-André RÖDER, Mainz, Deutschland
Klaus SALLMANN, Mainz, Deutschland
Arbogast SCHMITT, Mainz, Deutschland
Joachim SOFFEL, Westhofen, Deutschland
Reinhard STAATS, Kiel, Deutschland
Rev. Basil STUDER OSB, Rom, Italien
Rev. James C. M. VAN WINDEN OFM, Leiden, Niederlande
Antonie WLOSOK, Mainz, Deutschland

I.

SPRACHE

Sur quatre traités attribués à Grégoire, et leur contexte marcellien (CPG 3222, 1781 et 1787)

Michel VAN ESBROECK

C' est consciemment que nous évitons de préciser dans notre titre "Grégoire le Thaumaturge" ou "Grégoire de Nysse". Dans la communication donnée au dernier congrès de Patristique à Oxford, nous avons montré pourquoi nous considérons que Grégoire de Nysse a une part importante dans la rédaction du Credo de Grégoire le Thaumaturge. On y a dit également que l' évocation du Thaumaturge est liée à la volonté de Grégoire de Nysse de se rallier l' évêque Atarbios de Néocésarée. Nous croyons en effet que le Panégyrique de Grégoire le Thaumaturge par Grégoire de Nysse est l' aboutissement réussi de sa politique vis-à-vis d' Atarbios, où l' évêque de Nysse est parvenu à ménager le marcellianisme, voire le sabellianisme de l' adversaire de Basile. Nous ne reviendrons pas ici sur ce qui a déjà été montré à cette occasion[1].

Le présent article entend présenter d' abord les différentes prises de positions des spécialistes touchant le cadre historique de deux traités attribués à Grégoire le Thaumaturge, à savoir le *Traité à Élien* ou *à Gélien*, connu seulement d' après la manière dont Basile le cite dans sa lettre 210, et le *De Deitate* (CPG 3222), d' ailleurs préservé en grec sous les noms de Grégoire de Nazianze et aussi sous celui de Grégoire de Nysse. Mais en syriaque, il est adressé à Philagrius et revient au Thaumaturge. Nous rappellerons d' abord en quels termes les positions qu' il renferme ont été placées soit au IIIe siècle à cause de leur trithéisme, soit au IVe, à cause de l' opposition, du point de vue marcellien, au "trithéisme cappadocien". Ensuite, nous voudrions observer qu' il existe deux autres traités présentant le même type de problèmes, à savoir, le Traité *Sur la Trinité* (CPG 1787) conservé en arabe et en éthiopien, et enfin *Que la Trinité est consubstantielle* (CPG 1781). Tous ces textes sont en effet, quelque part dans la tradition manuscrite, attribués aussi à Grégoire de Nysse.

Si on arrive à montrer que le Traité à Évagre (ou Philagre) appartient au IVe siècle, nous croyons que la similarité des problèmes des autres traités suffira à ménager à toute cette controverse un air de

[1] À paraître dans les Actes du Congrès de Patristique d' Oxford de 1987.

famille. Si les attributions s' y font alternativement au Thaumaturge ou au Nysséen, c' est précisément parce que l' autorité du Thaumaturge avait, aux yeux d' Atarbios, une valeur particulière.

1. Le Traité à Élien

Nous ne referons pas ici l' histoire complète du contexte de la lettre 210 de Basile de Césarée. Rappelons seulement le rare détail dont Basile nous affirme qu' il se trouvait dans le *Traité à Élien* ou *Gélien*, de Grégoire le Thaumaturge. L' affirmation est la suivante: Πατέρα καὶ Υἱὸν ἐπινοίᾳ μὲν εἶναι δύο, ὑποστάσει δὲ ἕν. Basile répond à ses adversaires qui invoquent cette autorité que Grégoire avait écrit de manière polémique, *ad hominem* ἀγωνιστικῶς, dans le contexte des controverses de son époque, donc au IIIe siècle. Le Thaumaturge aurait même, à l' instar de Denys d'Alexandrie, pu parler du Fils comme κτίσμα ou ποίημα. D' ailleurs, Basile évoque aussi la possibilité d' erreurs dans la transmission du texte[2].

Ces données ont toujours présenté des difficultés auxquelles les solutions les plus contradictoires ont été proposées. Il y a plus d' un siècle, C. P. Caspari se sert du *Traité à Élien* pour expliquer pourquoi dans ce contexte Basile n' a pas cité le Credo de Grégoire le Thaumaturge: la lettre 210 est adressée aux autorités de Néocésarée. Basile, estime Caspari, pour s' opposer au sabellianisme d' Atarbios de Néocésarée, n' a pas fait appel au Credo qui ne mentionne pas les hypostases. Déjà, Caspari est amené à citer Origène à travers les attaques antisabelliennes adressées par Eusèbe de Césarée à Marcel d' Ancyre. Cet aspect de la problématique resurgira de manière intense chez les patrologues contemporains: les sympathies de Grégoire de Nysse envers Marcel d' Ancyre, à l' inverse de Basile de Césarée, sont en effet patentes. Il n' en reste pas moins que pour Caspari le *Traité à Élien* demeure une œuvre du IIIe siècle[3].

L. Froidevaux retrouve le problème du dialogue avec Élien, toujours à propos du fameux Credo. La distance si énorme entre les formules auxquelles Basile donne son assentiment comme provenant de Grégoire le Thaumaturge, et la formulation du Credo du même Grégoire lui fait proposer une solution propre au IIIe siècle: le *Traité à Élien* aurait précédé la révélation du Credo, beaucoup plus parfait dans sa formulation[4].

---

[2] BAS *ep* 210,5 (II 195,10 s. 12. 21 COURTONNE).

[3] CASPARI 30 s. et 56-58.

[4] FROIDEVAUX 195.

En 1963, H. Crouzel revient sur la question. Il remarque que les deux aspects des assertions de ce Traité, la distinction des personnes seulement par l' ἐπίνοια, et le Fils comme κτίσμα, relèvent de doctrines contraires. Il s' agit là d' un sabellianisme teinté d' arianisme. H. Crouzel rapelle que le cardinal Mai avait jadis supposé que le *Traité à Élien* existait encore en arabe: nous reviendrons plus bas sur ce texte que nous donnons ci-dessous intégralement[5]. Mais l' opposition entre le Credo et le *Traité à Élien* paraît à Crouzel si importante, qu' il finit par demander aux patrologues de ne pas présenter le Traité comme une œuvre du Thaumaturge, en dépit des affirmations de Basile. Il s' agirait d' une falsification, ou même d' un pseudépigraphe mis en circulation par Atarbios de Néocésarée[6]. Avec un prudent point d' interrogation, voilà une des pièces du dossier placée subitement au IVe siècle.

Avec L. Abramowski en 1976, une position différente se fait jour pour le Traité, mais également le Credo du Thaumaturge devient une réponse rédigée par Grégoire de Nysse, dans le prolongement de ce que, à son opinion, Grégoire le Thaumaturge eût été amené à dire dans le contexte du IVe siècle. Quand Basile rédige la lettre 210, il a été empêché d' entrer à Néocésarée, mais a assez d' intelligences dans la ville pour connaître à fond les positions de ses adversaires. Atarbios fait profession d' une chose à plusieurs visages et une seule hypostase: ἓν πρᾶγμα πολυπρόσωπον καὶ μία ὑπόστασις. Il renie l' existence avant les siècles du Monogène: τὴν πρὸ αἰώνων τοῦ μονογενοῦς ὕπαρξιν. Enfin les noms ne sont pas pour lui des πράγματα possédant une existence autonome et propre: ἰδιάζουσα καὶ αὐτοτελὴς ὕπαρξις. De Mélèce d' Antioche qu' ils ont cherché à se rallier, ils ont reçu une réponse convenable. Ils ont également écrit à Anthime de Tyane auquel ils ont présenté le fameux *Dialogue avec Élien*. Dans ce contexte, Basile ne pouvait pas ne pas citer le Credo s' il avait déjà existé, estime justement L. Abramowski. Mais pour le *Traité à Élien* lui-même, elle estime que rien n' y contredit le seul passage théologique de la *Lettre de remerciement* à Origène, les deux documents convenant parfaitement à l' époque de la controverse entre Denys d' Alexandrie et Denys de Rome[7]. Il en résulte que la position de L. Abramowski est l' inverse complet de celle de Crouzel: ce dernier sacrifiait le témoignage de Basile en faveur de l' authenticité du Credo au IIIe siècle.

On voit donc que des raisons sérieuses ont été invoquées, et pour le IIIe siècle, et pour le IVe siècle. C' est, pensons-nous, dans l' abon-

---

[5] Ci-dessous p. 8-11.

[6] CROUZEL 422 s. et 429.

[7] ABRAMOWSKI.

dance des doubles attributions dans une série de traités aux problématiques analogues qu' il y a à recueillir un argument pour le IVe siècle, où la personnalité de Grégoire de Nysse n' est jamais entièrement absente.

2. Le Traité à Évagre

C' est en 1953 que M. Simonetti a envisagé le problème de l' authenticité du Credo par le biais du Traité à Évagre, le *De Deitate*[8]. Rappelons que ce texte figure dans la collection des Lettres de Grégoire de Nazianze, mais existe également sous le nom de Grégoire de Nysse, et enfin comme Traité à Philagre sous le nom du Thaumaturge dans un manuscrit syriaque daté de 568: l' identité des deux textes avait été constatée par J. Dräseke, lequel en avait proposé l' attribution à Grégoire de Nazianze[9]. Le problème est de savoir s' il s' agit d' un Traité à placer au IIIe ou au IVe siècle. M. Simonetti souligne les archaïsmes du Traité, la parenté avec le Traité sur le Consubstantiel adressé à Théopompe, également attribué au Thaumaturge, et aussi l' attribution au même Thaumaturge du Credo. La doctrine sabellianisante du Traité à Évagre n' est pas sans rappeler la lettre 210 de Basile. Le Traité à Évagre doit être placé dans un contexte trithéiste à une époque d' élaboration théologique plus primitive que le IVe siècle.

En 1961, François Refoulé soutint une thèse diamétralement opposée: le Traité est à replacer dans le contexte des discussions de la fin du IVe siècle, et qui plus est, le Traité est adressé à Évagre le Pontique en personne! Refoulé emploie pour la première fois les écrits marcelliens comme clef de lecture des écrits sabellianisants attribués au Thaumaturge. Beaucoup le suivront. Bien qu' il considère le Credo comme authentique, il y voit une contradiction, non seulement avec le *Traité à Élien*, mais encore plus avec le *Traité à Évagre*. Usant de la comparaison du νοῦς et du λόγος, l' auteur de l' *Ad Evagrium* insiste sur l' unité et n' admet la division qu' en vue de l' incarnation, position dans laquelle Refoulé retrouve la distinction du λόγος ἐνδιάθετος et du λόγος προφορικός chez Marcel d'Ancyre. Pour l' analyse des opérations de la pensée, la comparaison visant à illustrer la Trinité emploie la trichotomie ψυχή, ἐνθύμησις, νοῦς, partiellement présente également dans le pseudo-Grégoire de Nysse *Quid sit ad imaginem Dei,* qui voit dans le νοῦς l' image de l' Esprit. Cependant l' ἐνθύμησις ne

[8] SIMONETTI, Gregorio Nazianzeno.

[9] DRÄSEKE, Gesammelte Schriften 103.

serait autre chose que le terme sous lequel Marcel d' Ancyre désigne le λόγος ἐνδιάθετος, d' après le témoignage d' Eusèbe de Césarée et le pseudo-Athanase *Adversus Arianos IV*. La preuve définitive de l' appartenance au IVe siècle, F. Refoulé la trouve dans la manière même de poser la division de la Trinité par le nombre: on retrouve ce problème avant tout dans les Centuries d' Évagre le Pontique et dans la lettre 8 de Basile, qui doit revenir à Évagre[10].

La réponse de M. Simonetti ne se fit pas attendre: insistant sur le codex syriaque de 568 avec le nom Philagrius, et sur les conséquences logiques de l' acceptation du Credo au IIIe siècle[11]. En 1959, R. Weijenborg proposa l' attribution de l' *Ad Evagrium* à Atarbios de Néocésarée[12], et Crouzel enregistra cette attribution. En 1966, J. Daniélou avalisa les thèses de Weijenborg, et remarqua que le traité nysséen *Adversus Arium et Sabellium* semble une réponse adéquate au *Traité à Élien*, en distinguant cette réponse nysséenne de la *Lettre à Évagre*, laquelle est franchement marcellienne. Déjà, J. Daniélou, tout en proposant de garder le Credo au IIIe siècle, propose de rejeter tous les pseudo-Thaumaturge comme des produits de la politique religieuse d' Atarbios contre Basile[13]. Par là, il s' avère contre Simonetti, un partisan résolu du IVe siècle. La même année que Daniélou, G. May montre combien grandes ont été les sympathies marcelliennes de Grégoire de Nysse: la lettre d' Eugène, partisan de Marcel, à Athanase en vue d' une réconciliation, se place entre 371 et 373, et en 375 les marcelliens rejoindront un groupe d' évêques égyptiens exilés à Diocésarée de Palestine. Contrairement à Grégoire, Basile s' oppose complètement à cette réconciliation avec les marcelliens: la lettre 126 insiste sur la différence entre l' οὐσία et les hypostases dans la Trinité. La lettre 125 soutient Mélèce d' Antioche contre Paulin, et la lettre 263 demande le soutien de Rome pour écarter Paulin à cause de ses tendances marcelliennes. Enfin la lettre 5 de Grégoire de Nysse s' appuie sur le précédent d' une décision au concile d' Antioche de l' automne 379 pour justifier le fait qu' il se serait auparavant dépensé pour accueillir trop facilement les marcelliens dans la communauté ecclésiale[14]. Cette analyse historico-politique montre à quel point Refoulé avait vu juste en parlant le premier des attaches marcelliennes du *Traité à Évagre*. En 1969, R. Hübner traite formellement des contacts marcelliens de Grégoire de Nysse: il propose le traité *Ex communibus*

---

[10] REFOULÉ.

[11] SIMONETTI, Ancora sulla lettera ad Evagrio.

[12] WEIJENBORG: Anton. 34 (1959) 291.

[13] DANIÉLOU, *Adversus Arium*.

[14] MAY, Kirchenpolitik.

notionibus comme le libelle destiné à l' intégration des marcelliens. Contre Daniélou, Hübner estime que l' *Adversus Arium et Sabellium*, ainsi d' ailleurs que le *Traité à Élien*, doivent être placés uniquement dans la mouvance des rapports entre Basile et Atarbios. Il n' exclut cependant pas pour cela l' authenticité du *Dialogue avec Élien*, comme œuvre du Thaumaturge[15].

Nous proposons ici en guise d' illustration une traduction basée sur une collation - inédite - des mss. nysséens Vat. gr. 1433, fol. 314; 446, fol. 153; 1907 fol. 109 et nazianzéens Vat. gr. 1249, 456, 471, Chisianus gr. 48, Vat. gr. 474, 1675 et 479, tenant compte des deux témoins syriaques Add. 14597 et 12170[16].

3. Textes en traduction

a. À Évagre sur la divinité

1. Je t' admire beaucoup et je suis très frappé du sérieux avec lequel tu te proposes à nous comme l' initiateur d' une telle spéculation et de pareilles recherches; tu nous as ainsi acculés à la nécessité d' un débat pour une démonstration. Comme tu nous poses instamment et utilement les questions, il va de soi que nous sommes totalement obligés de mettre les réponses en face des questions.

2. Maintenant voici donc quel était l' objet et le sujet de la question que tu nous a proposée. De quelle manière serait la nature du Père et du Fils et du Saint-Esprit, que l' on appellerait justement plutôt essence que nature: est-elle simple ou composée? Si elle est simple, comment recevra-t-elle le nombre trois sus-mentionné, car ce qui est simple n' a qu' une forme et est sans nombre. Ce qui tombe sous les nombres se scinde nécessairement même s' il n' est pas soumis au nombre. Ce qui est scindé est passible car la scission est une passivité. Si donc la nature du Tout-Puissant est simple, l' application des nombres est superflue. Si l' application des nombres est vraie et qu' il faut croire aux noms, la forme unique et la simplicité se dérobent aussitôt. Quelle serait donc la nature de cette chose?

3. Laissons-nous dès lors participer à l' argument, et que l' on dise comment le divin doit être perçu, soit comme simple, soit comme triple. C' est ainsi que la triplicité des noms nous force à parler et à

[15] R. M. HÜBNER, Markell von Ancyra.

[16] Il va sans dire que l' édition sur tous ces témoins est prête depuis longtemps dans nos dossiers. Il existe évidemment bien d' autres mss.

croire, et en utilisant ces données certains ont construit des doctrines frelatées et complètement captieuses, estimant que l' essence subit la passivité de la division en même temps que l' expression des noms. Mais comme tu le dis toi-même, il faut les laisser s' accorder de manière frelatée à la doctrine de leur perception. Orientons notre propre intelligence vers la compréhension correcte de la reconnaissance (de la foi). Nous prendrons pour hypothèse de départ qu' est-ce que Dieu, et ensuite nous arriverons avec précision aux démonstrations. Il est une essence simple en tout et sans parties, et jouit par nature de la simplicité et de l' incorporéité. Mais peut-être l' argument de la diversité des noms s' y oppose-t-il en évacuant la forme unique du Tout-Puissant à cause du nombre trois?

4. Est-il donc nécessaire à cause de la forme unique que nous échappe la confession du Père, du Fils et du Saint-Esprit? Qu' il n' en soit rien! L' imposition des noms ne nuira donc pas à l' unité sans parties du Tout-Puissant. D' une part, les choses intellectuelles ont aussi d' innombrables noms, car elles sont appellées par une foule de noms selon chaque peuple, indépendamment de toute appellation car il n' y a pas de nom propre pour les choses intellectuelles et incorporelles. Comment donc ce qui ne tombe pas sous nos yeux ni ne peut-être aucunément saisi par les sens humains aurait-il un nom propre? Prenons la plus petite partie des choses intellectuelles, l' âme face à l' intelligence exacte de l' univers. L' âme s' exprime par un nom féminin, mais est éloignée de toute nature féminine, n' étant par essence ni mâle ni femelle. Et le Logos pareillement se conçoit en elle et a un nom masculin, mais comme nous le disons il est lui aussi en dehors de toute corporéité mâle ou femelle. Si les dernières des choses intellectuelles, l' âme et le Logos ne possèdent pas de nom propre, comment dirons-nous que les premières au-delà de toutes les intellections sont appelées par des noms propres? Mais la nomination est utile en nous amenant de force à penser les choses intellectuelles.

5. Mais certains estiment que l' essence est divisée en même temps que la prononciation des noms, et professent par leur propre pensée des choses tout à fait éloignées du divin. Nous devons donc savoir, nous qui professons la vérité, que l' essence divine et sans parties du Tout-Puissant est indivisible et de forme unique. Mais pour l' utilité du salut de nos âmes, il paraît partagé par les dénominations et être nécessairement soumis à la division comme nous l' avons dit. Tout comme il y a une âme noétique qui conçoit une quantité infinie de concepts et qu' elle n' est pas divisée pour autant par la passivité du concept, ni ne devient jamais indigente de la quantité des concepts à cause de ce qui s' est passé, mais qu' elle devient plutôt plus riche que

plus pauvre; tout comme aussi le Logos verbal qui nous est commun à tous et est inséparable de l' âme qui l' a proféré, ne s' en trouve pas moins identique dans l' âme des auditeurs sans être séparé d' elle et en étant trouvé en eux, en réalisant plutôt leur union que leur division ainsi que celle de nos âmes; ainsi acquiers-moi l' intelligence de ce que le Père et le Fils ne sont jamais séparés, ni de celui-ci non plus l' Esprit saint de même, tout comme la pensée pour l' intelligence unique car il n' y a rien d' intermédiaire entre l' intelligence et la pensée ni quelque division et scission de l' âme à reconnaître, ainsi pas davantage n' y a-t-il de scission ou de division à reconnaître entre le saint Esprit et le Sauveur et le Père. Comme nous l' avons dit la nature des choses intellectuelles et divines est indivisible.

6. Ou encore tout comme il n' est pareillement pas possible de trouver une division entre le disque (solaire) et les rayons, à cause de l' impassibilité et de l' incorporéité simple et sans parties, mais que le rayon est accroché au disque comme quelque source fait jaillir en flux de partout les rayons, comme en nous ménageant quelque fontaine de lumière inondant à la fois tout le connu; ainsi donc quelques quasi-rayons du Père ont été envoyés vers nous: le Fils lumineux et l' Esprit saint. Comme les rayons de lumière sont sans parties selon leur nature réciproque et qu' ils ne se détachent pas du disque et qu' ils ne se scindent pas l' un de l' autre et envoient jusqu' à nous la grâce et la lumière, de la même manière notre Sauveur et l' Esprit saint, rayons jumeaux du Père, servent jusqu' à notre portée la lumière de la vérité "Car je suis, dit-il, la lumière" (*Jn* 8,12), et ils restent unis au Père.

7. Ou comme de quelque source des eaux jaillissant abondamment semblable à du nectar, l' eau arrive dans la plénitude d' un tourbillon et un flux ininterrompu se divise en fleuve à deux branches tout en ayant un seul flux dès le début à partir d'une seule source, les courants s' étant disposés en double flux, (l' eau) ne souffre nullement en son essence de la division. D' après la position des fleuves le flux est divisé, mais il acquiert une qualité unique et identique de flux, même si chacun des fleuves sus-mentionnés paraît se terminer plus avant et s' éloigner fort loin de la source, il garde son origine dans la mère rattachée à l' ininterruption de la source. C' est donc de manière analogue que le Dieu de tout bien, le prytane de la vérité, le Père du Sauveur, la première cause de la Vie et l' arbre de l' immortalité, la source toujours vivante envoie vers nous quelque flux double, la grâce noétique du Fils et du Saint-Esprit, et il n' en a pas souffert nuisance en son essence. Il n' a pas enduré de diminution à cause de l' aboutissement chez nous, et ils ne sont pas moins demeurés insépa-

rés du Père. La nature du Tout-Puissant est sans parties comme nous l' avons dit au début.

8. Bien d' autres choses, ô très vénérable, pourraient être trouvées et davantage que ce qui a été dit pour une démonstration claire à la question pressante du Père, du Fils et du Saint-Esprit. De cette manière, il faut la percevoir. Mais comme à toi et à ceux qui te ressemblent il est plus facile d' apprendre beaucoup à partir de peu, à cause de cela, j' ai pensé qu' il était juste d' arrêter ici l' argumentation sur cette spéculation.

b. "Que la Trinité est consubstantielle" (CPG 1781)

Le deuxième texte touchant des problèmes analogues est également transmis par certains manuscrits sous le nom de Grégoire le Thaumaturge, et par d' autres sous celui de Grégoire de Nysse. Le contenu de la pièce est manifestement très proche de l' opuscule à Évagre.

Le présent opuscule a été publié par C. Caspari en 1882 à partir de deux manuscrits, mais sans en distinguer les apports respectifs. Il s' agit du manuscrit de Vienne grec Théologique 246, et du ms. grec de Munich DIX, tous deux du XVe siècle. Ces témoins ont comme entête "De saint Grégoire le Thaumaturge". Mais le même texte existe aussi sous le nom de Grégoire de Nysse dans le ms. Vatican gr. 424 du XIIIe siècle, ainsi que dans le codex 447, du XIIe siècle. Il y a aussi un fragment anonyme ne contenant que la deuxième moitié dans le codex Vat. gr. 827. Ensemble ces témoins permettent d' offrir un texte assez sûr, sans prétendre avoir balayé tous les témoins de manière exhaustive[17].

De saint Grégoire évêque de Nysse.
Que la Trinité est consubstantielle et qu' il y a une seule divinité en trois hypostases.

À partir de ce que nous connaissons il est possible de connaître ce qui nous dépasse. L' Ancien et le Nouveau Testament ont su prêcher un Dieu unique avec le Verbe et l' Esprit, d' où la Trinité consubstantielle. "Par le Verbe du Seigneur les cieux ont été affermis et par l' esprit de sa bouche toute leur puissance" (*Ps* 32,6), aussi l' unité est connue dans la Trinité. À partir de notre exemple il y a moyen de connaître ce qui est plus divin. Dieu dit dans la Genèse: "Faisons l' homme à notre image et à notre ressemblance" (*Gen* 1,26). Ce qui est

---

[17] Ici encore l' édition serait prête dans nos papiers si elle était possible.

à l' image, nous ne le saisissons pas comme l' homme qui apparaît, mais (comme) le noétique. Ce qui apparaît est composé, et Dieu est simple et non composé. Ce qui est noétique dans l' homme est l' intellect, le verbe et l' esprit. Ces trois choses sont égales dans l' homme, et l' intellect engendre le verbe, et le verbe meut l' intellect, et il n' y a pas d' intellect sans verbe et pas de verbe sans intellect. De même le verbe hors de l' esprit qui est en nous ne sort pas de l' intellect. Ces trois choses sont en nous égales, et ne peuvent se séparer l' une de l' autre. L' intellect donc demeure intellect quand il engendre le verbe, et le verbe demeure verbe, et l' esprit esprit. C' est ainsi qu' il faut raisonner également sur la nature divine, car le Père demeure Père et ne devient pas Fils, et le Fils demeure Fils et ne devient pas Père, et l' Esprit demeure Esprit et n' est ni Fils ni Père mais Esprit saint. Le Père engendre le Fils et est Père, et le Fils est le Verbe engendré et devient Fils. De même l' Esprit saint qui procède du Père est Esprit saint par qui tout est sanctifié. La Trinité est donc consubstantielle, le Père et le Fils et l' Esprit saint, et en nous qui avons été modelés à l' image de Dieu, il y a l' intellect, le verbe et l' esprit, les trois inséparables et égaux. Et l' intellect engendre le verbe sans passivité, mais le verbe ne peut procéder de l' intellect sans l' esprit, d' où il y a en nous trois hypostases, mais un seul homme selon le noétique dans les trois hypostases, dans la possession de l' intellect, du verbe et de l' esprit.

c. Le Traité sur la Trinité (CPG 1787)

Mieux que tout autre impliqué dans des thèmes marcelliens, l' extrait suivant n' est malheureusement conservé qu' en arabe et en éthiopien. Il figure dans la vaste compilation de témoignages des Pères, rangés selon l' ordre de la théologie systématique, et d' origine monophysite. Il y a une traduction latine dans la PG 10, 1123-1126. Elle serait faite sur le ms. arabe 101 de la Vaticane, fol. 19^{r}-21^{r}[18]. B. Weischer a utilisé pour illustrer l' éthiopien le ms. Paris ar. 183, fol. 14-16[19]. Les deux textes arabes sont assez divergents: les variantes ont été tranchées par Weischer au vu de l' éthiopien. Nous avons personnellement collationné les deux codices de Paris et de Rome, le manuscrit de Rome nous paraissant de loin le meilleur. Quant à la ver-

---

[18] La traduction est due à deux pères maronites qui ont glosé très allègrement et proposé hâtivement le parallèle avec le *Traité à Élien*. Sur le recueil de témoignages des Pères, voir GRAF 345 s. et 366.

[19] GR THAUM *trin* (119-131 WEISCHER).

sion éthiopienne, elle possède des additions qui ne nous paraissent pas aider à la compréhension de notre sujet. C' est pourquoi nous proposons ici, sur la préparation du texte critique - inédit[20] la traduction suivante. Le lecteur verra aisément par lui-même comment ce texte attribué à Grégoire le Thaumaturge de Césarée de Cappadoce (sic) a comme premier souci de bien distinguer où se trouve l' ὕπαρξις dans la profération du Nom. C' est une fois de plus un texte à verser au dossier du IVe siècle, et pensons-nous, une justification supplémentaire de la chronologie tardive et marcellienne de la plupart des pseudépigraphes.

Grégoire le Thaumaturge évêque de Césarée de Cappadoce, l' égal des apôtres dans son discours dit au sujet de la Trinité sainte.

1. Il dit: Je sais que toute chose vient de trois choses qui sont les substances: la substance, le genre et le nom. L' homme se dit, l' esclave, le maître; on est homme en substance, esclave à cause de l' essence, et maître à cause de son nom. Et quand nous appelons le Père et le Fils et le Saint-Esprit, ce ne sont pas des noms qui entrent en eux de l' extérieur, mais ce sont des substances.

2. Et le nom qu' est l' homme n'est pas un nom mais la substance de toute homme, le nom c' est celui de chacun d' eux, ceux-là qui sont Adam, Abraham, Jacob, tels sons les noms. Mais les personnes de Dieu sont les noms et les noms sont les personnes. Et la signification de "personnes" est la stabilité et la présence, et sa signification est la substance de Dieu. Et le nom de la nature est aussi les essences tout comme les hommes sont tous appelés une nature unique. La substance si elle est une volonté se nomme la Trinité sainte, qui sont les noms stables, et c' est une nature unique, trois personnes d' un genre unique.

3. Et la personne du Fils est aussi quelque chose d' unifié, car il est un tiré de deux, la divinité et l' humanité égalisant les deux en lui, et il n' y pas d' ajout introduit dans la divinité, mais c' est une Trinité en son existence, et les personnes de la Trinité qui sont les noms, on n' y trouve rien de nouveau, (elles sont) éternelles depuis toujours et sans temporalité.

4. Mais l' homme ne les connaît pas sinon après l' avènement du Fils dans le corps et sa révélation. Et il dit: Ô Père, tu as révélé ton nom aux hommes, révèle-moi toi aussi qu' on te connaisse, et que je suis ton enfant! (cf. *Jn* 17,6; 17,3). De cette manière le Père clama sur lui de la montagne en disant: Celui-ci est mon Fils bien-aimé! (*Mt* 17,5).

---

[20] Ici encore la collation des deux textes arabes est prête dans nos papiers.

5. Et ainsi sur le Jourdain (*Mt* 3,17). Et également il a envoyé son Esprit saint pour faire connaître la Trinité éternelle depuis toujours, et il est (leur) égal. Et l' engendrement du Fils par le Père est insaisissable et incompréhensible car il est spirituel et inscrutable. Car le corporel ne peut savoir le spirituel et ne peut le scruter, car il ne ressemble pas à la nature humaine et sa génération n' est pas comme celle de la chair.

6. Car le mystère est grand et ne peut être saisi. Car le charnel et le reste aussi, nous connaissons sa génération, tandis que le spirituel est au-dessus de la nature charnelle, car il n' est nullement saisissable par la pensée charnelle. Il est incorruptible et immutable, tandis que ce qui est nôtre se corrompt et se mute, et cela est facile à comprendre.

7. Comment celui qui est emmuré de six côtés qui sont l' orient, l' occident, le nord et le sud, le ciel et la terre, peut-il savoir ce qu' il y a au-dessus du ciel et sous les abîmes et en dehors au nord et au sud? Il est en tout lieu et remplit tout lieu, si nous pouvons le scruter et le savoir. Ainsi disparaît l' immensité spirituelle: nous sommes capables de scruter et de connaître le corporel et la génération de la pensée à partir du cœur.

8. Comme aussi bien nous sommes capables de connaître le Créateur des Créatures et la génération du Verbe à partir de la langue et de la ressemblance. Nous ne savons pas nous autres le pourquoi de ce qui est nous en nous, et comment pouvons-nous savoir le mystère du Créateur incréé qui est au-dessus de toute intelligence? S' il était en cela possible à l' homme de savoir le mystère, Jean l' évangéliste et le Théologien n' aurait pas témoigné que Dieu, personne ne l' a jamais vu, et celui que personne n' a jamais vu, à quoi ressemble-t-il, que nous le scrutions et sachions sa génération?

9. Maintenant nous savons fermement que nos âmes habitent en nous et croyons qu' elle est réunie unique avec notre corps, et qui a vu seulement son âme et son rattachement avec notre corps parmi ceux qui le cherchent?

10. Nous, nous savons seulement que nos âmes habitent en nous et qu' elle est réunie à notre corps [*add.* Paris: et qui a vu seulement son âme et quelle est sa jonction avec le corps et qui l' a scruté? nous savons seulement que notre âme habite en nous] et ainsi nous comprenons et nous croyons que le Verbe est engendré du Père inscrutablement, et nous ne savons pas comment, et il est avant la Création, éternel de l' éternel comme la source de la source et la lumière de la lumière.

11. Et ce nom qui est le Verbe et ses trois verbes, nous les comprenons par trois raisons: le dénominatif (προσηγορικόν: atragaōn), l' expressif (προφορικόν: abrūfūrīkon) et l' articulatif (ἀρθρικόν: atrīkon). Telles sont les lettres de Dieu comme il est écrit dans les Écritures, et ils ne sont pas dans la nature. Le dénominatif n' est pas naturel, et l' expressif est la voix qu' ont entendue les prophètes de la part de Dieu: c' est la parole prophétique et elle n' est pas naturelle; et l' articulatif, c' est notre parole qui frappe l' air et la parole s' y repère, mais elle n' est pas naturelle.

12. Mais la parole de Dieu est naturelle de la nature d' en-haut la toute-puissante, et celle-là est coéternelle et ne cesse pas sans être séparée de lui, et sa génération de lui ne disparaît pas de lui, mais lui est coéternelle tout le temps sans séparation.

13. Cette parole a créé le ciel et la terre, et en eux sont toutes choses. Telle est la force de Dieu et le bras de Dieu, inséparé de son Père et sans commencement avec le Père, nature sans séparation, lui que s' est uni à partir de notre pâte à nous, Marie la Vierge, et qui est semblable au Père incorporel et inséparé de lui, et qui est semblable à nous dans le corps et inséparé.

14. Ainsi il est aussi semblable à l' Esprit saint incorporel et inséparé de lui et il est sans changement et sans deux natures. C' est une nature unique pour la Trinité sainte avant que ne s' incarne le Fils du Verbe, et c' est aussi une nature unique dans son existence pour la Trinité sainte après que le Fils se soit incarné. Et celui qui annexe un complément à la Trinité sainte à cause de l' inhumanation du Verbe est éloigné de nous et du service de l' Église catholique apostolique. Telle est la perfection de la foi sainte apostolique envers Dieu saint, et gloire à la Trinité sainte dans les siècles et les éons des éons. Amen!

Resümee

Der Artikel diskutiert die Zuweisungen der Werke *De deitate et tribus personis* (CPG I 1781), *Homilia de Trinitate* (CPG I 1787) und *Epistula XXVI ad Euagrium monachum* (CPG II 3222) an Gregor von Nyssa und Gregor Thaumaturgus und bietet aufgrund neuer Kollationen unveröffentlichter Handschriften der Vatikanischen Bibliothek diese Werke in französischer Übersetzung.

Gregory of Nyssa's *De differentia essentiae et hypostaseos* (CPG 3196) in Syriac Translation

Martin F. G. PARMENTIER

As an editor of works by Gregory of Nyssa in the Leiden edition, Professor Spira, unlike some of his fellow editors, was fully aware of the importance of the ancient Oriental versions, especially of the Syriac. These are usually found in manuscripts which antedate the surviving Greek manuscripts by many centuries, and thus they may contain important textual material. Quite apart from their value for the reconstruction of the original Greek, such translations are themselves interesting for their translation technique, which evolved over the centuries from paraphrases to translations which were so close to the Greek, that they violated the idiom of the translation's language itself[1].

Basil's 38th Epistle, which R. Hübner[2] recognized as a work by Gregory of Nyssa, was translated into Syriac, probably in the sixth century. Ms. Or. 8606 of the British Library preserves a large part of the text; only the end (amounting to one leaf) is missing. This is a Melkite manuscript written in Edessa in A. D. 723[3]. Quotations from the text in somewhat variant wordings are found in BL Add. 12155 (8th century), 14532 (8th century) and 14533 (8th or 9th century). These three manuscripts are of Monophysite origin. Dr. S. P. Brock (Oxford) judges that the translation cannot have been made before the sixth century, since a number of words occur which had not been coined before that time. Also, since the translation seems to be neither very free (as in the fifth century) nor very precise (as from the seventh century). Where two, three or four versions of a passage have come down to us, a curious feature occurs: sometimes one, sometimes another text is closer to the Greek. Dr. Brock suggests that this may be explained by the fact that the original 6th century translation was revised by at least two revisers. The one behind Or. 8606 seems to have been interested in word order, while the one behind the other

[1] Cf. BROCK, Translation Technique.

[2] *Ep.* 38.

[3] On this manuscript cf. MOSS, Syriac Patristic, esp. 250; OPITZ; MOSS, Milan No 46; THOMSON, esp. 250; BROCK, BM Or. 8606.

BL 8606, fol. 90Ra.

ܬܘܒ ܡܐܡܪܐ ܕܩܕܝܫܐ ܒܣܝܠܝܘܣ: ܠܘܬ ܩܕܝܫܐ
ܓܪܝܓܘܪܝܘܣ ܐܚܘܗܝ ܐܦܝܣܩܘܦܐ ܕܢܘܣܐ: ܡܛܠ
ܐܘܣܝܐ ܘܩܢܘܡܐ܀ ܡܛܠ ܕܣܓܝ̈ܐܐ ܒܪ ܡܢ
ܩ̈ܠܝܠܐ ܕ̈ܐܢܫܐ: ܠܫܘܘܕܥܐ ܕܐܘܣܝܐ ܡܢ
ܡܠܬܐ ܕܩܢܘܡ̈ܐ ܠܐ ܦ̇ܪܫܝܢ: ܒܗܝܢ ܒܪ ܒܗܝܢ
ܒܡܫܒ̈ܫܢܘܬܐ ܢܦܠܝܢ: ܘܣܒܪܝܢ ܠܗܘܢ ܕܠܐ
ܦܪܝܫܐ ܡܕܡ: ܕܐܘܣܝܐ ܐܘ ܩܢܘܡܐ ܢܐܡܪ: ܡܢ
ܗܪܟܐ ܐܦ ܥܦܪܘ⁴ ܠܐܚ̈ܪܢܐ: ܡܢ ܗ̇ܢܘܢ ܕܠܐ
ܡܒܩܝܐܝܬ ܗܠܝܢ ܕܐܝܟ ܗܢ ܡܩܒܠܝܢ: ܕܐܝܟ
ܡܢ ܕܚܕܐ ܐܘܣܝܐ: ܗܟܢܐ ܘܚܕ ܩܢܘܡܐ ܢܐܡܪܘܢ:
ܗܘ̇ ܕܒܗܦܟܐ: ܐܝܠܝܢ ܕܬܠܬܐ ܩܢܘܡ̈ܐ ܡܩܒܠܝܢ:
ܘܦ̈ܠܓܐ ܕܐܘܣ̈ܝܐ ܐܝܟ ܡܢܝܢܐ ܥܡܡܐ: ܡܢ
ܗܕܐ ܬܘܕܥܬܐ ܡܫܒܪܝܢ ܕܙܕܩ ܕܢܠܦܘܢ. ܡܛܠ
[90Rb] ܗܕܐ ܐܡܝܢܐ ܕܠܐ ܐܦ ܐܢܬ ܗܠܝܢ ܕܕܚ̈ܝܢ
ܬܒ̣ܥ: ܒܪ ܐܚܘܬܐ ܡܐܡܪܐ ܕܡܗܝܡܢܘܬܐ ܡܛܠ
ܗܒ ܚܕܐܬ ܠܝ. ܐܬܬܗ̇ ܗܟܝܠ ܡܫܟܚܬܐ ܕܗܠܝܢ
ܕܡܬܐܡ̈ܪܢ: ܐܡܝܢܐ ܕܒܥܒܘܕܘܬܐ ܢܐܡܪ: ܕܐܝܟ
ܗܟܢܐ. ܕܒܠܗܘܢ ܫܡܗ̈ܐ ܗ̇ܢܘܢ ܦ̇ܢ: ܕܟܠ ܣܘܟ̈ܠܢܐ
ܣܓܝ̈ܐܐ ܘܡܫܚܠܦ ܒܡܢܝܢܐ ܡܬܐܡܪܝܢ. ܥܒ̈ܘܕܐ
ܡܕܡ ܕܟܠܝܠܘܬܐ ܐܝܬ ܠܗܘܢ ܐܝܟ ܡܐ ܕܒܪ
ܐܢܫܐ. ܗ̇ܘ ܒܪ ܕܗܕܐ ܐܡ̇ܪ: ܒܕ ܒܝܢܐ ܕܒܠܗܐ
ܒܝܕ ܥܡܡܐ ܫܘ̇ܝ: ܠܝ⁵ ܦ̇ܫܝܩ ܒܒܢܪܬ ܘܠܐ
ܕܐܝܠܘ⁶ ܒܪܢܫܐ: ܗ̇ܘ ܕܕܝܠܢܐܝܬ ܡܢ ܥܡܐ

manuscripts was more concerned with formal equivalence of individual words. But this does not apply everywhere.

This text is already difficult in the Greek, but when the Syrian (translator or copyist) misses the meaning, his text in places becomes very odd. Thanks to the help of Dr. Brock and of Dr. L. Wickham (Cambridge), however, a result has emerged which I now dare to dedicate to Professor Spira's scholarship.

Again, the treatise of Saint Basil, to Saint Gregory his brother, bishop of Nyssa, On *ousia* and hypostasis.

Since concerning the mysterious teachings many do not distinguish the communality of the *ousia* from the concept of the hypostases, they fall into the same opinions and think by themselves that it makes no difference whether we say *ousia* or hypostasis (for this reason also it pleased[4] certain of them who accept such things without investigation, to speak of one hypostasis just as they speak of one *ousia*; and conversely, those who accept three hypostases, think that it is right for them to teach divisions of *ousiai* also according to an equal number on the basis of this confession), therefore, [90 R b] in order that you shall not suffer similar things also, I have briefly made a treatise concerning this as a memorandum. Now the conception of the things which have just been mentioned, to put it briefly, is as follows: of all names, those which are said concerning many things which are also differing in number, have certain general meanings, as 'man'. For the person who says this, having shown the common nature by the name, has not[5] bounded by the term who[6] the man is, who is properly known by a name.

---

[4] Correct to: ܫܦܪܬ , cp. Greek: ἤρεσε.

[5] Correct to: ܠܐ , cp. Greek: οὐ.

[6] Suggests Greek: τίνα.

ܡܬܦܪܫ. ܠܘ ܓܝܪ ܦ̇ܘܪܫܗ ܡܬܐܡܪܬ ܒܪ ܐܢܫܐ
ܐܬܘܗܝ. ܐܘ ܐܢܫܘܬܗ ܘܦܓܪܗ ܘܢܦܫܗ.
ܫܘܬܦܘܬܐ ܗܟܝܠ ܕܗ̇ܘ ܕܡܬܦܪܫ: ܒܗ̇ ܒܝܚܝܕܝܘܬܐ ܥܠ
ܟܠܗܘܢ ܐܝܠܝܢ ܕܒܗ ܒܫܡܐ ܡܬܟܢܝܢ ܫܪܟܐ.
ܘܡܬܟܢܫܐ ܠܗ̇ ܡܦܫܩܘܬܐ: ܕܟܐ̈ܢܘܬܗ̇ ܠܘ ܒܢܝܢܐ
ܒܡܠܝܢܐ: ܐܠܐ ܠܦ̇ܘܪܫܗ ܐܘ ܠܢܘܣܚܝܢ ܢܫܬܘܕܥ.܀
[90Va] ܡܢܝܢܗܘܢ ܕܝܢ ܕܫ̈ܬܝܗܐ: ܬܫܥܝܬܐ ܕܐܬܬܪ
ܕܡܠܝܢܐ ܐܝܬ ܠܗܘܢ. ܐܝܟ ܡܐ ܕܦܘܠܘܣ
ܘܛܝܡܬܐܘܣ: ܠܐ ܡܫܡܠ ܓܝܪ ܒܪܬ ܩܠܐ ܕܐܝܟ
ܗܕܐ: ܥܠ ܓܘܢܐ ܕܒܢܝܢܐ ܐܚܪ̇ܢܐ. ܐܠܐ ܒܕ ܡܦܪܫܐ
ܡܢ ܫܘܕܥܐ ܐܚܕܐ: ܙܒܢܐ ܕܫܘܒ̈ܚܐ ܡܕܡ
ܡܬܚܫܒܐ:[7] ܒܝܕ ܫܡ̈ܗܐ ܡܫܘܚܐ.܀. ܐܡܬܝ ܗܟܝܠ
ܕܬܪ̈ܝܢ[8] ܘܕܫܘܡ̈ܗܐ ܕܐܝܟ ܚܕܐ ܐܝܬܝܗܘܢ:
ܐܝܟ ܡܐ . ܕܦܘܠܘܣ ܘܣܝܠܘܢܘܣ ܘܛܝܡܬܐܘܣ: ܘܡܛܠ
ܐܘܣܝܐ ܕܒ̈ܢܝ ܐܢܫܐ ܡܬܟܢܝܐ ܡܠܬܐ: ܠܘ ܡܠܬܐ
ܐܚܪܬܐ ܗܢܐ ܥܠ ܦܘܠܘܣ: ܐܚܪܬܐ ܕܝܢ ܥܠ
ܣܝܠܘܢܘܣ: ܘܐܚܪܬܐ ܥܠ ܛܝܡܬܐܘܣ. ܐܠܐ ܬ̈ܠܬܐ
ܗܠܝܢ ܕܐܢ̈ܫܝܗܘܢ ܐܘܣܝܐ. ܕܦܘܠܘܣ ܐܬܚܝܕܬ.
ܗܠܝܢ ܘܥܠ ܗ̇ܘ ܐܝܬ̈ܝܐ ܠܫ̈ܡܗܝܢ. ܘܐܝܬܝܗܘܢ
ܠܚܕܐ ܒ̈ܢܝ ܐܘܣܝܐ. ܘܒܗ̇ ܒܡܠܬܐ ܕܐܘܣܝܐ
ܡܬܪܫܡܝܢ. ܡܚܘܐ ܕܝܢ ܕܐܝܟ ܗ̇ܘ ܕܓܘܐ ܢܐܠܦ:
ܘܢܗܦܟ ܠܬܐܘܪܝܐ ܠܘܬ ܗܠܝܢ ܕܥ̈ܠܝܢܝܬܐ: ܒܝܕ
ܗܠܝܢ ܕܡܬܦܪܫ ܐܚܪܢܐ. ܡܢ [90Vb] ܐܚܪܢܐ: ܠܐ
ܡܫܟܚ ܡܠܬܐ ܡܫܘܕܥܢܝܬܐ ܕܐܚܪܢܐ: ܠܗܝ ܕܡܛܠ
ܐܚܪܢܐ ܒܝܕ ܒܠܚܘܕ ܐܝܟ ܚܕܐ ܐܬܘܬܐ: ܐܦ
ܒܡܢܝܢܗܘܢ ܗܝ ܕܓܘܐ ܬܫܒܘܚܬ ܕܐܝܬ ܠܗ̇.

For Peter is not more a man than Andrew or John or James. Therefore the community of that which is recognized, in the same manner applies to all those things classified under the same name, and a distinction is needed by which we shall recognize not man in general, but Peter or John.

[90 V a] But other names have a more specific meaning, such as Paul and Timothy. For such a term no longer refers to the community of the nature, but distinguishing from the comprehensive meaning, it denotes an indication of certain delimited[7] things by means of the names.

So when two[8] or many are together, like Paul and Silvanus and Timothy, and an account is sought concerning the *ousia* of the men, it does not give one account to Paul but another to Silvanus, and another to Timothy, but those concepts by which the *ousia* of Paul is seen, also suit those others. And they are consubstantial with one another, and denoted by the same word *ousia*. As soon then as someone learns that which is in common and turns his gaze towards those things which are particular by which the one is distinguished from [90 V b] the other, the word signifying the one will no longer refer in all respects together to that which concerns the other, even if in some of them that which it has in common is found.

---

[7] Correct to: ܡܬܚܡܢܐ, cp. Greek: περιγεγραμμένων.

[8] Add: ܐܘ.

	Add. 12155, fol. 17Va = Add. 14533, fol 83Ra	Add. 12155, fol. 25Vb-26Ra = Add. 12155, fol. 30Vb = Add. 14532, fol. 112Rb-112Va = Add. 14533, fol. 80Rb	Add. 12155, fol. 128Vb-129Ra (in an anti-Chalcedonian treatise)
ܗܕܐ ܗܒܠ ܐܦܪܝܡ ܣܒܪ.		ܠܗܕܐ ܗܒܠ ܐܦܪܝܡ	
ܕܗܝ ܕܐܝܬܝܐܝܬ ܡܬܐܡܪܐ:		ܕܕܐܝܬܝܐܝܬ ܡܬܐܡܪܐ: ܠܗܘ	
ܒܡܠܬܐ ܕܦܘܩܕܢܐ ܡܬܝܠܕܐ.		ܕܒܡܠܬܐ ܕܦܘܩܕܢܐ ܡܬܝܠܕ.	
ܗܘ ܓܒܪ ܕܐܡܪ ܒܪܘܚܐ:	ܗܘ ܓܒܪ ܕܒܪܘܚܐ ܐܡܪ:	ܗܘ ܓܒܪ ܕܒܪܘܚܐ ܐܡܪ:	ܗܘ ܓܒܪ ܕܐܡܪ ܒܪܘܚܐ:
ܬܪܥܝܬܐ ܡܢܗܪ ܡܒܪܪܬܐ:	ܬܪܥܝܬܐ ܡܢܗܪ ܡܒܪܪܬܐ	ܬܪܥܝܬܐ ܡܢܗܪ ܐܟܝܢܬܐ	ܬܪܥܝܬܐ ܡܢܗܪ ܐܟܝܢܬܐ
ܥܠ ܡܬܚܫܒܢܘܬܐ ܕܡܣܘܒܪܐ	ܥܠ ܡܬܚܫܒܢܘܬܐ ܕܡܣܘܒܪܐ	ܒܡܣܘܒܪܐ ܠܐ ܡܬܚܫܒܐ	ܥܠ ܡܬܚܫܒܢܘܬܐ ܕܡܣܘܒܪܐ
ܚܒܪ ܠܡܥܡܪܘܬܗ. ܐܡܪܝܢܐ	ܒܡܥܡܪܘܬܗ ܚܒܪ. ܐܡܪܝܢܐ	ܚܒܪ ܠܡܥܡܪܘܬܗ. ܐܡܪܝܢܐ	ܚܒܪ ܠܡܥܡܪܘܬܗ. ܐܡܪܝܢܐ
ܕܒܢܝܢܐ ܦܝ ܢܬܬܘܪܒ ܡܢ ܫܡܥܐ:	ܕܒܢܝܢܐ ܦܝ ܡܢ ܫܡܥܐ ܢܬܬܘܪܒ.	ܕܒܢܝܢܐ ܦܝ ܢܬܬܘܪܒ ܡܢ ܫܡܥܐ.	ܕܒܢܝܢܐ ܦܝ ܢܬܬܘܪܒ ܡܢ ܫܡܥܐ:
ܗܘܒܪܐ ܐܝܟ ܗܘ ܕܡܚܫܒ	ܗܘܒܪܐ ܐܝܟ ܗܘ ܕܡܩܦܣ	ܗܘܒܪܐ ܐܝܟ ܗܘ ܕܡܚܫܒ	ܗܘܒܪܐ ܐܝܟ ܗܘ ܕܡܩܦܣ
ܘܡܬܚܙܐ ܕܐܠܗܘܬ: ܡܢ ܫܡܥܐ	ܘܡܬܚܙܐ ܕܐܠܗܘܬ: ܡܢ ܫܡܥܐ	ܘܡܬܚܙܐ ܕܐܠܗܘܬ ܡܢ ܫܡܥܐ	ܘܡܬܚܙܐ ܕܐܠܗܘܬ. ܡܢ ܫܡܥܐ
ܠܐ ܢܬܚܙܐ. ܗܘ ܐܝܟ ܕܦܘܠܘܣ	ܠܐ ܢܬܚܙܐ. ܗܘ ܐܝܟ ܕܦܘܠܘܣ	ܠܐ ܢܬܚܙܐ. ܗܘ ܐܝܟ ܕܦܘܠܘܣ	ܠܐ ܢܬܚܙܐ. ܗܘ ܐܝܟ ܕܦܘܠܘܣ
ܐܡܪ: ܗܘ، ܒܗܘ ܡܢ	ܐܡܪ: ܗܘ، ܕܒܗܘܒܪܐ ܗܘ	ܐܡܪ ܗܘ، ܒܗܘܒܪܐ	ܐܡܪ: ܗܘ، ܒܗܘܒܪܐ
ܕܡܬܚܙܐ ܡܢ ܫܡܥܐ: ܗܘܒܪܐ	ܕܡܬܚܙܐ ܡܢ ܫܡܥܐ	ܕܡܬܚܙܐ ܡܢ ܫܡܥܐ	ܕܡܬܚܙܐ ܡܢ ܫܡܥܐ
ܡܕܡ ܒܒܢܝܐ ܕܡܦܣܩ. ܗܢܐ ܗܒܠ	ܡܦܣܩ ܒܒܢܝܐ.	ܠܒܢܝܐ ܕܡܦܣܩ. ܗܢܐ ܗܒܠ	ܠܒܢܝܐ ܕܡܦܣܩ. ܗܢܐ ܗܒܠ
ܐܬܬܗ، ܘܗܘܬܐ. ܠܗ ܡܫܥܒܕܬܐ		ܐܬܬܗ، ܘܗܘܬܐ. ܠܗ ܡܫܥܒܕܐ	ܐܬܬܗ، ܘܗܘܬܐ: ܠܗ ܡܫܥܒܕܐ
ܠܐ ܡܬܚܫܒܬܐ ܕܐܘܣܝܐ:		ܠܐ ܡܬܚܫܒܐ ܕܐܘܣܝܐ:	ܠܐ ܡܬܚܫܒܐ ܕܐܘܣܝܐ:

1. Now we say this; that that which is specifically meant, is indicated by the word 'hypostasis'. For he who says 'man', produces some vague sense to the hearing by the indefiniteness of the meaning, so that the nature is indeed perceived from the name, but the thing which subsists and is signified properly, is not signified by the name. Whereas, he who says 'Paul', has indicated a certain subsisting natural thing in that which is known by the name. This then is a hypostasis: not the indefinite concept of an *ousia*

---

2. Add. 12155, fol. 17 V a etc.

For he who says 'man', produces some vague sense in the hearing by the indefiniteness of the meaning, so that the nature is indeed signified[9] by the name, but the thing which subsists and is signified properly by the name is not perceived. Whereas, he who says 'Paul', has indicated that the nature subsists in that thing which is signified by the name.

---

3. Add. 12155, fol. 25 V b - 26 R a etc.

Now we say this; that that which is signified by the word 'hypostasis', is called this properly. For he who says 'man', produces some diffused sense to the hearing by an undefined meaning, so that the nature is indeed indicated by the name, but the thing which subsists and is signified properly by the name is not perceived. Whereas, he who says 'Paul', has indicated the nature which subsists in the thing which is perceived by the name. This then is a hypostasis: not the undefined notion of an *ousia*

---

4. Add. 12155, fol. 128 V b - 129 R a etc.

For he who says 'man', produces some diffused sense to the hearing by the indefiniteness of the meaning, so that the nature is perceived by the name, but the thing which subsists and is signified properly by the name is not perceived. Whereas, he who says 'Paul', indicates the nature which subsists by the thing which is signified by the name. This then is a hypostasis: not the undefined notion of an *ousia*

---

[9] Not in 12155, inserted in 14533.

ܕܠܗ ܘܡܘܬܐ ܡܕܡ	ܕܠܐ ܚܫ. ܘܡܘܬܐ [10]	ܕܠܐ ܚܫ. ܘܡܘܬܐ [11]
ܡܢ ܫܘܬܦܘܬܐ	ܡܢ ܚܫܝܫܘܬܐ	ܡܢ ܚܫܝܫܘܬܐ
ܕܗ̇ܘ ܕܡܬܝܕܥ	ܕܗ̇ܘ ܕܡܫܬܘܕܥ	ܕܗ̇ܘ ܕܡܫܬܘܕܥ
ܡܫܒܚܐ. ܐܠܐ	ܡܫܒܚ. ܐܠܐ	ܡܫܒܚ: ܐܠܐ
ܗ̇ܝ ܠܒܘܫܬܐ	ܗ̇ܘ ܕܠܒܘܫܐ	ܗ̇ܘ ܕܠܒܘܫܐ
ܘܠܐ ܡܬܚܙܝܢܬܐ:	ܘܠܠܐ ܡܣܬܒܪܢܐ	ܘܠܠܐ ܡܣܬܒܪܢܐ:
ܒܣܘܒܪܢܐ ܡܕܡ	ܒܣܘܒܪܢܐ ܡܕܡ	ܒܣܘܒܪܢܐ ܡܕܡ
ܒܝܕ ܕܥ̈ܠܠܬܐ	ܒܝܕ ܕܥܠܠ̈ܬܐ	ܒܝܕ ܕܥ̈ܠܠܬܐ
ܕܡܬܚܫܢ:	ܕܡ̈ܬܚܫܢ	ܕܡܬ̈ܚܫܢ
ܡܫܝܚܐ	ܒܠܘܗܝ، ܡ̇ܫܝܚܐ	ܒܠܘܗܝ، ܡ̇ܫܝܚܐ
[91Ra] ܘܪܘ̈ܫܐ.	ܘܡ̇ܫܝܚܢ܀	ܘܡ̇ܫܝܚܢ܀

ܐܡܒܪܢܐ ܕܐܦ ܠܒܬܠܟܐ ܒܝܕܐ ܗܘ: ܕܗܕܐ ܕܐܝܟ ܗܘܢ
ܒܚܕ. ܘܒܐܣܬܪܝܘܬܐ ܦ̈ܠܓܘܬܐ: ܘܒܬܫܡܫܬܐ ܕܟܠ ܐܢܫ.
ܡܛܠ ܓܒܪ ܕܒܬܪ ܗܘܐ ܕܗ̇ܝ ܕܡܬܩܠܬ̇ ܗ̇ ܢܬܐ: ܘܕܡܐܬ
ܗ̇ܝ ܕܠܟܘܢ ܐܬܐܡܪ. ܘܐܣܒܪ ܒܪ ܐܢܫܐ. ܘܡܚܝܕܐ ܦܫܛ
ܒܗ̇ܝ ܕܡܠܝܬܐ: ܒܬܘܣܦܬܐ ܗ̇ܝ ܕܐܝܬ.

	Add. 12155, fol. 17Va = Add. 14533, fol. 83Ra
ܐܠܐ ܡܢ ܘܫܒܚܐ ܗ̇ܝ	ܐܠܐ ܠܡܫܝܚܘܬܐ ܗ̇ܝ
ܕܐܘܣܝܐ: ܐܝܟ ܡܢ	ܕܐܘܣܝܐ: ܐܝܟ ܗ̇ܝ
ܕܠܐ ܡܫܬܐ ܘܬܪܢܐ ܡܕܡ:	ܕܡܫܒܪܢܐ ܡܕܡ ܠܐ
ܠܗܘ ܒܝܢܝܐ ܕܦܪܝܫ	ܠܢܫܐ ܕܡܠܬܐ ܕܗ̇ܘ [12]
ܦܫܝܡ ܠܡܠܬ ܫܡܐ.	ܕܡܫܡ ܫܡܐ. ܠܚܕ
ܠܐܝܟ ܕܝܢ ܒܝܕ ܫܘܕܥܐ	ܕܝܢ ܐܝܟ ܒܝܕ ܫܘܕܥܐ
ܒܬ̈ܠܐ ܡܢ ܠܗ:	ܒܬ̈ܠܐ ܚܘܫ.

1. which finds no standing place from the community of that which is indicated, but that it indicates and denotes that communality and indefiniteness in some thing by means of the properties which appear, [91 R a] as it is the custom of Scripture to do this in this way, in many other things and in the story of Job. For because it was about to narrate about him, first it recalls that which is common, and it says 'man' and immediately curtails it in the particular by the addition of 'a certain'.

But on the one hand it is silent on the denotation of the *ousia* as bringing no profit to the previously laid down intention, while on the other hand it forms an image of the 'certain' one by peculiar indications,

---

3. which finds no station[10] from the communality of that which is perceived, but it indicates and bounds that which is common and unlimited in a certain thing by means of the properties which appear upon it.

---

4. which finds no standing place/station[11] from the communality of that which is perceived, but it indicates and bounds that which is common and unlimited in a certain thing by means of the properties which appear upon it.

---

2. Add. 12155, fol. 17 V a etc.

But on the one hand it is silent on the indication of the *ousia* as bringing no profit to the intention of the[12] conception of the subject, while on the other hand it characterizes that 'certain' man by peculiar indications,

---

[10] 14532 has: ܡܝܩܒܐ.

[11] Correct to: ܡܩ ܒܐ or: ܡܩܒܐ. Greek στάσιν.

[12] 12155 has: ܗ̇ܘ.

ܒܪ ܕܒܥܬܐ ܐܚܪ̇ܬ. ܘܫܘܪ̈ܒܐ
ܕܪ̈ܘܚܐ: ܘܒܠܗܘܢ ܗܠܝܢ
ܕܡܢ ܠܒܪ ܕܒܪ ܐܚܘܝܐ
ܡܬܪ̈ܓܫܢ: ܬ̇ܬܡܪܝܢ ܗ̈ܘܘ
ܕܦܪ̈ܫܝܢܗܝ، ܘܢܣܒܝܢܗܝ،
ܡܢ ܫܘܪܒܐ ܒܪܝܫܐ܀

ܘܕܒܥܬܐ ܐܚܪ̇ܬ: ܘܫܘܪ̈ܒܐ
ܕܪ̈ܘܚܢܐ: ܘܒܠܗܘܢ ܗܠܝܢ
ܕܡܢ ܠܒܪ. ܕܐܚܘܝܐ
ܡ̈ܬܪܓܫܢ ܘܡܣܬܟ̈ܠܢ:
ܘܕܪ̈ܘܚܢ ܘܦܪ̈ܫܝܢܗܝ،
ܡܢ ܫܘܪ̈ܒܐ ܕܠܘܐ ܒܪ̈ܝܫܝܢ

ܗ̈ܘ، ܐܝܟܢܐ ܕܟܕ ܒܠܒܘܗ̈ܝ: ܒܠܒܐ ܢܗܘܐ ܪܘܫܡܐ ܕܦܘܠܚܢܐ
ܕܗܘ ܕܡܬܬܝܬܐ. ܡܢ ܫܡܝܐ. ܡܢ ܕܒܥܬܐ. ܡܢ ܕܠܝܠܬܐ
ܕܢܦܫܐ. ܡܢ ܗܠܝܢ ܕܡܢ ܠܒܪ ܠܘܬܗ ܡܬܝܢܢ.

Add. 12155, fol. 26Va = Add. 14532, fol. 114Rb–114Va = Add. 14533, fol. 81Rb

ܐܠܘ ܕܝܢ ܡܠܬܐ ܕܐܘܣܝܐ
ܡܢܗ̇ ܗܘܐ: ܘܠܐ ܚܕܐ
ܡܥܒܕܢܘܬܐ ܗܘܐ
ܗܘܬ ܕܗܠܝܢ
ܕܐܬܐܡܪ[ܘ] ܒܦܘܫܩܐ[13]
ܕܒܢܝܢܐ. ܗ̇ܝ ܠܒܪ ܒܪ
ܗ̇ܝ ܐܝܬܝܗ̇ ܗܘܬ ܡܠܬܐ:
ܗ̇ܝ ܕܐܦ ܟܠ ܒܠܥܕ ܫܘܚܠܦܐ
ܘܢܦܪ ܢܟܣܬܐ: ܘܟܠ ܟܠ
ܚܕ ܒܪ ܐܢܫܐ ܡܢ ܗܠܝܢ ܕܬܡܢ
ܐܬܥܒܕ.[14]

ܐܠܘ ܕܝܢ ܡܠܬܐ ܕܐܘܣܝܐ
ܡܢܗ̇ ܗܘܐ: ܘܠܐ ܚܕܐ
ܡܬܥܒܕܢܘܬܐ ܗܘܐ
[91Rb] ܗܘܬ ܕܗܠܝܢ
ܕܐܬܐܡ̣ܪ ܒܦܘܫܩܐ
ܕܒܢܝܢܐ. ܗ̇ܝ ܠܒܪ ܒܪ
ܗ̇ܝ ܐܝܬܝܗ̇ ܗܘܬ ܡܠܬܐ:
ܗ̇ܝ ܕܐܦ ܟܠ ܒܠܥܕ ܫܘܚܠܦܐ
ܘܢܦܪ ܢܟܣܬܐ: ܘܟܠ ܟܠ
ܚܕ ܒܪ ܐܢܫܐ ܕܬܡܢ
ܐܬܥܒܕܘ܀[14]

Add. 12155, fol. 9Vb

ܡܠܬܐ ܗܟܝܠ ܕܫܘܚܠܦܐ ܗ̇ܝ
ܕܒܗܠܝܢ ܕܠܝܢ ܡܕܒܬ ܡܛܠ
ܐܘܣܝܐ ܘܦܘܢܩܐ:
ܠܗܕܐ ܒܪ ܡܒܒܪ

ܡܠܬܐ ܗܟܝܠ ܗ̇ܝ ܕܫܘܚܠܦܐ
ܕܗܠܝܢ ܕܠܝܢ ܡܕܒܬ: ܘܟܠ
ܐܘܣܝܐ ܘܟܠ ܦܘܢܩܐ:
ܗܕܐ ܐ ܡܦܩܢ

1. and it mentions a place and indications of various kinds and all the external things which are taken and accepted together and which were going to remove and separate him from the common indications, so that by everything the denotation of the hypostasis of him about whom the tale is told, will be clear; from the name, from the place, from the property of the soul, from those things which are seen about him from the outside.

---

2. mentioning a place and indications of various kinds and all the external things which when taken together, were going to separate and remove him from the communal indication.

---

1. But if it had been giving an account of the *ousia*, there would not have been a single mentioning [91 R b] of those things which have been said in explanation of the nature. For the account would have been the same, as concerning Bildad the Shuhite and Zophar the Naamathite and concerning each of those who are referred to there[14].

---

2. Add. 12155, fol. 26 V a etc.
But if it had been giving an account of the *ousia*, there would not have been a single mention of those things which have been said as an (or: in) explanation[13] of the nature. For the account would have been the same, as concerning Bildad the Shuhite and Zophar the Naamathite and concerning each of those who are referred to there[14].

---

1. If you turn then and transfer to the divine teachings also the word which you know in the differentiation of our affairs, concerning *ousia* and concerning hypostasis,

---

2. Add. 12155, fol. 9 V b
When you apply then to the divine teachings the word of that differentiation which you know in our affairs, about *ousia* and hypostasis,

---

[13] 14532 has: ܦܘܫܩܐ.

[14] Correct to: ܐܬܡܢܕܘ.

ܐܢܬ ܩܐܡ ܐܢܬ ܐܦ ܥܠ
ܡ̈ܠܦܢܐ ܐܠܗ̈ܝܐ ܠܐ ܚܣܝܪܐ
ܐܢܬ. ܐܝܟܢܐ ܗ̇ܘ ܕܐܝܬ
ܕܐܝܟܢܐ: ܡܢܝܐ ܒܪܡ
ܫܪܝܪܐ ܐܬܒܥܝܬܟ: ܘܠܐ
ܒܥܝܢ ܠܗܘܬ ܚܕ. ܦܘܪܫܢܐ
ܐܝܬܘܗܝ، ܕܡܬܝܕܥ ܕܢܬܩܪܒܘܢ
ܠܢܦܫܐ: ܡܛܠ ܕܡܕ̇ܢܚܢ ܠܗ
ܕܠܟܠ ܡܢ ܦܘܪܫܢܐ
ܐܝܬܘܗܝ، ܗܕܐ ܘܟܠ
ܒܪܐ ܐܬܒܪܝܐ. ܗܕܐ
ܗܟܘܬ ܘܟܠ ܪܘܚܐ
ܩܕܝܫܐ. ܡܠܬܐ ܒܬܪ ܕܠܐ
ܒܪܝܐ ܘܠܐ ܡܬܕܪܟܢܝܐ
ܚܕܐ ܗܝ، ܘܗ̇ܝ، ܒܗ̇ ܗ̇ܝ، ܥܠ
ܐܒܐ ܘܒܪܐ ܘܪܘܚܐ
ܩܕܝܫܐ ܐܝܬܝܗ̇. ܠܘ ܒܬܪ
ܗܢܐ ܡ̇ܢ ܫܘܪܝܐܝܬ ܠܐ
ܡܬܕܪܟܢܝܐ ܘܠܐ ܒܪܝܐ:
ܗܢܐ ܕܝܢ ܒܝܫܪܝܐܝܬ.
ܡܛܠ ܕܗܘ̇ܘ [91Va] ܕܒܥܝܢ:
ܐܬ̈ܘܬܐ ܕܬ̈ܠܝܬܝܘܬܐ:
[ܦܘܪܫ]ܢܐ ܠܐ ܟܠܝܠܐ ܥܠ
ܬܠܝܬܝܘܬܐ ܢܗܘܐ. ܐܢܬ
ܘܗ̇ܘ ܡܐ
ܕܒܐܢܫܘܬܐ ܡܬܚܙܝܐ.
ܐܝܟ ܡܢܐ ܕܠܐ
ܒܪܝܐ ܐܬܐ ܐܢܫܐ: ܐܘ

ܐܢܬ ܥܠ
ܡ̈ܠܦܢܐ ܐ̈ܠܗܝܐ ܠܐ ܚܣܝܪܐ
ܐܢܬ. ܕܗ̇ܘ ܕܐܝܬܘܗ̇ܝ
ܕܐܝܟܢܐ: ܗ̇ܘ ܡܕܡ ܕܡܫܬܥܝܢܘܬܐ
ܠܟ ܐܬܒܥܝܬܟ: ܘܠܐ
ܒܥܝܢ ܚܕ. ܦܘܪܫܢܐ ܐܝܬ
ܕܡܦܪܫ ܕܟܠܗܘܢ، ܕܡܬܚܫܒܢ
ܢܦܫܐ: ܡܛܠ ܕܡܦܣܩܢ ܣܢ
ܕܠܟܠ ܡܢ ܟܠܗ ܦܘܪܫܢܐ
ܐܝܬܘܗܝ، ܗܕܐ ܘܟܠ ܒܪܐ
ܐܫܬܟܠ[ܠ. ܗ]ܕܐ ܒܠ[ܗ̇
ܒܕ]ܡܘܬܐ ܘܟܠ ܪܘܚܐ
ܩܕܝܫ[ܐ.] ܡܠܬܐ ܒܬܪ ܕܠܐ
ܒܪܝܐ ܘܠܐ ܡܬ[ܕܪܟܢ]ܝܐ
ܚܕܐ ܘܗ̇ܝ، ܒܗ̇ ܗ̇ܝ، ܥܠ ܐܒܐ
ܘܥܠ ܒܪܐ ܘܥܠ ܪܘܚܐ
ܩܕܝܫܐ ܐܝܬܝܗ̇. ܠܘ ܒܬܪ
ܗ̇ܘ ܡܢ ܫܘܪܝ ܠܐ
ܡܬܕܪܟܢܝܐ ܘܠܐ ܒܪܝܐ:
ܗ̇ܘ ܕܝܢ ܒܝܫܪܝܐ
ܡܛܠ ܕܝܢ ܕܗܘܘ
ܕܒܥܒ̈ܘܕܒܐ ܕܬ̈ܠܝܬܝܐ
ܦܘܪܫܢܐ ܠܐ ܟܠܝܠܐ ܥܠ
ܬܠܝܬܝܘܬܐ ܢܗܘܐ. ܐܢܬ
[ܕܝܢ?] ܘܗ̇ܘ ܫ̇ܢ
ܕܒܐܢܫܘܬܐ ܡܬܚܙܝܐ:
ܕܐܝܟ ܐܡܬܝ: ܗܘ̇ ܕܠܐ
ܒܪܝܐ ܐܬܐ ܐܢܫܐ: ܘܗ̇ܘ

1. you will not miss the mark. How the Father exists, whatever your mind sets forth - for it is not upon one understanding which is limited that we shall rest the soul, because we know that He is beyond all understanding - this you should think also concerning the Son and likewise concerning the Holy Spirit, for the concept of the uncreated and incomprehensible is one and the same for the Father, the Son and the Holy Spirit. For the one is not more incomprehensible and uncreated, but the other less so. Since it is necessary [91 V a] that by means of the proper marks, there should be an unconfused distinction with regard to the Trinity, we do not accept for the indication of that which is in particularity that which is viewed commonly, as when I say uncreated, or

---

2. you do not miss the mark. That it is that which is of the Father, whatever your mind brings to you - for there is not one understanding which separates which the soul will rest upon it, because we agree that He is beyond all understanding - you should understand this also of the Son and in the same way also of the Holy Spirit, for the concept of the uncreated and incomprehensible is one and the same for the Father and for the Son and for the Holy Spirit. For the one is not more incomprehensible and uncreated, but the other less so, since it is necessary then that by means of the proper indications, there should be an unconfused distinction with regard to the Trinity. We do not take that which is viewed commonly for a proper distinction, such as, that I say uncreated, or that

ܕܠܥܠ ܡܢ ܟܠ	ܕܠܥܠ ܡܢ ܟܠ
ܡܬܕܪܟܢܘܬܐ ܐܠܗܘܬܗ:	ܡܕܪܟܢܘܬܐ:
ܐܘ ܟܠ ܡܐ ܕܐܝܟ	ܐܘ ܐܢ ܡܕܡ ܕܐܝܟ
ܗܟܢ. ܠܐ ܢܣܦܩ	ܗܟܢ. ܠܐ ܣܦܩܝܢ ܚܢܢ
ܠܦܘܪܫܐ	ܠܗ ܠܫܘܕܥܐ ܕܗܘ̇
ܕܝܠܝܕܐ.	ܕܐܠܗܘܬܗ، ܒܝܠܝܕܘܬܐ.
ܢܒܥܐ ܕܡܢ ܒܠܚܘܕ:	ܘܢܒ̇ܥܐ ܒܠܚܘܕ:
ܗܘ̇ ܕܒܐ̈ܒܘܗܝ،	ܡܫܒܚܬܐ: ܗ̇ܝ ܕܒܐܝܕܗ̇
ܣܘ̈ܟܠܐ ܕܡܛܠ ܒܠܚܘܕ..	ܡܛܠ ܟܘܠ ܚܕ ܡܢܗܘܢ
ܢܗܝܪܐܝܬ ܘܠܐ	ܢܗܝܪܐܝܬ ܘܠܐ
ܚܠܝܛܐܝܬ: ܡܢ ܗܘ̇	ܡܚܠܛܐܝܬ: ܠܗܠܝܢ
ܕܒܟܣܗ ܡܬܚܙܝܐ	ܕܐܝܟ ܚܕܐ ܡܬܒܝܢܝܢ
ܡܬܦܪܫ⁘	ܬܬܦܪܫ.

ܫܦܝܪ ܗܟܝܠ ܡܫܬܒܪܐ ܠܝ ܕܗܢܘܢ ܢܟܪܘ.⁘+ ܟܠ ܡܠܬܐ[15]
ܕܟܠ ܛܒܬܐ: ܕܡܢ ܚܝܠܐ ܐܠܗܝܐ ܠܘܬܢ
ܡܬܬܚܝܠܐ: ܛܝܒܘܬܐ ܗܝ ܕܟܘܠ ܡܕܡ ܒܟܘܠ ܫܦܪܐ:
ܦܘܪܬܐ ܐܚܪ̈ܢܝܢ ܕܐܠܗܘܬܗ̇: ܐܝܟ ܡܐ ܕܐܡ̣ܪ
ܫܠܝܚܐ. ܒܠܗܘܢ ܗܠܝܢ ܕܝܢ ܦܬܪ: ܚܕ ܘܗܘ̣ ܒܪ ܗܘ̣
ܪܘܚܐ. ܕܡܦܠܓ ܠܟܘܠ ܚܕ ܕܝܠܝܐܝܬ ܐܝܟ ܕܗܘ̣ ܨܒܐ.
ܒܪ ܟܢܝܢ ܚܕ ܕܝܢ ܕܐܢ ܡܢ ܪܘܚܐ ܘܕܡܫܚܐ ܒܠܚܘܕ::
ܡܗܝܡܢܘܬܐ ܕܦܠ̈ܓܘܬܐ ܕܡܫܚܐ ܫܒܝܠܬܐ: ܘܗܢܘܢ ܐܬܐ
ܠܗܠܝܢ [91Vb] ܕܓ̇ܘܒܝ. ܬܘܒ ܡܢ ܟܬܒܐ
ܡܬܒܗܕܝܢ[16] ܠܗ̇ ܕܢܬ̇ܝܕܥ: ܕܕܡܗܝܡܢܘܬܐ ܕܦܠ̈ܓܘܬܐ
ܗܠܝܢ ܕܡܢ ܪܘܚܐ ܠܝ ܡܫܬܒܪܢ: ܐܚܝܕܝܐ ܐܠܗܝܐ
ܐܠܗܘܬܗ، ܪܘܚܐ ܘܡܫܠܛܐ: [17]ܕܕܡܗܝܡܢܘܬܐ ܕܦܠ̈ܓܘܬܐ:
ܗܠܝܢ ܕܡܢ ܪܘܚܐ ܡܫܬܒܪܢ ܠܝ.[17]

1. beyond all comprehension, or any other such thing. And we shall seek only that idea by means of which with regard to each of those, clearly and unconfusedly a distinction may be made from those things which are regarded as one.

---

2. he is beyond all comprehension, or any other such thing. But we shall seek only that by means of which the ideas [sic!] concerning each is clearly and unconfusedly distinguished from that which is seen with it.

---

1. It seems to me good, then, to examine along these lines.

Every word[15] of every good which reaches us from the divine power we say is the operation [of] the grace which works everything in all, as the apostle says: 'But all these things one and the same Spirit works, who divides to everyone properly as he wants'. But when we ask whether from the Holy Spirit alone the gift of good things takes its origin and in this way comes to those [91 V b] who are worthy, again we are led[16] by Scripture to believe that of the bestowal of those good things which are effected for us by the Spirit, the only–begotten God is principle and cause[17].

---

[15] Suggests Greek: ... οὕτως ἀνιχνεῦσαι. Τὸν λόγον πᾶν ...

[16] Correct to: ܡܬܕܒܪܝܢ.

[17] ...[17] Repetition.

ܕܒܠܚܘܕܘܗܝ ܚܢܢ ܒܐܝܕܗ ܗܘ̇ܐ: ܘܒܗ ܡܬܩܝܡ: ܡܢ
ܒܠܬܐ ܡܕܥܐ ܢܠܦܝܢ ܚܢܢ܀ ܐܡܬܝ ܗܟܝܠ ܕܐܦ
ܠܘܬ ܗܘ̇ ܡܫܥܒܕܬܐ ܢܬܦܪܩ: ܬܘܒ ܡܢ ܡܬܕܒܪܢܘܬܐ
ܢܦܫܢܝܬ ܡܢ ܐܠܗܐ ܒܪ ܡܬܬܠܡܝܢ ܢܠܦܝܢ ܚܢܢ.
[18]ܗ̇ܘ ܕܡܢ ܒܟܠ ܡܕܡ[18] ܕܫܠܡܐ: ܡܢ ܗ̇ܘ ܕܠܐ
ܐܘܬܝܗ̇: ܠܗ̇ܘ ܕܢܗܘܐ ܐܘܬܝܗ̇ ܐܝܬܝ. ܒܪܡ: ܘܠܐ ܗ̇ܘ
ܕܠܐ ܪܫܐ. ܐܠܐ ܫܒܝܠܐ ܡܕܡ ܐܝܬ: ܕܠܐ ܡܬܬܠܕܢܐܝܬ
ܘܕܠܐ ܪܫܐ ܡܬܩܝܡ: ܗܘ̇ ܕܐܝܬܘܗܝ، [19] ܕܒܠܚܘܕܝܬܐ:
ܒܠܚܘܕܝܬܐ [19] ܕܒܠܚܘܕܘܗܝ ܗܠܝܢ ܕܐܝܬ. ܡܢ ܐܝܟܐ ܗܘ
ܚܢܢ ܒܪܐ: ܕܒܐܝ̈ܕܘܗܝ، ܒܠܚܘܕܝܗܘܢ ܕܒܗܘܢ ܗܘܝܐ
ܡܕܡܐ: ܠܐ ܡܬܦܪܫܢܐܝܬ ܐܝܟ ܚܕܐ ܡܬܦܪܫܐ. ܠܐ
ܚܢܢ ܐܝܬ ܕܡܬܦܠܓܐ [92Ra] ܢܗܘܐ: ܒܪ ܠܐ ܦܩܕ
ܐܬܝܗܒ ܒܪܘܚܐ.

	Add. 12155, fol. 28Va-28Vb (quoted by Peter of Callinicum)
ܢܗܘܐ ܗܟܝܠ ܪܘܚܐ	ܡܛܠ ܗܟܝܠ ܕܪܘܚܐ
ܡܕܡܐ: ܕܒܗ ܡܫܬܡܗܬܐ	ܡܕܡܐ: ܗܘ̇ ܕܒܝܬܗ ܠܘܬ
ܕܒܠܚܘܕܝܗܘܢ ܛܠ̈ܝܬܐ ܠܘܬ	ܒܪܝܬܐ ܒܠ ܡܫܬܡܗܬܐ
ܒܪܝ̣ܬܐ ܢܬܒܥܐ. ܒܒܪܐ	ܛܒܬܐ ܢܬܒܥܐ: ܒܒܪܐ
ܡܢ ܛܠܝܐ: ܗܘ̇ ܕܕܠܐ	ܡܢ ܛܠܝܐ ܗܘ̇ ܕܒܥܒܕܗ ܠܐ
ܦܘܪܫܢܐ ܒܥܒܕܗ ܡܬܕܒܪ ܠܟ.	ܠܐ ܡܬܦܠܓܐܝܬ ܡܬܕܒܪ ܠܟ:
ܡܢ ܒܠܚܘܕ ܕܝܢ ܐܒܐ	ܗ̇ܘ ܕܝܢ ܕܐܝܬܘܗܝ: ܡܢ
ܐܝܬܝ: ܘܐܝܬ ܠܗ ܗ̇ܘ	ܒܠܬܐ ܕܐܒܐ ܐܝܬ ܠܗ
ܕܢܗܘܐ ܐܝܬܘܗܝ܀	

1. For we have been taught by holy Scripture that everything was made through him, and subsists in him.

Therefore when we have been lifted up to that notion, we are again raised up by the guidance inspired by God and taught[18] that by everything of power[18], we have come from that which is not to that which is, yet not that which is without a beginning. But there is a power which subsists unbegottenly and without a beginning, which is the cause of the cause[19] of everything that exists. For from the Father is the Son, by whom are all things, with whom the Holy Spirit is thought inseparately as one. For it is not [possible] for someone to be in understanding, [92 R a] when they have not first been enlightened in spirit.

Therefore it will be the Holy Spirit in whom the gift of all good things with respect to the creation springs up. He who without distinction is apprehended along with the Son, depends on him, but has his being dependent on the Father as cause,

---

2. Add. 12155, fol. 28 V a - 28 V b etc.

Since then the Holy Spirit, he from whom every good gift with respect to the creation springs up, is inseparately apprehended along with the Son, depends on him, but has his being from the cause of the Father,

---

[18] ... [18] Correct to: ? ܕܟܠ ܡܕܡ ܡܢܘܬܐ

[19] ... [19] Reverse word order.

ܡܢ ܐܝܟܐ ܕܐܦ ܢܦܩ.
ܘܗܕܐ ܐܬܐ ܡܫܘܕܥܢܝܬܐ
ܕܕܫܠܝܘܬܐ ܕܦܘܣܡܐ ܐܝܬ
ܠܗ: ܗܝ ܕܒܬܪ ܒܪܐ ܘܡܣܒܗ
ܢܬܝܕܥ: ܘܡܢ ܐܝܟܐ ܡܬܦܩ.
ܒܪܐ ܕܝܢ: ܗܘ ܕܠܪܘܚܐ
ܕܢܦܩ ܡܢ ܐܝܟܐ:
ܒܐܝ̈ܕܘܗܝ، ܘܡܣܒܗ ܡܫܘܕܥ:
ܕܒܠܚܘܕܘܗܝ، ܚܣܝܪܐܝܬ
ܡܢ ܢܘܗܪܐ ܠܐ ܐܬܝܠܝܕܐ
ܐܢܗܪ: ܘܠܐ ܚܕܐ
ܒܣܝܡܘܬܐ ܐܝܟ ܕܠܝܠܘܬܐ
ܕܫܘ̈ܕܥܐ: ܐܝܬ ܠܗ ܠܘܬ
ܐܒܐ: ܐܘ ܠܘܬ ܪܘܚܐ
ܘܢܫܐ. ܐܠܐ ܒܐ̈ܬܘܬܐ
ܕܐܬܐܡܪ
ܒܠܚܘܕܘܗܝ، ܡܬܝܕܥ.
ܐܠܗܐ ܕܝܢ ܕܟܠ ܟܠ:
ܫܘܕܥܐ ܡܕܡ ܠܬܪܐ
ܕܦܘܠܚܢܗ: ܗܘ ܕܐܒܐ
ܐܝܬܘܗܝ܆ ܘܕܐܦ ܠܐ
ܡܢ ܚܕܐ ܒܠܬܐ ܐܬܦܩܘܢ:
[92Rb] ܒܠܚܘܕܘܗܝ، ܐܝܬ ܠܗ.
ܘܟܕ ܗܕܐ ܬܘܒ ܐܬܐ:
ܐܦ ܗܘ

ܡܢ ܐܝܟܐ ܕܐܦ ܢܦܩ:
ܗܢܐ ܪܘܫܡܐ ܡܫܘܕܥܢܐ
ܕܕܫܠܝܬܐ ܕܦܘܣܡܐ ܐܝܬ
ܠܗ: ܗܝ ܕܒܬܪ ܒܪܐ ܘܡܣܒܗ
ܢܬܝܕܥ ܘܡܢ ܐܝܟܐ ܢܬܦܩ:
ܒܪܐ ܕܝܢ ܕܠܪܘܚܐ ܗܘ
ܕܡܢ ܐܝܟܐ ܢܦܩ
ܒܐܝܕ̈ܘܗܝ، ܘܡܣܒܗ ܡܫܘܕܥ:
ܒܕ ܒܠܚܘܕܘܗܝ، ܚܣܝܪܐܝܬ
ܡܢ ܢܘܗܪܐ ܠܐ ܡܬܝܠܕܐ
ܕܢܚ: ܘܠܐ ܚܕܐ
ܫܘܬܦܘܬܐ ܒܕܠܝܠܘܬܐ
ܕܫܘ̈ܕܥܐ ܐܝܬ ܠܗ ܠܘܬ
ܐܒܐ: ܐܘ ܠܘܬ ܪܘܚܐ
ܘܢܫܐ. ܐܠܐ ܒܫܘ̈ܕܥܐ
ܗܠܝܢ ܕܐܡܝܪܢ.
ܒܠܚܘܕܘܗܝ، ܡܬܝܕܥ.
ܐܠܗܐ ܕܝܢ ܕܟܠ ܟܠ:
ܫܘܕܥܐ ܡܕܡ
ܕܦܘܠܚܢܗ ܗܘ ܕܐܒܐ
ܢܗܘܐ ܐܝܬܘܗܝ܆ ܘܕܠܐ
ܡܢ ܚܕܐ ܒܠܬܐ ܢܬܦܩܘܢ
ܒܠܚܘܕܘܗܝ، ܐܝܬ ܠܗ.
ܘܟܕ ܗܢܐ ܫܘܕܥܐ ܬܘܒ:
ܐܦ ܗܘ

1. whence also he proceeds. And this is a sign indicative of the property which he has in his hypostasis, that he comes after the Son and is known together with him, and subsists from the Father. The Son however, who makes known the Spirit who proceeds from the Father through himself and with himself, who alone only-begottenly shines from the unbegotten light, has no communality according to the properness of the indications with the Father or with the Holy Spirit, but he is only known by the signs which have been mentioned. But God who is above all has an especial mark of his hypostasis, namely that he is Father, and also the fact that he has not been made to subsist by a cause, [92 R b] applies to him alone. And again by this sign he

---

2. whence also he proceeds, has this distinguishing note indicating the hypostasis, that he comes after the Son and is known together with him, and subsists from the Father. The Son however, who indicates the Spirit who proceeds from the Father through himself and with himself, as he alone only-begottenly radiates from the unbegotten light, has no community in the properness of indications with the Father, or with the Holy Spirit, but he is only known by the indications which have been mentioned. But God who is above all has a mark of his hypostasis, namely that he is Father, and the fact that he shall not be made to subsist by a cause, applies to him alone. And by this indication again he

	Add. 12155, fol. 24Va = Add. 14532, fol. 108Rb-108Va = Add. 14533, fol. 78Vb	
ܕܐܠܗܐܝܬ ܡܬܝܠܕ.		ܕܐܠܗܐܝܬ ܡܬܝܠܕ.
ܡܛܠ ܗܟܢ	ܡܛܠ ܗܕܐ	ܡܛܠ ܗܕܐ
ܒܫܘܬܦܘܬܐ	ܒܟܝܢܘܬܐ	ܒܟܝܢܘܬܐ
ܕܐܘܣܝܐ: ܕܠܐ	ܕܐܘܣܝܐ: ܠܐ	ܕܐܘܣܝܐ: ܠܐ
ܠܬܪ̈ܝܢ ܐܝܟ		
ܚܕܐ ܐܡܪܝܢ	ܫܠܡ̈ܐ ܐܡܪܝܢ	ܫܠܡ̈ܐ ܐܡܪܝܢ
ܚܢܢ ܕܐܝܬܘܗܝ:	ܚܢܢ ܕܐܝܬܘܗܝ	ܕܐܝܬܘܗܝ
ܘܠܐ ܠܫܘ̈ܢܝܐ	ܘܠܐ ܡܫܘ̈ܬܦܐ	ܘܠܐ ܡܫܘ̈ܬܦܐ
ܐܝܟ ܫܘ̈ܕܒܐ	ܫܘ̈ܕܒܐ ܕܟܠ	ܫܘ̈ܕܒܐ ܕܟܠ
ܕܡܬܚܘܝܢ	ܬܠܝܬܝܘܬܐ	ܬܠܝܬܝܘܬܐ
ܒܐܠܗܘܬܐ:	ܡܬܚܘܝܢ:	ܡܬܚܘܝܢ:
ܕܒܐ̈ܝܕܝܗܘܢ	ܕܒܐ̈ܝܕܝܗܘܢ	ܕܒܐ̈ܝܕܝܗܘܢ
ܡܬܦܪܫܐ	ܕܝܠܝܕܘܬܐ	ܕܝܠܝܕܘܬܐ
ܕܝܠܝܕܘܬܐ	ܕܦܪ̈ܨܘܦܐ	ܡܬܚܘܝܐ
ܕܦܪ̈ܨܘܦܐ	ܡܬܚܘܝܐ: ܗܠܝܢ	ܕܦܪ̈ܨܘܦܐ ܗܠܝܢ
ܕܗܝܡܢܘܬܐ	ܕܗܝܡܢܘܬܐ	ܕܗܝܡܢܘܬܐ
ܐܫܬܠܡܘ: ܕܟܠ ܚܕ.	ܐܫܬܠܡ[ܘ]. ܟܕ.	ܐܫܬܠܡܘ. ܟܕ.
ܡܢܗܘܢ ܒܫܘ̈ܕܒܐ	ܒܠ ܚܕ. ܒܫܘ̈ܕܒܐ	ܒܠܚܕ. ܒܫܘ̈ܕܒܐ
ܕܬ̈ܠܝܬܝܐ ܡܦܪܫܐܝܬ	ܕܠܗ ܡܦܪܫܐܝܬ	ܕܠܗ ܡܦܪܫܐܝܬ
ܡܬܕܪܟ.	ܡܬܕܪܟ.	ܡܬܕܪܟ܀

[Seven lines of Syriac prose follow the table; the script could not be read reliably at this resolution.]

1. is properly known.

Because of this we say that in the community of the *ousia* there are no accidents and no communal indications are seen in the Godhead, by which the properness of the *prosopa* which have been handed down in the faith is established, because each of them is apprehended separately in proper indications, so that it is by the signs mentioned that that which distinguishes in the hypostases shall be found. But in being infinite and incomprehensible and uncreated and not contained in one place, and so on, there is no difference in the life-giving nature, regarding the Father and the Son and the Holy Spirit, I mean. But there is a continuous and inseparable communion visible in them. And by the ideas of majesty concerning each one of

---

2. is properly known.

Because of this we say that in the communality of the *ousia* there are no absolutes and no common indications which are seen concerning the Trinity, by which the properness is shown of the *prosopa* which have been handed down in the faith, as each is apprehended separately in its indications.

---

3. Add. 12155, fol. 24 V a etc.

Because of this we say that in the communality of the *ousia* there are no absolutes and no common indications which are seen concerning the Trinity, by which the properness of the *prosopa* is shown, which have been handed down in faith, as each is apprehended separately in its indications.

ܗܠܝܢ ܕܒܬܠܝܬܝܘܬܐ ܡܕܝܥܬܐ [92Va] ܡܬܬܗܡܝܢܢ.
ܢܬܗܘܘܢ ܐܝܟ. ܐܦ ܒܐܩܢܘ̈ܡܘܗܝ ܐܚܝܕܐ ܒܐܠܗܐ:
ܠܐ ܡܫܬܠܦܐܝܬ ܬܪܒܝܥܝܬܐ: ܠܘܬ ܐܒܐ ܘܒܪܐ ܘܪܘܚܐ
ܩܕܝܫܐ. ܡܛܠ ܕܠܝܬ ܡܕܡ ܗ̇ܘ ܕܒܡܨܥܬܐ ܕܗܠܝܢ
ܡܬܚܫܒ. ܘܠܐ ܣܘܟܪܐ ܡܕܡ ܐܚܪܢܐ ܕܡܦܣܩ ܠܒܪ
ܡܢ ܟܝܢܐ ܐܠܗܝܐ: ܐܝܟܢܐ ܕܢܦܠܓܝܘܗܝ, ܠܘܬ ܢܦܫܗ
ܢܥܒܕ ܐܝܟ ܒܝܕ ܡܦܠܓܐ ܢܒܪܝܐ. ܘܠܐ ܓܘܪܐ ܡܕܡ
ܕܡܫܘܚܘܬܐ ܠܐ ܡܣܬܝܟܬܐ: ܗ̇ܝ ܕܒܒ̈ܪܝܐ ܠܡܬܚܫܒܘܬܐ
ܕܐܘܣܝܐ ܐܠܗܝܬܐ: ܕܠܐ ܫܠܝܛܐ ܠܘܬ ܢܦܫܗ̇:
ܘܒܫܘܪܝܐ ܕܣܘܥܪܘܬܐ ܠܡܣܥܪܢܘܬܐ ܦܪ̈ܫܐ. ܐܠܐ ܗ̇ܘ
ܕܠܐܒܐ ܐܣܬܟܠ: ܘܠܗ ܒܗ ܐܣܬܟܠ: ܐܦ ܠܒܪܐ
ܒܬܪܥܝܬܐ ܐܝܟ ܚܕܐ ܡܟܠ. ܗ̇ܘ ܕܝܢ ܕܠܗܝܐ ܥܡܠ:
ܡܢ ܒܪܐ ܠܪܘܚܐ ܠܐ ܦܠܓ̣. ܐܠܐ ܢܡܘܣܐܝܬ ܡ̇ܢ
ܐܝܟ ܠܒܫܐ. ܡܫܝܕܐܝܬ ܕܝܢ ܐܝܟ ܒܝܬܐ. ܘܐܝܟ
ܚܕܐ ܗܡܝܢܘܬܐ ܕܬܠܝܬܝܘܬܗ̣ ܒܦܫܝܛܘܬܗ ܥܒ̇ܪ ܟܠ ܘܦ̣ܠܫ.
ܘܟܕ ܪܘܚܐ ܒܠܚܘܕ ܐܡ̇ܪ: ܥܡܠ ܐܝܟ [92Vb] ܚܕܐ
ܒܗܕܐ ܬܘܕܝܬܐ ܗ̇ܘ ܕܕܝܠܗ ܐܝܬܘܗܝ, ܪܘܚܐ. ܘܡܛܠ
ܕܕܡܫܝܚܐ ܗܘ ܪܘܚܐ: ܘܡܢ ܐܠܗܐ ܐܝܟ ܕܐܡ̣ܪ
ܫܠܝܚܐ: ܐܝܟ ܡܢܐ ܕܡܢ ܫܬܠܬܐ: ܗ̇ܘ ܕ ܒܥ̇ܐ ܒܣܪ.
ܪܥܝܐ: ܐܦ ܠܪܥܝܐ ܐܚܪܢܐ ܐܝܟ ܚܕܐ ܢܬ̇ܦ: ܗܒܢܐ
ܗ̇ܘ ܕܠܪܘܚܐ ܢܬܒ̣ܪ: ܐܝܟ ܕܐܡ̣ܪ ܢܒܝܐ: ܒܐܩܢܘ̈ܡܘܗܝ,
ܠܐܒܐ ܘܠܒܪܐ ܐܚܝܕܐ ܢܬܒ̣ܪ. ܘܐܦ ܠܒܪܐ
ܫܪܪܐܝܬ ܐܝܟ ܢܦܫ: ܗܘܐ

1. those whom we believe to be in the Holy Trinity [92 V a] one will reach understanding. By the same the mind arrives invariably at the Father and the Son and the Holy Spirit, because there is nothing which is inserted between them and there is no other thing which subsists outside the divine nature as to be able to divide it in itself by alien happening, and there is no interval of non-existing emptiness, which causes the harmony of the divine *ousia* not to be complete in itself, and which by placing emptiness separates the continuity, but he who conceives of the Father, conceives of him also in himself, accepting the Son also into the mind at the same time. Now he who accepts him, does not divide the Spirit from the Son, but sequentially according to the ordering, unitedly however according to nature, he also blends as one and stamps in himself the faith of the three. And when one mentions the Spirit alone, he accepts [92 V b] him of whom the Spirit is together with this confession. And because the Spirit is of Christ and from God, as the apostle says, as he who touches one end of a chain, pulls the other end at the same time, thus also he who draws the Spirit, as the prophet says, thereby draws the Father and the Son at the same time. And if one truly receives the Son, he has

ܠܗ ܕܥܡ ܬܘ̈ܣܦܬܗܘܢ ܠܟܬ̈ܒܐ: ܒܗܝܢ ܗ̇ܢܝܢ ܠܐܒܘܗܝ:
ܒܗܝܢ ܕܝܢ ܠܪܘܚܗ ܐܝܟ ܚܕܐ ܡܢܬܐ. ܘܠܐ ܠܒܪ
ܡܢ ܐܒܐ ܡܫܒܚ ܕܢܬܦܫܩ: ܗ̇ܘ ܕܟܠ ܫܒ ܒܐܒܐ:
ܘܠܐ ܡܢ ܪܘܚܗ ܒܗܝܢ ܡܬܦܪܫ: ܕܟܠ ܡܕܡ ܒܗ ܫܪܐ.

	Add. 12155, fol. 28Va (quoted by Peter of Callinicum)
ܗ̣ܘ ܗܟܢ ܗ̇ܘ	ܒܗ̇ ܒܕܡܘܬܐ ܕܝܢ ܗ̇ܘ
ܕܠܐܒܐ ܦܓܠ: ܘܠܒܪܐ	ܕܠܐܒܐ ܡܟܠ. ܘܠܒܪܐ
ܘܠܪܘܚܐ ܐܝܟ ܚܕܐ ܦܓܠ	ܘܠܪܘܚܐ ܒܗܡܗ ܦܓܠ
ܒܚܝܠܐ. ܠܝܬ ܠܒܪ	ܒܚܝܠܐ. ܠܝܬ ܠܒܪ
ܠܡܫܒܚܘ ܦܫܝܫܐ ܐܘ	ܠܡܫܒܚܘ ܦܫܝ̇ܫܐ ܐܘ
ܦܘܠܓܐ. ܐܦ ܠܐ ܒܚܕ	ܦܘܠܓܐ ܐܦܠܐ ܒܚܕ
ܡܢ ܙ̈ܘܓܢ: ܕܐܘ ܒܬܪܐ	ܙܘܓܐ. ܕܐܘ ܒܬܪܐ
ܫܪܪ ܡܢ ܐܒܐ ܢܬܦܠܓ:	ܫܪܪ ܡܢ ܐܒܐ ܢܬܦܠܓ.
ܐܘ ܪܘܚܐ ܡܢ ܒܪܐ	ܐܘ ܪܘܚܐ ܡܢ ܒܪܐ
[93Ra] ܢܬܦܪܫ. ܐܠܐ ܠܐ	ܢܬܦܪܫ. ܐܠܐ ܠܐ
ܡܬܡܠܠܢܘܬܐ ܡܕܡ ܘܠܐ	ܡܬܡܠܠܢܘܬܐ ܡܕܡ ܘܠܐ
ܡܬܕܒܪܢܘܬܐ: ܡܬܕܒܪܢܐ	ܡܬܕܒܪܢܘܬܐ ܡܬܕܒܪܢܐ
ܒܗܠܝܢ. ܘܫܘܬܦܘܬܐ	ܒܗܠܝܢ ܘܫܘܬܦܘܬܐ
ܘܦܘܪܫܐ. ܒܪ ܠܐ	ܘܦܘܪܫܐ. ܒܪ ܠܐ
ܫܘܚܠܦܐ ܕܩܢܘ̈ܡܐ	ܫܘܚܠܦܐ ܕܩܢܘ̈ܡܐ
ܠܡܫܝܚܘܬܐ ܕܒܝܢܐ ܢܬܫ̇:	ܠܢܘܦܩܘܬܐ ܕܒܝܢܐ ܢܬܫ̇:
ܘܠܐ ܠܚܘܝܘܬܐ	ܘܠܐ ܠܚܘܝܘܬܐ
ܕܐܘܣܝܐ: ܕܠܝܠܝܘܬܐ	ܕܐܘܣܝܐ ܕܠܝܠܝܘܬܐ
ܕܫܘ̈ܕܒܐ ܡܠܠܐ.	ܕܫܘ̈ܕܒܐ ܡܠ̇ܠܐ܀

1. him from two sides; sometimes he brings his Father, but at other times his Spirit at the same time. And he who is always in the Father cannot be cut off from the Father, and not sometimes be separated from his Spirit, who works everything in him.

In the same way also he who has accepted the Father, also accepts the Son and the Spirit together in power. For there cannot be found a separation or a division, not in any way, so that either the Son is conceived of without the Father, or the Spirit separated from the Son. [93 R a] But something ineffable and unknowable is comprehended in them, both a communion and a distinction, while the difference of the hypostases does not tear the continuity of the nature, and the communality of the *ousia* does not mingle the properness of the indications.

---

2. Add. 12155, fol. 28 V a etc.

In the same manner then he who has accepted the Father, also accepts the Son and the Spirit with him in power. For there cannot be found a separation or a division, in no way, so that either the Son is conceived of without the Father, or the Spirit separated from the Son. But something ineffable and unknowable is comprehended in them, both a communion and a distinction, while the difference of the hypostases does not tear the conjunction of the nature, and the communality of the *ousia* does not mingle the properness of the indications.

	Add. 12155, fol. 14Ra = Add. 14532, fol. 97Vb = Add. 14533, fol. 74Rb
ܠܐ ܕܝܢ ܬܬܕܡܪ ܐܝ ܗ̇ܘ	ܠܐ ܕܝܢ ܬܬܕܡܪ: ܐܝ ܗܘ
ܒܪ ܗ̇ܘ ܘܕܡܚܝܕ. ܘܕܡܦܪܫ	ܒܪ ܗܘ ܘܕܡܚܝܕ. ܘܡܦܪܫ
ܐܡܪܝܢ ܕܐܝܬܘܗܝ܆	ܐܡܪܝܢ ܐܝܠܝܢ[20]
ܘܡܕܡ ܡܫܒܚܝܢ ܚܝܠ	ܕܐܝܬܘܗܝ܆ ܘܡܕܡ ܚܕܬܐ
ܐܝܟ ܕܒܢܝܢܫܐ ܚܕܬܐ	ܘܬܡܝܗܐ ܡܫܒܚܝܢ ܚܝܠ
ܘܡܫܒܚܐ: ܦܘܪܫܐ ܕܡܚܝܕ:	ܐܝܟ ܕܒܢܝܢܫܐ: ܦܘܪܫܐ
ܘܢܘܦܩܬܐ ܕܡܦܪܫܐ. ܐܝ	ܕܡܚܝܕ. ܘܢܘܦܩܬܐ ܕܡܦܪܫܐ.

ܓܝܪ ܠܐ ܐܝܟ ܚܢܢܐܝܬ ܘܒܒܢܝܢܐ[21] ܫܡܝܐ ܠܡܠܬܐ:
ܐܦ ܒܡܠܬܐ ܓܒܝܠܐ ܐܝܬܘܗܝ ܕܡܫܒܚܢܐ: ܕܗܘܐ ܕܐܝܟ
ܗܘ ܢܫܒܚ. ܘܦܩܕ ܡܠܬܐ، ܐܝܟ ܬܫܡܫܬܐ ܘܦܘܠܓܝܬܐ
ܕܫܪܪܐ. ܠܘ ܐܟܘܬܗ ܕܫܪܪܐ ܕܡܘܒܠܢܐ. ܠܐ ܓܝܪ
ܡܫܒܚܢܐ ܕܒܝܬ ܒܠܗܝܢ ܬܬܠܚܡ ܗ̇ܝ ܕܡܬܚܙܝܢܐ ܒܬܫܡܫܬܐ:
ܠܗܠܝܢ ܕܠܬܗܘܢ ܚܫܝܫܬܐ ܕܬܫܡܫܬܐ ܡܫܬܠܡܐ.

	Add. 12155, fol. 14Ra = Add. 14532, fol. 97Vb = Add. 14533, fol. 74Rb
ܡܢ ܐܘܒܠܐ ܗܟܝܠ ܐܡܪܝܢ	ܡܢ ܐܘܒܠܐ ܗܟܝܠ ܐܡܪܝܢ
ܚܝܠ: ܗܘ̇ ܕܦܪܫ ܐܝܟ ܚܕܐ	ܕܠܗܘ̇ ܕܡܦܪܫ ܐܟܚܕܐ
[93Rb] ܘܐܝܟ ܚܕܐ ܡܚܒܝܢ:	ܘܡܚܝܕ:
ܡܢ ܗܠܝܢ ܕܒ̈ܝ ܠܒܫܐ	ܡܢ ܗܠܝܢ ܕܒܝܫ ܠ̈ܒܫܐ
ܘܕܡܢ ܡܬܚܝܢ ܠܢ܀	ܡܬܚܝܢ ܡܬܚܠܦܝܢ ܚܢ.

ܐܬܚܫܒ ܒܗܢ ܠܡܦܪܕܐ ܕܡܫܬܐ ܕܒ̈ܢܝܢܐ: ܘܠܒܠܥܐܝܬ
ܚܢܐ ܐܝܬ ܗܘܐ ܕܐܡܪ ܐܢܐ. ܡܫܬܐ: ܗ̇ܝ ܕܡܠܬܐ
ܕܒܠܐ ܕܐܪܥܐ ܡܚܪܐ ܡܫܒܚܐ ܠܗ ܡܠܬܐ

1. You should then not be surprised if we say that the same one is both united and distinguished, and we find as in a riddle something new and glorious: a distinction which is united and a connection which is distinguished.

---

2. Add. 12155, fol. 14 R a etc.

You should then not be surprised if we say that the same one is both united and distinguished[20], and we find something new and amazing as in a riddle: a distinction which is united and a connection which is distinguished.

---

1. For if someone does not listen contentiously and in a mocking way[21] to the word, he is also able to find something like this in perceptible things. And accept my word as a demonstration and a shadow of the truth, not as the truth of the things. For it is not possible that that which is seen in the demonstration shall agree in all respects with those things for which the use of the demonstration is accepted.

Whence therefore do we say that that which is separate at the same time [93 R b], and at the same time by nature, is of those things which appear beforehand to us in the sense-perceptions?

---

2. Add. 12155, fol. 14 R a etc.

Whence therefore do we say that we understand that which is separate and united at the same time from those things which are seen by the sense-perceptions?

---

1. Think for a while of the torch of the (rain)bow which is in the clouds, and you see clearly the bow, I mean that which common usage names with the common term of *iris*.

---

[20] Thus 14532, 12155 and 14533: ܐܬܦܪܫ.

[21] Correct to: ܘܡܒܙܚܐ.

ܕܟܘܠܐ: ܗܘ̇ ܕܐܬܚܙܝ ܚ̈ܠܝܬܐ ܕܒܗܠܝܢ ܡܬܦܢܝܢܐ:
ܐܡܬܝ، ܕܐܝܬ ܒܐܐܪ ܙܒܢܝܘܬܐ ܡܕܡ ܕܡܫܚܠܦ ܠܟܐ:
ܟܕ ܡܙܒܢܝܢܐ ܕܪ̈ܘܚܐ ܠܙܒܢܝܘܬܐ ܕܒܠܗ̈ܝ ܠܟܐ:
ܕܒܢܝܬܐ ܘܒܢܝܢܝܬܐ ܡܢ ܟܕܘ ܗܘܬ ܠܡܙܒܢܐ ܟܢܝ.
ܕܡܬܦܢܝܢܐ ܕܝܢ ܐܬܚܙܝ ܗܟܢ. ܐܡܬܝ، ܕܐܠܝܦܐ
ܕܫܡܫܐ ܢܣܒܬ ܘܢܘܗܪܐ ܡܢ ܟܠܗ ܕܡܫܡܫܢܘܬܐ
ܘܡܙܒܢܐ ܕܟ̈ܝܢܐ: ܘܬܘܒ ܟܡ ܬܘܢܝ ܐܝܬ ܠܟܝܢܐ ܡܕܡ
ܣܘ̈ܪܕܐ ܕܠܗ ܢܦܫܘܗܝ: ܐܝܟ ܟܦܦܐ ܡܕܡ ܘܦܘܢܝܐ
ܠܗܬܡܢ ܢܗܘܐ: ܟܕ ܡܢ ܓܫܢܐ ܠܡܓܒܠܐ ܦܢܐ ܡܢ
ܙܒܢܝܘܬܐ ܘܡܠܘܬܐ. ܡܛܠ ܟܝܪ ܕܟܝܢܐ ܐܝܬ
ܠܟ̈ܝ ܟܝܬܐ ܡܬܠܗ̈ܝܬܐ: ܐ̱ ܟܠ ܡܕܡ ܥܒܝܕܐ
ܬ̈ܠܝ: [93Va]ܠܘܬ ܢܦܫܗܝܢ ܬܘܒ ܢܫ̈ܦܟܝܢ ܢ̈ܦܦܦܝܢ:
ܐܣܛܘܟܣܐ ܘܕܪܝܢܐ ܕܫܡܫܐ ܟܕ ܐܠܝܦܐ ܒܙܒܢܝܘܬܐ
ܘܫܡܫܘܬܐ ܕܐܐܪ ܗ̇ܘܐ: ܘܡܢ ܐܢܘܫܐ ܐܦ ܐܐܪ
ܕܚܒܨ ܠܘܬ ܟܝܢܐ: ܟܕ ܡܫܒܚܐ ܕܒ̈ܠܗ ܡܨܛܠܡܝܢ.
ܗܢܐ ܡܟܝܠ ܡܫܒܚܐ: ܘܡܫܡܫܢܐ ܗܘ ܠܘܬ ܢܦܫܗ
ܘܕܒܠܒܠ. ܦܠܓ ܟܘ̈ܠܐ ܟܝܪ ܡܕܡ ܐܬܘܗܝ:
ܘܦܠܓ ܕܘܫܒܚܐ. ܕܠܐ ܡܬܚܣܢܐܝܬ ܒܗ̈ܒܒܐ ܡܬ̈ܦܬܚܐ
ܕܟܢܫܬܐ[22] ܠܘܬܗ̇ ܡܬܬܟܠ ܟܢ. ܟܕ ܗܠܝܢ ܕܐܝܬ
ܠܗܢ ܟܘ̈ܠܐ ܐܚܪ̈ܢܐ: ܢܦܝܫܘܬܐ ܕܠܘܬ ܫ̈ܕܪܐ
ܡܢ ܫ̈ܘܠܝ ܟܠܡܫܐ ܟܢܦ̈ܐ. ܐܡܟܢܐ ܕܠܐ ܬܬܦܪܕ
ܕܒܬܪܐ ܕܡܠܟܘܬܐ: ܠܘܬ ܡܠܟܘܬ ܢܘܪܐ
ܗܘ̇ ܕܟܡܢ ܟܬܐ. ܘܡܬܠܝܬܐ ܟܕ ܢܦܫܗ̇: ܘܡܦܪܫܐ

1. Those who are powerful in those things say that it is raised up when there is a certain moisture mixed in the air when the force of the winds compresses into rain the moisture which is in the vapours, which was already thick and cloudy. They say then that it is established as follows: when a ray of the sun shall descend and take its course from the side of the density and the darkness of the clouds, and afterwards will lean its own circle directly on some cloud, there will be a sort of bending and a return towards them, when the brightness turns to the opposite direction from the moisture and the splendour. For because it belongs to the nature of glowing light phenomena, if they fall [93 V a] on to something smooth, to return bent to themselves again, the circular shape of the sun is in the moisture and smoothness of the air by means of the ray. And of necessity also the air which is placed near the cloud, is contained by means of the brightness which shines. This brightness therefore is both continuous with itself and something which is divided. For it is something which has many colours and many shapes which are mingled invisibly of touch[22] towards it in various hues, while the connection towards each other steals those things which have other colours secretly from our sight, so that the place of the brightness cannot be recognized [as separate] with respect to the fiery brightness in between, but it mingles with itself and distinguishes

[22] Suggests Greek: τῆς ἁφῆς instead of: τῆς βαφῆς.

ܠܐܚܪܢܘܬܐ ܕܓܘ̈ܢܐ: ܐܘ ܕܡܢ ܡܫܚܘܬ ܢܘܪܐ ܠܘܬ ܗܘ̇
ܐܪܓܘܢܝܬܐ. ܐܘ ܗܘ̇ ܠܘܬ ܗܘ̇ ܕܐܠܘܪܓܘܪܘ ܡܢ ܫ̈ܒܝܢܐ
ܓܒܪ ܕܒܠܘܗܘ ܡܢ ܒܗ. ܐܝܟ ܚܕܐ ܡܬܒܝܢ ܘܡܫ̈ܚܠܦܝܢ ܢܗܝܪ̈ܐ
ܐܝܬܝܗܘܢ: ܐܦ ܐܬ̈ܘܬܐ ܕܢܘܦܩܘܬܐ ܕܠܘܬ ܚ̈ܕܕܐ
[93Vb] ܒܒܢܝܢ ܘܡܢ ܡܟܫ̈ܘܢܘܬܐ ܒܪܦܝܢ. ܐܝܟܢܐ
ܕܠܐ ܢܗܘܐ ܦܘܪܫܐ ܕܢܒܥܘ. ܒܕܡܐ ܠܐܝܟܢܐ ܡܫܟܚܐ ܗܘ̇
ܢܘܪܢܝܬܐ: ܐܘ ܒܘܪܠܝܬܐ ܕܢܘܗܪܐ ܡܢ ܐܝܟܢܐ ܡܬܢܪܐ.
ܘܠܐ ܡܟܝܠ ܕܐܝܟ ܗܢ ܐܬܬܣܝܡ: ܐܝܟ ܡܢܐ ܕܒܢܗܝܪܘܬܐ
ܪܫܝܡܬܐ ܡܬܚܙܝܐ.

	Add. 12155, fol. 28Vb (quoted by Peter of Callinicum)
ܐܝܟ ܗܢܐ ܗܟܝܠ ܕܒܬܘܣܦܬܐ:	ܐܝܟܢܐ ܗܟܝܠ ܕܒܬܘܣܦܬܐ:
ܐܦ ܫܘܚܠܦܐ ܕܓܘ̈ܢܐ	ܘܫܘܚܠܦܐ ܕܓܘ̈ܢܐ
ܓܠܝܐܝܬ ܡܬ̇ܚܙܐ ܘܕܒܒܢܝܢ ܚܝܢ:	ܓܠܝܐܝܬ ܡܬ̇ܚܙܐ ܘܕܒܒܢܝܢ:
ܘܦܘܪܫܐ ܕܐܚܪܢܝܐ ܠܘܬ	ܘܪܚܝܩܘܬܐ ܕܐܚܪܢܝܐ ܠܘܬ
ܐܚܪܢܝܐ ܠܘܬ ܕܒܪ ܓܒܐ	ܐܚܪܢܝܐ ܒܪ̈ ܓܒܐ ܠܘܬ
ܢܕܪܟ: ܗܟܝ ܐܬܚܫܒ ܠ	ܠܡܕܪܟܘ: ܗܟܢܐ ܐܬܚܫܒ
ܕܐܝܬܝܗ̇: ܕܡܫܒܚܢܐ ܕܐܦ	ܕܡܬܚܝܢܝܬܐ ܐܝܬܝܗ̇
ܡܛܠ ܡܘ̈ܠܦܢܐ ܐܠܗܝܐ	ܘܡܛܠ ܡܘ̈ܠܦܢܐ ܐܠܗܝܐ
ܠܬܫܒܚ: ܕܕ̈ܠܝܬܐ ܡ̇ܢ	ܕܠܬܫܒܚ: ܕܕ̈ܠܝܬܐ ܡ̇ܢ
ܕܩ̈ܘܡܐ: ܐܝܟ ܗܦ̈ܟܐ ܡܕܡ	ܕܩ̈ܘܡܐ ܐܝܟ ܓ̇ܘܢܐ ܡܕܡ
ܡܢ ܗܠܝܢ ܕܡܬܚ̈ܠܦܝܢ	ܡܢ ܗܠܝܢ ܕܒܩܨܬܐ
ܒܩܨܬܐ ܦ̈ܠܝܓܝܢ: ܟܠ ܚܕ.	ܡܬܚܠܦ: ܡܒ̈ܕܩܝܢ ܟܠ ܚܕ.
ܡܢ ܗܠܝܢ ܕܒܬܠܝܬܝܘܬܐ	ܡܢ ܐܝܠܝܢ ܕܒܬܠܝܬܝܘܬܐ
ܡܬܗܝܡܢ.	ܦܪ̈ܫܐ ܡܬܗܝܡܢܝܢ.
ܒܕܡܘܬܐ ܕܝܢ	ܒܕܡܘܬܐ ܕܝܢ

1. the difference of the colours either between the fiery shining and the purple, or between it and the amber. For when the splendours of them all are seen together, they are many in lights. Also they steal the signs of connection between each other [93 V b] and they escape the reproofs, so that there is no means of finding how far the fiery extends or where the beryl-like [part] of the light begins, and therefore in this way it is not seen as in distant brightness.

Therefore, just as in the demonstration, we also clearly perceive a difference of colours, but we cannot comprehend by the sense-perception an interval between one and the other. In this way please consider it possible also to think about the divine teachings. It is assured that the properties of the hypostases, like certain hues of [the kind that are] seen in the bow, are shining in each one of those who are in the Trinity. However, in the property

---

2. Add. 12155, fol. 28 V b etc.

Therefore, as in the demonstration, we also clearly perceive a difference of colours but the distance between the one and the other cannot be comprehended by the senses. In this way it is possible to think about the divine teachings. The properties of the hypostases are sure to be like certain colours of [the kind that are] seen in the bow, flashing on each one of those who are in the Holy Trinity. However, in the property

ܕܒܒܝܢܐ ܘܠܐ ܚܕ܂	ܕܒܒܝܢܐ܆ ܘܠܐ ܚܕ܂
ܫܘܠܡܐ ܕܐܢܫܐ ܠܘܬ	ܫܘܠܡܐ ܐܢܫܝܐ ܠܘܬ
ܐܢܫܐ ܡܫܬܒܚ. ܐܠܐ	ܐܢܫܐ ܢܫܬܒܚ. ܐܠܐ
ܒܦܘܢܝܘܬܐ ܕܐܘܣܝܐ	ܒܦܘܢܝܘܬܐ ܕܐܘܣܝܐ:
ܕܬ̈ܠܝܬܐ ܡܫܘ̈ܕܥܢܝܬܐ	ܕܬ̈ܠܝܬܐ ܡܫܘ̈ܕܥܢܝܬܐ:
ܡܢ ܬܫ̈ܥ ܟܠ ܟܠܫ..	ܢܫ̈ܡܬܢ ܟܠ ܟܠܫ܂ ܡܢܫܡܘܢ.

ܘܠܗܘܢ ܒܬܪ ܒܬܘܩܘܬܐ: ܗܝ ܕܡܫܘܕܪܐ ܠܡܚܝܢܐ
[94Ra] ܗܘ [?] ܦܩܚ ܒܘ̈ܪܐ: ܚܕܐ ܐܘܣܝܐ ܐܬܬܠܝܬܗ:
ܗܝ ܕܒܢܝ. ܐܠܗܘܬܐ ܡܫܒܚܬܐ ܡܬܒܪܝܢܐ. ܗܟܢܐ ܕܗܝ
ܕܗܘ ܕܡܬܝܚܕܐ ܦܩܚ ܕܡ̈ܬܘܬܐ: ܒܗ ܕܪ̈ܚܐ ܠܗ
ܡܠܬܐ ܐܦ ܒܟܢ ܒܬܘ̈ܬܐ: ܕܠܐ ܦܪܨܘܦܐܝܬ ܢܒܥ
ܒܡ̈ܠܐ ܕܡܬܠ ܡܠܦܢܐ: ܐܡܬܝ ܕܒܢܩܫܘܬ ܚܙܘܐ
ܢܠܦܢ ܚܢ: ܒܕ ܠܘܬ ܫܠܡܘܬܐ ܕܗܠܝܢ ܕܡܬܐܡܪ̈ܢ
ܢܐܚܕܘܢ ܠܗ ܡܪ̈ܘܢܐ: ܐܝܟ ܡܢܐ ܒܬܪ ܕܒܗܠܝܢ
ܕܡܬ̈ܚܙܝܢ ܠܒܢܝܢܐ: ܕܒ ܡܢ ܡܠܬܐ ܐܬܝܕܥ
ܢܫܢܢܐ ܕܒܠܬܐ: ܗܒܢܐ ܘܒ̈ܢܝܠܦܢܐ ܗܠܝܢ ܕܦܩܚ
ܕܗܢ: ܦܪ̈ܢܐ ܗܡܫܚܘܬܐ ܡܢ ܡܕܒܪܢܘܬܐ ܕܚܫ̈ܒܢܐ:
ܕܡܠܦܢܐ ܗܝ ܕܡܦܪܫܐ ܒܡܢ̈ܘܬܐ: ܘܗܝ ܕܡܫܝܚܐ
ܒܐܘܣܝܐ.܀܀ ܡܛܠ ܗܒܢܠ ܕܗܢܐ ܦܢ ܡܕܡ
ܒܘܢܝܐ ܚܕܬ ܡܠܬܐ ܒܬܠܝܬܝܘܬܐ ܘܕܝܢܬܐ: ܗܢܐ
ܕܝܢ ܕܠܢܝܐ: ܡܠܬܐ ܦܢ ܕܒܘܢܝܘܬܐ ܠܐܘܣܝܐ
ܡܬܚ̈ܠܦܐ. ܘܒܘܢܐ ܕܝܢ. ܐܬܐ ܕܠܢܝܬܐ ܕܒܗܠ ܚܕ.
ܡܢܗܘܢ ܢܗܘܐ. ܐܠܐ ܒܒܪ ܡܦܢܪ ܐܢܫ: ܕܠܐ
[94Rb] ܫܠܦܐ ܡܠܬܐ ܗܝ

2. of the nature no difference is found between them, but in the communality of the *ousia* the indicative properties radiate on each one.

---

1. which is in the nature no difference can be found between them, but in the communality of the *ousia* the indicative properties light on each one of them. For from there in the demonstration that which lights to the brightness [94 R a] of many colours, is one *ousia*, which is bent by the sun's ray, but the hue of him who is seen is many in shapes. The word, instructing us also by the creatures not to suffer to no purpose over words about doctrine, if we fall into difficulty of vision, when dizziness seizes us [as we strive] towards the agreement of things [just] mentioned. For just as with those things which are visible to the eye, experience of the matter has appeared to be superior than the description, thus also in those teachings which are very exalted, the faith which teaches that which is distinguished in hypostases and united in *ousia* is better than the comprehension of the thoughts.

Therefore, because reason has seen what is communal in the Holy Trinity on the one hand and what is proper on the other, the description about communality is applied to the *ousia*, but the hypostasis is the proper sign of each of them. But perhaps someone thinks that [94 R b] that word

ܕܐܬܢܨܒܬ ܡܛܘܠ ܦܘܩܕ̈ܢܐ: ܠܬܪܒܝܬܐ ܕܟܬܒܐ
ܕܫܠܝܚܐ: ܒܗܠܝܢ ܕܐܡ̇ܪ ܡܛܘܠ ܡܪܢ: ܡܫܝܚܐ
ܕܬܫܒܘܚܬܗ ܘܦܘܩܢܐ ܕܦܘܩܕܢܗ. ܐܢ ܓܝܪ ܦܘܩܕܢܐ
ܡܫܒܚܝܢ ܕܐܝܬܘܗܝ، ܪܗܛܐ ܕܕܐܝܟ ܚܕܐ
ܕܕܝ̈ܠܝܬܐ ܗܠܝܢ ܕܠܘܬ ܟܠ ܚܕ: ܡܬܬܘܕܥܐ ܕܝܢ
ܕܐܝܟ ܡܢܐ ܕܠܘܬ ܐܢܫܐ ܐܝܬ ܡܕܡ ܗ̇ܘ ܕܕܝܠܐܝܬ
ܡܬܝܕܥܐ: ܕܒܗ ܒܠܚܘܕܘܗܝ، ܡܬܐܡܪ: ܒܗ ܕܝܢ ܒܢܝܐ
ܘܡܛܠ ܐܢܫܝܘܬܐ ܗ̇ܝ ܕܦܓܪܐ ܡܬܗܡܢܢܐ: ܐ̇ܒܢܐ
ܗܪܟܐ: ܥܡܐ ܕܦܘܩܕܢܐ ܠܐܒܐ ܒܠܚܘܕ ܡܦܩܕܗ.
ܒܬܪܟܐ: ܠܒܪܐ ܕܝܢ ܕܡܘܬܐ ܐܡ̇ܪ ܕܦܘܩܕܢܐ. ܕܠܘ
ܒܫܘܘܕܥܐ ܕܠܗ: ܐܠܐ ܒܗܠܝܢ ܕܐܒܐ ܡܫܬܠܡ.
ܐܢ ܓܝܪ ܦܘܩܕܢܐ: ܐܬ̈ܐ ܕܕܝܠܝܬܐ ܕܐܒܐ ܕܒܠܚܘܕ.
ܡܒܣܡܘܢ ܐܝܬܘܗܝ; ܕܝܠܝܬܐ ܕܝܢ ܕܐܒܐ: ܗ̇ܝ
ܕܠܐ ܐܝܠܝܕܐܝܬ ܐܝܬܘܗܝ، ܡܬܬܘܕܥܐ: ܡܕܒܪ ܕܝܢ
ܒܪܐ ܒܗ̇ܝ ܕܐܒܐ: ܐܪܐ ܠܐ ܡܚܝܠ ܡܚܝܬܪܐ
ܠܐܒܐ ܡܬܝܪܐܝܬ: ܕܒܠܚܘܗܝ، [94Va] ܒܠܚܘܕܘܗܝ، ܗ̇ܝ
ܕܠܐ ܐܝܠܝܕܐ ܐܬܬܐܡܪ. ܐܢ ܗ̣ܘ ܕܒܕܝܠܝܘܬܐ
ܕܐܒܐ: ܐܦ ܗܢܐ ܕܐܝܠܝܕܐ ܡܬܝܕܥܢܐ. ܐܠܐ ܚܢܢ
ܗܕܐ ܐܡ̇ܪܝܢ. ܕܒܝܢܐ ܐܚܪܢܐ ܡܚܠܦܐ ܗܘܝܐ
ܡܠܬܐ ܠܫܠܝܚܐ: ܕܒܕ ܠܘܬܗ ܚܙܐ: ܒܗܠܝܢ ܬ̈ܠܐ
ܐܬܚܫܒ: ܒܕ ܡܩܒܠܐ ܕܬܫܒܘܚܬܐ ܐܡ̇ܪ ܘܦܘܩܕܢܐ
ܕܦܘܩܕܢܗ. ܗ̇ܘ ܕܐܢ ܐܝܟ ܚܬܝܬܐܝܬ ܢܫܬܒܠ: ܘܠܐ
ܡܕܡ ܡܫܒܚ ܕܝ̈ܠܢܐ ܒܡ ܗܠܝܢ ܕܐܬܐܡܪ ܡܢ.
ܐܠܐ ܠܡܫܒܚܬܐ ܡܕܡ

which has been given concerning the hypostases does not follow the scripture of the apostle, in which he calls our Lord 'the splendour of his glory and the image of his hypostasis'. For if we admit that the hypostasis is the concourse of those properties which are with each one, it will be acknowledged that as with the Father there is something which is seen properly, by which alone he is known, in the same way also concerning the only-begotten the same thing is believed. Why then does Scripture here testify the term of hypostasis for the Father alone, but says that the Son is in the likeness of the hypostasis, seeing that he is not signified by his own indication, but by those of the Father? For if an hypostasis is the proper sign of being of each one of them - the property of the Father being that he is acknowledged as being unbegotten, but the Son is made like that of the Father, then for the Father there no longer remains anything more [94 V a] than that of him alone the 'unbegotten' will be said, if he who is in the property of the Father, is also stamped as the being of the only-begotten. But we say this, that the word of the apostle here fulfills another purpose, to which he looked in using those words, saying 'the splendour of his glory and the image of his hypostasis'. If a person understands it exactly, he finds nothing to conflict with those things which have been said by us, but the word is in accord with a particular concept.

ܕܠܝܢܬܐ ܢܦܩܐ ܡܠܬܐ. ܠܘ ܓܝܪ ܕܐܡܝܢ
ܠܬܦܪܫܘܢ ܡܢܗ̈ܘܢܐ ܡܢ ܚܕ̈ܪܐ ܒܝܢ. ܐܬܘ̈ܬܐ
ܕܡ̈ܬܬܚܫܚܢ: ܡܠܬܐ ܫܠܝܡܘܬܐ ܡܬܬܓܪܐ. ܐܠܐ
ܕܐܡܝܢ ܡܕܡ ܚܒܝܒܐ ܘܠܐ ܡܬܦܪܫܢܐ: ܘܗܝ
ܕܡܫܝܚܐ: ܕܐܝܚܝܕܘܬܐ ܕܐܒܐ ܠܘܬ ܒܪܐ ܬܬܚܫܒ.
ܐܝܟ ܗܢܐ ܓܝܪ ܕܠܐ ܐܒ݂ܐ: ܗܘ̇ ܕܐܝܬܘܗܝ، ܥܒܝܕܗ
ܕܐܒܐ: ܒܪ. ܟܠ ܠܒܪܪܐ ܡܒܝܢܐ ܐܝܬ ܠܗ: ܐܠܐ
ܗܕܐ ܒܨܪ ܐܝܟ ܗ̇ܝ ܕܡܬܬܘܕܝܐ: ܗܝ ܕܠܘ
ܐܕܫܐ ܡܕܡ [94Vb] ܐܚܪܢܐ ܕܬܫܒܘܚܬܐ ܠܘܬ
ܐܒܐ ܘܐܚܪܢܐ ܠܘܬ ܒܪܐ ܚܠܦ ܕܢܬܚܫܒ. ܕܝܡܒܝܢܐ
ܕܠܗ̇ ܕܬܫܒܘܚܬܐ ܕܐܒܐ: ܬܫܒܘܚܬܐ ܕܡܫܝܚܐ
ܡܬܬܚܫܒܐ. ܘܡ̇ܛܠܬ ܕܕܠܐ ܦܘܪܫܢܐ ܢܬܚܫܒ ܒܗ
ܐܒܐ ܒܪܐ: ܡܢ ܬܫܒܘܚܬܐ ܕܒܢܘܗܪܐ. ܐܝܟ ܡܐ
ܓܝܪ ܕܝܡܒܝܢܐ ܗ̇ܝ ܡܢ ܫܠܡܘܬܐ: ܠܘ ܕܝܢ
ܐܚܪܢܐ ܒܬܪ ܫܠܡܘܬܐ ܐܝܬܘܗܝ، ܝܡܒܝܢܐ: ܐܠܐ
ܐܝܟ ܚܕܐ ܫܠܡܘܬܐ ܢܗܘܪܬ: ܘܡܢܗ̇ ܐܝܟ ܚܕܐ
ܐܝܟ ܢܗܘܪܐ: ܗܟܢܐ ܒܪܐ ܕܐܦ ܡܢ ܐܒܐ
ܒܪܐ ܢܬܩܛܠ. ܠܘ ܕܝܢ ܒܡܬܚܫܒܬܐ ܡܕܡ ܦܘܪܫܢܐ: ܡܢ
ܡ̈ܠܬܐ ܕܐܒܐ ܡܫܕܪܐ ܢܬܬܚܫܡ. ܐܠܐ ܒܡ ܒܠܒܐ:
ܘܠܗ̇ ܕܡܟܝܢ ܐܝܟ ܚܕܐ ܢܗܒܪ. ܒܗ ܡܒܠ ܒܪ. ܒܗ
ܒܘܠܐ: ܐܝܟ ܡܢܐ ܕܦܫܝܛ ܗܘܢܐ ܕܦܪܝܫ ܐܬܝܗܒ:
ܕܒܝܢ ܬ̈ܠܘܦܐ ܠܫ̈ܡܫܢܐ: ܠܘܬ ܫܘܡܠܝܐ ܕܗܠܝܢ
ܕܠܐ ܡܬ̈ܚܫܚܢ ܡܫܕ̈ܪܐ ܠܗ܀ ܐܝܟ ܗܢܐ ܓܝܪ
ܕܓܘܫܡܐ ܡܢ ܟܠ ܦܘܪܫ: ܐܬܘܗܝ،

For the apostolic word does not deal with how the hypostases can be distinguished from one another by visible signs, but how the relationship of the Father to the Son shall be understood as related and not distinguished and as a united one. For as he did not say 'He who is the glory of the Father', although in truth he is, but omitting that as acknowledged, he teaches us to understand that not one species [94 V b] of glory is with the Father and another with the Son, he defines the glory of the only-begotten as the splendour of the glory of the Father, and causes that the Son will be understood with the Father without distinction, using the demonstration [to be found] in the light. For as the splendour is from the flame, though the splendour is not subsequent to the flame, but the flame lights at the same time, and at the same time the light shines, thus he wants the Son to be understood from the Father, and not that the only-begotten should be not defined against the being of the Father by an intervening extension, but together with the cause we should think him who is from him. In the same way interpreting, the view given before, by means of bodily teachings he leads us towards the understanding of things unseen.

For as the body by all means, is ... [91,27 COURTONNE]

Add. 12155, fol. 28Vb

ܡܕܝܢ ܗ̇ܘ ܕܐܬܬܟܝܠ ܒܡܫܦܪܐ ܕܝܢ ܠܡܠܐ:
ܒܗ ܠܠܘܬܐ ܕܬܦܢܝܬܐ ܗܘܐ. ܘܗ̇ܘ ܕܐܝܟ
ܕܠܡܐܡܪ ܕܡܘܬܐ ܕܒܪܐ ܥܘܠ ܒܬܪܥܝܬܗ: ܒܡܘܢܝܐ
ܕܡܘܬܐ ܕܐܒܐ ܛܘܦܣ. ܒܪ ܚܝܐ ܒܪ ܗܢܐ ܠܗ̇ܘ. ܒܪ
ܠܘ ܐܠܐ ܡܠܝܘܬܐ ܕܐܒܐ ܒܡܘܢܝܐ ܕܒܪܗ ܚ̇ܝܐ. ܘܐܢ
ܕܝܢ ܠܐ ܒܟܠܗ ܗ̣ܘ ܒܪ: ܗ̣ܘ ܐܝܬܘܗܝ، ܘܠܘ ܐܚܪܢܐ.
ܐܠܐ ܫܘܦܪܐ ܠܐ ܡܠܝܐ ܒܗ̇ܘ ܡܠܝܐ ܚ̇ܝܐ܀

✻ ✻ ✻ ✻ ✻ ✻ ✻ ✻

ܡܕܝܢ ܦܘܡܬܐ ܕܒܪܐ: ܐܝܟ ܕܡܘܬܐ ܕܦܪܨܘܦܐ[23]
ܗ̇ܘܐ ܕܡܫܘܚܘܬܐ ܕܐܒܐ. ܘܦܘܡܬܐ ܕܐܒܐ
ܒܕܡܘܬܐ ܕܒܪܐ ܡܬܝܠܕ. ܒܪ ܡܬܒܪܐ ܠܗܘܢ ܕܠܝܬܐ
ܗ̇ܝ ܕܡܬܚܙܝܐ ܒܠܫܘܢ: ܠܦܪܨܘܦܐ ܟܠܗ ܕܦܘ̈ܡܬܐ܀

Add.12155, fol.28 V b [92,11 COURTONNE].

Therefore he who has considered the beauty of the image, is in mind of the original. And he who so to speak has taken the form of the Son in his mind, has impressed [it] in the image of the hypostasis of the Father, seeing him by it, not seeing the unbegottenness of the Father in the image which is from him (otherwise he would be seeing the same in everything and not another) but seeing the unbegotten beauty in him who is begotten.

* * * * *

[92,26 COURTONNE]

Therefore the hypostasis of the Son is as the form and the *prosopon* of the signification of the Father[23], and the hypostasis of the Father is known in the form of the Son, while the property which is seen about them remains with them for a clear distinction of the hypostases.

Resümee

Gregors von Nyssa Schrift *De differentia essentiae et hypostaseos*, die als Brief 38 seines Bruders Basilius überliefert worden ist, ist zum größten Teil auch in syrischer Übersetzung erhalten. Parallele Fragmente der Übersetzung in verschiedenen Handschriften zeigen, daß es mehrere Übersetzungen oder Revisionen einer ursprünglichen Übersetzung gegeben hat. Da diese Übersetzungen nicht mehr sehr frei und noch nicht sehr genau sind, kann man sie wohl in das 6. Jahrhundert datieren, als die syrische Übersetzungstechnik zum Teil, aber noch nicht bis zur wortwörtlichen Wiedergabe des Griechischen entfaltet war. Der Aufsatz bietet alle Originaltexte mit englischer Übersetzung, die vor allem als Vertreter der syrischen Übersetzungstätigkeit und als indirekte Zeugen einer frühen griechischen Textform von Bedeutung sind.

[23] Correct to: ܘܦܪܨܘܦܐ.

Words from the ΨΑΛ-Root in Gregory of Nyssa

Everett FERGUSON

Gregory of Nyssa gives the following definition and discussion of ψαλμός:

"There is a distinction between psalm, ode, praise, hymn and prayer. A psalm is the melody made by a musical instrument. An ode is a melodious expression made by the mouth with words. A prayer is a supplication brought to God with reference to something of concern. A hymn is the honor rendered to God for the good things which are ours. Praise encludes a panegyric for the divine accomplishments, for a panegyric is nothing but an increase of praise. Many times these terms are joined with one another in some combination in the titles [of the Psalms] so that one becomes two through the combination: either psalm of an ode or ode of a psalm or psalm with hymns or (as we have learned in Habakkuk) a prayer with an ode. The deeper meaning which by these titles leads us to virtue is as follows. The psaltery is a musical instrument which makes its sound from the upper parts of its construction, and the music from this instrument is called 'psalm'. Therefore, the Word that exhorts to virtue provides a significance from the very shape of the instrument's construction, for it admonishes you that your life be a psalm, not characterized by earthly sounds. (I say 'sounds' meaning 'thoughts'.) Rather it has the pure and audible sound produced from the upper and heavenly parts. When we read 'ode', we understand through a figure the respectable life with reference to outward things. Even as from musical instruments the sound alone of the melody falls on the ears and no words that belong to the melody are articulated by voices, but in an ode both together occur - both the rhythm of the melody and the meaning of the words which comes through with the melody, a meaning which cannot be understood when the melody occurs by the musical instruments alone; so it happens to those who give up virtue. For those devoting their mind to the contemplative and mystical philosophy of being accomplish virtue in many things invisibly and shut up virtue in their own conscience. But those who at the same time diligently perform the ethical life display publicly the gracefulness of their life in the respectability of outward action exactly like some word. Whenever the good is accomplished by both, when practical philosophy accompanies contemplative philosophy, there is the ode of a psalm or the psalm of an ode. Whenever one of these terms stands alone before the panegyrics, either the good according to the mind alone is signified by the word 'psalm' or the activity and respectability in outward things is the interpretation of the word 'ode'.

...

The psalm with hymns leads us to a higher condition, which the divine apostle also knew, as he says to the Corinthians that he makes melody (ψάλλω) now with the spirit and now with the mind. Therefore, the psalmody mixed with the mind interprets the previously explained word. It is necessary for the outward appearance to be worthy of what is hidden, in order that the ode might agree with the thought. The psalmody which is accomplished by the spirit alone indicates the superlative condition of the saints, since that which leads to God is better than the indications of outward appearances. For he does not say the psalm with certain odes, which distinguish through words the meaning of the thoughts, but he says the psalm with hymns. This is, according to my judgment, a teaching of what it is necessary to know by a hymn. For we learn that the higher life and the thinking on things above and having our instrument from the heavenly and superior thoughts is the hymn of God, not in the power of words but accomplished in the superlative life. Whenever the Word writes the voice of understanding with the hymns, it seems to me to speak symbolically that we should not employ words of praise to God senselessly"[1].

Gregory in this passage presents the definition of ψαλμός in classical Greek: "the sound of the cithara or harp"[2]. The passage continues to be cited for the meaning, even the Christian meaning, of the word[3]. Actually, however, this is an isolated usage by Gregory, not representative of his usual meaning. As with other patristic authors, Gregory employs the classical meaning as the basis of an allegorical interpretation[4]. Otherwise, Christians, as Jews before them, used ψαλμός to refer to the biblical book of Psalms.

---

[1] *Inscr Ps* 2,3 (GNO V 74,23-76,13; 77,6-26 = PG 44,493 B-497 B). I published a preliminary study of the same material, based on a less nearly complete listing of Gregory's references, under the title "Gregory of Nyssa and *Psalmos*".

[2] LSJ 2018. Other patristic texts giving a similar definition include: PS-HIPP *fr in Pss* 5 (PG 10,717 B-C); EUS *Ps* pr (PG 23,72 D); BAS *hom in Ps* 29,1 (PG 29,305 B-C).

[3] TRENCH 296; Lampe 1539.

[4] See my "Active Lives". Gregory's philosophy of music is discussed by MARROU.

1.

Outside the quoted passage, a form of ψαλμός occurs in the same treatise, *In Inscriptiones Psalmorum*, sixty-five times, all with the Judaeo-Christian meaning[5]. Classification of meanings is often somewhat arbitrary, but

(1) I count twelve references to the book of Psalms. The phrase "book of Psalms" occurs three times[6]. Gregory refers also to the division of the Psalms into five books[7].

(2) I have assigned fourteen occurrences to the category of individual Psalms as part of the collection but without specific identification. This includes such phrases as "order of the Psalms"[8], "a few of the untitled Psalms"[9], "such Psalms"[10], and "each Psalm"[11].

(3) Most frequently, as the nature of the work required, the reference is to a specific Psalm: eighteen times. The reference could be indefinite, "David spoke in one of the Psalms"[12] or "in another Psalm"[13], but often the reference is definite: "the fourth Psalm"[14], "the ninth Psalm"[15], "the one hundred third Psalm"[16], and elsewhere. Other definite expressions are "the last Psalm"[17], "the following Psalm"[18], "the Psalm before us"[19], and the like. Sometimes the Psalm is characterized, as "Psalm of ecstasy"[20] or "the Psalm 'for confession'"[21].

---

[5] I gratefully acknowledge the assistance of Daniel Ridings at the Institute of Classical Studies, Göteborg University, and Dr. Friedhelm Mann and Klaus Wachtel of the Forschungsstelle Gregor von Nyssa an der Westfälischen Wilhelms-Universität, Münster, for providing indexes of the ψαλ-words in Gregory of Nyssa.

[6] *Inscr Ps* 1 pr (GNO V 24,7); 2,7 (91,1); 2,10 (114,5).

[7] *Ib.* 1 pr (25,5 s.); 1,9 (65,5).

[8] *Ib.* 1 pr (25,3); 2,8 (93,24); 2,11 (117,2); 2,14 (151,15); etc.

[9] *Ib.* 2,8 (94,1).

[10] *Ib.* 93,15.

[11] *Ib.* 2,10 (110,6).

[12] *Ib.* 1,3 (32,7) = *Ps* 148,1 ff. I follow Gregory's numbering of the Psalms, which is that of the Septuagint.

[13] *Ib.* 1,8 (62,18) = *Ps* 17,5.

[14] *Ib.* 1,4 (35,2).

[15] *Ib.* 2,10 (114,6).

[16] *Ib.* 2,9 (107,19).

[17] *Ib.* 1,9 (65,23).

[18] *Ib.* 2,16 (174,6); cf. "the next Psalm": 2,9 (104,6).

[19] *Ib.* 2,13 (136,15).

[20] *Ib.* 2,6 (88,16) = *Ps* 30.

[21] *Ib.* 2,7 (89,9) = *Ps* 99.

(4) Nine additional times Gregory refers to the word Psalm in a title[22] or to the title of a given Psalm: "the titles of the Psalms"[23], "the title in some of the Psalms"[24], "title of this Psalm"[25].

(5) Overlapping some of the other categories, but in order to underscore the normal usage by Gregory, I have noted three instances where Gregory speaks of the Psalms as written: "written in these Psalms"[26], "David wrote this Psalm"[27].

(6) In keeping with the interpretive purpose of the treatise, Gregory five times refers to the "deeper meaning" (διάνοια) of the Psalm[28] or "the mystery in this Psalm"[29] or "this great philosophy in the Psalms"[30].

(7) Finally, returning to the passage at the beginning, there are other places where Gregory uses ψαλμός in connection with ode or hymn but seemingly with the text of the Psalms in mind[31].

The same usage of ψαλμός for the biblical Psalms characterizes Gregory's other writings. Thus, he refers to the "book of Psalms"[32] or "books of the Psalms"[33]; cites a particular Psalm[34]; declares that "David wrote that Psalm"[35]; and refers to "the word resounding in our hearing all night long with Psalms, hymns, and spiritual songs"[36]. This is not an exhaustive cataloging of the references, but there are no exceptions outside the passage quoted at the beginning to the usage for the biblical Psalms.

To summarize, except where Gregory makes an allegorical point from the etymology of ψαλμός, he always follows the biblical meaning of the word. It is, therefore, very precarious to cite *In Inscriptiones Psalmorum* 2,3 for lexical purposes; indeed it can be misleading to do so, for the definition given there does not correspond to Gregory's

---

22 *Ib.* 2,6 (88,18).

23 *Ib.* 1 pr (24,3); 2,1 (69,15).

24 *Ib.* 2,1 (71,3); cf. 2,7 (90,1) "in many of the Psalms".

25 *Ib.* 2,9 (103,6); cf. 2,13 (138,12).

26 *Ib.* 2,11 (117,5).

27 *Ib.* 2,9 (107,23); cf. 2,6 (88,1) quoted from the title, "Psalm by David".

28 *Ib.* 1,9 (68,8); 2,8 (93,6); 2,9 (107,27).

29 *Ib.* 2,8 (95,14).

30 *Ib.* 1,9 (67,11).

31 *Ib.* 2,1 (69,20; 70,4 s.); 2,6 (88,2).

32 *Ascens* (GNO IX 323,20).

33 *Melet* (GNO IX 453,2).

34 *Ps 6* (GNO V 187,11; 190,4; 192,26).

35 *S pas* (GNO IX 265,16).

36 *S s pas* (GNO IX 309,12).

normal vocabulary, and the same applies for all of early Christian usage.

2.

If we expand the examination to other words from the ψαλ-root, we find the same pattern. In fact, the most common word in the family in Gregory's usage is ψαλμῳδία - 136 times in the works attributed to Gregory. Ψαλμῳδία in classical Greek meant "singing to the harp"[37]; in Christian usage "singing" or "composing Psalms"[38]. Gregory, however, used ψαλμῳδία for the Psalms themselves. The equivalence of ψαλμός and ψαλμῳδία for Gregory is shown by a passage where they are interchangeable in the same context: "The mysteries of the ψαλμῳδία ... Understanding these in the titles of the ψαλμοί read aloud to us"[39]. The same meanings of ψαλμός noted above are found for ψαλμῳδία and in the same phrases.

(1) About one-third of the occurrences of ψαλμῳδία refer to the book of Psalms: e. g., "the Psalmody cries from beginning to end"[40], "the book of Psalmody"[41], "the third part of the Psalmody"[42], "the words of the Psalmody"[43]. Especially noteworthy is the summary of the books of the Bible: "In every church Moses and the Law are read, the Prophets, the Psalmody, all the History, and if there is anything of the Old or New Covenant, all things are proclaimed to the churches"[44].

(3)[45] About another one-third of the occurrences of ψαλμῳδία refer to a specific Psalm: "He says at the end of the ψαλμῳδία (Psalm)" followed by a quotation of *Psalms* 83,13[46]; "In this Psalmody", *Psalms* 94,1[47]; "In the forty-fourth Psalmody"[48]; "That which was spoken in

---

[37] LSJ 2018.

[38] Lampe 1540.

[39] *Mart* 1 (PG 46,749 B-C).

[40] *Inscr Ps* 1,4 (GNO V 37,23).

[41] *Ib.* 2,10 (110,1).

[42] *Ib.* 2,14 (148,16); 2,15 (161,12); *CE* III,V 14 (GNO II 165,3).

[43] *Inscr Ps* 1,6 (40,24).

[44] *Eccl* 1 (GNO V 279,6).

[45] I deliberately follow the numbering of the classification used for ψαλμός.

[46] *Hom opif* 22 (PG 44,208 D).

[47] *Spir* (PG 46,700 A).

[48] *CE* III,IX 15 (GNO II 269,4).

the word of Psalmody"[49]; "The psalmody preaches the mystery of the new covenant in the introduction, saying" (*Ps* 95), then "After the evangelical voices which have been composed in the introduction of the Psalmody"[50]. In fact there are numerous references to "this Psalmody"[51], "the following Psalmody"[52], or to the "beginning"[53], "middle", or "end"[54] of a Psalmody.

(2) Indefinite references to individual Psalms are few, but there are comparable phrases to those used with ψαλμός: "the order of the Psalmody"[55] and "according to the sequence of the Psalmody"[56].

(4) Use of ψαλμῳδία is rare in reference to the titles of the Psalms, but does occur: "The title of the Psalmody includes such mysteries"[57]; "The title ascribes the Psalmody to David"[58].

(5) As in the last reference, several statements ascribe the Psalmody to David: "Uttering the ... hymn, which often we hear from the Psalmody of David, who says"[59]; "I heard often from David in the holy Psalmody"[60]. A favorite characterization is "Great David"[61]. This characterization, at least, is authentic in *Oratio in diem natalem Christi:* "Let us also ourselves say the word of the Psalmody, joining the chorus with the great voiced David"[62]. Similarly, several statements speak of the ψαλμῳδία as written: "Divine scripture of Psalmody"[63], "Written word of Psalmody"[64], "Let him read the inspired words of the Psalmody"[65].

(6) Even as he did with the word ψαλμός, Gregory speaks of the "deeper meaning" (διάνοια) of ψαλμῳδία[66], also of the "philosophy

49 *Ps* 33,8: *Cant* 7 (GNO VI 237,5).

50 *Inscr Ps* 2,9 (GNO V 103,4 and 7; cf. 104,18).

51 *Ib.* 2,13 (136,13).

52 *Ib.* 2,11 (120,10).

53 *Ib.* 116,27.

54 *Ib.* 2,13 (125,21).

55 *Ib.* 2,11 (115,12).

56 *Ib.* 2,10 (108,10); 2,14 (150,15) and 2,15 (163,6).

57 *Ib.* 2,14 (148,10; cf. 20).

58 *Ib.* 2,9 (104,9).

59 *Ps* 123,6: *v Gr Thaum* (PG 46,949 B).

60 *Pulch* (GNO IX 467,13).

61 *CE* I 338 (GNO I 127,13-14); *Eccl* 5 (GNO V 354,3); *or dom* 2 (PG 44,1140 B).

62 *Ps* 117,25: *nat* (PG 46,1128 B).

63 *Inscr Ps* 1,1 (GNO V 26,14 f.).

64 *Ib.* 2,7 (GNO V 90,27).

65 *Ib.* 2,14 (GNO V 144,10).

66 *CE* II 440 (GNO I 355,12); *inscr Ps* 1,7 (GNO V 45,18: ἔννοια); 2,13 (138,10 and

witnessed to by Psalmody"[67] and "the θεωρία of the thoughts" of Psalmody[68].

(7) The compound ψαλμῳδία left no need for contrast with ode or hymn. Gregory had no reservations about using the word ψαλμός, but perhaps his preference for ψαλμῳδία reflects his awareness of the classical meaning of ψαλμός and its different meaning in the Bible. One may compare Philo[69] and Josephus[70], who preferred the term "hymns" in speaking of the biblical Psalms. Gregory himself likewise once identified the Psalms as hymnody[71]. Gregory too preferred a word which, although keeping the same ψαλ-root, brought out the vocal element in the Psalms.

In non-exegetical works where reference is made to actual Psalm-singing, Gregory reflects the more common Christian use of ψαλμῳδία to refer to the singing of the Psalms. In view of the classical meaning of ψαλμός and ψαλμῳδία, it is to be noted that there is no indication of instrumental accompaniment of this Psalm-singing. Although Gregory uses ψαλμῳδία in his usual sense of the Psalter in his *Vita Macrinae*[72], this work provides a cluster of statements where the meaning is "sing Psalms"[73]: "Changing the wailing of our lamentation into a common singing of Psalms"[74]; "The Psalm-singing of the virgins"[75]; "Broke in on the Psalm-singing with cries of grief"[76]; "I arranged for the Psalm-singing to come rhythmically and harmoniously from the group, blended well as in choral singing with the common responses of all"[77]; "The Psalm-singing continuing from beginning to end harmoniously"[78]; "When there was a lull in the Psalm-singing"[79];

143,13).

[67] *Inscr Ps* 1,9 (GNO V 67,22).

[68] *Ib.* 1,4 (35,1).

[69] PH *mig Abr* 157 (II 299,12 WENDLAND); *v cont* 25 (VI 52,25 COHN).

[70] IOS *Ap* I 40 (CSEL 37,11,16).

[71] *Steph 2* (PG 46,729 A).

[72] GNO VIII/I 373,23; 374,4.

[73] McKINNON in his generally excellent collection of sources includes from Gregory of Nyssa only two passages from the *Life of Macrina* (pp. 73 f.). As this paper shows, Gregory of Nyssa offers considerably more information about early Christian musical terminology.

[74] *V Macr* (GNO VIII/I 401,17).

[75] *Ib.* 406,22.

[76] *Ib.* 407,4.

[77] *Ib.* 407,12.

[78] *Ib.* 408,10.

[79] *Ib.* 408,20.

"Confusion drowned out the orderly and sacred Psalm-singing"[80]. This meaning appears elsewhere: "His dwelling resounded night and day with Psalm-singing"[81]. This occasional usage makes possible the meaning "sing the Psalms" in the passage quoted at the beginning and later in the treatise[82] and probable in the doubtful work *De occursu Domini*, "so that we heard the sound (or voices) of Psalmody"[83].

3.

Even as ψαλμῳδία was commonly the "Psalter", in whole or any of its parts, so ψαλμῳδός was the "Psalmist", the writer or singer of the Psalms, and ψαλμῳδέω was "to sing the Psalms". Ψαλμῳδός was a common way - twenty-one times - for Gregory to refer to the author of the Psalms: "The Psalmist exhorts"[84]; "The Psalmist says ..."[85]; "According to what was set down by the Psalmist"[86]; "The Psalmist also calls by name"[87]. Ψαλμῳδέω is rare: "She [Macrina] was not ignorant of the writing of the one who sang the Psalms"[88].

Ψαλμικός (five times) and ψαλμικῶς (once) follow the pattern evident in other words in the family: "Psalm-like", "in the manner of the Psalms", or even "the Psalmic passage". Gregory shows great flexibility in the use of the adjective: "According to Psalmic voice" (the voice of the Psalm - *Ps* 1,3)[89]; "The Word shows the way through all the Psalmic guidance" (guidance of the Psalms)[90]; "In the fourth step of the Psalmic ascent" (ascent of the Psalms)[91]; "Paraphrasing the Psalmic reading [the words of the Psalm], I set down words"[92]. Notable is the use of the adjective as a noun: "The book of Psalms [τὸ ψαλμικόν, the Psalmic word] spoke of his habits"[93]. The adverb is used in

80 *Ib.* 409,4.

81 *Ep* 19 (GNO VIII/II 65,2).

82 *Inscr Ps* 2,7 (GNO V 90,8).

83 PG 46,1156 B.

84 *Ps* 56: *inscr Ps* 2,14 (GNO V 154,26).

85 *Ps* 106,17: *Eccl* 2 (GNO V 300,17); cf. *hex* (PG 44,73 C; and frequently).

86 *V Mos* II 191 (GNO VII/I 99,7).

87 *Mart 2* (PG 46,781 B).

88 *V Macr* (GNO VIII/I 373,22).

89 *Diem lum* (GNO IX 237,10).

90 *Inscr Ps* 1,2 (GNO V 27,3).

91 *Ib.* 1,7 (51,21).

92 *Ib.* 2,15 (161,24).

93 *V Ephr* (PG 46,828 A).

the statement "The word [of the Synod] is as far from the word [of Apolinaris], to speak Psalmically [in the manner or in the language of the Psalms], as the east is from the west"[94].

Largely irrelevant for this inquiry is Gregory's effort to find a meaning for the word διάψαλμα, which the Septuagint had used to render the Hebrew *selah* in the Psalms. The discussion of this word occurs in *In Inscriptiones Psalmorum* 2,10. Since "the interval [between the parts of the Psalm] was named by the interpreters διάψαλμα"[95], Gregory suggests "one might define the διάψαλμα as the teaching from the Spirit in the soul which occurs without being expressed"[96]. The interpretation proposed by Gregory follows from his understanding of ψαλμός as the words of the Psalms.

Gregory mentions the stringed instrument named ψαλτήριον mainly in Old Testament quotations or allusions without significance given to it[97]. The kind of allegorical interpretation of the ψαλτήριον reflected in the opening quotation and characteristic of patristic exegesis[98], whereby musical instruments are understood figuratively as the human body, is found again in Gregory's comments on Psalms 150:

"He says, 'Praise the Lord with the sound of the trumpet', when human nature represents complete harmony in the variety and diversity of virtues and becomes an instrument in melodious rhythm to God. The Word in a figurative way of speaking names this instrument a psaltery and cithara. After this the human nature puts away all that is earthly, dumb, and inarticulate by the loud sound of the tympanies and joins the sound of its own strings to the heavenly choruses. The strings attached to the instrument would be that in each virtue which is taut and unyielding toward evil"[99].

Not stated here, but implicit in the interpretation, is the explanation given in the opening quotation that the ψαλτήριον has its sounding board at the top, so Gregory understands its music in reference to thoughts in contrast to what is "earthly and inarticulate". The use made of the ψαλτήριον underscores the thrust of the passage with which we began as making distinctions in the service of a non-literal

---

[94] *Ps* 102,12: *Apol* 9 (GNO III/I 143,18).

[95] *Inscr Ps* 2,10 (GNO V 109,26).

[96] *Ib*. 109,8.

[97] *Ib*. 2,12 (130,16); 2,14 (157,19 and 25); 2,16 (167,21); *s pas* (GNO IX 246,6).

[98] See my article "Active Lives".

[99] *Inscr Ps* 1,9 (GNO V 66,2-29).

interpretation that brings a contemporary spiritual lesson.

4.

The usage of other words in the ψαλ-family by Gregory corresponds with Christian liturgical usage. Thus ὑπόψαλμα refers to the unison response sung by the congregation to the recitation of the Psalm by a cantor or precentor (responsorial singing): "I heard the refrain [ὑποψάλματος] which we all in common add in confession"[100].

The verb ψάλλω in classical Greek meant "to pluck", "to play a stringed instrument"[101], but in ecclesiastical Greek "to sing Psalms", "to praise". Ψάλλω occurs ten times in the Gregorian corpus and keeps the ecclesiastical meaning. Even in the passage quoted at the beginning, where the classical meaning of ψαλμός is cited, ψάλλω is used in the sense of "sing", as in *1 Cor* 14,15, to which allusion is made. There is another allusion in the phrase "sing with the understanding"[102]. Two other passages take ψάλλω from the text of a Psalm: once without comment[103]; the other commenting, "to sing ... through harmonious and suitable contemplation"[104]. The use of ψάλλω for unaccompanied vocal music is clear in certain texts: "Let him bless, and not revile; sing [ψαλλέτω] and not blaspheme; speak favorably and not slander"[105]; "The voice of the singers [τῶν ψαλλόντων] called out the thanksgiving at lamp lighting"[106]. The participle used for a choir also occurs in another text where the simple verb occurs synonymously with ἐπᾴδω:

"[The martyr Theodore] recited [ἐπῇδεν] to his tormentors this line from the Psalms [ψαλμῳδίας] [*Ps* 33,1]. He sang a Psalm [ἔψαλλεν] in the same way as another who submitted to vengeance. He received the punishment, imprisonment, and again there in prison occurred a marvel concerning this holy man. At night he heard the voice of a multitude of singers [ψαλλόντων], and torches were shining so that light as at a night festival was seen by those outside"[107].

---

100 *Ps* 146,5: *deit* (GNO IX 339,16).

101 LSJ 2018.

102 *Inscr Ps* 2,12 (GNO V 126,28).

103 *Cant* 2 (GNO VI 57,14).

104 *Inscr Ps* 2,11 (GNO V 123,16).

105 *Benef* (GNO IX 96,5).

106 *V Macr* (GNO VIII/I 395,3).

107 *Thdr* (PG 46,745 B).

The doubtful work *De occursu Domini* twice uses the singular participle ὁ ψάλλων to mean "the Psalmist", for which Gregory normally used ψαλμῳδός[108].

The occurence of the compound συμψάλλω in Gregory's description of a pilgrimage well summarizes his information on the liturgical use of the ψαλ-root: "The chariot was a church and monastery for us, all singing together and fasting together to the Lord all the way"[109]. The normal usage of the words in Gregory of Nyssa, therefore, referred to the church's practice of singing (the Psalms) unaccompanied.

Even experienced lexicographers are sometimes led astray by dependence on etymology or on such definitions as Gregory gives in the passage quoted at the beginning. Thus Lampe's *Patristic Greek Lexicon*[110] includes in its definition of ψαλμός a reference to Basil, *Homilia in Psalmum 1*[111], as giving a "reason for musical accompaniment". Basil, however, is referring to melody, use of the Psalms with melody, not to musical instruments. The statements before and after the words cited by Lampe make clear that the discussion pertains to the "book of Psalms" and "words of the Psalms". Μελῳδία is the chanting or singing, i. e. the musical aspect of the Psalms and not any instrumental accompaniment. Because worshippers were beguiled to listen to the melody instead of the words, the use of melody had to be defended[112].

To summarize the results of this examination, Gregory always follows the biblical usage of ψαλμός except in the one place where he makes an allegorical point from the etymology of the word. It is, therefore, inappropriate to cite *In Inscriptiones Psalmorum* 2,3 for the meaning of the word in Christian usage: indeed, it is misleading, if not erroneous for the meaning of the word in Gregory's vocabulary. Gregory's usage does not differ from the usage of other early Christian authors.

This narrow philological inquiry has implications of broader significance for cultural history. It provides a specific example of how Gregory took the classical heritage, which he knew quite well, and reshaped it and used it according to Christian doctrine and practice. His normal use of words followed their Christian meaning, except in

108 *Occurs* (PG 46,1153 D and 1157 D).

109 *Ep* 2,13 (GNO VIII/II 17,15).

110 Lampe 1539.

111 PG 29,212 B.

112 ATH *ep Marcell* 27-29 (PG 27,37 D-41 C). See my English translation: EkklPh 60 and my study "Athanasius": StPatr 16.

self-conscious reflections on the classical meaning. One can rightly claim that in philosophy and world view Gregory did the same as he did in philology, a sample of which usage is demonstrated by this word study.

Resümee

Gregor von Nyssa, *In inscriptiones Psalmorum* 2,3 wird immer wieder als Beleg dafür angeführt, daß das Wort ψαλμός, wenn es von Christen verwendet werde, sich auf Instrumentalmusik beziehe. In diesem Text wendet Gregor die klassische Bedeutung auf eine spirituelle Interpretation des Dienstes für Gott durch äußere Taten (Oden) und in den inneren Gedanken (Psalmen) an - eine Interpretation, die auf der Konstruktion des Psalters als eines Instruments beruht, das die Töne an seinem oberen Ende hervorbringt. Diese Definition von ψαλμός steht allerdings in Gregors Werken allein. Gregor gebraucht im übrigen ψαλμός und andere Bildungen vom Stamm ψαλ- häufig, und an jeder anderen Stelle folgt er der jüdischen und christlichen Bedeutung: d. h. das Buch der Psalmen, das ausschließlich durch Vokalmusik wiedergegeben wird. Gregor übernimmt also die klassische Bedeutung in den biblischen Kontext. Und was er in der Philologie tut, praktiziert er auch in der Philosophie.

Exzerpte aus den Kappadokiern und Johannes Chrysostomus bei Isidor von Pelusium und Nilus von Ancyra

Manfred KERTSCH

Man ist sich längst darüber einig, daß die in PG 78 und 79 zugänglichen Briefsammlungen des Isidor und des Nilus wohl kaum als Zeugnisse eines spontanen Kommunikationsbedürfnisses, d. h. als Briefe im eigentlichen Sinn zu werten sind, sondern als rein literarische Erzeugnisse mit protreptisch-paränetischer Absicht[1]. Dabei erhebt sich die Frage, ob es sich jeweils um tatsächliche oder bloß um fiktive Adressaten handelt. Ein Beweis für diesen literarischen Charakter der Briefe ist nicht zuletzt die Tatsache, daß in ihnen bisher mehr oder minder umfangreiche Exzerpte aus patristischen Vorgängern, namentlich aus den Vertretern der "klassischen patristischen Gräzität", repräsentiert durch die drei großen Kappadokier und durch Johannes Chrysostomus, erhoben werden konnten[2]. Durch diese zum Teil wörtlichen Entlehnungen, zum Teil freieren Nachahmungen erweisen sich Isidor und Nilus als typische Centonisten, deren eigene Leistung sich mancherorts darauf beschränkt, durch einleitende und verbindende Floskeln die Auszüge aus einem oder mehreren Autoren miteinander zu harmonisieren, um den Eindruck zu erwecken, es handle sich um ein Stück aus einem Guß - eine Vorgangsweise, die an die "Metaphrasten" der späteren, byzantinischen Zeit erinnert, z. B. an Symeon.

---

[1] Vgl. QUASTEN/OÑATIBIA II 554 s. v. Nilo de Ancira: "epístolas sólo en cuanto a la forma. ... El resultado final le recuerda a uno la correspondencia de Isidoro de Pelusio, qui siguió la misma suerte". Weiters REDL 326 mit der Feststellung, daß "viele Briefe ... gewiß nur zum Zwecke der εὐγλωσσίας ἐπίδειξις ihres Verfassers geschrieben und veröffentlicht wurden".

[2] Das trifft bisher allerdings mehr auf Nilus als auf Isidor zu. Für ersteren sei auf HEUSSI 53-62 ("Die Berührungen der Briefe mit anderen Schriftstellern") verwiesen, wo (54 f.) auch die von HAIDACHER 226-234 eruierten Parallelen zwischen Nilus und Chrysostomus zusammengestellt sind; für Isidor, der mehr auf seine Bekanntschaft mit den klassischen Autoren (vgl. BAYER) als auf die mit den patristischen hin untersucht wurde (sieht man von den bei ihm durch FRÜCHTEL, "Isidoros als Benützer" und "Neue Quellennachweise zu Isidoros von Pelusion", sowie durch RIEDINGER an mehreren Stellen erbrachten Nachweisen des Klemens von Alexandrien ab), konnte ich in "Isidor von Pelusion" Gregor v. Nazianz als Muster namhaft machen.

Bei der Vorführung der von mir entdeckten Stellen gehe ich so vor, daß ich zunächst Nilus ins Auge fasse, bei dem mir eine größere Anzahl von Parallelen zu älteren Mustern aufgefallen ist; anschließend werde ich mich einem Passus bei Isidor mit Exzerpten aus Chrysostomus widmen; schließlich soll eine Stelle behandelt werden, die sowohl bei Nilus wie bei Isidor aufscheint und Basilius als Urheber hat. Ungeachtet der Länge mancher "Dubletten" scheint es geboten, sie im Original einander gegenüberzustellen; auf diese Weise kann man sich mit einem Blick ein Bild machen von den Übereinstimmungen und Unterschieden zwischen Original und sekundärer Textfassung. Die Parallelisierungen werden Gelegenheit zu stilistischen und lexikalischen Beobachtungen geben, jedoch kaum zu solchen textkritischer Art, rät doch der kritischen Ansprüchen nicht genügende Textzustand des Nilus, Isidors und der anderen Autoren, für die wir noch immer auf Migne zurückzugreifen haben, von derlei Überlegungen ab. Erst wenn für alle heranzuziehenden Autoren einmal verläßliche Textgrundlagen zur Verfügung stehen werden, wird es sinnvoll sein, aus solchen Textvergleichen definitive Schlüsse zu ziehen.

1.

NIL *ep* 1,19 (PG 79,89 A):

Πῶς ἂν καὶ ὑπέστη τόδε τὸ πᾶν ἢ συνέστη, μὴ Θεοῦ τὰ πάντα καὶ οὐσιώσαντος, καὶ συνέχοντος; Οὐδὲ γὰρ κιθάραν τις ὁρῶν κάλλιστα ἠσκημένην, καὶ τὴν ταύτης εὐαρμοστίαν, καὶ εὐταξίαν, ἢ τῆς κιθαρῳδίας αὐτῆς ἀκούων ἄλλο τι, ἢ τὸν τῆς κιθάρας δημιουργὸν καὶ τὸν κιθαρῳδὸν ἐννοήσῃ, καὶ πρὸς αὐτὸν ἀναδραμεῖται τῇ διανοίᾳ, κἂν ἀγνοῶν τύχῃ ταῖς ὄψεσιν. Οὕτω καὶ ἡμῖν τὸ ποιητικὸν δῆλον, καὶ τὸ κινοῦν, καὶ τηροῦν τὰ πεποιημένα, κἂν μὴ τῇ διανοίᾳ περιλαμβάνηται.

GR NAZ *or* 28,6 (SC 250,110,6-112,14 = PG 36,32 D-33 A):

Πῶς γὰρ ἂν καὶ ὑπέστη τόδε τὸ πᾶν, ἢ συνέστη, μὴ Θεοῦ τὰ πάντα καὶ οὐσιώσαντος καὶ συνέχοντος; Οὐδὲ γὰρ κιθάραν τις ὁρῶν κάλλιστα ἠσκημένην καὶ τὴν ταύτης εὐαρμοστίαν καὶ εὐταξίαν ἢ τῆς κιθαρῳδίας αὐτῆς ἀκούων, ἄλλο τι ἢ τὸν τῆς κιθάρας δημιουργὸν καὶ τὸν κιθαρῳδὸν ἐννοήσει, καὶ πρὸς αὐτὸν ἀναδραμεῖται τῇ διανοίᾳ, κἂν ἀγνοῶν τύχῃ ταῖς ὄψεσιν; Οὕτω καὶ ἡμῖν τὸ ποιητικὸν δῆλον, καὶ τὸ κινοῦν καὶ τηροῦν τὰ πεποιημένα, κἂν μὴ διανοίᾳ περιλαμβάνηται.

Die beiden Textfassungen sind nahezu völlig identisch, bloß daß Nilus auf das einleitende γάρ verzichtet, mit dem bei Gregor der enge

Zusammenhang mit dem Voraufgehenden hergestellt wird. Der Konjunktiv ἐννοήσῃ ist wohl fehl am Platz und sollte nach der bei Gregor vorliegenden Futurform korrigiert werden! Die fiktive Note des Briefes wird noch dadurch unterstrichen, daß es Nilus nicht einmal der Mühe wert fand, zu Beginn durch eine Einleitungsfloskel (wie unten bei Brief 203) wenigstens eine lose Verbindung mit dem Adressaten herzustellen. Zumindest aus heutiger Sicht scheint es unzumutbar, einem wahrscheinlich gebildeten Empfänger nichts weiter als ein "Plagiat" vorzusetzen.

2.

NIL *ep* 1,48 (PG 79,104 C):

Τὸ μὲν πόνῳ κτηθέν, μᾶλλον κρατεῖσθαι πέφυκεν, τὸ δὲ ῥᾳδίως κτηθέν, καὶ ἀποπτύεσθαι τάχιστα, ὡς πάλιν ληφθῆναι δυνάμενον, ὥστε μᾶλλον εὐεργεσίᾳ κρατίστῃ, καὶ βεβαίᾳ καθίσταται τὸ μὴ πρόχειρον τῆς εὐεργεσίας.

GR NAZ *or* 28,12 (SC 250,124,7-10 = PG 36,40 D-41 A):

.. φιλεῖ γὰρ τὸ μὲν πόνῳ κτηθὲν μᾶλλον κρατεῖσθαι, τὸ δὲ ῥᾳδίως κτηθὲν καὶ ἀποπτύεσθαι τάχιστα, ὡς πάλιν ληφθῆναι δυνάμενον· καὶ οὕτως εὐεργεσία καθίσταται τὸ μὴ πρόχειρον τῆς εὐεργεσίας, ..

Die von Nilus vorgenommenen Veränderungen des Musters sind, wie ersichtlich, geringfügig, bloß daß er gegenüber dem Gregortext zu εὐεργεσία zwei verdeutlichende bzw. verstärkende Adjektive (κρατίστη/βεβαία) hinzugefügt hat. Daß das Ganze nominativisch-prädikativ, nicht - wie bei Migne - als Dativ zu fassen ist, ist ein Postulat der Grammatik und wird durch Gregor bestätigt[3]. Übrigens handelt es sich hierbei um einen nahezu sprichwörtlichen Gedanken, der in mannigfacher Abwandlung große Verbreitung fand, wofür ich unter vielen Belegen zwei zitieren möchte, Philo *fr incertum* (103 Harris), und Basilius *hom dicta in Lacizis* 8 (PG 31,1453 A)[4]. An ersterer Stelle heißt es: τὰ γὰρ πόνῳ κτηθέντα παρὰ τοῖς ἔχουσι τίμια· τὰ δ' ἀπόνως κτηθέντα καταφρονεῖται ῥᾳδίως .. Letztere Stelle lautet: Τὰ μὲν πόνῳ κτητὰ (ἐκτίσθη), ἵνα φιλητὰ γένηται ..[5]

---

[3] Vgl. die Übersetzung bei GALLAY-JOURJON 125: "et, de la sorte, ne pas avoir le bienfait à portée de la main devient un bienfait, ..."

[4] Von M. GEERARD: CPG II (1974) 2912 unter die "*Dubia*" gereiht.

[5] Vgl. die Dokumentation dieses und ähnlicher Gedanken in meiner "Bildersprache" 21 mit Anm. 1 und Ergänzungen; dazu BAS *hom de ieiun* 1,8 (PG 31,176 C): Ὧν δὲ σπανία ἡ κτῆσις, τούτων περισπούδαστος ἡ ἀπόλαυσις.

3.

NIL *ep* 1,102 (PG 79,125 CD/128 AB):

"Ὁ Θεός, ὁ Θεός μου, πρόσχες μοι· ἵνα τι ἐγκατέλιπές με", ἐκ προσώπου τοῦ ἐν τῷ εἰκοστῷ καὶ πρώτῳ εἴρηται ψαλμῷ· ἀλλ' οὐκ αὐτὸς ἐγκαταλέλειπται, ἢ ὑπὸ τοῦ Πατρὸς, ἢ ὑπὸ τῆς ἑαυτοῦ θεότητος, ὡς δοκεῖ 'Αρειανοῖς, καὶ τοῖς Εὐνομιανοῖς, ὥσπερ φοβουμένοις τὸ πάθος, καὶ διὰ τοῦτο συστελλομένοις ἀπὸ τοῦ πάσχοντος. Τίς γὰρ τὸν Σωτῆρα ἢ γεννηθῆναι κάτω τὴν ἀρχήν, ἢ ἐπὶ τὸν σταυρὸν ἀνελθεῖν κατηνάγκασεν; .. 'Αλλ' ἐν ἑαυτῷ τυποῖ τὸ ἡμέτερον· .. 'Επειδὴ οὖν, καθὼς ὁ 'Απόστολος λέγει[6], μορφὴν δούλου ἐφόρεσεν ὁ Κύριος τῶν ὅλων, ἐν ἑαυτῷ τυποῖ τὸ ἡμέτερον, .. Ὑπὲρ ἡμῶν τοίνυν ὁ Χριστός φησιν· "Ὁ Θεός, ὁ Θεός μου, πρόσχες μοι" .. Ὥσπερ τοίνυν προείρηκα, ἐν ἑαυτῷ ὁ Χριστὸς τυποῖ τὸ ἡμέτερον. Ἡμεῖς γάρ ἐσμεν οἱ ἐγκαταλελειμμένοι πρώην, νῦν δὲ προσειλημμένοι, καὶ σεσωσμένοι τοῖς τοῦ ἀπαθοῦς Χριστοῦ πάθεσιν. Ὥσπερ καὶ τὴν ἀφροσύνην ἡμῶν, καὶ τὸ πλημμελὲς οἰκειούμενος ταῦτα διὰ τοῦ ψαλμοῦ φησι· ἐπειδὴ πρόδηλος εἰς Χριστὸν ὁ εἰκοστὸς πρῶτος ψαλμὸς ἀναφέρεται. Τῆς δὲ αὐτῆς ἔχεται θεωρίας καὶ τὸ μαθεῖν αὐτὸν τὴν ὑπακοὴν ἐξ ὧν ἔπαθεν, ὥσπερ φησὶν ὁ 'Απόστολος[7], ἥ τε κραυγή, καὶ τὰ δάκρυα, καὶ τὸ ἱκετεῦσαι, καὶ τὸ εἰσακουσθῆναι, καὶ τὸ εὐλαβές, ἅπερ δραματουργεῖται, καὶ πλέκεται θαυμασίως ὑπὲρ ἡμῶν. Ὡς μὲν γὰρ λόγος, οὔτε ὑπήκοος ἦν, οὔτε ἀνήκοος· τῶν γὰρ ὑπὸ χεῖρα ταῦτα καὶ τῶν δευτέρων, τὸ μὲν τῶν εὐγνωμονεστέρων, τὸ δὲ τῶν ἀξίων κολάσεως. Ὡς δὲ δούλου μορφή, συγκαταβαίνει τοῖς ὁμοδούλοις, καὶ δούλοις, καὶ μορφοῦται τὸ ἀλλότριον, ὅλον ἐν ἑαυτῷ ἐμὲ φέρων μετὰ τῶν ἐμῶν, ἵνα ἐν ἑαυτῷ δαπανήσῃ τὸ χεῖρον, ὡς κηρὸν πῦρ, ἢ ὡς ἀτμίδα γῆς ἥλιος, κἀγὼ μεταλάβω τῶν ἐκείνου διὰ τὴν σύγκρασιν. Διὰ τοῦτο ἔργῳ τιμᾷ τὴν ὑπακοήν, καὶ πειρᾶται ταύτης ἐκ τοῦ παθεῖν. Οὐ γὰρ ἱκανὸν ἡ διάθεσις, ὥσπερ οὐδὲ ἡμῖν, εἰ μὴ διὰ τῶν πραγμάτων χωρήσωμεν. Ἔργον γὰρ ἀπόδειξις διαθέσεως.

GR NAZ *or* 30,5-6 (SC 250,234,20-236,15 = PG 36,109 A-C):

Τοιοῦτον εἶναί μοι φαίνεται καὶ τό· "Ὁ Θεός, ὁ Θεός μου, πρόσχες μοι, ἵνα τι ἐγκατέλιπές με"[8], οὐ γὰρ αὐτὸς ἐγκαταλέλειπται ἢ ὑπὸ τοῦ Πατρὸς ἢ ὑπὸ τῆς ἑαυτοῦ θεότητος, ὃ δοκεῖ τισιν, ὡς ἂν φοβουμένης τὸ πάθος, καὶ διὰ τοῦτο συστελλομένης ἀπὸ τοῦ πάσχοντος· τίς γὰρ ἢ γεννηθῆναι κάτω τὴν ἀρχήν, ἢ ἐπὶ τὸν σταυρὸν ἀνελθεῖν ἠνάγκασεν; 'Εν ἑαυτῷ δέ, ὅπερ εἶπον[9], τυποῖ τὸ ἡμέτερον.

---

[6] *Phil* 2,7.

[7] *Hebr* 5,8.

[8] *Ps* 21,2 (*Mt* 27,46).

[9] Vgl. unmittelbar vor diesem Auszug die Wendung ἑαυτοῦ ποιούμενος τὸ ἡμέτερον.

Ἡμεῖς γὰρ ἦμεν οἱ ἐγκαταλελειμμένοι καὶ παρεωραμένοι πρότερον, εἶτα νῦν προσειλημμένοι καὶ σεσωσμένοι τοῖς τοῦ ἀπαθοῦς πάθεσιν· ὥσπερ καὶ τὴν ἀφροσύνην ἡμῶν, καὶ τὸ πλημμελὲς οἰκειούμενος τὰ ἑξῆς διὰ τοῦ ψαλμοῦ φησίν (sic!)· ἐπειδὴ προδήλως εἰς Χριστὸν ὁ εἰκοστὸς πρῶτος ψαλμὸς ἀναφέρεται.

(6) Τῆς δὲ αὐτῆς ἔχεται θεωρίας καὶ τὸ μαθεῖν αὐτὸν τὴν ὑπακοὴν ἐξ ὧν ἔπαθεν, ἥ τε κραυγή, καὶ τὰ δάκρυα, καὶ τὸ ἱκετεῦσαι, καὶ τὸ εἰσακουσθῆναι, καὶ τὸ εὐλαβές· ἃ δραματουργεῖται καὶ πλέκεται θαυμασίως ὑπὲρ ἡμῶν. Ὡς μὲν γὰρ Λόγος, οὔτε ὑπήκοος ἦν, οὔτε ἀνήκοος. Τῶν γὰρ ὑπὸ χεῖρα ταῦτα, καὶ τῶν δευτέρων, τὸ μὲν τῶν εὐγνωμονεστέρων, τὸ δὲ τῶν ἀξίων κολάσεως. Ὡς δὲ "δούλου μορφή", συγκαταβαίνει τοῖς ὁμοδούλοις καὶ δούλοις, καὶ μορφοῦται τὸ ἀλλότριον, ὅλον ἐν ἑαυτῷ ἐμὲ φέρων μετὰ τῶν ἐμῶν, ἵν' ἐν ἑαυτῷ δαπανήσῃ τὸ χεῖρον, ὡς κηρὸν πῦρ, ἢ ὡς ἀτμίδα γῆς ἥλιος, κἀγὼ μεταλάβω τῶν ἐκείνου διὰ τὴν σύγκρασιν. Διὰ τοῦτο ἔργῳ τιμᾷ τὴν ὑπακοήν, καὶ πειρᾶται ταύτης ἐκ τοῦ παθεῖν. Οὐ γὰρ ἱκανὸν ἡ διάθεσις, ὥσπερ οὐδὲ ἡμῖν, εἰ μὴ καὶ διὰ τῶν πραγμάτων χωρήσαιμεν. Ἔργον γὰρ ἀπόδειξις διαθέσεως.

Ohne Einleitungsformel geht Nilus "*in medias res*", um ein Thema in Angriff zu nehmen, das ganz im Zeichen der Auslegung von Psalm 21,2 steht (die erste Hälfte dieses Verses wird später noch einmal zitiert!), mit einem gewissen Unterschied zu Gregor, dem exegetischen Muster, bei dem das Thema eher beiläufig (καὶ τό!) einfließt. Nach der ersten Zitation der Bibelstelle gibt Nilus einen ausdrücklichen Hinweis darauf, wozu bei Gregor zunächst nichts Entsprechendes vorliegt; dieser bezieht sich später darauf "*expressis verbis*" und wird von Nilus faktisch wörtlich kopiert (wenn man von der Abweichung πρόδηλος gegenüber προδήλως absieht). Im übrigen hält sich der Nachahmer weitgehend treu an den Wortlaut des Originals, gönnt sich aber da und dort doch gewisse Eingriffe oder Manipulationen. Bemerkenswert ist hier weniger die Verdeutlichung des unbestimmten ὃ δοκεῖ τισιν durch ὡς δοκεῖ Ἀρειανοῖς καὶ τοῖς Εὐνομιανοῖς als vielmehr der Subjektswechsel in der nachfolgenden Partizipialkonstruktion von φοβουμένης (sc. θεότητος) zu φοβουμένοις (bezogen auf die Arianer und Eunomianer!). Während Gregor es im anschließenden Fragesatz τίς γὰρ ... grammatisch unklar läßt, ob noch die "Gottheit" oder "Christus" als Objekt zu verstehen ist[10], macht Nilus die Sache durch τὸν σωτῆρα deutlich. Analog ist es mit der Hinzufügung von Χριστοῦ zu ἀπαθοῦς. Nilus fand an der Wendung ἐν ἑαυτῷ .. τυποῖ τὸ ἡμέτερον

[10] BARBEL 181 übersetzt: "Denn wer sollte ihn (!) gezwungen haben, ...?" Ebenso GALLAY-JOURJON SC 250,235: "qui, en effet, l' a forcé...?" In beiden Übersetzungen wird also das Objekt sinngemäß maskulinisch gefaßt.

Gregors offensichtlich einen solchen Gefallen, daß er sie insgesamt dreimal verwendete! Was noch auffällt, ist das Fehlen von παρεωραμένοι[11] bei Nilus, der obendrein πρότερον durch πρώην ersetzt hat (um von anderen Änderungen, die in der Wortwahl liegen, abzusehen). Zu erwähnen sind auch die Zusätze bei Nilus καθὼς ὁ Ἀπόστολος λέγει sowie ὥσπερ φησὶν ὁ Ἀπόστολος. Der Konjunktiv χωρήσωμεν ist grammatikalisch wohl nicht vertretbar; er mag auf einer Verlesung des korrekten originalen Optativs bei Gregor beruhen.

4.

NIL *ep* 1,203 (PG 79,157 D):

Ἠρώτησάς με, τί ἐστι "Ματαιότης ματαιοτήτων". Μάταιον νοηθείη ἂν τὸ ἀνυπόστατον ἐν μόνῃ τῇ τοῦ ῥήματος προφορᾷ τὸ εἶναι ἔχων. Ματαιότης δὲ ματαιοτήτων, ὥσπερ ἂν εἴ τις λέγοι, τοῦ νεκροῦ νεκρότερον, καὶ τοῦ ἀψύχου ἀψυχώτερον· καίτοι ἡ συγκριτικὴ ἐπίτασις χώραν ἐπὶ τῶν τοιούτων οὐκ ἔχει, ἀλλ' ὅμως λέγεται τούτῳ τῷ ῥήματι πρὸς τὴν τῆς ὑπερβολῆς τοῦ λεγομένου σαφήνειαν.

GR NYSS *Eccl* 1 (GNO V 281,3-5; 283,9-13):

Ματαιότης ματαιοτήτων, εἶπεν ὁ ἐκκλησιαστής[12], τὰ πάντα ματαιότης. μάταιον νοεῖται τὸ ἀνυπόστατον, ὃ ἐν μόνῃ τῇ τοῦ ῥήματος προφορᾷ τὸ εἶναι ἔχει·.. ὡς εἴ τις λέγοι τοῦ νεκροῦ νεκρότερον καὶ τοῦ ἀψύχου ἀψυχότερον. καίτοι ἡ συγκριτικὴ ἐπίτασις χώραν ἐπὶ τῶν τοιούτων οὐκ ἔχει, ἀλλ' ὅμως λέγεται τούτῳ τῷ ῥήματι πρὸς τὴν τῆς ὑπερβολῆς τοῦ δηλουμένου σαφήνειαν.

Der Nilus-Brief besteht eigentlich nur aus zwei lose aneinandergefügten Abschnitten aus dem Ekklesiasteskommentar des Nysseners. Zur Wahrung des Briefcharakters bedient sich der Kopist einer einleitenden Floskel in Frageform. Stilistisch bemerkenswert ist höchstens die Umformung des νοεῖται zu νοηθείη ἂν sowie die Partizipialkonstruktion mit ἔχον (wie es statt ἔχων heißen muß!)[13] anstelle des Relativsatzes bei Gregor.

---

[11] GALLAY-JOURJON SC 250,234 und 235 (Anm. "j"), sehen hier eine Anspielung auf *Is* 53,6 (?).

[12] *Eccl* 1,2.

[13] Eher richtig ist wohl auch ἀψυχότερον gegenüber der Form mit -ώ- bei Nilus. Vgl. LSJ s. v. sowie ATH *gent* 26 (70,23 THOMSON = PG 25,52 C): τῶν ἀψύχων ἀψυχοτέρους".

5.

Ich gehe nun zu Isidor von Pelusium über, um eine Stelle in Augenschein zu nehmen, wo die Kirche zu Zeiten ihrer Blüte und ihres Verfalls beschrieben wird, und zwar *ep* 3,408 (PG 78,1041 AB). Dieser Brief stellt, wie die nachfolgenden Abschnitte zeigen, über weite Strecken nichts anderes dar als ein Flickwerk aus dem 4. und 5. Kap. der 36. Homilie des J. Chrysostomus zum 1. Korintherbrief (PG 61, 312-313).

ISID *ep* 3,408 (PG 78,1041 A):
.. τοῦ ἁγίου Πνεύματος δημαγωγοῦντος, καὶ τῶν προεστώτων ἕκαστον κινοῦντος, καὶ οὐρανὸν τὴν Ἐκκλησίαν ποιοῦντος ..
.. (ἀπέπτη πάντα ἐκεῖνα, καὶ ἀπεπήδησεν), οὐ τὰ χαρίσματα μόνον· οὐ γὰρ ἦν οὕτω δεινὸν εἰ τοῦτο μόνον ἦν· ἀλλὰ καὶ βίος καὶ ἀρετή ..
(1041 B) Τὸ μὲν γὰρ τῆς εἰρήνης ὄνομα, πανταχοῦ· τὸ δὲ πρᾶγμα, οὐδαμοῦ. Ἀλλ' ἔοικεν Ἐκκλησία γυναικί τινι τῆς ἀρχαίας εὐημερίας ἐκπεσούσῃ, καὶ τὰ σύμβολα μόνον ἐχούσῃ. Τὰς μὲν γὰρ θήκας τῶν κοσμίων ἔχει καὶ τὰ κιβώτια· τοῦ δὲ πλούτου ἐστέρηται, ..

CHRYS *hom.* 36,4 *in I Cor* (PG 61,312):
Καὶ γὰρ οὐρανὸς ἡ Ἐκκλησία τότε, τοῦ Πνεύματος πάντα δημαγωγοῦντος καὶ τῶν προεστώτων ἕκαστον κινοῦντος, καὶ ἔνθουν ποιοῦντος. ..
(36,5) Καὶ οὐ χαρισμάτων ἕνεκεν τοῦτο λέγω· οὐδὲ γὰρ ἦν δεινόν, εἰ τοῦτο ἦν μόνον· ἀλλὰ καὶ βίου καὶ ἀρετῆς.
(313) .. ἀλλὰ τῆς εἰρήνης ταύτης τὸ μὲν ὄνομα πολύ, τὸ δὲ πρᾶγμα οὐδαμοῦ. ..
(312) Ἀλλ' ἔοικεν ἡ Ἐκκλησία νῦν γυναικὶ τῆς παλαιᾶς εὐημερίας ἐκπεσούσῃ, καὶ τὰ σύμβολα κατεχούσῃ πολλαχοῦ μόνον τῆς ἀρχαίας εὐπραγίας ἐκείνης, καὶ τὰς μὲν θήκας τῶν χρυσίων ἐπιδεικνυμένῃ καὶ τὰ κιβώτια, τὸν δὲ πλοῦτον ἀφῃρημένῃ· ταύτῃ προσέοικεν ἡ Ἐκκλησία νῦν.

Auch Isidor lehnt sich teilweise sehr eng an sein Muster an; andererseits aber gestattet er sich ihm gegenüber vielleicht etwas größere Freiheiten, als es Nilus tut. Jedenfalls sind seine überleitenden oder verbindenden, vermutlich als sein Eigentum zu betrachtenden (solange nicht der Gegenbeweis erbracht werden kann) Sätze entschieden ausführlicher als die knappen Floskeln bei Nilus. Zu beobachten ist ferner, daß Isidor die chrysostomische Abundanz oder Weitschweifigkeit strafft, wenn er im vierten Abschnitt die zum Verständnis des

Gedankens nicht unbedingt notwendigen Worte πολλαχοῦ μόνον τῆς ἀρχαίας εὐπραγίας (synonym zum voraufgehenden εὐημερίας!) ἐκείνης sowie das Epiphonem ταύτῃ προσέοικεν ἡ Ἐκκλησία νῦν einfach wegläßt. Chrysostomus hingegen ist bekannt für seine Wiederholungen, was daran liegen mag, daß er sich als Prediger und Lehrer schlechthin verstanden wissen wollte, damit also einen rhetorisch-pädagogischen Zweck verfolgte. Die Wendung τὰ σύμβολα κατεχούσῃ hat er bereits vorher im 4. Kapitel durch ἀλλὰ νῦν τὰ σύμβολα κατέχομεν τῶν χαρισμάτων ἐκείνων μόνον vorweggenommen, und sie taucht ein drittes Mal in der abgeänderten Form καὶ τὰ σύμβολα μένει μόνον im 5. Kapitel auf. Von den Fällen mit geänderter Wortwahl scheint mir bemerkenswert der Austausch von χρυσίων durch den weiteren, allgemeineren Begriff κοσμίων. Im Abschnitt vorher hat Isidor das πολύ bei ὄνομα wohl nur deshalb durch πανταχοῦ ersetzt, um den klangvollen Reim mit οὐδαμοῦ zu erhalten. Leider verfügen wir weder für die Isidorbriefe noch für den entsprechenden Text des Chrysostomus über eine einigermaßen zufriedenstellende Textgrundlage; es wäre denkbar, daß im Zuge von eingehenden Recherchen über den Chrysostomustext statt πολύ vielleicht πολλαχοῦ (wenn nicht πανταχοῦ) eine handschriftliche Stütze finden könnte (sofern ich mir diese Art von "*divinatio*" erlauben darf!). Eine andere Chrysostomusstelle aus denselben Homilien zum 1. Korintherbrief, und zwar *hom* 9,4 (PG 61,80), wo die Sünde bildhaft als ein "tiergestaltiges Weib" dargestellt wird, scheint Isidor *ep* 2,233 (PG 78,669 A) inspiriert zu haben, ohne daß ich imstande wäre, nähere Abhängigkeitsverhältnisse zu konstatieren. Chrysostomus spricht von γυναῖκά τινα θηριόμορφον, βάρβαρον, πῦρ πνέουσαν ..., οἵας οἱ τῶν ἔξωθεν ποιηταὶ τὰς Σκύλλας ὑπογράφουσι, womit γυναικί .. θηριομόρφῳ τινὶ καὶ πῦρ πνεούσῃ (ἐοικέναι) bei Isidor zu vergleichen ist.

Ähnlich ist die Bewandtnis der bei Isidor *ep* 5,99 (PG 78,1384 AB) aufscheinenden Feststellung: ἡ γὰρ ἐν γήρᾳ σωφροσύνη οὐκ ἐγκρατείας ἐστίν, ἀλλ' ἀκολασίας ἀδυναμία. Bei Basilius *hom in s baptisma* 5 (PG 31,436 B) heißt es sehr ähnlich: ἡ ἐν γήρᾳ σωφροσύνη οὐ σωφροσύνη, ἀλλ' ἀκολασίας ἀδυναμία. Außer diesen "Dubletten" vermochte ich keine weiteren Übereinstimmungen zwischen Isidor und Basilius zu eruieren[14]. Hier ist bei der Annahme einer Anlehnung an bzw. einer Entlehnung aus Basilius seitens des Isidor zusätzlich noch Vorsicht geboten, handelt es sich doch um ein gängiges Thema mit ebenso

[14] Vgl. mit Vorbehalt das Bild vom Schiff bei Isidor Ὁ ἐν αὐτῇ τῇ ἀκμῇ τοῦ χειμῶνος διασώζων τὴν ναῦν ... mit BAS *ib.* (PG 31,433 C): Φαίνεται ἡ ναῦς μέχρι τίνος τὸ βάρος τῶν ἀγωγίμων ὑφίσταται ...

gängigen, nahezu stereotypen Formeln, wie ich an anderer Stelle zeigen durfte[15].

6.

Interessant ist der Fall der "Doppelrezeption" einer Basiliusstelle und zwar *hom de humilitate* 7 (PG 31,537 A-C); sie scheint sowohl bei Isidor *ep.* 3,179 (PG 78,869 BC)[16], wie auch bei Nilus *ep* 3,134 (PG 79, 445 A-C) wieder auf. Um ein Bild vom Verhältnis dieser sekundären Textfassungen zum Original zu bekommen, stelle ich die drei Texte einander gegenüber.

Basilius:

Πῶς οὖν εἰς τὴν σωτήριον ταπεινοφροσύνην καταβησόμεθα, τὸν ὀλέθριον ὄγκον τῆς ὑπερηφανίας καταλιπόντες; Ἐὰν διὰ πάντων ἀσκῶμεν τὸ τοιοῦτο, καὶ μηδὲν παρορῶμεν ὡς οὐ παρὰ τοῦτο βλαβησόμενοι. Τοῖς γὰρ ἐπιτηδεύμασιν ὁμοιοῦται ψυχή, καὶ πρὸς ἃ πράττει, τυποῦται, καὶ πρὸς ταῦτα σχηματίζεται. Ἔστω σοι καὶ σχῆμα, καὶ ἱμάτιον, καὶ βάδισμα, καὶ καθέδρα, καὶ τροφῆς κατάστασις, καὶ στρωμνῆς παρασκευή, καὶ οἶκος, καὶ τὰ ἐν οἴκῳ σκεύη πάντα πρὸς εὐτέλειαν ἠσκημένα· καὶ λόγος, καὶ ᾠδή, καὶ ἡ τοῦ πλησίον ἔντευξις, καὶ ταῦτα πρὸς μετριότητα μᾶλλον ἢ πρὸς ὄγκον ὁράτω. Μή μοι κόμπους ἐν λόγῳ σοφιστικούς, μηδὲ ἐν ᾠδαῖς ἡδυφωνίας ὑπερβαλλούσας, μηδὲ διαλέξεις ὑπερηφάνους καὶ βαρείας· ἀλλ᾽ ἐν ἅπασιν ὑφαίρει τοῦ μεγέθους· χρηστὸς πρὸς τὸν φίλον, ἤπιος πρὸς τὸν οἰκέτην, ἀνεξίκακος πρὸς τοὺς θρασεῖς, φιλάνθρωπος πρὸς τοὺς ταπεινούς, παρηγορῶν κακουμένους, ἐπισκεπτόμενος τοὺς ἐν ὀδύναις, μηδένα καθάπαξ ὑπερορῶν, γλυκὺς ἐν προσηγορίᾳ, φαιδρὸς ἐν ἀποκρίσει, δεξιός, εὐπρόσιτος ἅπασι, ..

Isidor:

Εἰς τὴν τῆς ταπεινοφροσύνης κορυφὴν ἀναβησόμεθα (οὐ γὰρ ἂν κατάβασιν, ἀλλ᾽ ἀνάβασιν ταύτην ἔγωγε ὁρισαίμην), εἰ τὸν ὀλέθριον τῆς ὑπερηφανίας ὄγκον, καὶ τὴν εἰς ᾄδου καταβιβάζουσαν τῆς ἀλαζονείας φλεγμονὴν σβέσοιμεν, καὶ διὰ πάντων ἀσκοῖμεν τὸ μέτριον, καὶ μηδὲν παρίδωμεν, ὡς οὐ παρὰ τοῦτο βλαβησόμενοι. Τοῖς γὰρ πραττομένοις ἀκολουθεῖν εἴωθεν ἡ ψυχή, καὶ πρὸς ἃ ἐπιτηδεύει, τυποῦσθαί τε καὶ σχηματίζεσθαι πέφυκεν. Οὐκοῦν ἔστω ἡμῖν καὶ σχῆμα σεμνόν, καὶ βλέμμα ἥμερον, καὶ ὀφρὺς κατεσταλμένη, καὶ βάδισμα μὴ σεσοβημένον, καὶ ἱμάτιον χρειῶδες, καὶ καθέδρα ταπεινή, καὶ τροφὴ λιτή, καὶ στρωμ-

[15] Vgl. meinen Artikel "Bewertung".

[16] Vgl. den Vermerk ebd. D.

νὴ μὴ τῆς χρείας κρείττων, καὶ ἔπιπλα πρὸς εὐτέλειαν ἠσκημένα, καὶ οἶκος πρέπων Χριστιανοῖς, καὶ μὴν καὶ λόγος καὶ φωνή, καὶ ἡ πρὸς τοὺς πέλας ἔντευξις πρὸς μετριότητα μᾶλλον, ἢ πρὸς φλεγμονὴν βλεπέτω. Οὕτω γὰρ διὰ πάντων ἀσκοῦντες τὸ μέτριον εἰς τὴν οὐράνιον κορυφὴν ἀναβησόμεθα.

Nilus:

Γράφεις μοι ἐρᾷν πάνυ τῆς ταπεινοφροσύνης, καὶ βούλεσθαι τὸν τρόπον μαθεῖν, δι' οὗ ἐπιτεύξῃ τῆς τοιαύτης θεοτιμίας χάριτος. Εἰ τοίνυν βούλει μέν δραπετεῦσαι τὸν μεματαιωμένον καὶ θεοστυγῆ ὄγκον τῆς ὑπερηφανίας, περικρατὴς δὲ γενέσθαι τοῦ μακαρίου δώρου, μηδὲν παρῇς τῶν συντελούντων εἰς τοῦτο. Πάντα δὲ βούλου ἀσκεῖν τὰ πρὸς τὸν τούτου ἀπαρτισμόν. Ἡ γὰρ ψυχὴ τοῖς ἐπιτηδεύμασι ἐξομοιοῦσθαι εἴωθε, καὶ πρὸς ἅπερ πράττει ἀεί, τυποῦται καὶ σχηματίζεται. Ἔστω τοίνυν σοι καὶ σχῆμα, καὶ ἱμάτιον, καὶ βάδισμα, καὶ καθέδρα, καὶ τροφή, καὶ στρωμνή, καὶ πάντα, ἁπλῶς εἰπεῖν, πρὸς εὐτέλειαν ἠσκημένα· καὶ μὴν καὶ λόγος, καὶ κίνησις σώματος, καὶ ἡ πρὸς τόν πλησίον ἔντευξις· καὶ ταῦτα πρὸς μετριότητα μᾶλλον, καὶ μὴ πρὸς ὄγκον ὁράτω. Χρηστὸς ἔσο καὶ πρᾶος πρὸς τὸν ἀδελφόν, ἀνεξίκακος πρὸς τοὺς ἀντιπράττοντας, φιλάνθρωπος καὶ συμπαθὴς πρὸς τοὺς ταπεινωθέντας, παρηγορῶν καὶ παραμυθούμενος τοὺς νοσηλευομένους, ἐπισκεπτόμενος πάντα ἄνθρωπον συνεχόμενον ὀδύναις, καὶ πόνοις, καὶ θλίψεσι· μηδένα παρορῶν τοκαθόλου, γλυκὺς ἐν προσηγορίᾳ, φαιδρὸς ἐν ταῖς ἀποκρίσεσιν, ἀγαθὸς διὰ πάντων, καὶ εὐπρόσιτος πᾶσιν.

Was zunächst den Umstand betrifft, wie diese Texte jeweils eingeleitet werden, so beobachtet man sogleich erhebliche Unterschiede, wobei diesmal Nilus mehr noch als Isidor von der Vorlage abweicht. Während Isidor unter stillschweigender Bezugnahme auf seinen Gewährsmann (durch die Worte in Parenthese, die erst bei Gegenüberstellung mit dem Basiliustext so recht verständlich werden!)[17] aus dem "Abstieg" zur Demut bei Basilius einen "Aufstieg" macht und den Gedanken des Hochmuts als eines Wegbereiters der Hölle hinzufügt, sonst aber dem Original einigermaßen treu bleibt, bietet Nilus etwas Grundverschiedenes (sieht man von dem "Aufhänger" des Ganzen, der ταπεινοφροσύνη, ab). Erst in der Aufforderung, alles daran zu setzen, um die Vollendung der Demut zu erreichen (πάντα δὲ βούλου ἀσκεῖν ...), zeichnet sich bei ihm eine gewisse Ähnlichkeit mit den Paralleltexten ab. Im Nachfolgenden lehnt er sich dann enger an die

---

[17] Inhaltlich damit zu vergleichen ist vielleicht das Philonfragment bei HARRIS 102: Φυσικώτατα ταῦτα δέδεικται· κατάβασιν μὲν ψυχῆς τὴν δι' οἰήσεως ἀνάβασιν, ἄνοδον δὲ καὶ ὕψος τὴν ἀλαζονείας ὑπονόστησιν.

Vorlage an als Isidor, welch' letzterer den Wortlaut des Basilius mehrfach erweitert, so vor allem um die Begriffsverbindungen βλέμμα ἥμερον und ὀφρὺς κατεσταλμένη, zu denen er sich durch andere Muster inspiriert haben mag; jedenfalls ist z. B. die Verbindung βάδισμα σεσοβημένον anderweitig eine feste Fügung, was Stellen wie BAS *ep* 2,6 (I 11,8 f. Courtonne)[18], Isidor selbst, *ep* 3,288 (PG 78,964 A)[19], oder auch Suidae Lexicon s. v. σεσοβημένος (IV 344 Adler) zeigen. Isidor modelt die Worte des Basilius von οἶκος bis πάντα entsprechend um, indem er τὰ ἐν οἴκῳ σκεύη durch den Fachausdruck ἔπιπλα ersetzt und aus dem "Haus" ein spezifisch christliches macht: οἶκος πρέπων Χριστιανοῖς. Nilus hingegen verkürzt und vereinfacht sogar die Fassung des Basilius; das Haus und die Gerätschaften bleiben unerwähnt, und es heißt ganz allgemein: "alles soll, kurz gesagt, auf Einfachheit abgestimmt sein". Im folgenden bleibt Isidor dem Muster zwar in der Wahl der Begriffe oder Beispiele treu, weicht aber in der Wortwahl von ihm ab (φωνή statt ᾠδή, πέλας statt πλησίον, πρὸς φλεγμονὴν βλεπέτω statt πρὸς ὄγκον ὁράτω); bei Nilus ist es umgekehrt. Während Isidor mit dem Schlußsatz einen Rückgriff auf den Eingang macht (ἀναβησόμεθα!), läßt Nilus ein Stück des basilischen Originals aus, um mit χρηστὸς ἔσο κτλ. in der Nachahmung desselben fortzufahren. Hier beobachtet man eine ähnliche Vorgangsweise wie vorher bei Isidor; mit der Vorlage wird ziemlich großzügig umgegangen: Begriffe und Ausdrücke werden geändert; es wird zusammengezogen, erweitert und spezifiziert (so νοσηλευομένους statt κακουμένους); erst zum Schluß hält sich der Kopist wieder treuer an sein Muster, sieht man von der Wendung ἀγαθὸς διὰ πάντων anstelle von δεξιός ab.

Resümee

Anhand von mehreren Parallelstellen unterschiedlicher Länge wird zunächst nachgewiesen, daß für eine Reihe von Aussagen in der Briefsammlung des Nilus von Ancyra Gregor von Nazianz mit seinen

[18] Von SYM *s* 20,1 *De humilitate et inani gloria* (PG 32,1353 C) verwertet.

[19] Daß diese Isidorstelle nichts anderes als ein weiteres Testimonium zu PH *qu Gen* 4,99 (II 222 MARCUS) ist, hat FRÜCHTEL, Isidoros als Benützer 766 nachgewiesen. Philon selbst gibt eine ältere, stoische Ansicht wieder (vgl. SVF III 155 Nr. 592). Ähnliche Beschreibungen menschlichen Gehabens begegnen des öfteren, z. B. bei LUC *Rh Pr* 11 (διασεσαλευμένον τὸ βάδισμα usf.); GR NAZ *or* 5,23 (SC 309,338 = PG 35,692 B-C); CHRYS *hom de capto Eutropio* 17 (PG 52,412) (infra); id. *hom* 17,7 *in Mt* (PG 57,263); id. *hom* 17,3 *in Ac* (PG 60,139) (Charakterisierung des Zornigen). Hier treten späte Reflexe der stoischen Affektenlehre zutage, wie man durch Vergleich solcher Stellen etwa mit Seneca (namentlich bei Äußerungen über den Zorn!) feststellen konnte: GRONAU 291 f. mit Anm. 1 (auch 251 mit Anm. 3); ALTHAUS 37 f.

"Theologischen Reden" Pate gestanden hat, wobei sich der Kopist - wie in solchen Fällen üblich - teils enger, teils weniger eng an sein Muster hält, und sich seine eigene Leistung bisweilen bloß darauf beschränkt, verschiedene Exzerpte aus dem Original in ein stilistisches Ganzes zu bringen, das den Eindruck der Einheitlichkeit erweckt. Dazu bedarf es fallweise nur eines geringfügigen Eingriffes, wie bei den beiden Auszügen aus dem Ekklesiasteskommentar Gregors von Nyssa, wo Nilus sich mit einer einfachen Einleitungsformel in Frageform behilft.

Kaum anders verfährt Isidor von Pelusium in seiner ähnlich gelagerten Briefsammlung mit Abschnitten aus dem Kommentar des Johannes Chrysostomus zum 1. Korintherbrief, nur daß seine stilistischen und lexikalischen Manipulationen am Original etwas weitgehender sind und auch ein gewisser Hang zur Straffung der chrysostomischen Abundanz zu beobachten ist.

Schließlich kann noch der interessante Fall exemplifiziert werden, wo sowohl Isidor wie auch Nilus ein und denselben Basiliustext, *Homilia de humilitate* c. 7, kopieren, bei welcher Gelegenheit keiner von beiden es versäumt, in der erwähnten Weise bald ziemlich treu das Muster wiederzugeben, bald aber erhebliche Änderungen daran vorzunehmen, und das in stark voneinander abweichender Form mit unterschiedlicher Gewichtung.

II.

PHILOSOPHIE

Der Mensch: Ein Turm - keine Ruine

Überlegungen zum Denkprinzip Gleiches zu Gleichem bei Gregor von Nyssa

Martin ESPER

Die allegorische Exegese setzt konsequent das Denkprinzip *similia similibus*[1] für die Deutung des metaphorischen Sprachgebrauchs innerhalb eines Textes ein. Da alles schöpferische Denken ohne Denken in Metaphern nicht auskommen kann[2], gewinnt die Fähigkeit, Metaphern bilden zu können, eine nicht zu unterschätzende Bedeutung. Metaphorische Denkweise verfährt u. a. nach den Regeln der Analogie[3]; es wird sozusagen eine Proportionalgleichung aufgestellt, die - im Gegensatz zur Identität der Relationen in der Mathematik - eine Ähnlichkeit in der Beziehung zweier Relationen ausdrückt. Um ein Beispiel anzuführen: Alter (A) : Leben (B) wie Abend (C) : Tag (D). Eine Relation zwischen zwei genauer bekannten Elementen wird auf ein Verhältnis zwischen zwei weniger bekannten Elementen übertragen. Die vorgestellte Ähnlichkeit in den Beziehungen beider Relationen läßt somit Rückschlüsse auf die Struktur der weniger bekannten Elemente zu, läßt sie in einem neuen Licht erscheinen und bewertet sie stillschweigend. Aus dem genannten Beispiel lassen sich demnach folgende Metaphern bilden: "Alter des Tages" (A zu D), "Abend des Lebens" (B zu C) und daraus die vermeintliche, da metaphorische Identifikation "Alter ist Abend" (A ist C). Hieraus können Mißverständnisse in der Auslegung eines Textes erwachsen, sofern die Vergleichspunkte, die den Autor veranlaßt haben, eine Metapher zu gebrauchen, dem kritischen Leser nicht einsichtig sind oder im schlimmsten Falle die metaphorische Identifikation für eine tatsächliche gehalten wird[4]. Zu umgehen sind diese Mißverständnisse nur,

---

[1] MÜLLER 176: "Zu den fruchtbarsten Gedanken der Vorsokratik gehört die Anwendung des ὅμοιον - ὁμοίῳ-Prinzips auf die Erkenntnis."

[2] PERELMAN dtsch. 119-129.

[3] ARIST *poet* 1457 b 16-19: τὸ δὲ ἀνάλογον λέγω, ὅταν ὁμοίως ἔχῃ τὸ δεύτερον πρὸς τὸ πρῶτον καὶ τὸ τέταρτον πρὸς τὸ τρίτον· ἐρεῖ γὰρ ἀντὶ τοῦ δευτέρου τὸ τέταρτον ἢ ἀντὶ τοῦ τετάρτου τὸ δεύτερον.

[4] Insbesondere das Werk Heideggers ist solchen (vom Autor etwa provozierten?) Mißverständnissen ausgesetzt: HEIDEGGER, Unterwegs zur Sprache 154: "Abschied ist die Ankunft des Gewesenen"; DERS., Platons Lehre 70: "Sprache ist lichtend-verbergende Ankunft des Seins selbst".

wenn der Leser die verkürzte Ausdrucksweise der metaphorischen Identifikation für sich selbst wieder auf den zugrunde liegenden Vergleich ausweitet; ist ihm der vorgelegte Vergleich nicht einsichtig, d. h. ist bei dem in Rede stehenden Sachverhalt für ihn die Anzahl der Vergleichspunkte niedriger als die differenzierenden Aspekte, muß die in der Kritik beanstandete Metapher erneut geprüft und gegebenenfalls durch eine angemessenere ersetzt werden.

Rekurriert die Metapher als Analogie demnach auf eine evidente Ähnlichkeit in der Beziehung zweier Relationen, so will die Allegorie auf eine vorderhand verborgene Ähnlichkeit in der Beziehung der Proportionen zueinander hinweisen; sie muß erst sorgsam eruiert werden. Die Allegorie offeriert oder provoziert mehrere mögliche Aspekte der Ähnlichkeit in der Beziehung der Relationen. Erkenntnistheoretisch ausgedrückt ließe sich sagen, daß die Allegorie das sprachliche Mittel bietet, Aussagen zu treffen über das, was beständig Fragen provoziert und sich doch nicht abschließend erkennen läßt. Als unaufhebbare analogische Metapher hat die Allegorie ihren genuinen Platz in metaphysischen Diskursen. Sie ist prägnant und komplex zugleich. Als Beispiel für eine solche erweiterte analogische Metapher diene die metaphorische Identifikation vom Leben als Seefahrt. Ich wähle dieses Motiv in Epiktets Bearbeitung, da hier ein wichtiger Aspekt zur Sprache kommt, der uns gleich bei Gregor noch beschäftigen wird: die Verquickung von Analogie und Metapher in der Allegorie zu einer neuen Wirklichkeit.

"Wie auf einer Seefahrt, wenn du nach dem Ankern des Schiffes gerade einmal aussteigen möchtest, um Trinkwasser zu holen, du dir nebenbei auf dem Weg hier eine kleine Muschel und dort eine kleine Zwiebel aufheben kannst, dein Denken aber doch auf das Schiff gerichtet sein muß und du dich immer wieder umwenden mußt, ob nicht irgendwann der Steuermann ruft, und du im Falle seines Rufes all das liegen lassen mußt, damit man dich nicht gebunden wie das Schlachtvieh auf das Schiff wirft, so wird dir auch in deinem Leben nichts im Wege stehen, wenn dir statt eines Zwiebelchens und einer hübschen Muschel eine liebe Frau und ein nettes Kind geschenkt ist. Wenn aber der Steuermann ruft, laufe auf jeden Fall zum Schiff, laß all das zurück und drehe dich nicht mehr um. Wenn du alt bist, entferne dich niemals mehr weit vom Schiff, damit du es nicht versäumst, wenn der Steuermann ruft"[5].

---

[5] EPICT *ench* 7.

Der gesamte Text meint etwas anderes als das, was er wortwörtlich aussagt[6]. Allen Begriffen wird die Bedeutung eines anderen Wortes beigelegt. Die Metaphern werden ihrerseits wieder in eine analogische Beziehung gesetzt. Eine mögliche verkappte Proportionalgleichung lautet: Seefahrt : Rast wie Sein : Dasein. Es ergeben sich hieraus die Metaphern "Seefahrt des Daseins", "Rast des Seins" und die metaphorische Identifikation "Seefahrt ist Sein". Epiktet gewinnt mit der Analogie der Metaphern für das Dasein eine neue, vorderhand nicht sichtbare, Beschaffenheit, Bestimmung und Bewertung.

Im Blick auf den Zusammenhang von Analogie, Metapher und Allegorie ist folgendes zu bemerken: Metaphern, soweit wir sie hier betrachten, beruhen auf Analogien; Allegorien fußen auf analogischen Metaphern. In der Allegorie werden Metaphern nach den Regeln der Analogie zueinander in Bezug gesetzt, sie ist eine vorgestellte Proportionalgleichung ausschließlich zwischen Metaphern, während die Metaphern selbst, soweit sie nach den Regeln der Analogie gebildet worden sind, auf einer Art Proportionalgleichung zwischen Wortgliedern in ihrer eigentlichen Bedeutung beruhen. Metapher und Allegorie unterscheiden sich im Aspekt. So kann man die Metapher als punktuelle (und damit aufhebbare) Analogie, die Allegorie als lineare (und damit im Textzusammenhang unaufhebbare) Metapher bezeichnen[7]. Nach Aristoteles ist die Fähigkeit, Metaphern bilden zu können, bei weitem das Wichtigste für die Vollkommenheit der Aussage. Sie läßt den sprachlich gefaßten Gedanken klarer hervortreten. Diese Fähigkeit könne man nicht von anderen lernen, sondern sie sei ein Zeichen von Begabung. Gute Metaphern zu bilden bedeute, daß man imstande sei, Ähnlichkeiten zu erkennen[8]. Und gerade das ist ein Kennzeichen schöpferischen Denkens. Um so mehr gilt das für die Allegorien und ihre Deutung. Hier tritt nun Gregors Bedeutung zutage.

1.

Gregors Ingenium in der Anwendung des Denkprinzips Gleiches zu Gleichem zeigt sich exemplarisch in seinem Hoheliedkommentar,

---

[6] **HERACL** *all* 5,2: ὁ γὰρ ἄλλα μὲν ἀγορεύων τρόπος, ἕτερα δὲ ὧν λέγει σημαίνων, ἐπωνύμως ἀλληγορία καλεῖται.

[7] **QUINT** *inst* VIII 6,14: *ut modicus autem atque opportunus eius* (sc. *translationis*) *usus inlustrat orationem, ita frequens et obscurat et taedio complet, continuus vero in allegoriam et aenigmata exit.*

[8] **ARIST** *poet* 1459 a 6-8: μόνον γὰρ τοῦτο οὔτε παρ' ἄλλου ἔστι λαβεῖν εὐφυΐας τε σημεῖόν ἐστι· τὸ γὰρ εὖ μεταφέρειν τὸ τὸ ὅμοιον θεωρεῖν ἐστιν.

da hier die Fähigkeit, den Vergleichscharakter der Textaussagen zu erkennen und zu verdeutlichen, in höchstem Maße gefordert ist. Gregor versteht die Rede vom Liebesverhältnis zwischen Braut und Bräutigam als Bild für das Verhältnis Christi zur Kirche bzw. zur gottliebenden Seele. Im Prolog seines Kommentars[9] erläutert er Art und Weise sowie Ziel und Zweck seines Vorgehens. Die spezifische Fähigkeit, die den Textaussagen zugrunde liegenden Vergleiche zu erkennen (ἡ κατάλληλος θεωρία), gleich zu Beginn genannt, bewährt sich darin, aus dem wortwörtlichen Sinn den verborgenen in Analogieschlüssen darzulegen mit dem Ziel, der noch eher fleischlichen Gesinnung eine Anleitung zur geistigen und nichtstofflichen Seelenverfassung zu geben. Die sogenannte Proportionalgleichung für die Entbergung des verborgenen Textsinnes lautet demnach: Leib : Seele wie Wortsinn : verborgener Sinn. Daraus ergibt sich die metaphorische Identifikation "Leib ist Wortsinn", wenn auf die bloße Verlautbarung und dessen Bedeutung rekurriert wird, und die Metaphern "Leib des verborgenen Sinnes" bzw. "Seele des Wortsinns", wenn auf die eigentliche Bedeutung der Verlautbarung geblickt werden soll. Mit diesen Aussagen hat Gregor das argumentative Rüstzeug für die Rechtfertigung seiner Exegese zur Hand. Es muß jetzt noch nach den Bedingungen für die entsprechende Sehweise bei Homilet und Adressat gefragt werden, damit sich das rechte Verständnis auch einstellen kann. Die Kategorien des "Nützlichen" (ὠφέλιμον) und des "Angemessenen" (πρέπον) resp. des rechten Umgangs/Gebrauchs (χρῆσις), die Gregor in diesem Zusammenhang vorbringt, sind rein argumentative bzw. apologetische Mittel; erstere hat mit ihrem steten Hinweis auf die Vervollkommnung des christlichen Lebens den Adressaten der Deutung im Blick, die zweite den Exegeten selbst, wenn es heißt, die Deutung habe sich am "Angemessenen" resp. dem rechten Gebrauch des Wortsinns im Blick auf die göttlichen Geheimnisse zu orientieren. Sie lassen sich aus dem dargelegten analogischen Verfahren ableiten und kommen einer *petitio principii* gleich. Die Gültigkeit dieser Kategorien beruht auf einer bereits gefällten Glaubensentscheidung des Homileten, die dem Adressaten erst noch vermittelt werden will.

Statt den Einsatz dieser argumentativen Mittel genauer zu verfolgen, scheint es unverfänglicher zu sein, bei der Frage nach den Bedingungen für die entsprechende Sehweise des Homileten und seiner Zuhörer eine seiner Deutungen selbst sprechen zu lassen. Hierbei werden dann wohl auch die Voraussetzungen für diese spezifische Betrachtungsweise in den Blick kommen und angemessen eruiert werden können.

[9] GNO VI 3,1-13,21.

2.

Eine herausragende Fülle von Vergleichen begegnet uns in den Kapiteln 4 und 6 des Hoheliedes; mit ihnen preist der Bräutigam immer wieder die Schönheit seiner Braut. Gregor widmet der Deutung dieser Abschnitte die Predigten 7-9 und 15. Insbesondere bietet der Beginn des 4. Kapitels eine regelrechte Vergleichskette für die körperlichen Vorzüge der Geliebten: Augen wie Tauben, Haare wie Ziegenherden, Zähne wie eine Herde geschorener Schafe, Lippen wie Purpurbänder, Wangen wie ein aufgebrochener Granatapfel, ein Hals wie ein Turm, Brüste wie Rehkitze. Die poetische Bildersprache spiegelt die unüberbietbare Schönheit der Geliebten.

Einem Vergleich in dieser Reihe schenkt Gregor eine ganz besondere Beachtung:

"Wie der Turm Davids ist dein Hals,
gebaut ἐν θαλπιώθ;
tausend Schilde hängen an ihm,
sämtliche Geschosse der Mächtigen"[10].

Hier ist die spezifische Betrachtungsweise Gregors genau nachzuzeichnen; die Deutung dieses Vergleiches ist geradezu paradigmatisch für seine Homiletik.

Zunächst die Gliederung des Abschnittes:

A) Alle Werke der von Gott ergriffenen Heiligen sind Vorbild und Unterweisung für das, was zur Vollkommenheit dient[11].

B) a) So hat nach der Weisheit des Königs der Schöpfung (Christus) auch David mit seinem hochragenden Turmbau dem Leben der Menschen gleichsam einen Ratschlag (συμβουλήν) für das spätere Leben schon im voraus aufbewahrt.

b) Wie der Schöpferkönig (Christus) die Schönheit der einzelnen Gliedmaßen am Leib der Braut (der Kirche) in Vergleichen preist, so muß man auch fragen, warum diejenigen in der Kirche, die den Platz des Halses einnehmen, mit einem solchen Turm verglichen werden[12].

C) Die Anatomie des Halses: Position, Flexibilität der Halswirbel;

---

[10] *Cant* 4,4, zitiert *Cant* 7 (GNO VI 232,17-19). לְתַלְפִּיּוֹת ἐν θαλπιώθ: ein Glossem, wobei ἐν bereits die Übersetzung des hebräischen Dativzeichens ist; ein *plurale tantum*; *vox obscurae originis varie explicata*: ZORELL 900.
Gregor schreibt ἐν statt εἰς // ἐν (Sinaiticus) εἰς (Vaticanus); er erklärt das Wort mit ἐπάλξεις, ein Mauergefüge mit Schutzwehr; wie aus seiner Deutung ersichtlich, spiegelt für ihn das Mauergefüge das Wirbelgefüge des Halses.

[11] *Cant* 7 (GNO VI 231,5-19).

[12] *Ib.* 231,19-233,8.

Nahtstelle für das Gehirn; Träger der Luft- und Speiseröhre sowie der Stimmwerkzeuge[13].

D) Die Übertragungen der anatomischen Funktionen auf den Hals des Kirchenleibes: Hals als Träger der Hauptes (Christus); die Aufgabe der Atmung, des Sprechvermögens und der Nahrungsmittelzufuhr; Bedeutung der Flexibilität des Halses. Zusammenfassende Schlußfolgerung, als Enthymem formuliert: Paulus nimmt mit Recht die Stelle des Halses ein; ein solcher Hals ist wahrhaft Davids Bauwerk[14].

E) Die typologische Bedeutung Davids; die Bedeutung der Schilde und der Geschosse der Mächtigen am Turm[15].

F) Die Bedeutung der herausragenden Position des Turmes[16].

Die ersten beiden Abschnitte verknüpft ein verkürzter Syllogismus, das Enthymem, der rhetorische Schluß κατ' ἐξοχήν. Die folgenden Abschnitte C und D zeigen die mustergültige Anwendung der von Gregor reklamierten angemessenen Sehweise für die Deutung der Schrifttexte. Er schreibt nach der exakten Darlegung der anatomischen Funktionen des Halses: "Nachdem ich die Aufgaben dieses Körpergliedes so beschrieben habe, dürfte es leicht sein, mit den dabei gewonnenen Erkenntnissen (διὰ τῶν ἐνταῦθα θεωρηθέντων) auch den Hals des Kirchenleibes zum Gegenstand der Betrachtung zu machen und dabei zu erwägen, wer das sei, der infolge sich entsprechender Betätigungen (διὰ τῶν καταλλήλων ἐνεργειῶν) diesen Namen zu Recht trägt, und damit als Hals bezeichnet und mit dem Turm Davids verglichen wird"[17].

Die Ebene des faktischen Seins, des So-Seins, steht in Analogie zur Ebene des Sollen-Seins. Gregor unterliegt in der Anwendung des Denkprozesses Gleiches zu Gleichem jedoch nicht einem naturalistischen Fehlschluß. Der Charakter des Sollen-Seins wird bewahrt[18]. Die für die Deutung des Textes vorgestellte Art von Proportionalgleichung Hals : Schultern wie Turm : Anhöhe führt zu den Metaphern "Anhöhe des Halses", "Schultern des Turmes" und der metaphorischen Identifikation "Hals ist Turm". Die spezifische Fähigkeit, den Vergleichscharakter der Textaussage wahrzunehmen (ἡ κατάλληλος θεωρία), diagnostiziert sich entsprechende Betätigungen (κατάλληλοι

[13] *Ib.* 233,8-234,11.

[14] *Ib.* 234,11-236,10.

[15] *Ib.* 236,12-237,14.

[16] *Ib.* 237,14-238,12.

[17] *Ib.* 234,11-16.

[18] *Ib.* 235,5: ἐχέτω. 235,9: μιμείσθω.

ἐνέργειαι) zwischen dem Ausgangsthema und der Vergleichsebene. Die Metaphern und metaphorischen Identifikationen verlangen nach eingehender Betrachtung. Ist ihre Schöpfung ein Zeichen von Begabung (σημεῖον εὐφυΐας), so muß das Verstehen dieser vorgestellten Identifikationen es nicht minder sein. Verstehen zeigt sich hier als ein In-Bezug-Setzen von Sachverhalten nach dem Denkprinzip Gleiches zu Gleichem. Gregors allegorische Deutung beruht darauf, daß allen Realien ein Verweisungscharakter anhaftet. Betrachtet er, ausgehend von der metaphorischen Identifikation "Hals ist Turm" die anatomische Funktion des Halses, so nimmt er sich zunächst den Baukörper des Turmes vor (ἡ σωματικὴ τοῦ πύργου κατασκευή)[19]. Aufgrund der Tatsache, daß er ein Werk des Königs David ist, eine exzeptionelle Stellung einnimmt und Träger vieler Waffen und Geschosse ist, fällt er ins Auge und ist Gegenstand der Bewunderung (τὸ περίβλεπτον)[20]. Ebenso beschreibt er den Halskörper und seine anatomischen Funktionen. Seine Deskription der Halswirbel und des Rückenmarks, das mit dem Gehirn eine Einheit bildet, die wir heute mit dem Begriff "zentrales Nervensystem" zusammenfassen, zeigt, daß Gregor mit seinen medizinischen Kenntnissen auf der Höhe seiner Zeit ist. Das gilt auch für die Defizite in diesen Kenntnissen in seiner Zeit hinsichtlich der genauen Unterscheidung der Funktionen der Luftröhre und der Arterien; letztere dachte man sich auch mit Luft gefüllt, sozusagen als Austauschbehälter für Luft und Blut. Gregor bezeichnet mit Arterie (ἡ ἀρτηρία) nur die Luftröhre als Aufnahmebehälter für die einströmende Atemluft, die ihrerseits die im Herzen glimmende Feuerglut zu ihrer naturgemäßen Wirkweise anfacht. Genaue Kenntnisse über den Gasaustausch im Blut, die Herzfunktion und den kleinen und großen Blutkreislauf brachte erst das vergangene Jahrhundert mit der Anwendung verfeinerter physiologischer Methoden. Gregor geht noch knapp auf die Funktionen der Speiseröhre und der "Stimmwerkstatt" ein; in ihr wird der Schall erzeugt, wobei die Luftröhre mit dem Hervorquellen des Atems in heftige Erschütterung versetzt wird[21].

Die Exegese der gesamten Stelle vollzieht Gregor konsequent analogisch zur vorab ausgemachten Bedeutung des Turmes als eines herausragenden und bewundernswerten Baukörpers. Im Bild des Turmes erscheinen die körperlichen Funktionen des Halses in einem neuen Licht. Die leiblichen Funktionen müssen sinnenfällig durch ihre seelischen überhöht werden. Genauere anatomische Kenntnisse kön-

---

[19] *Ib.* 233,1.

[20] *Ib.* 233,1-4.

[21] *Ib.* 233,23-234,11.

nen diese Grundüberzeugung Gregors nicht tangieren. Nicht auf die bloße sinnenfällige Funktionsweise der Organe kommt es ihm an, sondern auf den Sinn, der daraus abgelesen werden kann für die Vervollkommnung des Christseins. Die Dichotomie Leib - Seele wird in der Einheit des Kirchenleibes aufgehoben, da hier jedes Organ ganzheitlich betrachtet wird. Das Gefüge des Halses wird nach Gregor völlig zu Recht mit dem Gefüge des Turmes verglichen und zwar aus folgenden Gründen:

1. Er ist Träger des Hauptes (Christus), der den ganzen Leib lenkt und leitet.

2. Er ist Empfänger des Geistes, der unser Herz entflammt und wärmt. In die Halsarchitektur hat Gott der Menschennatur die Sprechfähigkeit eingefügt, damit sie als Organ des Geistes die Regungen des Herzens (κινήματα καρδίας) verlautbart[22].

3. Der Hals übernehme die Tätigkeit der Ernährung, d. h. das Lehramt. Dadurch bewahrt sich der Leib der Kirche die Widerstandskraft; sonst müßte er zerfallen.

4. Der Hals ahme das Gefüge der Wirbel nach, dadurch, daß er die Einzelnen mit dem Volk zur Vollendung führt und durch das Band des Friedens zu einem Glied macht, wenn er sich neigt, sich aufrichtet und sich leicht nach beiden Seiten dreht[23].

Für Gregor hat der Apostel Paulus die genannten Aufgaben beispielhaft verwirklicht; er und jeder, der ihm folgt, ist ihm die Konkretion der angeführten Abstraktion. Paulus ist die Verkörperung des Turmes, wie aus folgendem ersichtlich:

ad 1) Nicht er spricht, sondern Christi Haupt in ihm.

ad 2) Er ist die wohltönende Luftröhre (Flöte), weil er durch den Geist die Wahrheit des Logos artikuliert.

ad 3) Seine Speiseröhre labte sich immer an göttlichen Worten, weil er durch sich selbst den ganzen Leib mit jenen lebensspendenden Lehren ernährte.

ad 4) Keiner hat wie er die Aufgabe der Wirbel wahrgenommen. Alle hat er durch das Band des Friedens und der Liebe zu einem Leib zusammengefügt. Keiner hat wie er gelehrt, seinen Nacken zu beu-

---

[22] *Ib.* 235,4-5; ARIST *int* 16 a 6 f.: παθήματα ψυχῆς. Bietet Gregor eine ursprüngliche *interpretatio Christiana* oder wirkt die aristotelische Hermeneutik hier nach?

[23] *Cant* 7 (GNO VI 233,23-234,12). Gregor konnte auf medizinische Handbücher, namentlich die des Oreibasios zurückgreifen, der als praktischer Arzt in Konstantinopel das med. Wissen kompilierte; seine Schriften bieten eine wertvolle Quelle für die hellenistische Medizin.

gen, dadurch, daß er mit dem Unbedeutenden Umgang hat, und sich aufzurichten, dadurch, daß er seine Gedanken auf Höheres richtet, und sich behende und flink nach beiden Seiten zu wenden, dadurch, daß er den vielfältigen Methoden des Teufels ausweicht und sich vor ihnen schützt[24].

Nach dieser Steigerung, gebaut nach dem Gesetz der wachsenden Glieder, in der Darlegung der Leistungen des Apostels Paulus steht nun die Kernaussage des gesamten Abschnittes: "Dieser Hals ist wirklich das Bauwerk Davids. Erkenne in David den Vater. Er hat im Anfang den Menschen dazu geschaffen, ein Turm (πύργος) und keine Ruine (σύμπτωμα) zu sein"[25]. Damit ist der Zielpunkt der Deutung erreicht: Der Mensch ist kein gefallenes Geschöpf. Die damalige Stoßrichtung dieses Gedankens ist heute nicht mehr Gegenstand des Nachdenkens. Gregor gelingt es, mit dem Bild des Turmes eine neue Beschaffenheit, Bestimmung und Bewertung des Daseins sichtbar zu machen, wie es ebenso Epiktet gelingt mit dem eingangs erwähnten Bild der Seefahrt. Der *Christianismos* führt aus der Glaubenskraft zur Unterscheidung der Geister. Er setzt zum aufrüttelnden Bild der Seefahrt den Turm hinzu als das richtungweisende Leuchtfeuer des Geistes.

In den nun folgenden Ausführungen will Gregor die Gedanken seiner Zuhörer auf die Sicherheit vor einem etwaigen Zusammenbruch lenken. Gottes Gnade läßt sich nicht mit einem endgültigen Zusammenbruch vereinbaren. Zum Beleg dafür führt Gregor die vielen am Turm hängenden Waffen und Geschosse der Mächtigen an. In der Auseinandersetzung mit den Feinden darf der Mensch auf die Macht der Engel hoffen. Die Zahlangabe dürfe nicht wortwörtlich verstanden werden; mit ihr sei auf die Menge überhaupt hingewiesen. Gregor verweist auf den katachrestischen Sprachgebrauch in der Heiligen Schrift[26]. Streng genommen heißt der metaphorische Ausdruck aber nur dann Katachrese, wenn in einer Sprache kein eigentlicher Ausdruck für die gemeinte Sache existiert. Gregor überträgt jedoch nicht illegitim den katachrestischen Gebrauch von unzählig (μυρίοι) auf tausend (χίλιοι), sondern er geht hier stillschweigend auf den hebräischen Sprachgebrauch zurück[27].

---

[24] *Ib.* 235,13-236,11.

[25] *Ib.* 236,11-14.

[26] *Ib.* 236,16-237,12.

[27] Im Hebräischen 'Äläf' (אֶלֶף) 'tausend' auch im Sinne von 'unzählig' gebraucht: *Dt* 1,11; 32,10.

Da für Gregor ein Turm auch noch auf einer Anhöhe stehen muß, und der Hals auf den Schultern aufsitzt, sieht er sich veranlaßt, die Schultergelenke als praktische Tätigkeiten für die eigene Rettung zu deuten[28]. Doch fügt er auch nach sonst häufig geübter Praxis eine grundlegendere Deutung hinzu. Wer verständig (ἐπιστατικῶς) dem Sinn der Rede folge, erkenne darin die Erhebung der Seele zum Besseren auf ihrem Weg zu Gott. Anfänglich habe sich die Braut noch damit zufrieden gegeben, daß ihre Schönheit mit der Reiterei des Pharao oder mit kostbaren Halsketten verglichen worden sei. In eine rhetorische Frage kleidet Gregor abschließend die Feststellung *per analogiam*: Die Vervollkommnung im Guten ist in dem Maße größer als sich die Schönheit eines Turmes über die Schönheit einer Halskette erhebt. Die Position des Turmes komme der Stadt auf dem Berge gleich; deren Lage könne nicht verborgen bleiben[29]. Es ist gut vorstellbar, ja sehr wahrscheinlich, daß Gregor in diesem Abschnitt seiner Homilie über die Bedeutung des Turmes die *Turris Eucharistica* vor Augen hatte, das Sakramentshäuschen in den Kirchen der Väterzeit und damit wohl auch in seiner Kirche, von deren baulicher Gestalt wir so gute Kenntnis haben[30]. Ein solcher Schrein war in augenfälliger Position in der Nähe des Altares angebracht. Die *Turris* hatte eine Öffnung, in der das Ciborium in Gestalt einer Taube hineingestellt werden konnte. Die Taube ihrerseits barg Fragmente des eucharistischen (verwandelten) Brotes. Die Heilstat Christi wurde so auch sinnenfällig ständig gegenwärtig gesetzt. Wir kennen eine derartige Praxis von Gregors älterem Bruder, dem hl. Basilius[31].

Gregors Beschreibung und Deutung der äußeren Gestalt des Turmes paßt gut zu den überlieferten Kenntnissen über das Aussehen eines solchen Schreins. Die Anhöhe der *Turris* bildete eine Art Postament. Der Hinweis, daß die Waffen am Turm auf den Schutz der Engel hindeuten, entspricht der künstlerischen Praxis, die *Turris Eucharistica* mit Engeln zu umgeben. Und ließe sich in einer Predigt ein eindrucksvolleres Mittel denken, um die Aufgabe des Menschen sinnenfällig zu machen, als ein Verweis auf die *Turris Eucharistica* in seiner unmittelbaren Nähe? Jedenfalls ist Gregor eine solche direkt hinweisende Predigtpraxis nicht fremd, wie aus seiner Predigt auf den hl. Theodor ersichtlich. Dabei hatte er in der Grabeskirche des

[28] *Cant* 7 (GNO VI 237,13-16).

[29] *Ib.* 237,16-238,12.

[30] KLOCK.

[31] KRAUS 820, dort instruktive Skizzen und Strichzeichnungen; LECLERCQ.

Heiligen zur Unterstreichung seiner Leistungen auf die Wandgemälde mit seinem Martyrium hindeuten können[32].

3.

Ein Beispiel aus Gregors allegorischer Exegese hat dargelegt, daß die Anwendung des Denkprinzips Gleiches zu Gleichem die pagane *Analogia entis* zur christlichen *Analogia fidei* macht. Wer mit den Augen des Glaubens sieht, nimmt in seiner Umwelt neue und für Außenstehende nicht sichtbare Zusammenhänge wahr, wie ja unstreitig das Sehen und Erkennen vom Vorwissen entscheidend gesteuert wird. Indessen ist damit die Eigenart im argumentativen Denken Gregors noch nicht hinreichend erfaßt. Wie oben dargelegt, argumentiert Gregor abschließend gegenüber der Turmmetapher ebenso mit dem Bild des genauen Gegenteils, der Ruine. Im Gesamtzusammenhang der Hoheliedexegese deutet Gregor den hier erwähnten "Zusammenbruch" als Fall, d. h. als Unglück des Ungehorsams (πτῶμα τῆς παρακοῆς)[33]. Dieser Vorfall kann aber dem gläubigen Menschen keine Handhabe für eine endgültige Bestimmung des Menschen überhaupt geben. Er kann es nicht beim Fall belassen, sondern sieht den Fall einzig und allein in der Relation zum Sich-Erheben. Der Begriff "Fallen" konstituiert sich durch sein Gegenteil, das "Aufstehen" und umgekehrt. Der Rekurs auf diese Gegensatzpaare erlaubt dann Schlüsse nach der Analogie der Gegensätze. Zu beachten hierbei ist, daß eben nur Gegensatzpaare berücksichtigt werden dürfen, z. B. sich setzen - aufstehen, nicht sitzen, da hier mehrere Gegensätze denkbar sind. Die Analogie der Gegensätze zwingt im Diskurs ethischer Fragen immer dazu, sein Handeln nie als irreversibel zu betrachten. Das wird abschließend bei der Rede vom unendlichen Gott und dem Weg des endlichen Menschen zu ihm hin noch zu bedenken sein.

Was im Zusammenhang der Analogie der Gegensätze logisch gilt, muß nicht unbedingt auch ontologisch gelten. Die Analogie der Gegensätze überspielt zunächst diesen grundsätzlichen Vorbehalt mit dem Rekurs auf die *Analogia entis* überhaupt. In den sokratisch-platonischen Dialogen ist die Diskussion über dieses Thema bereits in vollem Gange; so spricht Sokrates mit Kebes:

"Ja, wir wollen ganz allgemein in bezug auf alles, das ein Werden hat, uns klar werden, ob alles auf diese Weise wird, nämlich das Ge-

[32] ESPER 153.

[33] *Cant* 5 (GNO VI 143,3).

genteil aus dem Gegenteil und nicht anderswoher da, wo es überhaupt ein Gegenteil gibt, wie z. B. das Schöne dem Häßlichen entgegengesetzt ist und das Gerechte dem Ungerechten und so unzähliges andere. Das also wollen wir ergründen, ob alles, was ein Gegenteil hat, unmöglich irgend anderswoher entstehen kann als aus seinem Gegenteil. Z. B. wenn etwas größer wird, muß es doch notwendig aus einem früher Kleineren größer werden? - Ja"[34].

Für die Gregorinterpretation wäre es nun fatal, wollte man vorab nach Einflüssen aus dem paganen Bereich suchen. Aus seinen überaus kunstvollen Metaphrasen läßt sich eindeutig sein unablässiger Umgang mit der Heiligen Schrift ableiten. Bei einem Denker, der so wie er mit der Bibel vertraut war, ist es methodisch geboten, bei der Suche nach den Ursprüngen bestimmter Motive zunächst die Heilige Schrift selbst heranzuziehen[35]. Hier läßt sich auch der Ursprung für Gregors Umgang mit der Analogie der Gegensätze finden. "Was bedeutet 'Er stieg hinauf' anders, als daß er vorher herabstieg in die niedere Erdenwelt, und der herabstieg ist es, der über alle Himmel hinaufstieg, um das All zu erfüllen"[36].

In der Exegese des Hoheliedverses "Erhebe dich, eile, meine Freundin!"[37] operiert Gregor mit dieser Analogie der Gegensätze: "Steh auf - gemeint ist die Kirche - natürlich von deinem Sturz, die du eingesunken bist im klebrigen Sündenschlamm, die du nicht mehr frei gehen kannst, da sich die Schlange um deine Füße geringelt hat, und auf die Erde gestürzt und in das Unglück des Ungehorsams geraten bist. Auf mit dir!"[38]. Ist bei der Turmmetapher eher beiläufig vom Gegensatz die Rede, so richtet hier Gregor sein Augenmerk gerade darauf. Nicht so sehr das Aufstehen steht in der Deutung dieses Verses im Mittelpunkt, sondern das Ereignis des konträren Gegensatzes, das - sinnenfällig als bloße Vorläufigkeit dargestellt - gleich in sein

---

[34] PL *Phd* 70 e.

[35] Unbestritten ist der konstitutive Einfluß des Vorwissens für das Textverständnis. Gregors Bruder hatte in seinem *Sermo de legendis libris gentilium* den propädeutischen Nutzen der Klassikerlektüre hervorgehoben. Gregor liest mit den Augen eines Christen die antiken Autoren. So kommt es bei der Lektüre unwillkürlich zu 'Umbesetzungen' (BLUMENBERG 42-61), wobei damit nicht gesagt ist, daß nicht eine "diakritische Energie ihres - gemeint sind die Christen - Glaubens" (DÖRMANN 9) zu einer bewußten Anverwandlung (Adaptation) der tradierten Bildungsgüter führte. An diese diakritische Energie des Glaubens konnte Paulus appellieren (*1 Thess* 5,21): πάντα δοκιμάζετε, τὸ καλὸν κατέχετε. Analog gilt das für den Umgang der Christen mit der Allegorie aus dem Verständnis des Alten Testamentes. Vgl. HAMP.

[36] *Eph* 4,9.

[37] *Cant* 2,1.

[38] *Cant* 5 (GNO VI 149,1-4). Das ist versteckte Kritik an Kirchenmännern!

Gegenteil umschlagen soll. Mit dem bloßen Aufstehen darf es natürlich nicht sein Bewenden haben; vielmehr heißt es dann auch gehen. Gregor denkt in der Analogie der Gegensätze; Hinfallen : Aufstehen wie Stehenbleiben : Gehen. Im Bild des Turmes gesprochen: Turm : Ruine wie Stehen : Liegen. Es wird hier deutlich, wie die Anwendung des Denkprinzips Gleiches zu Gleichem über das analogische Denken zur Analogie der Gegensätze führt. Das Denken in Analogien umgreift ebenso konträre Sachverhalte, indem aus einer metaphorischen Identifikation jeweils ein Glied aus beiden Seiten der sogenannten Proportionalgleichung mit seinen jeweiligen Gegensätzen in eine neue Analogie gebracht wird. Um es an der Entstehung der eingangs erwähnten Metapher Lebensabend darzulegen: Die Verknüpfung Alter (A) : Leben (B) wie Abend (C) : Tag (D) erlaubt es, die Elemente B und D mit ihren konträren Gegensätzen in eine neue Analogie zu bringen: Geburt : Tod wie Morgen : Nacht. Daraus ergeben sich die neuen Metaphern "Nacht der Geburt", "Morgen des Todes" und die metaphorische Identifikation "Geburt ist Morgen".

Das Sein in seiner Gesamtheit läßt sich argumentativ in ein Geflecht von dialektischen Bezügen einspannen. Die Analogie der Gegensätze konstatiert bestimmte Relationen zwischen diesen Gegensätzen. Nach der eben angeführten Analogie läßt sich dann ein Satz bilden wie: Die Nacht der Geburt ist der Morgen des Todes, so wie wir statt Natur(a) getrost Moritur(a) sagen könnten. Gregor führt aus, daß Gottes kunstreiche Weisheit durch die dialektische Struktur des Seins die großen Wunder wirkt: ἡ ποικίλη τοῦ θεοῦ σοφία ἡ διὰ τῶν ἐναντίων θαυματουργήσασα τὰ μεγάλα θαυμάσια[39]. In der kunstreichen Gestalt dieser Weisheit sind die überirdischen Wesen jetzt durch die Kirche (den Leib Christi) klar und deutlich unterwiesen worden. An der Kirche wird dieses göttliche Handeln sichtbar. An Beispielen dialektischer Handlungsweisen der göttlichen Weisheit führt Gregor das Christusgeheimnis mit folgenden Fragen als Gegenstand des Nachdenkens an:

a) Wie wird das Wort zum Fleisch?
b) Wie verbindet sich das Leben mit dem Tod?
c) Wie heilt er mit den eigenen Wunden unsere Verwundung?
d) Wie ringt er mit der Schwachheit des Kreuzes die Gewalt des Gegners nieder?
e) Wie wird das Unsichtbare im Fleisch offenbar?
f) Wie befreit er die Gefangenen, obwohl er selbst Käufer und Kaufpreis zugleich ist?

[39] *Ib.* 8 (255,6 f.).

g) Wie kann er im Tod sein und doch nicht außerhalb des Lebens stehen?
h) Wie kann er Anteil haben an der Sklaverei und doch in der Königsherrschaft verharren?[40]

Diese Fragen muten wie Problemfälle (προβλήματα) für argumentative Denkübungen an. Vorab antwortet Gregor hier, daß das für das gesamte Sein weder einseh- noch verstehbar sein könne (τὸ πᾶσιν τοῖς οὖσιν ἀόρατόν τε καὶ ἀκατάληπτον)[41]. Erst wenn die Kirche ganz und gar von der Fülle Christi (πλήρωμα τοῦ Χριστοῦ) geprägt sei, könne eine befriedigende Antwort gegeben werden. Jetzt sei Gottes dialektisch wirkende Weisheit nur wie im Spiegel erkennbar[42]. Mit dem argumentativen Vehikel der Analogie der Gegensätze versucht Gregor jedoch schon jetzt, diese Geheimnisse im spiegelbildlichen Erkennen zugänglich zu machen. Hier wurzelt seine Mystik.

Innerhalb dieser Dialektik hat dann auch die Rede von der Unendlichkeit Gottes und der Endlichkeit des Menschen ihren genuinen Platz. So muß für Gregor im Blick auf die Nachfolge Christi das oben geforderte Aufstehen und Kommen zu einem unendlichen Progress werden. Mit der Unendlichkeit Gottes korrespondiert der pausenlose Marsch des Menschen zu Gott hin. Auch wenn sich der Mensch in einem unendlichen Progress auf den Weg zu Gott macht, bleibt er doch immer unendlich weit von ihm entfernt[43]. Im Bild des Kreises und der Quelle bestimmt Gregor diese Relation in der Unendlichkeit. Unendlich ist die Annäherung des Menschen an Gott, wie die Kreislinie unendlich ist. Dabei bleibt der Abstand des endlichen Menschen zur göttlichen Unendlichkeit stets gleich[44]. Wenn jemand an einer Quelle ihr unaufhörliches Fließen bewundert, kann er nicht sagen, er habe ihr ganzes Wasser im Blick; denn weder hört das beständige Fließen des Wassers auf, noch der beständige Anfang des Quillens. So bewundert er auch die grenzenlose göttliche Schönheit und stockt niemals in seinem Verlangen, sie zu sehen[45].

Gemäß der Analogie der Gegensätze müssen beide Bilder zusammengehalten werden. Das Bild der Quelle ist die Umkehrung des Kreisbildes. So lautet die analogische Proportion: Kreislinie : Quillen wie Standpunkt des Betrachters : Kreismittelpunkt. Wie der Beobachter der Quelle stets nur ihren Anfang sehen kann, so ist auch die

[40] *Ib.* 255,19-256,5.
[41] *Ib.* 255,11.
[42] *Ib.* 256,21-257,5.
[43] *Ib.* 246,10-247,18.
[44] *CE* I 666-669 (GNO I 217,26-218,22).
[45] *Cant* 11 (GNO VI 321,7-22).

Kreislinie immer gleich weit von ihrem Mittelpunkt entfernt. Im Gegensatz zum umgrenzten Unendlichen wird Gott als das grenzenlos Unendliche gedacht, in dem dann auch die Gegensätze zusammengehalten werden müssen.

Resümee

Einleitend wird die Praxis paganer Allegorie dargestellt; sie zeigt sich als eine Verknüpfung von Metaphern nach den Regeln der Analogie. An einem exzeptionellen Beispiel läßt sich in einem Dreischritt das Fundament der allegorischen Schriftexegese Gregors offenlegen. Gregor stellt die Allegorie in den Dienst der Schriftdeutung mit der Absicht, den Adressaten seiner Deutungen zur Vervollkommnung ihres christlichen Lebens zu verhelfen.

Die Deutung des Hoheliedverses c. 4,4 erweist sich als paradigmatisch für Gregors Homiletik. Gregor geht von dem Grundsatz aus, daß allen Realien ein Verweisungscharakter anhaftet, der selbst durch eingehendere wissenschaftliche Erkenntnisse grundsätzlich nicht überholt werden kann. Aus der metaphorischen Identifikation "Hals ist Turm" schlußfolgert er eine neue Beschaffenheit, Bewertung und Bestimmung des Daseins, wie es in der *Turris Eucharistica* in den Kirchen der Väterzeit sinnenfällig zum Ausdruck kommt.

Die Anwendung des Denkprinzips Gleiches zu Gleichem bei der Deutung der metaphorischen Identifikation umgreift auch konträre Sachverhalte in der Analogie der Gegensätze, da sich das Sein in seiner Gesamtheit als ein Geflecht von dialektischen Bezügen erweist. In der dialektischen Struktur des Seins wirkt Gott die geheimnisvollen Wunder, wie es Gregor am Christusgeheimnis exemplarisch darstellt. Mit der Analogie der Gegensätze kann Gregor im argumentativen Diskurs bestimmte Relationen zwischen den konträren Gegensätzen herausheben. Der grenzenlosen Unendlichkeit Gottes, in dem die Gegensätze zusammengehalten werden, korrespondiert die Endlichkeit des Menschen mit seinem pausenlosen Unterwegs-Sein zu Gott hin.

Disclosing but not Disclosed
Gregory of Nyssa as Deconstructionist

Alden A. MOSSHAMMER

Gregory of Nyssa's understanding of Holy Scripture as the disclosure in human language of "The Name above every name" leads him beyond allegory as it had traditionally been practiced and towards a theory of reading according to which the Biblical text is the fixed and finite medium of an infinitely variable meaning that can never be exhausted. The Bible is not the revelation of God as God is in his unchangeable nature, but of God as he relates to an ever-changing world and, especially, to the reader as a being caught up in that mobility. The Bible points not behind itself to a metaphysical truth to be discovered and proclaimed, but forward towards a meaning disclosed only in the act of interpretation itself and immediately superceded. The one test of a valid interpretation is that it points to its own inadequacy. For, as Gregory says quoting the apostle, "If anyone thinks he knows anything, he does not yet know as he ought"[1].

Both in his speculations about the nature of language and in his understanding of Biblical interpretation as an infinite pursuit of what must forever remain absent, Gregory raises issues that have much in common with modern literary theory, especially as practiced by those critics who have come to be labelled as "post-structuralists" and even "deconstructionists"[2]. Without attempting to remake Gregory in a modern mold, this paper seeks to suggest some points of contact between Gregory and the deconstructionist movement and to explore the implications of some of Gregory's ideas from that point of view.

1. The debate with Eunomius

As is now well recognized, Gregory was forced to focus his attention on the problematic status of language and, especially, theological

---

[1] *Cant* 11 (GNO VI 320,20); cf. *perf* (GNO VIII/I 194,11-14).

[2] For a particularly lucid discussion of this movement see BERMAN.

language, in the context of the debate with Eunomius[3]. Eunomius claimed that ungeneracy was uniquely the attribute of the highest God, who alone could be conceived of as without source or origin. Since this ungeneracy distinguishes the supreme being as God the Father not only from ordinary reality, but even from the Son and Holy Spirit, ungeneracy is the very essence of God. Furthermore, God himself, as the author of language, has guaranteed the accuracy of this identity between ungeneracy and the true godhead. For God would not have commanded us to seek after his knowledge if such knowledge had not been given to man. God created the usage and granted to man the knowledge of names suitable to the essences they represent. Names denote essences, and for each distinct essence there can be only one proper name. For his own essence God has granted to man the knowledge of the name "ungeneracy"[4].

Eunomius is an advocate of a representational theory of language[5]. Things are perceived as they exist in their essences. God created intelligible concepts that correspond directly to those essences and that can be expressed unambiguously in language. The role of the human mind is passive in the apprehension of the truth; whatever is the product merely of human conception or human naming is no more than a vibration in the air[6]. This theory depreciates the human mind, but does so precisely to guarantee that man have direct access to the knowledge of things as they are. Gregory responds to these claims not only by stressing the traditional belief in the inadequacy of human thought and language for the apprehension of the divine nature, but also by emphasizing the role of the human mind in structuring through language the nature of reality as men perceive it.

In answer to Eunomius, Gregory puts forward four claims of his own. He argues, first, that language is a human invention and therefore both arbitrary and fallible, so that the ability of language to express any reality whatsoever in its own essence is questionable. Second, he maintains that language is bound to an order of reality so entirely unlike the divine nature that words cannot even inadequate-

---

[3] On the significance of the Eunomian debate for Gregory's theory of language see especially MÜHLENBERG, Unendlichkeit Gottes; CANÉVET, Herméneutique biblique; YOUNG; KOBUSCH.

[4] Eunomius' theory of language was contained in the second book of his *Apologia Apologiae*, of which Gregory gives extensive excerpts in his second book Against Eunomius (GNO I, esp. 281-347). For discussion see, in addition to MÜHLENBERG, Unendlichkeit Gottes; and CANÉVET, Herméneutique biblique; DANIÉLOU, Eunome; and KOPECEK. The fragments of Eunomius have been collected by VAGGIONE 1987.

[5] The "representational" or "referential" theory of language is most especially associated with the name of John Locke. See BERMAN 13-17.

[6] *CE* II 44 (GNO I 238,26-29).

ly address the being of God. Third, Gregory argues that all apparently theological language, including the language of the Bible, can in fact have only the created order as its referent. Finally, Gregory claims that to the extent theological language expresses divine truths at all such language can have no fixed content, but must forever be reinterpreted in an endless pursuit of an ever elusive meaning.

2. The nature of language

Gregory begins by arguing that language is a human invention and that names are an arbitrary association of signs with things, established by conventions that vary from time to time and people to people, having no necessary connection with things as they are in their essences[7]. While Eunomius attributes the source of knowledge to God and depreciates the human mind, Gregory emphasizes the role of the mind in constituting knowledge. The faculty of conception (ἐπίνοια) that Eunomius so belittles is a divine gift, from which all knowledge derives, for better or for worse[8]. Once created, however, the intellectual faculty proceeds on its own[9]. Thought and language are constituents of the freedom with which God endowed the intellectual creature and are therefore bound to no natural necessity. It is not things that conform to names and intelligible essences, but names and essences that must be thought and communicated in a manner somehow conformable to things[10]. Gregory distinguishes between corporeal objects, of which he supposes men have a direct physical apprehension by means of the senses, and intelligible realities, which cannot be apprehended directly, but which men seek to discover by means of thought and language[11]. In the case of sensibles, it is possible to point to the object that one wishes to denote by a particular word and thus minimize ambiguity, but there is no such direct access to intelligibles. Even in the case of sensible objects, however, names do not represent things as they are, but as they are perceived, thought, and communicated. Indeed, sensible objects, at least as they present themselves to man, are nothing other than configurations of intelli-

[7] *Ib.* 165-183. 243-261 (272,30-277,26. 297,21-302,24).

[8] *Ib.* 183 (277,27-278,4); cf. *castig* (PG 46,308 B-309 A), where Gregory eulogizes the power and laments the deceptiveness of language, in terms reminiscent of Sophocles' "Ode to Man" in the Antigone (vv. 332-383).

[9] *CE* II 186. 401 (GNO I 278,20-26. 343,20-25).

[10] On this point, see CANÉVET, Herméneutique biblique 31-35.

[11] *CE* II 572-575 (GNO I 393,17-394,12).

gible qualities, created by God to be sure, but nevertheless organized and named by man[12]. An element is one thing in nature, quite another semantically, Gregory says[13]. We require a multiplicity of words, each of them expressing something different about the object of inquiry, no one of them nor even the collection of them all exhausting the nature of the thing[14]. Thus language does not directly represent an extra-mental reality. Names are a medium by which we seek to express our thoughts, which are in turn a mental construction of experience. All language is a form of conversation, a striving towards reality, rather than a representational picture of reality. Either the thought or the word, Gregory says, may go astray[15].

Language, then, is a free invention of the human mind, a tool to be used in seeking to represent what cannot be grasped directly. Even on the level of the individual mind, language and naming are separated from the reality that the individual seeks to confront. Even further removed from any direct representation of reality is the attempt of one mind to communicate with another. Again, a dialectic, or conversation, is established, in which the speaker attempts to communicate his thought to an auditor, while the auditor tries, through the established, albeit arbitrary, conventions of the meaning of the words, to think for himself the thought of his interlocutor[16]. Furthermore, reality itself is not a static configuration of essences waiting to be named and communicated, but a constant motion. Language belongs to this mobility, discourse is a motion of the speaker reaching out towards the motion of reality, and a precise intersection between word and thing is therefore impossible. Words are not a representation of things as they are that can communicate the essence of anything. That, Gregory says, is why the Bible omits any reference to essence[17]. We cannot know even our own soul, he says, much less the realities that we seek to communicate in words to ourselves and to others[18].

Gregory does not entertain the radical view of some modern theorists that reality itself might be structured by language, that words

---

[12] On the relevance of Gregory's intellectualist understanding of the material nature (e. g. *hom opif* 24: PG 44,212 D) to his theory of language see CANÉVET, Herméneutique biblique 41 f.

[13] *CE* II 271 (GNO I 306,1-3).

[14] *Ib.* 280-283 (309,1-310,2).

[15] *Ib.* 575 (394,6-12).

[16] *Ib.* 391. 572-576 (340,24-28. 393,14-394,17).

[17] *Ib.* 119 (260,26 f.).

[18] *Ib.* 107-118 (258,1-260,25); *Eccl* 7 (GNO V 416,1-5). On the alienation of language from all essence, not only the divine essence, see KOBUSCH.

precede things[19]. Gregory insists that things come first, created by God, followed by the thought that seeks to capture them, then the word that seeks to express the thought, the speech that pronounces the word, and finally the writing that preserves speech from perishing[20]. Gregory does, nevertheless, anticipate Kant and Heidegger in recognizing that language is the prism through which we perceive reality and that language is therefore constitutive of reality as we know it. Hence man experiences not the reality that God has made, but the version that man has made - this is the "Vanity of Vanities" of which Ecclesiastes speaks[21].

3. Language and the created διάστημα

Gregory's first response to Eunomius, then, is that human language could not have access to the divine essence, even if that essence shared the structure of created reality. For thought and language are man's free invention, with no necessary (or, perhaps, even possible) connection to the way things are in their own essences. Nevertheless, although language represents a version of reality, rather than essences in themselves, man at least belongs to the same created order of reality as that which his language seeks to grasp and communicate. Gregory goes on, however, to distinguish between the created and the uncreated natures so radically as to set the divine beyond any access whatsoever of human language. God is the "Name above every name", the "good beyond the good", the nature that either "has no semeia at all or one that is wholly alien to human language"[22]. The divine nature, to use the modern terminology, is a signified without a signifier. The speculation and naming of the human mind is confined to the created order and cannot pass the boundary that separates it from the uncreated[23]. In asserting this radical distinction between the creator and the creature, Gregory moves beyond the traditional emphasis on the inadequacy of merely human thought and language to praise the glories of God. God is now beyond even the contemplation

---

[19] See BERMAN 199-208, discussing the work of Jacques Derrida and his much quoted aphorism that "there is nothing outside the text".

[20] *CE* III,V 52 (GNO II 179,5-15). On writing see *CE* II 207-209 (GNO I 285,17-286,7).

[21] *Eccl* 1. 2 (GNO V 281,3-285,12. 300,18-301,2); cf. *v Mos* (GNO VII/I 40,2-12).

[22] *CE* III,VI 66-68 (GNO II 209,19-210,17).

[23] This confinement of human intellect to the created order Gregory avers repeatedly. See for example *CE* I 369 (GNO I 136,1-7).

of the incorporeal, angelic nature[24]. The sharpest division in the nature of things is not that between the intelligible and the sensible, but that between the created and the uncreated. The structure of created being is finite, and human language is finite, so that there can be no correspondence whatsoever, however inadequate, to the infinite being of the divine nature[25].

Ekkehard Mühlenberg has shown that Gregory grounds his insistence on the inaccessibility of the divine nature to human intelligence in a strikingly original conception of the infinity of God, and Mariette Canévet has explored the implications of this idea for Gregory's practice of Biblical exegesis. This inaccessibility of God results, however, as much from the nature of language as from the infinity of God, and the analysis of Gregory's thought in this respect can be carried even further than Mühlenberg and Canévet have already done. It is in his understanding of the structure of language and the implications of that structure for the status of the Biblical text that Gregory most nearly anticipates modern critical concerns.

Language is not for Gregory the direct representation of things as they are, even in the created order. Language is always separated from what it seeks to signify, both by the constant mobility of the created order and by its reference to free mental processes, rather than to essences. This notion of separation and difference is at the heart both of Gregory's understanding of language and of modern linguistic and literary theory. Gregory comes to his point of view by generalizing from the alienation between mind and body long established in Hellenic thought to a more radical estrangement of created being from the uncreated "really real".

In explaining why language is necessary at all, Gregory says that it is only because of his bodily nature that man requires language for the expression of his thought[26]. Gregory perhaps implies that the angels, although created, have no need of language and that man as originally conceived and intended would not have invented language, but somehow been able directly to apprehend and to communicate. As matters stand, however, man is separated from his own intellectual nature by his bodily composition and so needs language even to think to himself. Furthermore, one man is physically separated from another by the space between them so that it is only by means of some-

---

[24] *V Mos* (GNO VII/I 87,9-13); *CE* I 683 (GNO I 222,18-25).

[25] *CE* I 373-375 (GNO I 137,1-19). On Gregory's overlapping distinctions between intelligible and sensible, created and uncreated, see my paper "The Created and the Uncreated in Gregory of Nyssa": MATEO-SECO/BASTERO 353-379.

[26] *CE* II 391 f. (GNO I 340,19-341,9).

thing bodily that one body can communicate with another. Gregory frequently emphasizes that language is physical and requires body–parts for its production - lungs, lips, and so forth[27].

Language is a bodily production, but not all bodies speak. Inanimate objects like stones do not speak, nor do the irrational animals. Only man uses language, because only man is a mixture of the intellectual and the bodily natures[28]. Thus language arises because of a structure of difference within the human nature itself. Corporeality is marked by shape and extension, while mind, thought and spirit are presumed to be simple and continuous, without shape or figure. Mind and body are different orders of reality that cannot interact with one another directly. Language mediates between the two. This structure of difference Gregory calls "διάστημα". This διάστημα is the interval or separation between one object and another in space or between one moment and another in time[29]. In his earlier works, διάστημα is a property of bodily nature, while intelligible or intellectual nature is not subject to its limitations[30]. In his more mature thought, the debate with Eunomius marking the turning point, Gregory makes διάστημα the essential distinguishing mark between the uncreated nature and the creation as a whole, the intellectual as well as the sensible[31].

Gregory thinks of language as arising in the first place, then, because of the barrier he supposes that separates mind from body and one body from another. As a corporeal being, one man cannot communicate his thoughts to another except by means of physical sounds in speaking or of visible marks in writing. Language is necessary because of the distance, the interval between speaker and auditor. But language is also necessary, at a more fundamental level, because of the interval or gap between physical perception and mental apprehension. A man must be in conversation with himself about his own thoughts. As intelligence, man cannot confront physical objects directly, but must translate them into conceptions. As body, man is separated from his own thoughts and requires language to reach out towards them. Language arises because of separation and seeks to overcome the distance between things and thoughts, and between one person and another. But language can never accomplish its task of elim-

---

[27] *CE* II 200-202 (GNO I 283,11-284,7).

[28] *Or cat* 6 (PG 45,25 D); *hom opif* 8 (PG 44,145 B-C).

[29] For discussion of Gregory's use of this term, see VERGHESE. The importance of the concept for Gregory's thought was first recognized by BALTHASAR.

[30] *Beat* 2 (PG 44,1209 A).

[31] See especially *CE* II 69 f. (GNO I 246,13-27); *Eccl* 7 (GNO V 412,14); *Cant* 6 (GNO VI 174,1-5).

inating separation, because language itself belongs to the bodily διάστημα and depends for its efficacy on interval and separation. For reality is not simple, Gregory says, and man needs many words to try in various ways to get at one thought. Words are used to indicate the differences between one thing and another, to separate the mind's memory into distinct notions, to indicate the sequence of events, and so forth. Furthermore, words do not have meaning all by themselves, but become meaningful by their differences from other words. Thus the name "dry" defines its opposite, he says, because earth is called dry in opposition to the moist that once covered it[32]. The meaning of words depends on a whole system of differences. Gregory here anticipates the theory of Ferdinand de Saussure that informs much of modern linguistics and of literary theory deriving from it - that language is difference. Gregory might well have agreed with Saussure that "thought is like a swirling cloud, where no shape is intrinsically determinate", that "speech sounds are only the instruments of thought and have no independent existence"[33]. For Gregory, there is always a difference between language and things, as for modern thinkers there is always "a gap between signified and signifier"[34].

Language is inadequate to express thought, because thought and language belong to two different natures between which there can be no direct correspondence. Language belongs to the bodily διάστημα; while thought is of the intellectual nature that is not characterized by shape and extension. Gregory begins from this distinction between mind and body, then carries his argument a significant step further by going on to generalize the διάστημα and make it the essential difference between the uncreated and the created natures. All created nature, intellectual as well as sensible, is subject to διάστημα. Although the intellectual nature may not be bound by the limitations of spatial extension, it is subject to temporal extension. Furthermore, the created intellectual nature can be said to be subject to the διάστημα in the sense that it possesses no being of its own, but is always in process of being created, is always, that is, different from its own essence. Thus there is an interval, both qualitative and temporal, between what an intellectual being is at any given moment and what it is in process of becoming. Interval and separation, greater and less

[32] *CE* II 274 f. (GNO I 306,25-307,16).

[33] F. de SAUSSURE, as quoted by BERMAN 115. Gregory of course does not go so far as to say, with Saussure and his intellectual heirs, that there is no such thing as a thought apart from language.

[34] On this "gap" see BERMAN *passim*.

characterize the created intellectual nature, as well as the bodily nature[35].

Gregory is now in a better position to explain why language can be a useful tool in relation to the created order, despite the alienation between thought and body, but cannot possibly describe the divine nature in its own essence. Mind and body, names and things, discourse and reality, stand in tension; but thought and language at least now share the same level of reality, the created διάστημα. Because of interval, language cannot coincide with reality; but because language expresses difference, it can at least be meaningful in describing difference. Since difference is the distinguishing characteristic of the created order, language shares the structure of the creation as a whole. Language is totally alien to the reality of the divine nature, however, because language expresses interval and depends on difference for its meaning, while there is no interval, no difference in God. Thus, whether or not incorporeal beings, such as the angels or even man as originally intended, use the audible and visible signs we know as words, even purely intellectual creatures are subject to the διάστημα and therefore separated from any knowledge of God. The created intellectual nature belongs to the created διάστημα of difference; and it is therefore "linguistic" in its structure, even if it does not need physical words.

The distinction between the created and the uncreated is not one between limited extension and unlimited extension, but between extension itself and its absence. As Gregory moves beyond the understanding of a bodily διάστημα as differentiating between the sensible and the intelligible towards a created διάστημα sharply differentiated from the uncreated reality of the divine, so also he understands the absence of limit, extension, and interval in God in a sense more radical than would follow only from the definition of the divine nature as incorporeal. Gregory insists in a number of passages that God is beyond all notions of measure, interval, and differentiation, indeed that God is beyond all διάστημα and that this is the principal reason that created intelligence can neither know nor speak of the divine[36]. Just as the eye cannot hear, he says, nor the ear taste, even so the created intelligence cannot pass beyond itself - whatever it sees, it sees itself; and it contemplates the διάστημα if it contemplates anything at all. For the διάστημα is nothing other than creation, while the good that we seek is beyond διάστημα. Human intelli-

[35] See for example *CE* I 273 f. (GNO I 106,12-23); *Cant* 15 (GNO VI 458,17-21).

[36] See for example *CE* I 176. 366. 636. 668. 690. II 578. III,V 33. III,VI 16. 68 (GNO I 79,5. 135,9. 209,14. 218,15. 224,12. 395,5. GNO II 172,5. 191,19. 210,12).

gence moves along in a "diastematic" sequence and cannot reach the "adiastaton" nature. The created order is structured by measured intervals, while the uncreated nature is ἀδιάστατον, and therefore either has no σημεῖον to disclose its nature or one that is wholly alien to created thought and language[37].

4. The nature of theological language

Since language belongs to the bodily διάστημα of corporeal extension, it cannot capture the simplicity of thought; and since both thought and language belong to the created διάστημα, rational discourse as a whole can neither comprehend nor speak the unstructured unity of the divine nature. The modern claim that language cannot get outside of itself so as to refer to a reality unaffected by linguistic structure has its counterpart in Gregory's thesis that language is bound to the created διάστημα and cannot escape that structure so as to capture that nature from which all notion of interval or differentiation is absent. It follows that all language, including theological language, must have the created order as its referent if it has any meaning at all. Thus, as Gregory frequently says, we can have no knowledge of the essence of God, and what knowledge we do have is of His "energies" in the world[38]. These energies are manifest in the very fact that creation exists at all, and from the existence of the creation we infer the existence of a creator. What the essence is of that creator whose existence we must infer, we cannot know[39]. But man is not simply left in natural theology, in silent awe of the mysteries of existence. For among the energies of God is His philanthropy, his having chosen, since we cannot transcend language to ascend to God, to condescend to us and speak in our own language.

Since the immaterial nature does not use words, Gregory says, God speaks to us through Scripture in our own language[40]. God does not speak directly - for God as He is does not speak at all - but indirectly by means of Scripture in human terms. Although Scripture is in some sense the speaking of God, it is not a speaking by God nor even a speaking about God[41]. God is above thought and name, Greg-

[37] *Eccl* 7 (GNO V 412,15-19); *CE* III,VI 68 (GNO II 210,15-17).

[38] See e. g. *CE* II 583 (GNO I 396,16-27); *beat* 6 (PG 44,1269 A); *Eccl* 7 (GNO V 415,19 f.); *Cant* 11 (GNO VI 335,13-15).

[39] *CE* II 71 (GNO I 248,1-3).

[40] *Ib.* 238. 393. 419 (296,1-5. 341,12-16. 348,28 f.) *et passim*.

[41] *Ib.* 202 (284,1-7).

ory says, so that what Scripture reveals is not the concept or name of God, but a plurality of names by means of which we may come to have appropriate conceptions about the divine[42]. Although these "appropriate conceptions" are a reaching out towards the unspeakable nature that we infer must exist, it is nevertheless our thoughts to which the language of the Bible refers, not the divine itself. Even the names of God that Gregory characterizes as "absolute" are subject to this qualification. Words like "king" point to the relationship between creator and creature and thus are "relative", Gregory says, while words like "just" and "good" are "absolute" in that they seek to express attributes of God in His own unchanging nature[43]. But both categories of name refer to our conceptions, not to God's own essence. We should speak of God not merely as "good", but as "beyond the good"[44]. If we refer to God as "good" or to His Word as "Son", that is only because we have no better name, no loftier conception to use[45]. Every name, including those we learn from the Bible, is "hermeneutic"[46]. God has "translated" for us through Scripture, Gregory says[47]. But as a translation in human terms, this language is subject to the διάστημα and can refer only to the created διάστημα.

Scripture, then, represents the condescension of God to be spoken of in human terms, but this language nevertheless remains subject to διάστημα and has the created order as its referent. Just as scriptural language is not about God, so also this language is not spoken by God. Gregory insists that the Bible is inspired, the Canon and Law, not only of faith and dogma, but also of all knowledge whatsoever of the world[48]. Nevertheless, since Scripture consists of human words, it is humans who speak and write. Gregory does not characterize the Biblical writers as passive secretaries who merely transmit a higher language capable of revealing the truth as it is. He would agree with the post-modern critics that there can be no such thing as a "metalanguage" by means of which the real truth underlying spoken or written discourse is communicated[49]. Gregory depicts the Biblical writers as trying to express an ineffable experience of the divine. The patriarchs and prophets, the evangelists and apostles, use ordinary lan-

[42] *Ib.* 148-166 (268,18-273,15); cf. *v Mos* (GNO VII/I 22,14-18).

[43] *CE* I 570 f. (GNO I 191,2-14); *CE* III,I 131-133 (GNO II 47,26-48,17).

[44] *Eccl* 7 (GNO V 406,13).

[45] *CE* III,I 136-138 (GNO II 49,12-50,5).

[46] *Tres dei* (GNO III/I 43,1).

[47] *CE* II 242 (GNO I 297,2-15).

[48] *An et res* (PG 46,49 C).

[49] See BERMAN 211.

guage to express an experience of the divine that words cannot capture. What Abraham discovered is that God is beyond signs, that the only appropriate conception of God is that there can be no conception of God[50]. What the apostle found in the third heaven was not the correct language to use to express the divine mysteries, but that every expression is only another step on an endless course[51]. There is no language about God - that is why David calls every man a liar[52]. The Biblical writers are very much in the same position as the reader, seeking to describe what cannot be described. The purpose of the Bible is to lead the reader through the writer's words, not back to the original experience of inspiration, but forward to the recreation of a similar experience in himself. Each one must gaze for himself on what cannot be described, Gregory says; faith belongs to expectation, not knowledge[53].

Scripture is inspired by God and represents the condescension of God to human language; but the words are ordinary, written by creatures for creatures about creaturely experience. Even the dominical sayings of the Gospel are no exception to this rule. Christ speaks with an authority not given to other men, and as far as Gregory is concerned the evangelists report these words without error or distortion[54]. When the savior himself says "I and the Father are One", there can be no room for doubt but that the Father and the Son are of the same essence. But even in this case the words remain human words, and have human thoughts as their referent. Christ uses the words "Father" and "Son" because in their ordinary human usage they cause one to think of identity of essence[55]. Christ does not say what that essence is, because it is not accessible to language, even in the mouth of the Incarnate One. If we follow the evangelists in speaking of Christ as Only-Begotten, that is only because we can find no loftier name[56].

Theological language, including scriptural language and including even the words of Christ himself, is bound to the διάστημα that no language can escape. Nevertheless, Scripture is indeed inspired and does represent the condescension of God. Scripture is the incarnation of the Word of God as words of man, just as Christ is the incarnation

[50] *CE* II 89 (GNO I 253,14-17).

[51] *Cant* 8 (GNO VI 245,11-246,12).

[52] *Virg* (GNO VIII/I 290,1-14).

[53] *Ib.* 289,9-14; *CE* II 92 f. (GNO I 254,1-6).

[54] *Ref Eun* (GNO II 312,12-313,24).

[55] *CE* III,I 99 (GNO II 37,16-24).

[56] *Ib.* 137-139 (49,24-50,5).

of the Word of God as flesh of man. The man Christ reveals the fullness of God in finite form, and the text of the Bible is likewise a finite representation of the divine mysteries[57]. Gregory describes the text of Scripture as a "veil" for hidden meanings. This metaphor he applies, like his predecessors, especially to the Old Testament, whose true meaning becomes clear only in the fulfillment of Christ[58]. But Gregory extends the metaphor to the entire Bible, New Testament as well as the Hebrew Scripture, parenetic books as well as historical books. More importantly, he suggests that this veil is not merely a cloak behind which deeper meanings hide, but the indispensable verbal medium through which unspeakable truths are spoken. This veil is the "body" of Scripture[59]. Gregory uses the same language in reference to the flesh of Christ - His earthly body is a veil for the Godhead dwelling therein[60]. In the homilies on the Song of Songs, the main theme is that the bodily text with its bodily meanings is the material disclosure of a truth that nevertheless remains hidden and undisclosed. The body of Scripture is like the oil of a painting or, as he says in another work, the feathers of a peacock - the essential material for an image of beauty with which it is not identical[61]. The finite body of the text and the somatic meanings of its words reveal the fullness of a divine truth that remains incomprehensible, just as in the created body of Christ God has revealed His own glory, which nevertheless remains uncreated, invisible and unspeakable[62]. He comes, but does not arrive[63]. The text of the Bible is the material embodiment of a divine speaking, just as the flesh of Christ is the veil of the word of God, or the flesh of man the veil of spirit and soul. One cannot strip away the veil to reveal what is underneath, for flesh and spirit are a composite unity. The one cannot live without the other. God speaks by means of the veil of written text and human language - not in spite of it.

This distinction between veil and truth, the literal and the spiritual, Gregory also speaks of as the ἱστορία and θεωρία of a Biblical text[64]. The literal meanings of words and the literal sequence of a

---

[57] Cf. *Cant* 4. 13 (GNO VI 108,1-10. 381,10-16).

[58] *Or dom* 3 (PG 44,1149 A).

[59] *CE* III,V 9 (GNO II 163,11).

[60] *CE* III,IX 13 (GNO II 268,5); *or cat* 24 (PG 45,65 A).

[61] For the analogy of the peacock see *CE* III,I 26 (GNO II 12,20-13,3); for that of the painting *Cant* 1 (GNO VI 28,7-23).

[62] *Cant* 13 (GNO VI 380,15-381,16).

[63] *Ib.* 5 (139,10-13).

[64] *CE* III,V 8-11 (GNO II 163,3-164,4); cf. *CE* III,I 25 (GNO II 12,15); *Cant* pr (GNO VI

story reveal to contemplation a higher mystery about the workings of God. The literal meaning may suggest a "higher philosophy" and lead to "appropriate conceptions" about the divine nature. Thus "a time for silence" suggests that the only appropriate conception of God is that the uncreated nature is beyond conception[65]. On another level, a Biblical story that narrates the divine economy in relationship to some ancient person of the past does so not for the purpose of recording history, but in order to bring the reader to a recreation of that story in his own relationship to God[66]. Gregory divides his commentary on the life of Moses into two sections, one devoted to the story, the other to contemplation of how this story leads the reader to imitate Moses' experiences in his own life[67].

The distinction between ἱστορία and θεωρία was traditional by Gregory's time, especially as Clement and Origen had used such terms[68]. Gregory's understanding differs significantly. Clement can characterize literal meanings as purposely disguising spiritual truths in order to protect them from the uninitiate. For Origen, Biblical texts can have several levels of meaning, and some texts have no literal meaning or ἱστορία whatsoever. For Gregory, the literal contains the mystical. Historia reveals theoria without being replaced by it. Θεωρία leads the reader not only from the sensible to the invisible, but through the sensible to the invisible, through the body of the text to the spirit[69]. That is, literal meanings are not to be replaced by allegorical interpretations that better express the truth. Rather it is only in and through the literal text that one can discern spiritual meaning, just as it is only in and through the fleshly body of Christ that the created nature can see God[70]. The literal, finite, bodily words of the text cannot be dispensed with any more than the oil of a painting or the feathers of a peacock. Here again Gregory makes contact with modern literary theory. Form and content are inseparable. The text is self-contained and self-referential, even while serving as a medium for meanings that it does not contain. The text is not a code for something else that scientific criticism can say better[71].

5,6-6,5); *v Mos* (GNO VII/I 6,21). For discussion see DANIÉLOU, Théôria.

[65] *Eccl* 7 (GNO V 411,1-14).

[66] *Inscr Ps* 2,11. 14 (GNO V 115,10-118,19. 151,14-21).

[67] *V Mos* (GNO VII/I 33,6-10).

[68] See for example CLEM *str* 1,28. 6,126-129 (GCS Clem 2,17 f. 495-497); OR *princ* IV 2, 1-9 (GCS Or 5,305-323); *Jo fr* 20 (GCS Or 4,501,17 f.).

[69] Cf. *Cant* 6 (GNO VI 193,1-18).

[70] Cf. *Ib.* 13 (381,10-16).

[71] See BERMAN's discussion of Derrida 211.

5. The multiplicity of theological language

For Gregory, one does not move beyond the literal to the spiritual, but rather understands the spiritual as embodied in the literal. The reality of God is beyond language, yet God has condescended to reveal himself in the words of the Biblical text. The conclusion for Gregory is that since God is one, while the language in which he has clothed himself is multiple and sequential, there can be no one final interpretation of any scriptural passage, just as there can be no one name for the divine essence. Since the structure of language is difference, meaning and interpretation must be multiple, caught up in an unending process of interpretation in which each successive understanding undermines itself so as to point forward to another. The insistence on the multiplicity of meaning and the open-endedness of interpretation itself is one of the most interesting and distinctive features of Gregory's point of view and one in which he most clearly anticipates post-modern critical theory.

The chief reason that language cannot speak of God is that the divine nature is a simple unity, while language belongs to a structure of difference. The infinity of God is grounded in its simplicity[72]. Language belongs to the διάστημα and can address only multiplicity. Scriptural language is no exception to the general rule. In choosing to be revealed in ordinary language, God does not overcome the limitations of language, but uses its multiplicity to teach the inexhaustibility of the divine essence. In ordinary discourse the multiplicity of language reflects that of the created order. In Biblical discourse, the multiplicity of language teaches the unity of God by revealing His difference from all language. "This I declare", Gregory says, "from the tutelage of Holy Scripture, that he who is beyond every name becomes every name for us, in accordance with the variety of his beneficences"[73]. Since the divine is unspeakable, Scripture leads us by many names[74]. To express the uninterrupted circle of God's life we use negative terms, and more than one of them is needed; "ungeneracy" alone is as insufficient to say what God is not as it is inadequate to say what He is[75]. Many analogies lead to the one truth[76]. There can be no one way to hunt out what forever remains hidden[77]. Christ him-

---

[72] On this point see MÜHLENBERG, Unendlichkeit Gottes 122-126.

[73] *CE* III,VIII 8 (GNO II 241,10-19).

[74] *Prof* (GNO VIII/I 134,6-12).

[75] *CE* I 664-670 (GNO I 217,12-219,7).

[76] *Cant* 3 (GNO VI 90,18-91,4).

[77] *CE* II 475 (GNO I 365,1-8).

self in transmitting the "one name" of God as "Father, Son, Holy Spirit" has taught that we must use many names, applying them all equally to the unnameable essence that is both One and Not-One[78].

God is beyond name. Therefore to the extent that there is any name, there must be many names[79]. But Scripture in revealing many names does not teach merely that all names are inadequate and that language has no access to God. There is a time for speaking, as well as a time for silence. He who commanded us to "search out the Scripture" provides speech for its interpreters[80]. Through the multiplicity of names, Scripture teaches not that the search for God must be abandoned, but that it must be never-ending. The truth is one, but the words are many[81]. There accordingly can - indeed, must - be multiple interpretations, and interpretation is an unending quest. Just as there must be many names to teach the namelessness of God, so the transcendent truth embodied in a scriptural passage requires an endless multiplicity of interpretations and can yield its treasure to none of them. The Psalms, Ecclesiastes, the Beatitudes, the Song of Songs - each unfolds itself to the reader through its historia or literal sequence in a spiritual sequence that leads the reader ever higher toward the contemplation of divine mysteries[82]. But what each verse reveals is not a clearer vision of God, but rather that whatever understanding one has acquired points beyond itself to some other understanding, the distance to the goal undiminished[83]. When Scripture says, "Thy Name a Perfume", we learn that the infinite nature exudes a multitude of fragrances, each more delicious than the last. New odors of the divine constantly wipe out the memory of the old[84]. The fruit of the search is in the search itself, for the only appropriate understanding is that no understanding is appropriate[85]. It is not knowledge that is important, Gregory says, again in agreement with the post-structuralists, but the desire for knowledge[86].

---

[78] *Ref Eun* (GNO II 318,3-319,15).

[79] *CE* III,VIII 10 (GNO II 242,10 f.).

[80] *Eccl* 1 (GNO V 279,1-3).

[81] *CE* II 477 (GNO I 365,15-22).

[82] The idea of progress through contemplation of scripture to an ever higher level is one of Gregory's most frequent themes. See for example *inscr Ps* 1,7 (GNO V 43, 13-18); *Eccl* 5 (GNO V 353,11 f.); *beat* 2 (PG 44,1208 C-D); *Cant* 5 (GNO VI 159,15-18).

[83] *Perf* (GNO VIII/I 194,11-14); *Cant* 11 (GNO VI 320,8-321,5).

[84] *Cant* 1. 3 (GNO VI 36,12-37,14. 89,8-18).

[85] *Eccl* 7 (GNO V 401,1 f. 411,1-6).

[86] *Cant* 5 (GNO VI 160,12-15); see BERMAN 174 f.

Every name and every text demands a multiplicity of interpretations. This is true in the first place because of the gap between language and reality, especially the ineffable reality of the uncreated nature. Since no name, no interpretation, is adequate, Scripture invites an endless variety of names and approaches. But Scripture requires a multiplicity of interpretations for another and even more interesting reason. For Scripture does not even have a latent meaning of its own more or less adequately apprehended by the reader. On the contrary, Scripture adapts itself to the situation of the reader. Scripture means different things to different readers, different things even to the same reader as he progresses along an endless course of reading. Since scriptural language is human language, it belongs to the διάστημα and is subject to the general law of created motion. Although the text itself is fixed and any alteration is blasphemous, meaning belongs to the moment of reading, superceded even as it is grasped. Here Gregory anticipates both modern reader-reception theory and the deconstructionist blurring of the distinction between author and critic[87]. It is not just that different readers will see different things in the same text, but that the text itself is somehow not the same; it is as much a product of the interpreter as of the author.

Scripture is like the air we breathe, Gregory says; each one gets just the right amount, however large or small his drafts, while the whole remains what it is and undiminished[88]. The soul is nourished according to its abilities, the very same word adapting itself to meet the needs of the recipient[89]. The vision of the divine nature measures itself to the ability of each of its receivers; the word is not of one form, but adapts itself to the situation of the reader[90]. Like bread from heaven, the teaching of the truth varies according to the disposition of the receiver[91]. What words of God have been written by Moses and the prophets are but indications of the divine will illuminating now one way now another the pure reasonings of these holy men in accordance with the measure of the grace they received[92]. As the Word of God once adapted itself to the ears and voices of Moses and the prophets, so now it adapts itself again through their words to the

[87] On reader-reception theory see BERMAN 283-285, commenting on the work of Harold Bloom and Stanley Fish; on the critic as creator see BERMAN 253-255, commenting on the work of Geoffrey Hartman.

[88] *Beat* 7 (PG 44,1280 A).

[89] *Perf* (GNO VIII/I 191,11-23).

[90] *Cant* 9 (GNO VI 270,13-17); cf. *ib.* 5. 7. 14 (140,1. 206,12-14. 403,16-18).

[91] *V Mos* (GNO VII/I 17,10-20. 51,24 f. 78,1-3).

[92] *CE* II 260 (GNO I 302,14-18).

reader. Accordingly, Gregory often indicates that his own interpretations are speculative and exemplary, not prescriptive or dogmatic. Following the example of Basil, Gregory's intention is not to legislate for his readers how they must understand every text, imposing his own ideas on others, but rather to serve as an example and open a pathway to the truth[93]. What the details of the tent of witness really mean God only knows - Gregory will give his own speculative interpretation and the reader can take it or leave it[94]. Although Origen has already written on the Song of Songs, Gregory can undertake another interpretation without either denying the value of his predecessor's work or claiming any finality for his own - each must receive his own wages[95]. What the interpreter has learnt is incommunicable to others, just as what Abraham and David and Paul learned remained ineffable. The interpreter becomes "μεθόριος", somewhere between teacher and pupil[96]. His interpretation is an example for others, who are not to substitute the interpretation for the text, but to search for new interpretations of their own.

Meaning occurs, then, in the act of interpretation itself and is at once superceded. Scripture does not look backward to a fixed meaning that it intends to communicate, but forward to an endless succession of meanings that lead the reader to ever new discoveries. The only valid interpretation is one that points to its own inadequacy. For the most distinctive characteristic of the uncreated nature is that it is known by its inability to be known[97]. The only proper conception is to know that what one seeks is beyond conception - any other conception is not a conception of the ultimate[98]. If anyone thinks that anything he has learned is the divine truth itself, he has turned from truth to fantasy; each discovery reveals itself as but another rung on Jacob's ladder[99]. Indeed, Scripture takes advantage of the multiplicity of language and the gap between interpretation and meaning to teach the inadequacy of all created understanding - of the world, as well as of God[100].

---

[93] *Hex* (PG 44,89 C).

[94] *V Mos* (GNO VII/I 91,6-10).

[95] *Cant* 1 (GNO VI 13,3-8).

[96] *Inscr Ps* 1,7 (GNO V 45,4-15).

[97] *CE* I 373 (GNO I 137,4-6); cf. *CE* II 89. 105 (GNO II 253,1-17. 257,14-25); *CE* III,I 109 (GNO II 40,20-22).

[98] *Eccl* 7 (GNO V 411,6-14).

[99] *V Mos* (GNO VII/I 113,3-9. 115,4-8).

[100] *Eccl* 2. 7 (GNO V 302,1-303,6. 416,1-5).

Although the text has no fixed meaning except as it is interpreted, it does not follow that meaning is wholly dependent on the situation of the reader or that the text is not itself somehow constitutive of meaning. There are proper methods to be applied, and it is highly significant that the text is just as it is. To change even the slightest detail is blasphemous, Gregory says; and every detail is significant, even if that significance may escape the reader or perhaps not even be addressed to him in his present situation[101]. Gregory presents no comprehensive or systematic discussion of method, but there are some guiding principles that can be summarized[102]. Philological analysis is important. One must acknowledge different translations in the case of the Hebrew texts[103]. One must consider the many "literal" meanings that a word - e. g., "subjection" - may have in various contexts, both in ordinary language and in Biblical usage, in order to determine its possible meaning or range of meanings in any given text[104]. One may consider scientific knowledge, as of cinnamon, or even the usage of a word in pagan literary and mythological texts[105]. One takes into account the fact that a Biblical writer such as Moses uses his own language and reflects his own cultural background[106]. One considers the historical circumstances and the audience that a writer immediately addresses, as in the case of Paul[107].

From philological analysis, the interpreter moves to a more speculative θεωρία, the methods depending on the nature of the particular text but always guided by the principle that the purpose or σκοπός of the Bible as a whole is anagogic, intended to lead the reader to new horizons of understanding[108]. The text itself provides parameters for reading. Some passages contain clear guidelines in the light of which others are to be read and may be interpreted[109]. But even these dogmatic passages are hermeneutical and speak of the divine only in limited human terms. One of Gregory's most basic principles is that the narrative sequence of the text reveals a spiritual sequence - the sequence of God's economy for salvation or the sequence of the spiri-

[101] *Ref Eun* (GNO II 313,6-24); cf. *Apol* (GNO III/I 177,28 f.); *Cant* 9 (GNO VI 278,4-6).

[102] See the excellent discussion of CANÉVET, Herméneutique biblique 65-81.

[103] *Hex* (PG 44,69 D); *inscr Ps* 2,1.6 (GNO V 71,10-17. 86,1 f.); *Cant* 2 (GNO VI 67, 10-12).

[104] *Tunc et ipse* (GNO III/II 4,15-18).

[105] *Cant* 9 (GNO VI 288,6-10).

[106] *CE* II 255 (GNO I 301,1-5).

[107] *Tunc et ipse* (GNO III/II 10,5-10).

[108] *Cant* 5 (GNO VI 144,17-145,14).

[109] *Comm not* (GNO III/I 27,5-14).

tual life to be followed by the reader[110]. The Canon of the Bible itself follows a spiritual sequence, and some books are profitably read and contemplated before others. Proverbs is preparatory to Ecclesiastes, and Ecclesiastes to the Song of Songs[111]. Through it all, one must be guided by the "appropriate" and especially by the apostolic tradition as preserved in the churches[112]. Meaning belongs to the community of readers, past and present.

Interpretation is not arbitrary; there are proper methods to be followed, improper (heretical) interpretations to be excluded, and it is this text and no other that is the fixed and final canon of truth. It is clear nevertheless that the text is dead without an interpreter. Gregory's insistence on proper methodology and on the authority of the text as transmitted is not inconsistent with his view that interpretation can never be final. On the contrary, this privileging of the text follows from Gregory's understanding of the literal as the finite embodiment of an ineffable truth, not a disguise for a fixed truth that might be otherwise more clearly stated. The letter killeth, the spirit maketh alive. But it is the letter that is the vessel of spiritual life, just as it is the flesh of Christ that has brought new life to humanity. It is well to take one's fill of the outer flesh of literal meaning, Gregory says, and leave the bones of obscurity; but one must also obey the command to search out the Scripture and leave nothing unexamined[113].

Scripture has meaning only in the act of interpretation, and that interpretation varies according to the situation of the reader. As Jean Daniélou has pointed out, the reader's θεωρία of a Biblical text seeks to discover the ἀκολουθία or sequence of that text as suggested by a consideration of the σκοπός, the intent or direction of that text and of the Bible as a whole. Yet since the divine nature is a simple unity, there can be no sequence to be discerned; and since God cannot be understood as moving towards a goal there is no skopos to be discovered. Θεωρία of God is therefore impossible[114]. The sequence that Scripture reveals is in the life of the reader. The goal towards which Scripture moves is not the revelation of a fixed, metaphysical truth that the language of the Bible translates for us, but a pointing forward to a truth formed and understood only in the act of interpretation itself. Indeed, the purpose of Scripture as a whole is to bring

---

110 *Inscr Ps* 1,1 (GNO V 26,14-19).

111 *Eccl* 1 (GNO V 277,3-278,10); *Cant* 1 (GNO VI 18,4-12).

112 *Ref Eun* (GNO II 385,6-10).

113 *Cant* 6 (GNO VI 193,8-18).

114 DANIÉLOU, Théôria.

about a change in the situation of the reader[115]. It follows therefore that interpretation can never be final, either as an explanation of the text or in its effect upon the reader. If Scripture is successful in working a change on the reader, then the reader can no longer see in the text just what he did before. There is no closure - successive stages revise previous, preparatory stages, and the distance from the goal remains as great as it was before[116].

The multiplicity of interpretation derives from the fact that language reflects a structure of difference and can therefore never gain access to the simplicity of the divine nature. No interpretation can ever be final, but the Bible is not merely an inadequate approach towards the God beyond language. The Bible takes advantage of the fact that language depends on difference and that meaning is therefore motion to teach the reader that separation is the very structure of creaturely life itself. On the epistemological level, Scripture teaches the reader that what he thinks "is" in fact "is not" and that what he cannot think at all is what alone truly is. It is the nature of creaturely existence always to be separated from being itself, and it is awareness of this separation from being that makes a more authentic existence possible. This is one of the principle lessons of the book of Ecclesiastes[117]. By becoming aware of separation, of the fact that the creature has arisen from non-being and would return to nothingness apart from the sustaining power of God, the creature is enabled in an act of self-creation to move from non-being toward being[118]. Interpretation deconstructs all understandings of self and world. Interpretation reveals difference and teaches that difference can be the basis of a more authentic existence through an unending search for new meanings[119]. The creature is always in motion and therefore always different from what it has been and what it will be. Interpretation itself is always different from the meaning it seeks to convey; and reading must be an unending course of discovering that every interpretation, every stage of creaturely progress, is but the beginning of further interpretation[120]. The distance from God is ever the same. Thus the only criterion of a valid interpretation is that it should reveal its inadequacy, its difference from the goal that is sought. The Bible points forward to what is not yet and never will be

[115] *Eccl* 1 (GNO V 280,2-8).

[116] *Cant* 9. 11 (GNO VI 279,4-8. 321,2-25).

[117] *Eccl* 1 (GNO V 285,5-12).

[118] *Ib.* 7 (406,13-407,17); *Cant* 15 (GNO VI 459,1-6).

[119] *V Mos* (GNO VII/I 3,12-24).

[120] *Cant* 6 (GNO VI 174,1-20. 179,13-19).

understood, but what is nevertheless meaningful in the fleeting moment of its apprehension. Gregory would agree with some, at least, of the post-modern critics that textual indeterminacy is cause not for despair, but for exuberance, that philosophy is a quest for truth, not a statement of truth[121].

6. Intertextuality

The Bible seeks to overcome separation by emphasizing it, and there can therefore be no final understanding of what Scripture "means". Interpretation is a boundless process. This conclusion fits well with Gregory's understanding not only of the individual's course towards God as an infinite progress, but also his understanding of human history as a whole as moving forward towards a point of perfection which is nothing other than a return to the beginning[122]. Each individual participates in and recapitulates the course of the whole human race, sharing at once in the original creation, the death of Adam and the resurrection of Christ. We become our own fathers, as Gregory says[123]; and we do so by reading texts - the text of the Bible, the text of the life of the Church, the text of human history's difference from the unity in which it was intended to participate. Gregory's view anticipates what modern theorists are now calling "intertextuality". Critics use the term in a number of different ways, but what is most relevant to Gregory's understanding is the idea that no text has meaning apart from other texts and that "reality" itself is textual - that is, that the moment of experience that presents itself for interpretation is meaningful only in relation to a text, an "interwovenness" of memory and expectation, of self and community, of presence and absence[124].

For Gregory the Bible first teaches intertextuality within itself, then points to this intertextuality as the characteristic of creaturely life. The Bible itself is intertextual inasmuch as no one passage has meaning apart from the rest and from the σκοπός of the whole. The Hebrew Scripture is fully intelligible only in light of the New Testament. The Song of Songs is understood in an interplay of meaning with Proverbs and Ecclesiastes[125]. Interpretation is a vast and ever–

[121] See BERMAN 255 f.

[122] *An et res* (PG 46,148 A); *hom opif* 17 (PG 44,188 C); *Eccl* 1 (GNO V 296,15-18).

[123] *Or cat* 39 (PG 45,97 D); *v Mos* (GNO VII/I 34,11).

[124] On "intertextuality" see KORT and BERMAN 208-213.

[125] *Cant* 5 (GNO VI 110,3-18).

changing network of meanings constantly undermining and informing one another. More interestingly, Gregory sees interpretation of the Bible as possible only in relationship to the individual's own progress in perfection and to his membership in the body of Christ as the developing church in the world. For the σκοπός of Scripture is not a metaphysical truth about the being of God, but the salvation of the world[126]. Scripture intends the moral progress of the reader and through the community of readers in the Church the moral progress of the human race. The relationship between interpretation and individual progress in perfection Gregory stresses throughout his works[127]. That between the individual reader and the community of the Church he especially emphasizes in the homilies on the Song of Songs. The bride as she progresses is filled with love for her fellow souls and arouses in them the desire for progress[128]. She describes the groom's body in detail, because it is through the building of His body in the church that heaven and earth are made new[129]. For both the individual in his own moral progress and for the church in its historical progress towards the recreation of the divine image in man, there is an intertextuality of scripture and life. The reader brings to the text his own situation, which his understanding of the text alters. The reader now "writes" new meaning into his own life and thus brings back a new situation which in turn rewrites the text. The text adapts to the new situation and thus opens itself to a new reading which alters the situation once more in a perpetual movement from meaning to meaning, from glory to glory. Again, the student brings to the text the horizon of understanding of the church, and as he progresses he returns to the church new understandings. As the body builds in multiplicity, of interpretation and of readers, it approaches that unity of the great day when God will again be all in all. The history of humanity, of the individual, of reading constitute a text within which one both reads and, by reading, writes.

Created life is a text, structured by the διάστημα. Only God is non-textual, but God can be manifest in the creaturely world only by becoming a text - the text of the Bible, the text of God's economy in the history of human becoming, and the text of Christ's presence in the finitude of the world. He who once spoke from the pillar became manifest in the flesh[130]. Because the text of the Bible uses the lan-

126 *Ref Eun* (GNO II 374,2-12).

127 See for example *beat* 6 (PG 44,1268 B-1269 A).

128 *Cant* 5. 7 (GNO VI 131,4-13. 214,19-215,16).

129 *Ib.* 13 (384,1-385,3).

130 *Inscr Ps* 2,9 (GNO V 106,12 f.).

guage of finitude and difference it cannot disclose its infinite author. But this finitude is not a negative thing. As the man Christ is the full disclosure of God in human form, so the Bible is the full disclosure of the Word as human speech. As the body of Christ is built in an historical process within the church, so the meaning of the closed body of the Biblical text is built in the community of its interpreters. The Bible points ahead of itself to the unity of meaning possible only when the διάστημα of difference has been overcome in the subjection of all things in the one full body of Christ.

Conclusion

In his theory and practice of Biblical exegesis, Gregory of Nyssa anticipates many of the same issues that are at the heart of contemporary debate in literary theory. While Gregory would reject the radical ontological and epistemological nihilism that drives much of modern criticism, he shares the fundamental emphasis on the gap between signifier and signified that unites the many disparate "schools" of post-modern literary theory. It is in this gap, or rather the endless attempt to close the gap, that meaning and interpretation take place. Language belongs to the created διάστημα of interval and separation, and the Bible uses that language to make the reader aware of the gap and to give him the courage to enter it. To step into the gap between language and meaning, between the finite and the infinite, to travel with Abraham away from one's own country and kindred into the unknown of another world, is not to lose one's grasp on the structure of reality so as to despair ever of finding meaning, but to enter into a process of self-discovery and self-creation by means of which the structure of reality is constantly renewed. In this emphasis on multiplicity and process and this rejection of a fixed metaphysical center by which being is defined, Gregory makes contact not only with twentieth-century theoretical concerns but also with the earliest themes of Hellenic culture. As in the *Odyssey*, identity lies in the past, but is achieved only by moving toward the future; and it is progress towards that goal, rather than the goal itself that is meaningful. Like Odysseus, Christian man is πολύτροπος, a many-stranded text both determined and free.

Resümee

Gregors von Nyssa Verständnis der Hl. Schrift als der Offenbarung des "Namens, der jeden Namen übertrifft" in menschlicher Sprache führt ihn über die Allegorie hinaus, wie sie traditionell angewandt wurde, hin zu einer Theorie des Lesens, nach der der biblische Text das unveränderliche und endgültige Medium eines unendlich vielfältigen Sinnes ist, der niemals ausgeschöpft werden kann. Die Bibel ist nicht die Offenbarung Gottes, wie er in seiner unwandelbaren Natur ist, sondern Gottes in Beziehung zu einer sich ständig verändernden Welt und im besonderen in Beziehung zum Leser als einem Wesen, das in dieser Veränderlichkeit befangen ist. Die Bibel deutet nicht hinter sich auf eine metaphysische Wahrheit, die es zu entdecken und verkünden gilt, sondern nach vorn auf einen Sinn, der sich nur im Akt der Interpretation selbst erschließt und sofort überholt ist.

Sowohl in seinen Überlegungen zur Natur der Sprache als auch in seinem Verständnis der Bibelinterpretation als eines unendlichen Strebens nach dem, was für immer unerreichbar bleiben muß, stellt Gregor Fragen, die vieles mit moderner Literaturtheorie gemein haben, insbesondere wie sie von den Kritikern gehandhabt wird, die man als "Post-Strukturalisten" oder sogar als "Dekonstruktionisten" bezeichnet. Höchst interessant sind von diesem Standpunkt aus Gregors Thesen, daß Sprache an eine Struktur der Verschiedenheit gebunden ist, die den Realitäten, die sie zu entdecken sucht, fremd ist, und daß die biblische Sprache nicht von den allgemeinen Regeln ausgenommen ist. Insofern sich also menschliche Sprache, einschließlich der biblischen, überhaupt auf göttliche Wirklichkeiten beziehen kann, kann sie keinen festgelegten Inhalt haben. Der Text der Bibel gehört zu den geschichtlichen Prozessen der Kirche in der Welt. So wie die geschichtliche Situation des individuellen Lesers und der ganzen Kirche sich ändert, paßt sich auch die Sprache der Bibel den neuen Umständen an. Die Hl. Schrift deutet immer vor sich selbst her auf Sinnhaftigkeiten, die noch nicht erschlossen sind.

III.

THEOLOGIE

The Idea of God in Gregory of Nyssa

Anthony MEREDITH

There have not been wanting distinguished scholars who have offered sometimes elaborate accounts of the theology of Gregory, by which is meant the idea of God with which he operates. In 1904, for example, K. Holl[1] treated Gregory as in principle little more than a follower of Origen and saw this illustrated by the identification between being and goodness which Gregory makes in *De anima et resurrectione*[2]. This for him is the 'Grundbestimmung' of both Origen's and Gregory's theology. A little earlier in 1896 F. Diekamp[3] saw the 'Grundbestimmung der göttlichen Wesenheit' less in the moral idea of goodness than in that of 'being' and in Gregory's use of *Exodus* 3.14. For Diekamp, as for many others the key illustrative text for this contention was *De vita Moysis* II 25[4]. From this, so his analysis runs, the ideas of uncreatedness and perfection are derived. W. Völker stands in a similar tradition of interpretation and finds 'being' to lie at the heart of Gregory's theology. To the text from *De vita Moysis* II 25 he adds *Contra Eunomium* II 69[5].

Significantly it was as a philosopher of being, admittedly of a rather inadequate character, that Gregory was judiciously and critically analysed by G. C. Stead[6]. He writes in the article referred to as follows: He (sc. Gregory) holds two opinions - deeply rooted in tradition - but not easy to reconcile, that God is incomprehensible (cf. *CE* I 176; I 354) and also that he is being and in this accompanied by all the expected Platonic epithets, as at *CE* I 231[7]. It is not part of the intention of this paper, primarily at any rate, to explore the dimensions of this tension or indeed to defend Gregory from the charge of philosophical carelessness, but simply to note that Stead starts from a 'primary conception' of God and assumes that all Gregory has to say

---

[1] HOLL 196 f.

[2] PG 46,93 B.

[3] DIEKAMP, Gotteslehre, esp. 194 f.

[4] GNO VII/I 40,17-41,2.

[5] GNO I 246,7-16.

[6] STEAD, Ontology.

[7] *Ib.* 109.

should accord with that. Apart from observing the slight unfairness of this assumption - Plato is hardly consistent in this sense in his description of the absolute being - is it true that Gregory does actually start everywhere from a basic assumption.

A further example of such arbitrariness is to hand in the celebrated essay of E. Mühlenberg[8] in which he argues with near conviction that under the impulse of the Eunomian controversy Gregory was compelled to develop a novel idea in the history of thought - that of infinity. He does indeed admit, on the basis of *CE* I 574 and 691[9] that the idea of eternity *stricto sensu* plays an important part in Gregory's understanding of God, and in this he is at one with Brooks Otis. But for Mühlenberg this by itself hardly serves to differentiate Gregory from his two predecessors, Origen and Plotinus[10]. He for slightly differing reasons, neither in the opinion of this writer wholly satisfactory, dismisses the evidence for divine infinity in Plotinus and Gregory Nazianzen[11]. For him whatever reasons and arguments underlie Gregory of Nyssa's assertion about the infinity of God, whether they be the goodness of God[12], or his simplicity[13] or transcendence as creator and source of all finite being[14] the root cause is not religious experience or philosophical tradition but simply the controversial desire to disarm Eunomius of his most potent weapon, the definition of God as 'ingenerate'. Elsewhere[15] Mühlenberg admits that the idea of infinity does not play quite the same part in Gregory's thinking as his initial essay supposed. Nor does he say whether he thinks that the arguments used by Gregory to prove infinity from classical presuppositions about the goodness and simplicity of God are illicit or merely novel.

Two of the features that mark all these accounts of Gregory's theology are the selection of one particular feature as the principal or salient feature of his system and, connected with this, the lack of a

---

[8] MÜHLENBERG, Unendlichkeit Gottes.

[9] GNO I 192,2-8; 224,21-225,5.

[10] The clearest statement of Origen's conviction about the strict eternity of the Son and Spirit together with the Father occurs in *princ* IV 4.1 (GCS Or 5,348-351) and for the superiority of both Mind and the One to time in Plotinus cf. *enn* 3.7.3.

[11] Plotinus is dismissed as on the whole restricting 'infinity' to matter and to the unlimited dyad as at *enn* 1.8.4.21-24 or to the divine power and not to the divine nature as at *enn* 6.9.6.10.; while Gregory of Nazianzus is dismissed as either having failed to discover the significance of his discorvery or as being dependent on Gregory of Nyssa, or, more damagingly, both.

[12] *CE* I 161-171 (GNO I 75,13-78,3).

[13] *Ib.* 231. 369 (94,15-22. 136,1-7).

[14] *Ib.* 270 f. (105,19-106,6).

[15] MÜHLENBERG, Philosophische Bildung 230-244.

proper discrimination between the various *Gattungen* in which Greg ory composed. Those who search for consistency in Plato should not be surprised to find that in the *Symposium* 'beauty' is the prime character of ultimate reality, while in the *Republic* it is goodness. The two dialogues are designed to meet differing questions; attempts at a bland interpretation may be misguided. In what follows I propose to examine five works of Gregory to see what coherences and discordances may be found. They will be *De Virginitate, Contra Eunomium, Oratio Catechetica, In Canticum Canticorum* and *De Vita Moysis.*

1. 'God' in the *De Virginitate*

Chapter 10 of the treatise is entitled 'What is it that is truly to be desired' and contains the central treatment of the divine nature offered by Gregory. It is hardly surprising, given the nature of the work, that there are echoes, though, characteristically for Gregory, no direct quotations, from Plato's *Symposium*. Indeed the influence of the same dialogue is detectable in a later work of Gregory's, the *Vita Macrinae*, where in chapter 22 the impersonal beauty of *Symposium* 210e ff. becomes the bridegroom of the virgin, Christ[16]. In the *De Virginitate*, although Gregory begins his treatment by stating the unspeakability and incomprehensibility of the object of the quest[17] - an assumption which owes much to the negative theology derived in part from *Timaeus* 28c and in part from Philo, *De posteritate Caini* 168[18] - he goes on to mitigate some of the austerity of this approach by the statement that to the pure of heart, something of the divine nature, incommunicable but true, will be revealed. The ultimate object of vision for the properly prepared eye is 'that beauty of the true and intellectual light'. The comparison between this beauty and the light of the sun, and the description of the beauty as existing round the ultimate good are reminiscent of both the *Symposium* passage just alluded to and of the passage in *Republic* VII 515e and 519c where the idea of the good performs the function of the sun in the intelligible world. What Gregory is doing is to identify, or closely relate the beautiful of the *Symposium* and the good of the *Republic* and identify them with God. When towards the end of the chapter[19] Gregory undertakes an outline of the nature of the supreme beauty, he asserts initially

[16] SC 178,212-216.

[17] 10 (GNO VIII/I 288,20-22).

[18] II 37,12-20 WENDLAND.

[19] 10 (GNO VIII/I 290,21 f.).

that an ὑπογραφή is impossible seeing that it is 'without colour, without shape, without size, without form, such being the nature of formless being'. But to this austere 'description' he adds that absolute reality is not sensory, and that its transcendence ought not to prevent us from stretching out for it[20]. Apart from the similarity of the language here employed to that at *Contra Eunomium* I 231; 435[21] it is perhaps worth observing that above all in the use of ἀσχημάτιστος Gregory echoes Plato's *Phaedrus* 247c[22]. The Platonic inspiration behind Gregory's discussion of the supreme beauty (= God) can be also seen in *De Virginitate* 11[23]. There the beautiful (neuter) is stated to be always the same and beyond the reach of change either viewed as improvement or as diminution. Here the language is reminiscent of both the *Symposium* 211a and of *Phaedo* 78d. In the latter text Plato uses language which either directly or through the tradition exercised a great fascination on Gregory's own usage πάντοτε ὡσαύτως ἔχον[24].

The rest of the treatise adds little to the features of the divine nature already mentioned and concentrates principally on the best method for arriving at the desired vision. The Platonic inspiration of the whole is unmistakable. God is conceived under the ideas of beauty and goodness, especially as they appear in the *Symposium* and the *Phaedrus*, with a possible conflation with the idea of the good in the *Republic* VI 509c. Sometimes, but not always, this idea is personalized, or at least put into the masculine. But the Platonic structure of purification and ascent is hardly modified, and apart from the cautious opening of chapter 10, which refers to the difficulty of discovering and expressing the object of search, we miss in the *De Virginitate* the stress on God as infinite and incomprehensible creator, which is commonly held to distinguish the mature writings of Gregory. Indeed, as we have seen, the only place in which the word ἀκατάληπτος appears in this work as a designation of the divine nature hardly indicates a strong preference for the absolute mysteriousness of God, such as may be seen in *De Vita Moysis* II 163 and 236[25]. At *De Virginitate* 10[26] it is the *difficulty* rather than the impossibility of knowing the divine nature that is stressed. Is the difference between these two

---

[20] *Ib.* 291,3-5.

[21] GNO I 94,15-22. 153,4-14.

[22] Cf. also *CE* II 515 (GNO I 376,29-377,8); *virg* 11 (GNO VIII/I 293,7).

[23] GNO VIII/I 296,15 ff.

[24] It occurs, for example, at *CE* II 70 (GNO I 246,26); *v Mos* II 25 (SC 1,120); *Cant* 5. 6 (GNO VI 158,9. 174,3).

[25] SC 1,210-212. 268.

[26] GNO VIII/I 288,20-22.

professedly spiritual treatises simply traceable to the fact that the subject matter of the two imposes different ideas of God upon the author or has a growing awarensess of the mysteriousness of God, for other reasons, led Gregory to modify the picture of human growth? What seems to be a common factor of both treatises is the simple fact that at the root of the Christian life lies the desire for God[27]. What also seems to be the case is that in the *De Vita Moysis* we have moved away from the dominant Platonism that can be felt in both the *De Virginitate* of 371 and, though to a lesser extent, in the *De Anima et Resurrectione* of ten years later to an austerer atmosphere, in which the vision of God in this life and in the life to come has disappeared to give way to a doctrine of continual progress. Is Langerbeck in the article below referred to correct in seeing this change as a result of changed dogmatic perspective, rather than in some new spiritual experience?

2. 'God' in the *Contra Eunomium*

There is much in the portrait of God in the *Contra Eunomium* to justify the view that it stands in a discernible continuity with the Platonic tradition, especially as mirrored in the favourite texts from the *Phaedo* and *Phaedrus* discussed in the previous section. As Völker has noted in the article referred to, there is much in the *Contra Eunomium* which recalls the remark of the Pseudo-Justin, *Cohortatio ad Gentiles* 22[28] that Moses calls God 'He who is' and Plato 'That which is'[29]. Gregory seems to have used both 'descriptions' with judicious impartiality, though at times it is hard, if not impossible, to tell the gender in question. So, for example at *CE* I 422[30] the reference could be either masculine or neuter. At I 618 and 641[31] the masculine is employed, while, at least by implication, at II 70[32] neuter is being used. Along with this way of talking goes, as Stead has noted[33], we may find also other Platonic ways of referring to the divine nature. A peculiarly illustrative collection of such epithets occurs at *CE* I 231, where Gregory writes of the simple, transcendent divine nature that it is:

[27] Cf. HORN.

[28] III 78,6 OTTO.

[29] Cf. *Gen* 3,14 and *Timaeus* 28c.

[30] GNO I 149,19-26.

[31] GNO I 204,20-25. 210,16-211,2.

[32] GNO I 246,16-247,4.

[33] Cf. STEAD, Ontology.

'that which is viewless, formless and sizeless cannot be conceived of as multiform and composite'[34]. Examples of such a way of writing both in this work and elsewhere are not hard to find in Gregory[35].

Apart from this traditional and with the possible exception of the ambiguous phrase νοῦν ὑπεραίρουσα φύσις unexceptional language it is worth noting that unlike Origen, whose preferred phrase for the Father is ὁ ἐπὶ πᾶσι θεός[36] Gregory prefers the expression ὁ ἐπὶ πάντων θεός, and uses it in the *Contra Eunomium* I on at least fifteen occasions[37]. Though Jaeger does not in his footnotes refer to *Romans* 9.5 in this connexion it surely must be thence that Gregory derives this phrase. It is also worth remarking that on practically all the occasions where Gregory uses this phrase it refers to the Father rather than to the deity as such, a striking witness to the retention by Gregory of a certain amount of subordinationist language, if not of thought, in his major dogmatic treatise.

Alongside this traditional and biblical language the *Contra Eunomium* also offers a new stress, or, if Mühlenberg is to be believed, a wholly new element in the understanding of the divine nature. In c. 361 and in c. 378 Eunomius had produced an *Apologia* and an *Apologia Apologiae*, both of which have been recently edited[38]. The precise motives underlying the austerely logical system of Eunomius are obscure and to that extent beyond recovery. The traditional view, which owes a good deal to the polemical tactics of Gregory, sees in Eunomius little more than a logic chopper, who by dint of great mental acuity strove to define the inner nature of God and so exclude the Son from a share in the divine nature[39]. Prof. Wiles, however, in a paper presented to Dr. Chadwick[40], has argued with some persuasiveness, that Eunomius was less impious than his adversaries paint him, and that in fact it was motives of piety that led him to adopt the position he did. This is not the place to canvass the rightness or wrongness of this interpretation. Whatever the deeper motives of Eunomi-

[34] GNO I 94,20-22.

[35] For the general continuity of 'Platonic' language cf. OTIS and also *CE* I 300. 369. II 107 (GNO I 115,11-19. 136,1-7. 258,1-8); *virg* 10. 11 (GNO VIII/I 290,25. 293,6).

[36] Above all in *Cels* I 9. 23. 24. 58; III 17. 24. 27 (GCS Or I 61 f. 73-75. 109 f. 215 f. 220. 224 f.).

[37] *CE* I 163. 198. 199. 247. 248. 266. 279. 342 (GNO I 75,29-76,1. 84,16-85,2. 99,8-24. 104, 8-15. 108,3-11. 128,17-22). It is not at all clear to the present writer if there was a particular reason for Gregory's choice of this expression and whether he had in mind a rejection of the Origenistic one.

[38] SC 305 (1983) 177-299; VAGGIONE 1987.

[39] Cf. esp. *CE* III,IX 54 (GNO II 284,9-25).

[40] WILES, Eunomius.

us' theology there can be little doubt on the evidence of the *Apology* that he sought to forge a close link between logic and theology. He achieves this by insisting[41] on the simplicity in itself and by definition of the divine nature, and further that the divine substance should be defined as 'ingeneracy'[42]. In the *Apologia Apologiae* he developed the further view that this name was not merely imposed conventionally, but was of divine provenance[43]. If, for whatever motive, Eunomius has established the prime point that the nature of God *is* 'ingeneracy' it does follow that the Son *cannot* be divine. It is against this attempt to define the divine nature that Gregory directed his main attack, ironically enough in order to preserve the definition of God as tripersonal.

To the Eunomian contention that God could be exhaustively defined and that in such closeness of definition the essence of true piety was to be found, Gregory's reply took several forms. On one level he was content to affirm that the divine nature was better honoured in and by silence[44], - a move which has every appearance of deviousness, when it is remembered that Gregory himself was commissioned to enforce the decrees of Constantinople in the diocese of Pontus by the emperor Theodosius I[45]. At a more sophisticated philosophical level, however, Gregory was prepared to argue that the divine nature in which all three persons shared was infinite and therefore quite beyond the reach of the human mind. Extravagant claims have been made by Mühlenberg on behalf of this 'innovation', though Gregory himself seems to have been of the opinion that a careful inspection of the idea of being and goodness[46] should have been enough to convince anyone that both these concepts, when found in their pure state, of necessity implied the infinity of both. Mühlenberg, however, sees the idea as wholly novel and as in fact designed to upset the formal basis upon which ancient philosophy, at least as represented by Plato, Aristotle and Plotinus repose. It is on this insight that he bases his claim for the Christian originality of Gregory.

The accuracy of these contentions does not seem to be beyond question. What, however, seems quite unquestionable is the simple fact that Gregory persistently uses the 'idea' of infinity with which to

[41] 7 (40 VAGGIONE).

[42] 8 (40 VAGGIONE).

[43] Cf. *CE* II 23. 159 ff. (GNO I 233,11-17. 271,11 ff.).

[44] *Ib.* 105 (257,14-25).

[45] *Cod Theod* XVI 1,3; SOCR *h e* 5,10 (PG 67,584-593).

[46] Cf. *CE* I 168 ff. (GNO I 77,7 ff.).

reject the traditionally graded, hierarchical view of the deity with which Eunomius operates. This type of argument is well evidenced by *CE* I 168-169 and 235[47]. What is peculiarly instructive in all this is that the argument from perfection, which explicitly underlies the response of Gregory in both these places and elsewhere, and which leads him to affirm the divine infinity both at 168 and 233[48] need not lead him to such a conclusion. For example the *Oratio Catechetica* is at the opening of the Prologue insistent that God must be perfect, but this does not seem to lead him to assert the divine infinity. Yet he writes at *CE* I 236[49] that a nature that is incapable of deterioration possesses unlimited (sc. infinite) goodness. 'Infinity is not such because of its relationship to something else, but is conceived of absolutely and exceeds every limit'[50]. With the help of this conception he goes on to argue that there can be no degrees of infinity and therefore that given the deity of the three persons there can be no important sense in which they can be graded. In *CE* II 67 ff. he uses the ideas of infinity and its correlative 'incomprehensibility' for a slightly different purpose. 'It does not lie within the power of human beings to come to an exact knowledge of God's nature'[51]. Here the purpose is not to exclude grading but to contest the Anomoean claim that the divine essence can be defined as 'ingeneracy'.

Another and more satisfactory argument for the infinity of God arises from Gregory's insistence on the doctrine of creation. In *CE* I 274 he argues that the uncreated nature of God is the source from which and the end to which all created reality tends[52]. The varying degrees of being which the created order enjoys are a direct reflexion of the participation in the divine nature that each possesses. If this idea, which perhaps reflects in both language and thought a passage from *Ennead* 1.7.1.15, is 'amplified' by the Neoplatonic notion of undiminished giving[53], then we are on the threshold of the doctrine of the divine infinity. God is the creator of all things and as such is the unexhausted and inexhaustible source of all. The Neoplatonic doctrine of emanation/infinity is modified to produce a Christian doctrine of creation/infinity.

---

[47] GNO I 77,7-23. 95,20-25.

[48] *Ib.* 95,5-12.

[49] *Ib.* 95,25-96,4.

[50] *Ib.* 95,26-96,2.

[51] *Ib.* 245,18-246,16.

[52] *Ib.* 106,16-23.

[53] Cf. e. g. *enn* 3.8.10.5-7.

Another notion with which Gregory seeks to rebut the 'grading' tendency of Eunomius is that of eternity. It forms part of the argument designed to deal with the suggestion that the Father is 'older' than the Son, discussed from *CE* I 329 ff.[54] For Gregory the idea of temporal extension, διαστηματικὴ παράτασις, is characteristic of and applies only to the realm of created reality[55]. 'But the world above creation (better, perhaps the being above creation) being removed from all conception of distance, eludes all sequence of time: it has no commencement of any sort: it has no end in which to cease its advance. ... Having traversed all ages and all that has been produced therein, our thought catches a glimpse of the divine nature, as of some immense ocean'[56]. In making such claims for the nature of God Gregory stands in a much more clearly definable philosophical and theological tradition. The timelessness of God, as distinct from his everlastingness was a truth that had been assumed or proved from Philo onwards[57]. Its polemical use by Gregory is patent enough from the passage before us. Its spiritual use is well brought out by the seventh homily on *Ecclesiastes*, which is perceptively discussed by C. W. Macleod.

In the interests of controversy and also of orthodoxy Gregory employed several concepts, often suitably modified with which to dispose of Eunomius, at times it must be admitted with a difference of philosophical approach rather than a refusal to use philosophy. Whatever we may think of the method, the result is to insist in a way peculiar to Gregory on the utter transcendence of God. He can indeed be known by means of 'conceptions' or ἐπίνοιαι - a move which he is compelled to make if God is not to recede totally beyond the reach of knowledge and definition[58]. But together with this radical assertion of the remoteness of God stands another insistence which serves to distinguish Gregory from Origen before him and Augustine after.

In a famous review of W. Völker's *Gregor von Nyssa als Mystiker* (Wiesbaden, 1955), H. Langerbeck insisted that it is a mistake to interpret Gregory as though he derived his views about God from some sort of 'Erlebnistheologie'. On this view it was not personal experience which fashioned Gregory's approach but the demands of contro-

---

[54] GNO I 124,16 ff.

[55] Cf. *CE* I 362 ff. (GNO I 134,8 ff.).

[56] *Ib.*363-364 (134,13-20).

[57] Philo writes in *Deus imm* 32 (II 63,9-13 WENDLAND): "Thus with God there is no future, since he has made the boundaries of the ages subject to himself. For God's life is not a time, but eternity, which is the archetype and pattern of time; and in eternity there is no past nor future, but only present existence".

[58] Cf. esp. *CE* II 177-182 (GNO I 276,7-277,26).

versy, and in this conviction he was followed by his son in law, E. Mühlenberg. Because the nature of God is perpetually fugitive it cannot be appropriated by knowledge and must ever remain an object of faith. This view of Langerbeck receives striking illustration and confirmation from both the *CE* and the *Cant.* Two passages from the former of these two works illustrate this point. At *CE* I 371 he writes: 'But the self sufficient, eternal nature, which encompasses the things that are, is in neither space nor time, but on an unspoken principle is perceived by faith alone as before and above these things'[59]. A little later in section 376[60] he notes that the area of knowledge is restricted to things beneath the nature of God and at *CE* II 64 he concludes a passage in which he has contrated the immoderate optimism of Eunomius with his own very modest claims as follows: 'To you (sc. Eunomius), it is given to be perfect in knowledge, provided you do not believe in the deity of the only begotten God, but regard him instead as a creature'[61]. It is, of course, true that the imputation of a mixture of arrogance and blasphemy to the enemy is in the tradition of all theological controversy, but it does underline the fact that for Gregory the divine nature is in principle beyond created capacities, whether angelic or human and available to us only through faith, here and hereafter. 'And so there arises a law of faith for the life to come, teaching those who would come to God, by this history of Abraham, that it is impossible to draw, unless faith mediate and bring the seeking soul into union with the incomprehensible nature of God'[62].

This emphasis on the primacy of faith is not, I think, to be found in the *De Virginitate*, yet recurs with some frequency in writings subsequent to the *CE.* Prima facie, at any rate, there is an important difference not only between the early and the late Gregory, but also between the late Gregory and the antignostic Gnosticism of Origen at, for example *De Principiis* II 11.6; 7 and the Augustinian insistence on the formula from *Isaiah* 7,9 (LXX) '*Nisi credideritis non intellegetis*' which is easily transformed into '*Crede ut intellegas*'[63].

---

[59] Transl. HALL: MATEO-SECO/BASTERO 35-135.

[60] GNO I 137,20-27.

[61] *Ib.* 244,18-27.

[62] *CE* II 91 (GNO I 253,22-28).

[63] For Augustine's use of this dictum and idea cf. *mag* XI 37 (CChr.SL 29,194 f.); *s* 43,9 (CChr.SL 41,512).

3. 'God' in the *Oratio Catechetica*

Although the ostensive purpose of this work is apologetic and is designed to meet requirements of catechists engaged in the important task of recommending and explaining the truths of religion to cultivated pagans, it is fairly clear from start to finish that the final aim is 'faith'. There is no suspicion in Gregory's mind, either, that by 'faith' is meant simply confidence or 'fiducia'. When at the opening of the Prologue he speaks of faith the reference is to the apostolic deposit of faith of *Titus* 1.9. And towards the end of the treatise in chapter 38 Gregory stresses the importance for him who is regenerate of right knowledge of the author of new birth, and this right knowledge is regularly called πίστις[64].

The fact that this work is an apologetic treatise helps to explain several features of its composition and contents which serve to distinguish it from the other writings of Gregory. The oft expressed aim, above all in the prologue is to argue from premises accepted by both sides and so prepare the mind for the acceptance of specifically Christian beliefs, by showing that the Christian doctrine of Incarnation does not threaten or contradict the convictions about God that all reasonable men share. Among the universally admitted truths about God is his perfection[65]; but whereas in the *CE* I 167 ff.[66] 'perfection' had been used as a way of arguing to the divine infinity, in the *or cat* it is used to prove the non-plurality of God. Again, when Gregory wishes to prove the fittingness of the Incarnation[67] he does so by means of the four epithets which he finds verified in the divine nature, goodness, power, justice and wisdom. All these, he tries to argue, are instantiated in the Incarnation. Now again these four epithets are also to be found together in *CE* I 233[68] (justice is in fact missing in this passage). But by linking these perfections together Gregory argues in *CE* I 234-236 for infinity not for the fittingness of the Incarnation[69]. I have argued elsewhere[70] that the notion of fittingness and the collocation of these three/four titles is also traditional, and place Gregory firmly within a line of ancestry that stretches

[64] 153 f. SRAWLEY.

[65] *Ib.* pr (4,6 ff. SRAWLEY).

[66] GNO I 77,1-23.

[67] Cf. especially chapter 20 (78-81 SRAWLEY).

[68] GNO I 95,5-12.

[69] *Ib.* 95,12-96,4.

[70] In a paper delivered at the Oxford Patristic Conference in 1983 on the subject of 'divine fittingness' or θεοπρέπεια.

back at least as far as Xenophanes. What is unusual in him here is the attempt made to harness this traditional way of speaking to the new doctrine of the Incarnation, even as he had attempted earlier to argue from it to the divine infinity, and thence to the equality of all three persons of the Trinity. What deserves notice is the fact that

i) the doctrine of the divine infinity/incomprehensibility passes unnoticed in the *or cat.* Even the assertion of the uncreated nature of God in chapter 6[71] leads merely to an assertion of the divine changelessness not as at *CE* I 273 ff. to an implication of infinity[72]. Perhaps this is an indication of the factitious nature of the link between perfection, being creator and infinity.

ii) What both treatises have in common is that the tradition of the church about the two central mysteries of Trinity and Incarnation forms the scenario for the whole of Gregory's argument. So, it seems to me, that Mar Paulos Gregorios (p. 19) is correct in stressing that the Christian doctrine of Trinity-Incarnation is the criterion in the light of which Gregory passes judgment on the varied teachings of the Platonists that he passes under review.

4. 'God' in the *In Canticum Canticorum*

It might easily and with some justice be inferred from the above discussion that Gregory's interest in the idea of the divine infinity was purely apologetic and controversial and that it failed to play any positive role in his thinking. Nothing could in fact be further than this from the truth. Langerbeck's footnotes to his Leiden edition of the *Commentary*, which amount in practice to a commentary in their own right, well illustrate and probably overstress the gap that separates Gregory from Origen. So, for example in GNO VI 137,4 he notes the difference between '*theologum gnosticum*' (sc. Origen) and '*mysticum*' (sc. Gregory). The notes on pages 157 and 322 make a similar point in more detail. In Langerbeck's understanding of the *Commentary* Gregory appears as a 'mystic' theologian, with a strong, dominant belief in the sublime unknowability of God. Gregory becomes a prophet of darkness mysticism and of negative theology. Though much of this approach seems justified by the text it is hard to think of Gregory as a self conscious critic/rejector of the Origenist

[71] 34,1 SRAWLEY.

[72] GNO I 106,12-107,4.

vision, especially when it is remembered that the two places where Gregory mentions Origen are to praise and/or defend him[73].

But although I believe it is possible to overstress with Langerbeck the degree of discontinuity between Gregory and Origen, it does nevertheless remain true that the overwhelming impression to be derived from this work is one of the otherness and infinity of God. Two passages in particular illustrate this tendency. The first comes at the opening of the sixth homily (= 173.7 ff.) and involves a division of beings in a manner not unlike that offered at *CE* I 270 and at *De Hominis Opificio* VIII[74]. In the *Commentary* all beings are divided into the two classes of perceptible/material and intellectual/immaterial. Then we are told that the former class is limited and finite, the latter is limitless and infinite. This connexion between immateriality and infinity is at first sight rather surprising, until as the passage proceeds we realise that as a result of another distinction made by Gregory between created and uncreated[75] the infinity of created spiritual reality is sharply distinguished from that of uncreated spiritual reality (= the divine nature). Created spiritual reality depends upon God and is kept in being by looking towards him and by ever increasing in excellence, in a never ending progress. There is no end to this growth and it seems to apply to *all* created spiritual beings. God's infinity, on the other hand is in possession; he knows neither increase nor the possibility of loss. Our virtue and excellence consists in becoming ever more like God, in an ever increasing assimilation[76], God does not possess virtue, but in a phrase characteristic of Gregory *is* virtue (36,5)[77] - an approach to God which distinguishes him sharply from Plotinus[78], but alligns Gregory with Origen and the Stoics[79]. Gregory also links together the ideas of the infinity of God and the infinity of virtue in the preface to the *Vita Moysis* 7[80].

We now come to a celebrated passage in the *Commentary*[81] which will also provide an opportunity for discussing the distinctive character of Gregory's thought about God with reference to three possible

---

[73] Cf. *Cant* pr (GNO VI 13,3) and *v Gr Thaum* (PG 46,906 B).

[74] GNO I 105,19-25; PG 44,144-149.

[75] GNO VI 174,2-6.

[76] Cf. *Cant* 9 (271,11 f.).

[77] This unusual 'definition' also occurs at *Cant* 3 (GNO VI 90,1); *Eccl* 7 (GNO V 407,1); *v Mos* I 7 (SC 1,50).

[78] Cf. *enn* 1.2.1.31.

[79] Cf. OR *Cels* IV 29 (GCS Or 1,297-299) and CHADWICK ad loc.

[80] SC 1,50.

[81] *Cant* 11 (GNO VI 322 ff.).

influences, Philo, Origen and Plotinus. Indeed Langerbeck in his footnote on the passage finds in it evidence for his general view that there is a marked and characteristic difference between the 'theologos gnosticos Alexandrinos et theologum mysticum (sc. Gregory himself)'. Gregory here states that the progress of the great Moses towards God took place in three stages which he detaches from the book of Exodus. The first theophany took place on the mountain (*Ex* 19.3) and invited Moses to detach his mind and to move from darkness to light by ridding himself of misleading conceptions about the nature of God. The next stage, marked by the cloud of *Exodus* 19. 16-19 indicates the need to move beyond the objects of sense that point to God to the hidden and unseen things of God. The final stage in the ascent is from things perceived by the mind to the nature of God himself, which lies within the divine darkness and this stage is held to be adumbrated by *Exodus* 20.21: 'Moses drew near to the thick cloud where God was'. The infinite mystery, which is God is discovered to be above both mind and sense.

In his article on 'Dunkelheit' in the *RAC* E. von Ivánka argues with a good deal of ingenuity and some plausibility that this Gregorian conception of darkness should be sharply distinguished from the apparently similar exegesis of the same passage provided by Philo in his treatise *De Posteritate Caini* 14 and 15. Philo writes as follows: 'So see him (sc. Moses) enter into the thick darkness were God was (*Ex* 20,21), that is into conceptions regarding the Existent Being that belong to the unapproachable region where there are no material forms. For the cause of all is not *in* the thick darkness, nor locally in any place at all, but high above both place and time... The essence of the Existent Being ... is beyond matter and beyond sight... The God of real being is apprehensible by no one'. Ivánka's point is that the meaning of the symbol of darkness in Philo is quite distinct from that in Gregory. For the former it is a statement that God is beyond the reach of sense, for Gregory He is beyond the reach of mind as well.

Origen's attachment to which is often called 'light mysticism' makes his view even more intellectualist than that of Philo. To begin with in his *Homilies on Exodus*, which survive in a latin translation, there is, strangely, no treatment whatever of the two passages in the text upon which Gregory had based his treatment of the Mosaic progress. On the other hand his treatment of the text in *Contra Celsum* VI 17[82] provides an instructive contrast with that of Gregory. 'To make it clear that the experience of the knowledge of God comes to men on rare occasions, and is to be found by very few people, Moses is said in

[82] GCS Or 2,87 s.

scripture to have entered into 'the darkness where God was' ... to show that the depth of the doctrines about God, which is unfathomable to people who do not possess the Spirit that searches all things'. This general view of Origen is in line with other statements of his about the accessibility of God to all believers who lead worthy lives and possess the Spirit. A particular collection of 'light' passages may be found in *Contra Celsum* VI 5[83], where he illustrates a text from *Letter 7* of Plato about a light being lit in the soul by a leaping spark with the help of *Hosea* 10.12, *John* 1.3-4, 9, *Matthew* 5.14 and other such verses. Origen seems determined to insist in a way that distinguishes him quite markedly from Gregory on the parallel between Platonic intellectualism and the Christian's approach to God.

But if Gregory marks a departure from the cataphatic approach of Origen, is this change to be attributed to an increased dependence upon Neoplatonism? This is a plausible suggestion and has been canvassed by scholars of distinction; it also seems a priori to have some ground because the dominant secular philosophy of the fourth century was Neoplatonism, whereas for Origen it was Middle Platonism. To prevent any misconceptions it is necessary to point out in advance that whatever the similarities Plotinus has no language of 'divine darkness' and Gregory was no rigid follower of Plotinian orthodoxy. For some writers the first point is adduced as evidence of a fundamental cleavage between Neoplatonism and the theology of Gregory. While as to the second point Doerrie regards this ignorance or insouciance on the part of Gregory as distinguishing him from Platonism. As illustration of this supposed defect on the part of Gregory the following example might be adduced. Gregory's application of the term 'The One' to the Trinity has been held by H. Doerries as an indisputably Neoplatonic trait and a similar case could be made for the often repeated expression of Gregory about the nature of God that it transcends mind[84]. The phrase is not quite lucid, because it could mean one of two things. It could mean that we are unable to grasp it with the mind. But it could also mean that it resided above the realm of the spiritual order. In the latter case it would bear a marked resemblance to the claims made for the One by Plotinus. In *Ennead* 5.5.6, for example, Plotinus claims that the One resides beyond being and beyond mind. Unfortunately for such possible parallels Gregory does not stick to the Neoplatonic rules, for as Doerrie has pointed out, Gregory from time to time seems to identify God as beauty - this

---

[83] SC 147,188-190.

[84] This phrase is above all prominent in *Cant* 2 (GNO VI 68,5); 3 (87,8. 91,2) and for an illuminating, though not an exact verbal parallel cf. 6 (182,18 f.).

he does at *Oratio XI*[85] and in the first passage from the *Commentary* which has been discussed he appears to locate God with the angels and souls of mankind within the intellectual/spiritual order.

But granted these lapses from strict orthodoxy there are several passages conveniently assembled by Dodds, which make the question of knowledge of Plotinus by Gregory beyond the realm of reasonable doubt[86]. Particularly impressive for the passage under discussion are two texts which address the problem of the nature of the experience granted of supreme reality. Gregory explains that in the ultimate experience of the mystical night clear perceptions are denied the bride and she must content herself with a 'certain feeling of presence', αἴσθησις παρουσίας[87]. Plotinus, too, at *Ennead* 6.9.4.3 talks in a similar connexion of a knowledge which is not knowledge, 'but by a presence overpassing all knowledge'. The presence of the word παρουσία in both accounts suggests a similarity which though it may start verbally goes well beyond words in intention. Not only is the general pattern of ascent alike, but despite the insistence of Langerbeck that Gregory's inspiration does not derive from experience, the language of 'feeling' in this passage seems to question the universal applicability of his thesis. Even though Gregory may not have been an uncritical follower of the Plotinian system and may have been helped to move away from the Platonism of the *De Virginitate* by the Eunomian controversy, his debt to Plotinus in the *Commentary* seems undeniable.

5. 'God' in the *De Vita Moysis*

Far more rigorously the whole of this treatise is structured around three theophanies. The first takes place at the Burning Bush (*Ex* 3.2-14)[88] and leads to the conviction, based on *Ex* 3.14 that God is 'the really real' which ever remains the same without the possibility of change and at the same time the ultimate aim of all desire. This revelation is described in section 22 as coming through light. The second moment is followed by the second stage described at *Vita* II 162 ff.[89] and adumbrated in the text at *Exodus* 20.21: 'So the people stood at a distance, while Moses approached the dark cloud where God was'.

[85] GNO VI 321,17.

[86] DODDS 88 f. and the footnotes there.

[87] *Cant* 11 (GNO VI 324,10).

[88] *V Mos* II 19-25 (SC 1,116-120).

[89] SC 1,210 ff.

Gregory understands this to mean that God is incomprehensible, being not only above sense but also above our minds. It is a revelation, as he himself says, ἐν γνόφῳ. Its commentary is found to be in *John* 1.18, 'No man has ever seen God'. The third stage also takes place in darkness and is related to the passage in *Exodus* 33.20, where in response to the prayer of Moses that he be allowed to see the face of God he is told to be content with the 'backparts of God' but 'my face you shall not see'. By this means we are taught[90] that the divine is in its innermost reality infinite, not simply in virtue of the frailty of the human intelligence. This is also a revelation 'in darkness'. It leads into Gregory's doctrine of *epektasis*, because if God is infinite and therefore beyond our mental reach the only response is never ending progress, even for angels and in the life to come. To this end he quotes one of his favourite verses, *Phil* 3.13 'Forget what lies behind and strain forward to what lies ahead'.

There is clearly a certain family resemblance between the visions of the *Vita* and the *Commentary*. For both Moses is the central figure; for both the growth is a movement from light to darkness; for both *Exodus* 20.21 plays a central role. But that is about as much as can be said in favour of the similarities. On a more general level the *Vita* integrates the ascent of three stages more thoroughly into the fabric of the Christian experience than does the *Commentary*. More than that it is important to note that the three stages in which both works find significance are with one exception quite distinct. They only share *Exodus* 20.21; the *Commentary* appears to know nothing either of the Burning Bush or of the backparts of God, while the *Vita* ignores the two texts from *Exodus* 19 which form the base of Gregory's treatment in the *Commentary*. It is interesting to speculate on the reasons for this difference, especially as both do depict the spiritual life as movement from light to darkness, and not, as in Origen, vice versa. The most obvious is that the *Vita* is explicitly a commentary upon Exodus, while the *Commentary* only brings the passages it uses to illustrate the continuous and never ending ascent to God[91].

More obviously than the *Commentary*, the *Vita* in its approach to the problem of the nature of God stands in the same tradition as the *Contra Eunomium*. Despite the Plotinian insistence that 'the really real' should be seen as occupying a lower plateau than the supreme and infinite One, Gregory appears to see no difficulty in maintaining that *his* God is both really real and also beyond the reach of the human intelligence, because it is uncreated and infinite. Gregory argues

---

[90] *V Mos* II 236 (SC 1,268).

[91] Cf. *Cant* 11 (GNO VI 320,8-10).

in the course of his treatment of the second and third theophanies that a deeper awareness of the divine nature will convince us of its total mysteriousness. The second important area of agreement between the two treatises is that in both we approach God through faith and not through knowledge; and this precisely because God in his utterly inward and truest self is infinite. What is stated at *Contra Eunomium* I 371 and II 91[92] rather starkly enters at *Vita* II 315 into the fabric of the soul's ascent to God in and through darkness. He also writes at *Vita* II 234 that it is a gross and misleading error to suppose that God is to be thought of as belonging to the class of things that can be known. Faith for Gregory clearly means something more than either the fiducial faith of *Romans* 3.22, or the imperfect knowledge of things heavenly granted us in this life and contrasted with sight at *2 Cor* 5.7. His later writings witness to the triumph of darkness and faith over sight and light - a witness to the profound effect upon him of the controversy with Eunomius and the consequent need to stress the divine infinity, though it is difficult to believe that the change in outlook between the *De Virginitate* and the *Vita* was *solely* occasioned by dogma and not at all by experience.

Conclusion

The expressed intention of this article was to see whether it was possible to speak of a concept of God in Gregory, as distinct from a variety of differing approaches to be found in his writings. The results of the inquiry may be summed up as follows. In the *De Virginitate* the dominant feature was of God as perfect beauty; in the *Contra Eunomium* God is uncreated, creative and infinite; in the *Catechetical Oration* to the perfect nature of God is added that of his goodness, power, wisdom and justice; the *Commentary on the Song* stresses the divine infinity, and the *Vita* does the same, while attaching to it the idea of the divine 'reality'. The resultant picture is scarcely homogeneous, nor is it possible to relate it at all clearly to Plato or to Plotinus.

Part of the divergence from one writing to another is doubtless due to the differing purposes for which they were composed. Controversial, apologetic and spiritual exegesis all evoke differing responses to the nature of the sublime being with whom each is concerned. It is doubtless along these lines that the complex attitude to Platonism requires explanation. It is surely not coincidental that the idea of

[92] GNO I 136,14-22. 253,22-28.

infinity, which both Gregory and Plotinus share came to the fore in Gregory's writings after the outbreak of the Eunomian controversy. Gregory's selective use rather than slavish following of Plotinus seems to have been largely determined by the defence of orthodoxy rather than by simply reading the *Enneads* or even by his own experience. If this is not the case I find it hard to see why the *De Virginitate* shows no trace of the doctrine of infinity, despite the fact that at the time of writing it Gregory had clearly read some at any rate of the *Enneads.*

There does, however, seem to be one common denominator that runs through all Gregory's writing, the idea that God is perfect. This is the acknowledged premise partly derived from Plato that runs through all five writings. What distinguishes one writing from another is the fact that differing conclusions are drawn from a common premise. Gregory does not seem to believe that in asserting the infinity of God he was doing any more than spell out the implications of the idea that God is 'absolute reality'. That the conclusion he drew about the infinity of God should go beyond Origen and the Platonic tradition - even Plotinus refused to annex the idea of infinity to that of being - need not surprise us unduly. First of all though dissenting from Plato his philosophical argument for so doing is in no way derisory. Second he had a good reason on doctrinal grounds for wishing to assert the infinity of God, namely the desire to dispose of the logically acute arguments of Eunomius. Even if it be accepted that Plotinus was prepared to ascribe infinity to the One, this fact hardly exercised a determinant influence on Gregory. To begin with he had known the *Enneads* well before he decided that God must be infinite. As mentioned above Gregory infers infinity from an analysis of the idea of being, whereas Plotinus regularly disjoins the two ideas, elevating the infinite One above finite Spirit. This seems to mean that the assignation of infinity to ultimate reality by both writers has more external than internal likeness.

The final upshot of the above argument is as follows. It is doubtless true as Völker believes that Gregory sets out with a root conception of God as absolute being. But the differing inferences which he draws from this premise made under the pressure of various demands upon him make it very hard to speak of this concept as really dominant, any more than the application of the idea of being to a stone, a flower and a human being help us to understand very much about the common being in which all logically partake. It was the *occasion* that prompted the very extensive modifications to the central idea. Gregory of Nyssa was not a scholastic writer in the sense that St. Thomas

Aquinas was and we look in vain in him for sort of consistency we find in St. Thomas.

Resümee

Der Artikel bespricht einleitend einige Darstellungen der wichtigsten Ideen in den Schriften Gregors von Nyssa, beobachtet, daß die meisten von ihnen von der Voraussetzung ausgehen, daß in allen verschiedenen Schriften eine Hauptidee zu finden ist, da alle Schriften dasselbe Thema zum Gegenstand hätten und deswegen in derselben Weise behandelt werden könnten, und stellt diese Annahme in Frage. Er vermutet weiterhin, daß die verschiedenen Schriften aufgrund verschiedener Erfordernisse verfaßt wurden und verschiedenen Herausforderungen begegnen sollten.

Der Hauptteil des Artikels widmet sich der Analyse von fünf Werken Gregors: *De virginitate, Contra Eunomium, Oratio Catechetica, In Canticum Canticorum* und *De Vita Moysis*. Das Ziel ist ein zweifaches. Als erstes hoffe ich zu entdecken, welche Gottesvorstellung, sofern überhaupt vorhanden, aus diesen verschiedenen Schriften hervorgeht, und im Zusammenhang damit, was die Motive waren, die zu dieser oder jener speziellen Hervorhebung geführt haben. Danach soll geprüft werden, ob außer den Verschiedenheiten der Ideen in den verschiedenen 'Gelegenheitsschriften' Gregors eine grundlegende Kontinuität der Vorstellung zu entdecken ist.

Im ersten Werk ist die Leitidee die göttliche Schönheit, die manches Platos *Symposium* verdankt. Im zweiten geht es Gregor mehr um die Unendlichkeit der göttlichen Natur, vielleicht mit Blick auf Plotin, mit Sicherheit aber in Rücksicht auf die Erfordernisse der Eunomianischen Kontroverse. Im dritten liegt die Betonung auf der Vollkommenheit der göttlichen Natur und ihren zentralen Attributen Macht, Güte, Weisheit und Gerechtigkeit. Im vierten und noch mehr im fünften wird das Thema der göttlichen Verborgenheit und Unendlichkeit in mystischem Kontext verwendet, obwohl in der letzteren der beiden Ideen die Vorstellung der göttlichen Eigenschaften ebenfalls wichtig ist. Aus dieser Analyse geht hervor, daß die Gottesvorstellung Gregors weitgehend von der jeweiligen Gattung des Werkes abhängig ist. Darüber hinaus kann man wohl sagen, daß die bestimmende und durchgängige Idee die ist, daß Gott die Vollkommenheit des Seins besitzt, wenn auch in den verschiedenen Ausformungen dieser Idee - Schönheit, Schicklichkeit oder Unendlichkeit - die Grundidee eine tiefgreifende Veränderung erfährt, was es schwierig macht, von einer einheitlichen Gottesvorstellung zu sprechen, die die verschiedenen Schriften Gregors deutet und bestimmt. Der Grund dafür ist, daß die Verbindung, die Gregor zwischen der Seinsvorstellung und der der Schönheit etc. herstellt, weder notwendig noch eine nur zufällige ist. Und die Art der hergestellten Verbindung wird durch das Ziel bestimmt, das Gregor jeweils im Auge hat.

Why Not Three Gods?

The Logic of Gregory of Nyssa's Trinitarian Doctrine

G. Christopher STEAD

Gregory of Nyssa's treatise 'On Not Three Gods' is an attractive and influential work, and I make no apology for reflecting on it once again, together with some companion pieces. I have come to think that it resembles an accomplished conjuring trick more nearly than a valid theological demonstration; but I trust that in presenting this view I shall not disconcert our greatly respected colleague and dear friend, who has always combined a dedicated pursuit of total accuracy with great kindness towards less gifted scholars.

Gregory's essay is conveniently accessible in F. Müller's edition, as are two other works which offer useful comparisons, the *Ad Eustathium de sancta trinitate*, and the *Ad Graecos (ex communibus notionibus)*. I shall also refer to 'Basil's' *Letter 38*, assuming it was written by Gregory[1].

These four pieces appear to divide into two groups according to the standpoint adopted. The two latter argue in philosophical style that the confession of three divine hypostases is no bar to the acceptance of the single divine substance, οὐσία, proclaimed in the Nicene Creed; when correctly understood, ὑπόστασις refers to individuals, οὐσία to the common nature they share; and it is taken for granted that the word θεός indicates this divine substance or nature; thus there are three Persons but one God[2]. The other two essays put their case more informally; the *tres dei* presents it thus: if each of the divine Persons is to be called God, why should we proclaim one God rather than three? In these two pieces Gregory is still prepared to discuss the view that the word θεός refers to the divine substance or nature (οὐσία, φύσις), but he prefers to take it as indicating the divine activity of providential oversight, θεωρεῖν; his argument being that God's nature is mysterious, and so cannot be signified by any word, and therefore not by the word θεός[3]. In the *De Trinitate*, more-

---

[1] *Tres dei*: GNO III/I 37-57; *trin*: *ib.* 3-16; *comm not*: *ib.* 19-33. *Ad Petrum fratrem de differentia essentiae et hypostaseos* = BAS *ep* 38 (I 81-92 COURTONNE).

[2] See e. g. *comm not* (GNO III/I 22,11-24).

[3] *Trin* (GNO III/I 14,5 ff.); *tres dei* (GNO III/I 42,13 ff.).

over, a third possibility is mentioned, though not warmly approved; namely that θεός is simply a term expressive of supreme value[4]. Both these works, however, argue the case for divine unity in terms of the attributes, or the operations, which are common to the three Persons; and when they wish to summarize, prefer the less formal term φύσις as against the more technical, and more controversial, οὐσία, ὑπόστασις and πρόσωπον. A table showing the frequency of these four nouns will bring out the contrast.

	comm not	*ep 38*	*trin*	*tres dei*
οὐσία	96	19	3	4
ὑπόστασις	35	32	6	11
πρόσωπον	58	3	1	4
φύσις	6	11	30	62

The two former works, I think, were written at a time when the Nicene Creed itself was the focus of intense debate; R. Hübner's suggestion of 379-80, shortly before the Council of Constantinople, seems extremely probable[5]. The other two pieces no doubt came later, when it was less easy to present a formal challenge to Nicene theology, but when Gregory's own orthodoxy might be questioned[6]. His observations on the word θεός might well be a correction of his former view; moreover in *tres dei* (37,8), there is a reference to his old age.

1.

Gregory explains his general standpoint in *trin* pp. 5-7. His critics, he says, complain that while he recognizes three distinct hypostases in the Godhead, he speaks of only one Goodness, Power, and Divinity[7]. It appears from the next page that these critics are pluralists, who themselves confess, not only three hypostases, but three substances (οὐσίαι)[8]; though according to Gregory they treat only the Father and the Son as truly divine[9]. If this is correct, we would call

[4] *Trin* (15,7 ff.).

[5] See R. M. HÜBNER, *Ep.* 38, 490.

[6] *Trin* (3,11-7,15); cf. *tres dei* (37,3-10).

[7] *Trin* (5,17-19).

[8] *Ib.* 6,14 f.

[9] *Ib.* 7,8-15.

them Macedonians; while in their eyes Gregory's confession of a single Divinity amounts to Sabellianism[10].

The *tres dei* represents him as confronted with a similar, though not identical, dilemma. The Father is God, the Son is God, and the Holy Spirit is God. It would seem to follow that there are three Gods; if however one maintains a belief in one God, this appears to mean accepting the divinity of the Father while denying that of the Son and Spirit[11]. Gregory thus presents himself as faced with a choice between tritheism and extreme Arianism. His correspondent puts the problem in this form: Peter, James and John, though they share the same manhood (ἐν μιᾷ ὄντες τῇ ἀνθρωπότητι)[12] are spoken of as three men. If then we acknowledge three divine Persons (ὑποστάσεις) united in a single nature and single divinity, what right have we to reject a doctrine of three Gods? It is this formulation of the problem that leads Gregory to develope the elegant and captivating theory characteristic of the *tres dei*; namely that it is only a loose use of language that permits us to describe the aforesaid saints as three men; properly speaking, since their manhood is identical, they are all one man. The implication is that a correct understanding of the human situation will resolve the theological problem of the Trinity.

This argument goes beyond the well-known distinction between ὑπόστασις and οὐσία presented elsewhere, for instance in 'Basil's' *Letter 38*; for that would allow us to treat οὐσία simply as a generic term[13] for the common attribute of divinity which is shared by three divine individuals. The result would be a lucid but undemanding pluralistic doctrine, which admittedly Gregory will seek to correct in other ways. The *tres dei* differs; but its really striking feature, if I judge correctly, is *not* the claim that it is an improper use of language to speak of three human individuals as 'three men'. We could avoid the purely verbal difficulty by means which Gregory himself suggests, by speaking of 'three human persons' or 'instances of the one man', as in *comm not* 29: πολλαὶ ὑποστάσεις τοῦ ἑνὸς ἀνθρώπου - much as we speak of 'three loaves of bread' or 'three golden coins'[14]. Applied to theology, this principle would allow us to avoid the *expression* 'three Gods' while proclaiming three divine Persons who in

---

[10] *Ib.* 5,10 f.

[11] *Tres dei* (38,3-7).

[12] *Ib.* 38,8 f.

[13] The phrases 'generic identity', 'generic unity', seem often to be used rather loosely, to include unity of species (e. g. of Peter and Paul, who are both men) as well as unity of genus, where the species may differ (e. g. of this man and that horse, who are both animals). I have not tried to correct this imprecision.

[14] *Tres dei* (53 f.).

fact might differ extremely in rank and goodness. The more interesting feature of the *tres dei* is that it seems to argue for a unity of nature in three human individuals which goes beyond the generic unity which is commonly admitted. It is tantalizingly difficult to determine what Gregory has in mind; but he lets it appear that if the human situation is understood in this fresh and challenging way, it presents a close analogy for the Holy Trinity.

We may pause at this point to consider an interpretation of Gregory's view which I am sure should be dismissed. Properly speaking, he says, the phrase 'many men' is equivalent to 'many natures of men' (πολλαὶ φύσεις ἀνθρώπιναι)[15], a phrase which he clearly thinks absurd[16]. Could we interpret his dictum, that the saints are all one man, as intended simply to exclude this idea by asserting, not their mere identity 'as man', but that they are all the same *kind* of man? We ourselves might find this attractive, as we now recognize that there have been distinct types of man; at one time *homo sapiens* and Neanderthal man lived side by side, exhibiting notable differences in physique and way of life, although they belonged to the same species by the accepted criterion that they could interbreed. Similarly we might say that Jacky, Joey and Polly are 'all the same monkey', meaning just that they are all chimpanzees. But Gregory cannot possibly have meant anything like this. He fits humanity into the threefold classification established by Aristotle, namely genus, species and individual[17]. 'Such-and-such an animal' (ζῷον τοιόνδε) is man *simpliciter*, in contrast with the horse[18]; 'such-and-such a man' (τοιόσδε ἄνθρωπος) is suggested as a phrase which might signify an individual, Peter or Paul[19]. Gregory thinks this improper; but throughout his discussion there is no question of the phrase indicating simply a type or variety of man.

We may therefore discount this interpretation. It is humanity as such, paradoxically described as 'one man', which Gregory puts forward as an analogy for the Trinity. But there is an alternative line of argument, which is represented in the *tres dei*[20], but is much more fully developed in the 'Common Notions'[21]; namely that there are important differences between human and divine life which make it

[15] *Ib.* 40,8 f.

[16] Cf. *ib.* 53,6 f.

[17] See *comm not* (29-31), where he gives ζῷον, 'animal', as an example of a genus.

[18] *Ib.* 29,13 f.

[19] *Ib.* 31,20 ff.; 32,12 ff.

[20] *Tres dei* (53,6 ff.).

[21] *Comm not* (23,21 ff.).

excusable to talk of three men while it remains incorrect to refer to three Gods. There is a valuable point made here, which corrects the rather superficial assumption which dominates the *tres dei;* we should indeed give serious attention to the disanalogies between three human individuals and the divine Persons of our trinitarian confession.

It is quite otherwise with the *arguments* offered to show that our talk of 'many men', etc., reflects human conditions which do not apply to God. These are quite unconvincing, and can be briefly dismissed:

(i) We speak of 'many men' because the total number of men is not constant, owing to deaths and births[22].

(ii) Men have different origins (sc. parents), whereas the Trinity has only one[23].

(iii) We speak of 'many orators', etc., because each of them works independently[24].

(iv) More generally, only spatial and material things are numbered[25].

This last contention is clearly false; we can say, 'two two's are four', or enumerate the four-and-twenty elders of the Apocalypse. And its failure suffices to refute the others. Moreover, as to (i), one suspects that Gregory has become confused. The fluctuating number of human individuals is a good reason for calling them 'many' rather than suggesting an exact number; it gives us no good ground for avoiding *all* plural designations and calling them 'one'. As for (iii), we often enumerate partners in a common enterprise, like the Twelve; and as for (ii), we could meet Gregory with the reply that all men are descended from Adam; but if the point at issue is their *immediate* origin, only the Son is *immediately* (προσεχῶς) derived from the Father[26].

We have been describing two alternative lines of argument which cannot easily be conjoined. The first we have described as an argument by analogy; if we understand the case of men correctly, κατὰ τὸν ἐπιστημονικὸν λόγον, we can solve the problem of the Trinity. The second adverts to differences between human and divine life which make it allowable to speak of three men, though we must not speak of three Gods. But perhaps we have already misdescribed the first argument. Gregory mentions three men because it is a convenient and familiar example, and indeed had actually been suggested;

---

22 *Ib.* 24,1-14.

23 *Ib.* 24,26-25,4.

24 *Tres dei* (47,11 ff.).

25 *Ib.* 53,9.

26 See *tres dei* (56,5 f.).

but his reasoning takes no account of any distinctive features of human life; it is based on the logic of genera and species as such, and in the 'Common Notions' we find Gregory applying it to dogs and horses in exactly the same way as he does to men[27].

The point he is making, then, is the perfectly general one: if 'x' names a class or species, e. g. man, it is never correct to use it to name a member of that class, e. g. Paul. In other words, when speaking correctly, we should never use 'man' in the sense of Aristotle's ὅ τις ἄνθρωπος, to name an individual; and if Scripture does this, it is nothing but a kindly accomodation to our slipshod habits[28]. It should of course be remembered that Greek has nothing which precisely corresponds to our indefinite article; one has to say, so to speak, 'Paul is man'. But Gregory knows the Aristotelian usage, though as a good Platonist he prefers the phrase μερικὴ or ἰδικὴ οὐσία[29] which could not suggest, like πρώτη οὐσία, that the individual is the prime reality. Aristotle's ὅ τις ἄνθρωπος is recalled in *Letter 38* by the reference to Job 1:1, ἄνθρωπός τις ἦν, and by the phrase ἐν τῷ τινὶ πράγματι. Gregory is thus perfectly familiar with the use of ἄνθρωπος to mean 'a particular man'; his point is that when speaking correctly one should use the phrase 'human individual' (τοιάνδε ὑπόστασιν ἀνθρώπου)[30]; though understandably he does not always follow this rule, but is content to say, e. g., 'Luke or Stephen is man', ἄνθρωπος γὰρ ὁ Λουκᾶς ἢ ὁ Στέφανος[31].

In previously published comments on Gregory's view, I stated that his argument is perfectly general; so that if he maintains that Peter, Paul and Barnabas are one man[32], the same could be said of any group of men; it should also be true that Moses, Aristotle and Jezebel are all one man[33]. The argument thus fails because its consequences are plainly absurd. This criticism, I still think, is valid as far as it goes; but I could have pointed out, first, that Gregory does not always argue on purely logical grounds; but secondly, that when he does so, his reasoning is *perfectly* general; it is not concerned with men as such, but with what he alleges is the correct nomenclature for *any* system of genera, species and individuals.

---

27 *Comm not* (29 ff.).

28 See e. g. *ib.* 27,4 ff.

29 *Ib.* 23,4 ff.

30 *Ib.* 29,9.

31 *Tres dei* (40,21 f.).

32 *Comm not* (23,14).

33 STEAD, Personality 190; reprinted in my 'Substance and Illusion in the Christian Fathers'.

This becomes clear if we consider the discussion which begins at p. 28.9 in the 'Common Notions'. Gregory turns to some unnamed critics who object to his argument as follows. A hypostasis, they say, does not differ from a hypostasis *qua* hypostasis; but that does not mean that all hypostases are one hypostasis. The same can be said of οὐσία. So also again, to say that one divine being, as such, does not differ from another (θεὸς θεοῦ, ᾗ θεός, οὐδὲν διαφέρει) does not establish the doctrine that they are one God; just as to say that man does not differ from man *qua* man does not deny the fact that Peter, Paul and Barnabas are three men. 'For οὐσία differs from οὐσία, not *qua* οὐσία, but *qua* such-and-such an οὐσία' (and so also with ὑπόστασις); 'similarly man (differs) from man *qua* such-and-such (a) man, and again god from god *qua* such-and-such a god' (διαφέρει γὰρ οὐσία οὐσίας οὐ καθὸ οὐσία, ἀλλὰ καθὸ τοιάδε οὐσία .. ὡσαύτως καὶ ἄνθρωπος ἀνθρώπου, ᾗ τοιόσδε ἄνθρωπος, καὶ πάλιν θεὸς θεοῦ ᾗ τοιόσδε θεός· τὸ δὲ τοιόσδε ἢ τοιόσδε ἐπὶ δύο ἢ καὶ πλειόνων εἴωθε λέγεσθαι). To paraphrase the last clause, particularizing expressions like 'such-and—such' imply that two or more instances of a class are being considered.

Gregory's reply shows that he is adequately instructed in the terminology of logic; but when carefully examined it reveals that only the last clause is effectively considered. And the discussion takes a surprising form. Gregory says that we attach the word 'such-and—such' to a word denoting a genus, thereby picking out a particular species[34]. One would expect him to continue, on the same principle, 'and we attach the word 'such-and-such' to a word denoting a species, so as to pick out a particular individual; saying for instance, 'Paul is a grey-eyed man'. But this is not what Gregory says; he argues that since the particularizing characteristics belong to the individual, the particularizing description must be attached to the word ὑπόστασις, 'individual', and not to the class-name 'man'. We can thus describe Paul as a grey-eyed individual, but not as a grey-eyed man. On this ground he claims that his critics' case collapses. He is not forced to deny the obvious fact that there are many human individuals; what he claims is that they are only one man; accordingly, he says, we acknowledge three divine hypostases, but confess one God (πολλὰς γὰρ ὑποστάσεις τοῦ ἑνὸς ἀνθρώπου καὶ τρεῖς ὑποστάσεις τοῦ ἑνὸς θεοῦ φαμεν δικαίως)[35].

---

[34] E. g. *comm not* (29,13): 'man is such-and-such an animal'; cf. *ib.* 30,11-14, where the particularizing characteristics are explained, and 31,14-16.

[35] *Ib.* (29,9 ff.).

In his reply, then, Gregory has simply maintained his insistence that it is incorrect to use a word which properly denotes a species to pick out a member of that species, as with Aristotle's ὅ τις ἄνθρωπος, 'such-and-such a man'. Note that Gregory does not generalize this rule, as we might expect; we are allowed to say 'an animal' if we wish to refer to the lion, or to man; but we must not say 'a man' if our intention is to indicate Paul. But Gregory has neglected part of his opponents' case; and the consequences for his own views are embarrassing. He has acquiesced in their use of purely logical arguments, assuming an exact analogy between human and divine conditions. It is incorrect, he says, to refer to Paul as 'such-and-such a man'. Can we indeed call him 'a man', as opposed to 'a hypostasis of man'? If not, it would seem to follow that we are not permitted to say 'the Father is God'; but in any case, if the analogy holds, we cannot call him 'a merciful God'. And although we have heard some sort of case for describing the three Persons as one God, it allows of a disastrous weakening of the sense, both of 'God'[36] and of 'one'; so far as the argument goes, it may be that the three Persons are one God in no more rigorous sense than Paul and Jezebel are one man.

Moreover, his critics are surely entitled to reply: 'But this "correct usage" of yours is a most unusual convention, to which, you admit, the Bible does not always conform. Not again, we observe, does your own usage. Surely for all normal purposes we needn't be so fussy; and you should allow us to credit you with a belief in three gods'. I do not know what my readers will think of this reply; in my own opinion, it is quite a good one.

2.

So far, however, we have given a rather one-sided impression of Gregory's case, drawing heavily on the 'Common Notions' and presenting him as arguing in terms of abstract logic. In fairness, we should recall the point made in his two later essays, to the effect that the divine nature is mysterious. I do not think he is right in inferring 'therefore it cannot be named', since many much more down-to-earth realities have been given names at a time when almost nothing was known of their nature; thunder, for instance, or electricity. I think Gregory may have been misled by untenable notions about the 'proper name', κύριον ὄνομα[37], since ancient theories of language of-

[36] *Trin* (9,8 ff.).

[37] *Tres dei* (42,17).

ten assumed that a thing's proper name served not only to designate it but also to reveal its nature[38]. But perhaps we should allow him to suggest, inconsistently no doubt, that there may be aspects of the divine nature which cannot be appropriately handled by our ordinary classifications of genera and species; and conceivably also, that there may be some commonly disregarded unity in the human species which may offer some analogy to the unity of God.

Let us then consider this other side of Gregory's argument. Once again it is not quite what it appears at first sight. I said earlier that Gregory sometimes argues as if there were an exact analogy between human and divine realities, sometimes draws attention to fundamental differences. We have now qualified the first point; Gregory does assume such an analogy; but that is because he frames his argument in terms of abstract logic. Besides men, he uses dogs and horses as examples[39]; though, to be sure, not named individual horses or dogs, like Bucephalus or Argus; and, so far as I can see, this part of his argument is unaffected by considerations of status or value; it would apply equally well to angels and to minerals, to divinity and to demons.

But what we have called the 'disanalogy' part of his argument does take account of the status of humanity; Gregory contrasts human and divine existence[40]; and he doesn't always present the contrast as one of sheer opposition; in two passages at least he argues that if human individuals exhibit a single undivided nature, 'how much more' (πόσῳ μᾶλλον) must this be true of the divine Persons[41]. Here, then, is the suggestion - much vaguer, much less fully developed, but still detectable - that the 'one man' attributed to Peter, James and John stands for some sort of ideal human unity, so that their fellowship reflects, on the human level, the unity of the three divine Persons in one God. Unless I am greatly mistaken, it is this aspect of Gregory's teaching that has encouraged authorities like Prestige and Kelly to insist that 'for these writers' - the Cappadocians - 'the *ousia* of the Godhead was not an abstract essence but a concrete reality'[42].

---

38 See my paper 'Logic and the Application of Names to God'.

39 *Comm not* (29,14-30,7).

40 E. g. *tres dei* (41,18 ff.).

41 *Comm not* (22,18 ff.; 32,21 ff.).

42 KELLY, Early Christian Doctrines 268.

Kelly quite rightly brings in other evidence to support his judgement, notably the Cappadocians' belief in the simplicity of God. But it would need some close analysis to discover what kind of simplicity is compatible with a belief in three divine Persons[43]. *Letter 38* relates them thus: 'As to their being infinite and incomprehensible and uncreated and not positioned in space and all other such (attributes), there is no variation in the life-giving nature, I mean that of the Father, the Son and the Holy Spirit, but a certain continuous and unbroken community is seen in them'. Gregory does *not* seem to be arguing for divine simplicity in the radical sense, implying that all the divine attributes which we distinguish by separate names are in fact identical[44]. On the other hand it appears from the context that the word just translated as 'community' (κοινωνία) stands for the 'common ownership' of these attributes, rather than a more distinctly social 'fellowship' which might be paralleled by human society at its best. In any case, neither the 'Common Notions' nor the 'Three Gods' affords more than faint and elusive indications of this latter view.

To explain their teaching, we may consider three conceptions which Gregory does outline with some clarity:

(1) The *tres dei* treats of φύσις, nature, in contrast with ὑπόστασις, as exemplified by human individuals like Luke and Stephen. 'Yet the nature is one, united in itself, a monad completely indivisible, which is neither increased by addition nor diminished by subtraction' etc.[45]. It is pretty clear that Gregory is thinking of the Platonic Form or Idea; this is strongly suggested by the concluding words 'not divided by the individuals who *participate* in it' and by the emphasis on its unity; the reference to it as 'indivisible' (ἄσχιστος) may well be a Platonic version of the Aristotelian doctrine that substance has no degrees; the Form is indeed *distributed* among its various participants, but in each of them it is present in full[46]. For a Platonist, such a Form is a concrete reality; it is not abstract, in the sense of being merely one aspect of something else; but it is transcendent, not part of our

[43] See KRIVOCHEINE. I have been able to consult this paper through the useful suggestions and help provided by Professor Cornelius PLANTINGA; see his paper 'Gregory of Nyssa and the Social Analogy of the Trinity'.

[44] In Gregory's view, God alone is uncreated; but other things, surely, must be non-spatial? If so, the properties named by 'uncreated' and 'non-spatial' cannot be identical. Cf. *trin* (8,8 ff.), where he argues that the various divine titles all refer to the same subject (ὑποκείμενον); he does not claim that they all have the same *sense*, i. e. that the attributes they name are identical. He denies this explicitly at *tres dei* (43,9 ff.).

[45] *Tres dei* (41,2 ff.).

[46] Cf. PARMEN 131 b (I 171 DIELS). But *tres dei* (53,6-9) suggests the rather different point that the 'nature' is always *singular*, though its instances vary in number.

everyday world. Unfortunately Gregory confuses this apparently clear picture by going on to mention 'a people ... an army', etc. (λαός, δῆμος, στράτευμα, ἐκκλησία) as examples of things which have singular names although they comprise a multitude of individuals; for it is abundantly clear that peoples and armies can gain increments and suffer losses.

(2) This postscript therefore introduces a second conception, which Gregory developes in the 'Common Notions'[47]. 'The definition of 'man' is not always perceived in the same individuals': ὁ ὅρος τοῦ ἀνθρώπου οὐκ ἀεὶ ἐν τοῖς αὐτοῖς ἀτόμοις ἤγουν προσώποις θεωρεῖται. Men die, and others are born, so that the human race is constantly varying in number; it is for this reason, so Gregory alleges, that we speak of 'many men' (p. 153 above). In this case we have a reality which is assuredly concrete, and is also perceptible; but it is not indivisible or singular like the 'form' or 'nature'.

(3) Thirdly he refers to the defining properties of substances, τὰ χαρακτηρίζειν οὐσίας εἰωθότα, and says that by speaking of 'such–and-such a substance' we allude to these[48]. Thus by speaking of a form or substance (εἶδος, οὐσία) one conveys the notion, e. g., of 'a being that is irrational, mortal, and liable to neigh'[49]. This, we would surely say, is an abstraction; it picks out certain features of horses, such that no other being possesses all of them together; but it is far from giving a complete description of horses. The horses themselves, of course, are both concrete and perceptible.

We ourselves could easily explain how a human individual, say Paul, is related to each of these conceptions. He *imitates*, or participates in, the Platonic Form, assuming we allow such entities and can understand the unique relation which is said to connect the forms with their instances or copies. But Paul *belongs to*, or is a member of, the human race. And he *exhibits* the features mentioned in the definition. We can thus avoid many of the confusions which arise from asking what Peter and Paul 'are'.

Gregory does not draw these clear distinctions. We have seen that he gives every appearance of confusing the Platonic Form of man with the human race, whereas even such a loose thinker as Philo could sometimes distinguish them[50]. No doubt Gregory's confusion arises partly from misunderstanding of the verb 'to be', which we

[47] *Comm not* (23,21 ff.).

[48] *Ib.* 30,8 ff.

[49] *Ib.* 31,7.

[50] See *post* 105 (II 23,7-12 WENDLAND); *Mos* II 127 (IV 229,20-230,7 COHN); *spec* I 329 (V 79,15-20 COHN).

have deliberately removed from our last few paragraphs. Again, we noted that Greek has no indefinite article. Gregory thus uses expressions which seem like 'Paul is man'. But remembering again its lack of capital letters, this looks much like 'Paul is Saul'; it seems to identify Paul with some entity called 'man', which appears to be single since it is designated by a singular noun. Not that the verb 'to be' is always expressed; and in any case he often says, e. g. 'Paul is-called man', λέγεται, not ἐστίν. But 'is-called' does not help him to distinguish the senses of 'man' in the way we have tried to suggest.

Underlying Gregory's confusion is the thought that ideal humanity, the human race at its best, would provide an analogy for the holy Trinity. He is drawn towards this view by three converging arguments. There is first the point of pure logic, to the effect that class—names should not be used for individuals, because individuals differ whereas the class they belong to is one and the same. Secondly he uses, mostly though not always, the example of three human individuals, arguing that these, *qua* man, are all one man. And thirdly, his human examples are all sets of New Testament saints; it is therefore some sort of ideal for man which is suggested by the 'one man' which they all are.

Can we explain this last phrase? I doubt if we can find an interpretation which is both coherent and reasonably consistent with Gregory's own words. But as a first step, I suggest that we should discount the Platonic Form, at any rate as philosophical critics of Plato now understand it, and opt for something more like 'the human race as God intended it to be'; observing, however, that Christian Platonists of Gregory's time had already moved far in this direction. For if we try to interpret Plato's own theory, it is hard to escape the conclusion that ideal manhood excludes plurality; and if we think more concretely of 'the ideal man', it seems that there must be only one such being, a 'one over many', which would rule out all personal distinctions. And we shall soon involve ourselves in all sorts of difficulties arising from the co-ordination and subordination of the Forms. Is the Ideal Man identical with the Ideal Animal, or distinct? Is he - or are they - on social terms with the Ideal Ox? The problems are insoluble. But Christian Platonists had largely by-passed these problems; they saw no difficulty in referring to the Forms as νοητά, and conceiving these as a heavenly population, comprising various orders of beings, identifiable with the angels and archangels of Christian tradition. It did not then seem that there could be only one of each kind. (Mediaeval theorists, we know, would settle the problem by saying that each of the angels is a distinct species; but this really amounted to saying that, since angels are immaterial, the differences between them must be differences of form, thus establishing a multitude of sub-species within the species of angels. There was then no difficulty in imagining 'choirs of angels').

Gregory retains some elements of the original Platonic conception; for instance, in claiming that human nature is indivisible, ἄσχιστος. But in saying that Peter, James and John are 'one man', he makes it clear that they do not cease to be three individuals marked off from each other by individuating characteristics; and not all of these purely physical, since they include 'fatherhood' and 'sonship'[51]. Their common humanity must then presumably be interpreted in terms of human sympathy, agreement, common purpose, and the like. And it is, after all, not an absurd suggestion that human language should reflect the condition of the human race, not as it is, but as God meant it to be.

We can now at last pronounce on the opinion that Gregory understood the unity of the divine Persons in a concrete sense. Those who think he did so can of course appeal to evidence outside the four works which I have considered. But they often rely on his arguments about the unity of the human race. One cannot always identify the view which they attribute to him; are they thinking of a unity which holds good *notwithstanding* admitted inequality and conflict among men, or of some ideal unity which applies, not to humanity as it is, but to its divinely intended perfection? But in my judgement there is a step to be taken before we can even discuss this point; we need to distinguish between Gregory's intentions and the logic of his argument. If we ask what Gregory's logic actually establishes, the answer must be that it gets us no further than generic unity. Father, Son and Spirit can each be entitled 'God'; though the mere use of this title guarantees very little; the genus of gods includes some disreputable members. But if the question is, what did Gregory seek to establish, and think he had established, we can bring in the much less clearly articulated argument from disanalogy; human life at its best provides some sort of indication of the mutual enjoyment and self-giving of the divine Persons. And human social life, I would agree, is a concrete reality. There is no need to determine that human beings themselves are concrete, but the things they do together are not. An actual conversation is a concrete reality, though it is not a thing but a shared action; abstraction comes in when we characterize it by some

[51] *Comm not* (30,24).

selected feature, describing it variously as a conversation, an argument, a relaxation, or what you will.

This of course will not solve all our problems concerning the doctrine of God. The unity that we long for is neither solitude nor uniformity, but a unity secured in the face of inequalities of talent, temperament and education. It is possibly no more than a misnomer for charity. And man is a social creature; to an extent which we seldom consider, our finest virtues are adapted to social failings. It is our calling to exercize sympathy as well as intelligence, forbearance as well as courage. How can we imagine a divine love and mutual self–giving which is neither tested by adversity nor enlarged by forgiveness? But at this point I would claim that my limited undertaking has been discharged. We cannot scale the peaks without traversing the foothills; and I have attempted no more than to clear a path through some of the tangled thickets that obstruct our approach to the holy mountain.

Resümee

Gregor von Nyssa entwickelt seine Trinitätslehre in zwei Paaren von Abhandlungen. Im ersten verteidigt er die kappadokische Lehre der drei Personen (ὑποστάσεις), die in einer Substanz (οὐσία) geeint sind, so wie drei menschliche Individuen an einer gemeinsamen Menschheit teilhaben, während seine Kritiker meinen, er überbetone die göttliche Einheit. Im zweiten Paar beantwortet er den Einwand: "Aber wir sprechen ohne weiteres von drei Menschen; wenn deine Analogie gilt, sollten wir auch von drei Göttern sprechen". Das ist natürlich ein Streitpunkt; diese Gegner greifen Gregor's Lehre der drei Hypostasen an, die ihrer Meinung nach die göttliche Einheit verdunkelt.

Gregor verwendet zwei Hauptargumente. (1) Im eigentlichen Sinne ist es ungenau, von drei Menschen zu sprechen; denn da ihre Menschheit eine ist, sind sie alle ein Mensch. Dieses Argument ist verworren; Gregor gibt vor, eine lediglich allgemeine Aussage über die Logik von Klassifizierungen zu machen: wenn X eine Art bezeichnet (z. B. Mensch), ist es niemals korrekt zu sagen "ein X", um ein Glied dieser Art zu bezeichnen (z. B. "ein Mensch"). Dies ist allerdings eine unrealistische Forderung, und Gregor von Nyssa hält sich selbst nicht daran. Sein Argument erscheint nur plausibel, weil er als tatsächliches Beispiel drei gleichgesinnte Heilige nimmt, die als "ein Mensch" handeln aufgrund ihrer gemeinsamen christlichen Bindung.

Aber indem er ein günstiges Beispiel anführt, offenbart er das Versagen seines Arguments als allgemeines Prinzip.

(2) Das zweite Argument besagt: Wenn das menschliche Leben in seiner besten Form Hinweise auf eine ungeteilte menschliche Natur gibt, "um wieviel mehr" muß dann die göttliche Natur ungeteilt sein. Das ist überzeugender. Aber Gregor erklärt nicht deutlich, wie die Einfachheit und Einheit Gottes zu verstehen ist. Er vergleicht sie mit der einen platonischen Form der Menschheit, die allen Menschen gemeinsam ist, mit der vermuteten Einheit der menschlichen Rasse und mit der Definition des Menschseins. Diese Alternativen sollten differenziert werden, was aber nicht geschieht. Daher bleibt Verwirrung; und während Gregor sicherlich recht hat, wenn er darauf besteht, daß die göttliche Natur ein Geheimnis ist, ist er, aufgrund von vermeidbaren Fehlern, nicht hilfreich, ihr näherzukommen.

conquista; ed è il Logos che dice all' anima: "Sei diventata ormai bella essendoti avvicinata alla mia luce e hai raggiunta la comunione con la mia bellezza"[7].

Questa partecipazione alla "bellezza archetipa" è *partecipazione rinnovata*, infatti nell' Omelia XII si dice: "Se tutte le cose che Dio ha create sono molto belle, come testimonia il discorso della cosmogonia, tra le cose molto belle era l' uomo; anzi egli molto più delle altre cose era ornato della bellezza. Che cos' altro, infatti, sarebbe potuto essere bello quanto la somiglianza con la bellezza perfetta?"[8]. La natura umana, dunque, fin dall' origine è partecipazione di bellezza ed è, questo, tema fondamentale nel discorso di Gregorio che a *Gen* 1,26 fa spesso significativo riferimento anche a prescindere dal *De hominis opificio*.

Questo passo è significativo per il nostro assunto: "Due sono le cose che rendono vicino l' uomo a Dio: l' una è la retta opinione su quell' essere che realmente è [...] l' altro è il ragionamento puro (καθαρὸς λογισμός) il quale toglie ogni disposizione dell' anima sottoposta alle passioni"[9]. Si noti come evidentemente il primo argomento non possa che fondarsi sul secondo e come il *puro ragionamento* attraverso il quale l' uomo è purificato sia la natura costitutiva dell' uomo. Se, infatti, in *Gen* 1,26, dicendo Dio "Facciamo l' uomo a nostra immagine, secondo la nostra somiglianza", l' uomo è costituito nella sua struttura ontologica, ne deriva che come il Logos divino è trasparenza di Dio, così il logos umano è trasparenza della natura umana, creata da Dio a Sua immagine. E come Dio si manifesta attraverso il Logos: dalla creazione, alla rivelazione per mezzo dei Profeti e fino alla rivelazione in Cristo, proclamato dal Padre *suo Logos* (ciò che giustifica il protagonismo del Logos nel *Cantico*), così l' uomo si manifesta attraverso il *proprio logos*, nel quale *traspare* la sua natura ontologica. Soltanto così si comprende l' insistenza con cui Gregorio definisce l' uomo λογικός.

Nell' *Adversus Apolinarium*, si legge: "Nessuno volendo definire l' uomo, lo definirebbe dalla carne, dalle ossa [...]. Chi dice uomo indica λογικόν, chi dice λογικόν con questa parola mostra l' uomo [...]. Se si dice uomo è vero e non falso che il significato di questo nome sta nell' animale λογικόν che con esso si indica"[10], nella *Oratio catechetica*

---

[7] *Ib.* 104,14 s. Immediatamente sopra (103,17-104,2): "Allontanandoti dalla comunanza con il male ti sei avvicinata a me e poiché ti sei avvicinata alla bellezza inaccessibile, sei diventata bella, conformandoti come specchio con il mio carattere".

[8] *Ib.* 12 (347,18-348,2).

[9] *Ib.* 13 (376,8-13).

[10] GNO III/I 163,24-164,12.

magna, dopo aver parlato del Verbo di Dio "creatore della natura umana"[11], segue: "Se dunque l' uomo è chiamato alla nascita per prendere parte ai beni di Dio, dev' essere atto per *costituzione* a partecipare a questi beni. Così come l' occhio partecipa della luce per l' elemento luminoso che ha in sé per natura [...], così era necessario che qualcosa di *connaturale* (συγγενές) con Dio fosse mescolato alla natura umana"[12]. Questo qualcosa di connaturale evidentemente non può consistere che nella partecipazione del Logos, nell' essere l' uomo.

Conferma di questa situazione si ha in un altro passo della stessa opera in cui Gregorio, distinguendo logos umano e Logos divino afferma che il logos è proporzionale alla natura (κατάλληλον τῇ φύσει)[13].

Ma chi voglia ricostruire il discorso gregoriano intorno alla distinzione tra Logos divino e logos umano deve ripercorrere il *Contra Eunomium* e segnatamente il libro II (XII B della PG). In esso lo sfondo è lo stesso di quello dell' *Oratio catechetica magna* e cioé l' inconoscibilità sul piano ontologico non solo della natura di Dio, ma anche di quella dell' uomo, con il conseguente risalto dato al rapporto uomo-Dio sul piano del logos. Su questo rapporto si imperniano sia il discorso su Dio che quello sull' uomo fino a concludere che "il nostro logos comparato con quello che è veramente Logos è nulla. Esso, infatti, non era nel principio, ma fu creato con la nostra natura, né si vede secondo la propria sussistenza, ma [...] svanisce con lo strepito della lingua, né è possibile trovare un' opera di tale logos, ma esso ha la sua consistenza solo nella voce e nella lettera"[14]. In questo passo emerge con sicurezza il tema della trascendenza di Dio Logos e la conseguente *nullità* nei suoi confronti della creazione, compreso l' uomo che, logos, la può ripercorrere (e sta qui l' opera dell' immagine). Evidentemente il piano che qui Gregorio tiene presente è quello ontologico: Così soltanto si comprende l' apparente contraddizione tra il nulla del logos umano di fronte al Logos divino espressa in questo passo e la significatività dell' uomo, che sta *tutta* dentro il suo essere λογικός e cioé, costituito come logos. Importante la stretta relazione che Gregorio istituisce tra λόγος umano e διάνοια, indicando nella διάνοια la stessa umanità dell' uomo: "Il λόγος sorge dalla διάνοια, così che se c' è un uomo è necessariamente διανοητικός, se non è διανοητικός, neppure è uomo"[15].

---

[11] *Or cat* 5,3 (26 MÉRIDIER).

[12] *Ib.* 5,4 (26).

[13] *Ib.* 1,3 (8).

[14] *CE* II 235 f. (GNO I 295,1-7).

[15] *Apol* (GNO III/I 164,10-12).

Se confrontiamo questo passo con quello citato di *Oratio catechetica magna* 5,4 comprendiamo l' identità di λόγος e διάνοια, identità che è anche evidente nel *Contra Eunomium*, che afferma che "la potenza dianoetica dell'anima (τὴν διανοητικὴν τῆς ψυχῆς δύναμιν) è costituita da Dio"[16], indicando con dianoeticità la discorsività del logos umano, che spesso Gregorio contrappone alla immutabilità del Logos divino. Profonda differenza ontologica e logica tra Logos divino, quindi, e logos umano, ma anche relazione strettissima e, per l' uomo, costitutiva, da cui discende che se insondabili sono la natura divina e la natura umana, l' uomo, tuttavia, vivendo se stesso vive fino in fondo il suo rapporto con Dio e sul piano etico-spirituale lo approfondisce sempre più con la collaborazione feconda (sinergismo) di libero arbitrio e di Grazia. Sul piano teoretico la "rivelazione" dell' essere l' uomo immagine di Dio sta nella sua logicità.

C' è un testo del *De perfectione christiana* che afferma non competere il nome di Cristiano (ed è facile leggervi, anche sulla scorta di altri passi, il nome di uomo) a chi abbia "τὴν κεφαλὴν ἄλογον", che a ragione S. Lilla traduce: "una testa priva di ragione e del verbo"[17]. Se si considerano i numerosi passi di tutte le *Opere,* notissimi ai lettori di Gregorio, sul significato di ἄλογος, il discorso su λόγος e Λόγος, che abbiamo indicato si ripropone, per contrappunto, nella sua totalità, soprattutto tenendo presente che è la possibilità di essere ἄλογος che caratterizza l' essere λογικός dell'uomo, Dio, invece, non può essere ἄλογος: "anche coloro che sono estranei alle nostre dottrine non direbbero che Dio è ἄλογος"[18]. Si individua, in questa prospettiva, la filosofia come *discorsività* e il logos umano come trasparenza logica della costituzione ontologica dell' uomo: l' uomo che filosofa in questa direzione è davvero λογικός, altrimenti è ἄλογος.

Abbiamo già proposto il passo dove Gregorio osserva che "la potenza dianoetica dell' anima è costituita da Dio", qui lo riprendiamo per aggiungere, con Gregorio, che "per il resto essa muove da sola"[19]. C' è qui, insieme con quello logos, il tema della libertà ed è significativo come in Gregorio i due temi non siano mai disgiunti ed anzi, in realtà, costituiscano tema unico, tanto essi sono intrinseci l' uno all' altro. Questo rapporto di intrinsecità-unità discende dal rapporto presente in Dio tra Logos e volontà. Scrive Gregorio nel *Contra Eunomium* che la Parola di Dio è sempre immediatamente volontà "perché per la volontà di Dio sussistono tutte le cose, mentre per gli uomini dapprima

[16] *CE* II 401 (GNO I 343,20 f.).

[17] GNO VIII/I 179,9. Cfr. LILLA 79.

[18] *Or cat* 1,2 (8 MÉRIDIER).

[19] Cfr. nota 16.

si indica la volontà e poi si compie l' opera", cui segue: "Il Logos non diede da pensare nessun termine medio tra deliberazione ed azione"[20].

Il rapporto, per lui costitutivo, dell' uomo con Dio è, dunque, evidente, per Gregorio, non solo in ordine al logos, ma anche alla volontà-libertà[21]. I due momenti costituiscono, nella distinzione, profonda unità: ciò si deve leggere come indicazione che questa unità è l' unità della persona; e così il rapporto uomo-Dio si costituisce nel suo autentico significato come rapporto interpersonale, creatore, per l' uomo, di persona. Questo rapporto Gregorio analizza con finezza in tutte le sue opere, conducendo il discorso sull' *immagine e somiglianza* dell' uomo con Dio, ma anche sottolineando continuamente la distinzione ontologica.

Resümee

Der Logos ist der Widerschein Gottes, so wie der Logos auch der Widerschein des Menschen ist; denn der Mensch ist wesentlich, von seiner Natur her, Abbild Gottes. Bezeichnend ist das Thema des Spiegels in der zweiten Homilie zum Hohelied, wo die Seele Spiegel ist, nicht weil sie in sich etwas anderes widerspiegelt, sondern weil sie das Abbild selbst ist, das, um sich selbst als solches zu ergründen, dazu kommt, sich in seiner Wahrheit zu lesen, in seiner wesenhaften Beziehung zu Gott. In dieser Dimension sieht sich die Seele als Gott umgreifend, gerade weil sie seine Unerkennbarkeit begreift, während sie seine Gegenwart nicht bis ins letzte bemerkt.

Die Lektüre der Homilien zum Hohelied als Werk der Mystik gewährt durch das Thema der transzendenten Schönheit Gottes breiten Raum zur philosophischen Reflexion, vor allem über die Ordnung der Teilhabe der Seele an dem Archetypus der Schönheit. Der Mensch zeigt in seinem Logos, daß in ihm etwas gegenwärtig ist, das von einer gemeinsamen Natur mit Gott ist, weswegen Gregor sagen kann, daß nicht nur die göttliche Natur für den Menschen unerkennbar ist, sondern auch seine eigene Natur, die in der Tat seine eigene, für ihn wesenhafte, Beziehung zu Gott darstellt.

Durch die Werke Gregors ist es möglich, die Beziehung zwischen dem göttlichen Logos, dem einzigen Wort, und dem menschlichen Logos als Dialog zu rekonstruieren. Die Ebene, auf der Gregor sich be-

[20] *CE* II 229 (GNO I 292,23 s.).

[21] Non è necessario per il nostro assunto fermarci sui passi intorno alla libertà, che Gregorio studia in tutte le sue dimensioni. Basti qui indicare come proprio nell' intrinsecità di ragione e libertà si manifesti, per Gregorio, l' uomo *immagine di Dio*.

wegt, ist die ontologische und erlaubt so, das Thema der Nichtigkeit des Menschen und der ganzen Schöpfung gegenüber Gott zu begreifen, die der Mensch, sein Abbild, fähig ist, wieder abzulegen; es ist aber auch die logische Ebene, durch die die ontologische Beziehung durchscheint in der Bedeutung des Logos. Und in der Bedeutung des Widerscheins kommt deutlich die rationale Natur des Menschen in ihrer positiven Bedeutung zum Vorschein, die die Überlegung der Beziehung Logos - Wille in Gott einschließt, von dem dieselbe Beziehung im Menschen als Abbild herrührt. In dieser Beziehung liest man Gott als Person und als Konsequenz den Menschen als Person.

La Cristología del *In Canticum Canticorum* de Gregorio de Nisa

Lucas F. MATEO-SECO

Las *Orationes in Canticum* constituyen el comentario bíblico más extenso del Niseno. Gregorio lo escribe al final de su vida, ya en plena madurez[1], recogiendo en el su amplia experiencia pastoral y sus profundos conocimientos teológicos. Gregorio recoge también en este comentario gran parte de las exégesis anteriores al *Cantar de los Cantares* y, más en concreto, la exégesis de Orígenes, conforme él mismo indica en el prólogo[2].

Como Orígenes, Gregorio aplica las palabras del *Cantar* a Cristo como esposo, bien le llame Verbo, Cristo, o Señor[3]: el Esposo es el mismo sujeto, p. e., que en *Filipenses* aparece anonadándose y hecho obediente hasta la muerte de cruz[4]. La *Esposa* es, a veces, la Iglesia; más frecuentemente el alma, a diferencia de las *Homilías* de Orígenes sobre el *Cantar*, preferentemente entendidas del amor de Cristo y la Iglesia[5]. Y aunque en el resto de su obra, Gregorio cita con escasa frecuencia el *Cantar de los Cantares*[6], se remite a él al hablar de personajes concretos que reproducen en sí mismos el amor de la Esposa por el Esposo[7].

Mariette Canévet ha hecho notar la novedad que supone con respecto a exégesis anteriores el fuerte subrayado que efectúa el Niseno sobre lo ilimitado de la contemplación, "la teoría del progreso espiri-

---

[1] Sobre este asunto, cfr. BALÁS, Gregor von Nyssa 176. Cfr. también CAHILL; CAVALLERA 96; CANÉVET, Grégoire de Nysse 976.

[2] GR NYSS *Cant* pr (GNO VI 13,3-8). Canévet hace notar como en este comentario Gregorio muestra sus rasgos característicos, p. e., la defensa de la libertad humana, la teoría del progreso espiritual indefinido, y, al mismo tiempo, que sus innovaciones exegéticas con respecto a Orígenes son más bien de detalle (Cfr. CANÉVET, Herméneutique biblique 128-131).

[3] Cfr. p. e. *Cant* 1 (GNO VI 29,6-30,7).

[4] Gregorio cita con frecuencia este texto, también en las *Orationes in Canticum*. Cfr. p. e. pr (GNO VI 7,17); 2 (46,13); 4 (108,3); 15 (444,2 s.).

[5] También la eclesiología encuentra lugar destacado en estas homilías. Así lo pone de relieve MUNITIZ.

[6] La observación es de CANÉVET, Herméneutique biblique 128.

[7] Así, la última plegaria de Macrina incluye las palabras de la esposa "tú a quien mi alma ha amado" (*Cant* 1,7): *v Macr* (GNO VIII/I 397,19); el obispo Melecio es presentado como modelo de virtud, semejante a la esposa herida de amor (*Cant* 2,5): *Melet* (GNO IX 450,2 s.).

tual indefinido", lo que ya desde Daniélou se viene denominando como '*epéktasis*'[8]: la constante tensión hacia una unión mayor, en una ilimitada progresión en la contemplación de la Divinidad. "Todas las llamadas del Esposo - comenta Canévet - son invitaciones a una ascensión superior; un beso del Esposo inflama a la Esposa en un deseo cada vez mayor, aunque el Esposo testimonia, al final del comentario, que la Esposa ha llegado a ser *toda deseable* en el sentido de que ella no es más que deseo (...) El carácter indefinido de la búsqueda está fundado sobre la idea primordial para Gregorio de la inaccesibilidad de la esencia divina"[9].

Ahora bien, el Esposo es Cristo. Es El quien besa al alma, quien la llama, quien la hace subir en constantes ascensiones, quien mantiene con ella ese diálogo de amor que la diviniza. Esto sólo es posible si Cristo es Dios verdaderamente. Gregorio es bien consciente de que toda su teología mística debe descansar sobre una sólida cristología y una clara soteriología. Sólo si en Cristo tiene el alma acceso a la Divinidad, tiene sentido cuanto el Niseno viene diciendo en su comentario al *Cantar de los Cantares*. De ahí que nos encontremos en estas *Orationes* con frecuentes *excursus* en los que se presenta un resumen de las principales verdades cristológicas. Es esta cristología - y no la doctrina mística - el objeto de nuestro estudio.

1. Revestirse de Cristo

Repetidas veces hablará el Niseno, siguiendo el conocido rito bautismal, de despojarse del hombre viejo y revestirse del nuevo, de Jesucristo. En este revestirse de Cristo estriba toda la ascensión del alma hacia Dios. Así lo pone de manifiesto ya en el primer párrafo de la *Oratio* I, al exigir a los oyentes que consideren el misterio profundo contenido en el poema del *Cantar de los Cantares*: "Quienes según el deseo de Pablo os habéis despojado del hombre viejo (*Col* 3,9), como de un vestido sucio, con sus obras y concupiscencias, y, por la pureza

[8] DANIÉLOU, Platonisme 291-307. Es significativo que el *liber amicorum* en homenaje a Daniélou llevase como título *Epektasis*.

[9] CANÉVET, Herméneutique biblique 129 s. Agudamente ha escrito A. SPIRA: "L' *epektasis* paulinienne est interprétée par Grégoire comme *progrès infini* dans le sens philosophique. Les conséquences de cette nouvelle conception de *l' arètè* sont considérables. Car en se fondant sur un mouvement infini vers l' infini, Grégoire transcende la logique aristotélicienne, qui abhorre tout *progressus in infinitum* (ἄτοπον γὰρ). Cette nouvelle philosophie de l' infini, - développée, comme l' a démontré H. Langerbeck, contre le *Dieu limité* d' Origène -, a fait de Grégoire l' inspirateur de la mystique européenne et par là-même l' un des pères du dynamisme progressiste si caractéristique de notre civilisation occidentale" (SPIRA, Le temps d' un homme 289 s.).

de vida, os habéis revestido de las luminosas vestiduras del Señor como mostró cuando se transfiguró en el monte; más aún, quienes os habéis revestido de Nuestro Señor Jesucristo, junto con la caridad, que es su vestidura, y os habéis conformado con El hacia lo impasible y más divino, vosotros, escuchad el misterio del *Cantar de los Cantares*"[10].

Nos interesa destacar aquí la importancia otorgada por el Niseno a la mediación de Cristo en la ascensión espiritual del alma: es revistiéndose de Nuestro Señor como el alma penetra en lo "impasible y divino". Esto equivale a decir que es en la identificación con Cristo, en la *conformación* con El - Gregorio utiliza el expresivo término συμμεταμορφωθέντες - donde el alma encuentra su divinización. Como hace notar Lieske, toda la mística de Gregorio está determinada por una teología del Logos y de su unión con la humanidad[11]. Y Daniélou añade que la unión de cada alma con el Logos no es más que un aspecto de otra realidad primera y anterior: la unión del Verbo con la naturaleza humana en la Encarnación[12]. Por eso la teología mística de Gregorio, que expresa la unión del alma con el Verbo, se encuentra apoyada en la teología dogmática, en la doctrina de la unión del Verbo con la humanidad, y, de hecho, en el concepto de *Mediador*.

En la *Oratio* XI Gregorio insiste en la necesidad de revestirse del Verbo, identificando esta expresión con otra, verdaderamente elocuente: *revestirse de Jesús*. El alma - escribe el Niseno - "despojada del hombre viejo, y removido el velo del corazón, abre la entrada al Verbo y se reviste de El, conforme la enseñanza del Apóstol que manda que, despojada de la vestidura corporal del hombre viejo, se revista de la túnica creada según Dios en santidad y justicia (cfr. *Ef* 4,24). Dice que Jesús es la vestidura"[13].

Gregorio llamará de forma diversa este "revestirse de Cristo". Pero siempre lleva consigo la transformación en lo que es divino, la participación en la suma belleza, la consecución de la santidad. "Tal es la belleza del alma - leemos en la *Oratio* XV - cuanta ha sido la benevolencia del Señor hacia nosotros, el cual *se anonadó a sí mismo tomando forma de esclavo* (*Filip* 2,7), y se entregó a sí mismo como precio por la vida del mundo; siendo rico se hizo pobre por nosotros para que nosotros viviésemos en su muerte, nos enriqueciésemos en su pobreza y reinásemos en la forma de su esclavitud" (cfr. *2 Cor* 8,9)[14]. Mediante

---

[10] *Cant* 1 (GNO VI 14,13-15,2).

[11] LIESKE.

[12] DANIÉLOU, Platonisme 24.

[13] *Cant* 11 (GNO VI 328,2-10).

[14] *Ib.* 15 (444,1-7).

la unión con Cristo, el alma deviene verdaderamente bella. Gregorio la compara aquí a la Jerusalén celestial[15]. Revestida de Cristo equivale, pues, en el lenguaje niseno, a la íntima unión del alma con Dios. En forma lapidaria dirá Gregorio: *El Señor es la santificación*[16].

Esta santificación viene descrita como absolución de los delitos, olvido de los males, ablación de los pecados, transformación de la naturaleza, transmutación de lo corruptible a lo incorruptible[17]. Así pues, el *revestirse* de Cristo, comporta en la naturaleza humana una real transformación hacia lo mejor. En Cristo tiene el hombre acceso a "la belleza de la divina naturaleza"[18]. Se trata de una transformación operada especialmente a través de sus sacramentos: Gregorio hablará con frecuencia de morir y resucitar con Cristo evocando las palabras de San Pablo en torno al bautismo. "Has sido sepultada conmigo por el bautismo para la muerte (cfr. *Rom* 6,4), dice el Esposo a la Esposa. De igual forma has subido conmigo hacia el collado del incienso. Pues has resucitado conmigo y has sido elevada hacia la comunión con la Divinidad, como muestra el nombre de incienso (...) Pues no es posible a nadie participar de mi vida si no es cambiado por la mirra de la muerte hacia el incienso de la divinidad (...) Así este incienso, del que te has hecho partícipe por medio de la resurrección, es para tí el principio de la fe y una progresión, hacia bienes más sublimes. Pues de este principio, que es la fe, vienes y pasarás, esto es, vienes y no cesarás de caminar en una constante ascensión"[19]. Las conocidas palabras paulinas (cfr. *Rom* 6,4 ss.) encuentran en el Niseno una aplicación que abarca toda su doctrina mística: ser bautizado equivale a revestirse de Cristo, mediante el morir y resucitar con El, y, a través de esto, significa iniciar una ilimitada ascensión hacia la participación de la Divinidad. En Cristo, pues, encuentra el hombre todo el sentido de su existencia: revistiéndose de El recibe una transformación interior que le devuelve la primitiva belleza y le permite esa participación en la incorruptibilidad de lo divino.

2. *Ego cognato meo et cognatus meus mihi* (*Cant* 6,2)

Esta unión con Cristo es, en su profundidad, una asimilación con Cristo, un revestirse de El, un *conformarse* a El. Hay por tanto entre

[15] *Ib.* 445,1 s.

[16] *Ib.* 11 (332,8).

[17] *Ib.* 1 (24,5-9).

[18] *Ib.* 27,8-10.

[19] *Ib.* 8 (249,13-250,7).

ambos - entre el alma y Cristo - un verdadero parentesco que permite esta *conformación* y es fruto de ella. El Verbo se hace hombre, partícipe de nuestra naturaleza, para elevarnos hacia lo divino, asemejándonos a Dios; al mismo tiempo ese asemejarse a Dios comporta el volver a la inocencia primera en la que se reflejaba en todo su esplendor lo afirmado en Génesis en torno al hombre hecho a imagen y semejanza de Dios.

Gregorio dedica amplio espacio a la exégesis de *Cant* 6,2 en la *Oratio* XV, poniendo de relieve este parentesco entre Cristo y el alma. Cristo es el arquetipo que debe reflejarse en el alma. Al pronunciar esta frase, *ego cognato meo*, el alma "dice que la propia belleza se ha conformado a Cristo, al haber recuperado la primera felicidad de nuestra naturaleza que estaba adornada a imagen y semejanza (cfr. *Gen* 1,26) de la primigenia y verdadera belleza"[20]. San Pablo - recordará Gregorio - dice esto mismo cuando afirma que "viviendo para Dios, ha muerto al mundo y que sólo Cristo vive en El" (cfr. *Gal* 8,19 s.). Esto es lo mismo que decir - prosigue el Niseno - que "no tengo nada en mí que no esté en El. Por esta razón *para mí el vivir es Cristo* (*Filip* 1,21), o, como dice la Esposa, *yo soy para mi Amado y mi Amado es para mí*. El cual es santificación, y pureza, e inmortalidad, y luz y verdad y otras cosas parecidas, las cuales alimentan mi alma"[21].

Revestirse de Cristo es, pues, revestirse de santidad, pureza, luz e inmortalidad. Gregorio utiliza con frecuencia estos títulos al hablar de Cristo, sobre todo, cuando se trata de trazar el camino de la imitación de Cristo como tarea del cristiano[22]. Se subraya con ellos, antes que nada, la unidad de Cristo a quien aplica al mismo tiempo y sin solución de continuidad atributos divinos y atributos humanos. De hecho, en el largo párrafo a que nos estamos refiriendo, el Niseno utiliza indistintamente los nombres de Cristo y Verbo. Pues "el Dios que está en lo alto, el que está en el seno del Padre, para mostrar la benevolencia hacia los hombres, se mezcla con la carne y la sangre"[23]. En consecuencia, el alma debe imitar a ese Verbo hecho hombre por nosotros, revestirse de El.

M. Canévet ha hecho notar acertadamente que Gregorio privilegia la noción de *mediación* de Cristo según los términos de *1 Tim* 2,5 ("*úni-*

---

20 *Ib.* 15 (439,18-20).

21 *Ib.* 441,1-4.

22 Cfr. p. e. *perf* (GNO VIII/I 173-214), vertebrado todo el en la explicación del significado del nombre Cristo, para que "teniendo este nombre como guía y maestro, lo usemos para vivir rectamente" (174,22 s.).

23 *Cant* 15 (GNO VI 443,9-12).

co es el mediador de Dios y los hombres")[24]. Esta noción de mediación ofrece al Niseno uno de sus mejores argumentos contra Eunomio cuando este reduce a Cristo a mera criatura, aunque la más excelente. En cierto sentido, puede decirse que entre Gregorio y Eunomio existe verdadera oposición en el concepto de la mediación de Cristo: para Eunomio, Cristo sería mediador por estar colocado ontológicamente en un lugar intermedio entre la criatura y Dios; para el Niseno esta mediación consiste en que en Cristo se unen de modo inefable lo humano y lo divino. Cristo no puede ser una criatura - argumenta el Niseno - porque, si lo fuese, no podría salvar a la humanidad, no podría el hombre encontrar en El el acceso a la Divinidad[25].

Así aparece en las *Homilías in Canticum* en el comentario a *Cant* 6,2. Gregorio lo utiliza no sólo para hablar de la unión entre el alma y Cristo, sino para subrayar la veracidad de la encarnación. He aquí un elocuente pasaje: "Cuando oímos estas palabras - *cognatus meus descendit in hortum suum* (*Cant* 6,1) - aprendemos todo el misterio del evangelio, declarándonos este misterio cada uno de los vocablos: el Dios que apareció en carne al haber nacido de Judá, brilla para las gentes sentadas en tinieblas y sombras de muerte y es llamado recta y adecuadamente con el nombre de *hermano* por quien ha sido desposada con El para una eterna unión"[26]. En la unión eterna del alma con el Verbo hecho carne, en ese desposorio eterno, se encuentra la salvación. En Cristo se encuentra el hombre con Dios. La mediación de Cristo es, pues, eterna; no puede concebirse como un estadio que se supera, sino como un encuentro personal que es en sí término de las aspiraciones del alma. Un encuentro definitivo cada vez más íntimo en un ilimitado progreso.

3. El Buen Pastor

Gregorio describe con frecuencia el misterio de la Encarnación como iniciativa del Verbo. Es el Verbo el que ha tomado sobre sí la naturaleza humana. Así queda patente, entre otros muchos lugares, en la exégesis que efectúa de la parábola del buen pastor: el Verbo ha venido a buscar a la oveja perdida, esto es, se ha hecho hombre. Frente a Apolinar, argumentará que habría sido absurdo que el Buen Pastor tomase sobre sus hombros sólo la piel de la oveja, no lo que hay

---

[24] CANÉVET, Herméneutique biblique 243-246.

[25] He estudiado este asunto en Cristología y soteriología del "Contra Eunomium I": MATEO-SECO/BASTERO 394-403.

[26] *Cant* 15 (GNO VI 436,2-10).

dentro de la piel; de igual forma habría sido absurdo que el Verbo tomase sólo carne - la piel - y no el alma humana[27]. El tema del Buen Pastor aparece por primera vez en la *Oratio* II, al comentar *Cant* 1,6: "Dime tú, amado de mi alma, dónde pastoreas, dónde sesteas al mediodía". Dice la Esposa: "¿Dónde pastoreas, oh pastor bueno, que has tomado sobre tus hombres toda la grey? (pues toda la naturaleza humana es una oveja, a la cual tomaste sobre tus hombros). Muéstrame el lugar del descanso, hazme conocer el agua del descanso, llévame a buenos pastos, llámame por mi nombre, para que oiga tu voz, yo que soy tu oveja. Y dame por medio de tu voz la vida eterna"[28].

La consideración de la naturaleza humana como un sólo animal aparece en la *Oratio Catechetica* como explicación de por qué el pecado de origen y la resurrección de Cristo alcanzan a todos los hombres[29]. Ahora Gregorio utiliza la misma idea para mostrar que, al encarnase, el Verbo ha tomado sobre sí, en cierto sentido, a la humanidad entera. Que su salvación alcanza a los hombres precisamente por la solidaridad que, al hacerse hombre, tiene con ellos.

Gregorio vuelve sobre el tema del Buen Pastor en la *Oratio* V. "He visto cara a cara - dice la Esposa - a Aquel que permanece siempre y que por mí ha nacido humanamente de mi hermana la Sinagoga; y descanso en El, y me convierto en su habitación. Este es el Buen Pastor, que no alimenta a la grey con heno, sino con puros lirios; que no alimenta al heno con heno"[30]. En el mismo sentido aparece citado en la *Oratio* XV. La grey del Buen Pastor está magníficamente alimentada; el mismo Verbo, es decir, "aquella naturaleza y poder que todo lo abarca y lo contiene todo" es su pastor y su alimento[31].

4. El Buen Samaritano

La parábola del Buen Pastor ha servido al Niseno para mostrar la Encarnación como iniciativa del Verbo que toma sobre sus hombros a la humanidad; que pastorea a las almas y las alimenta; la parábola del Buen Samaritano le sirve para subrayar que Cristo es nuestro

---

[27] *Apol* (GNO III/I 151,30-153,4).

[28] *Cant* 2 (GNO VI 61,4-13).

[29] "De esta forma y, como si toda la naturaleza fuese un único e inmenso animal, la resurrección de Cristo, miembro de la humanidad, pasa al todo, y por la continuidad y conjunción de la naturaleza, el todo es cambiado por la influencia de uno de sus componentes": *or cat* 32 (PG 45,80 B-C). Sobre este asunto, entre otros estudios, cfr. BALÁS, *Plenitudo humanitatis*.

[30] *Cant* 5 (GNO VI 168,15-169,2).

[31] *Ib.* 15 (438,5 s.).

prójimo, es decir, que el Verbo *ha bajado* haciéndose nuestro prójimo para librarnos del desvalimiento en que nos había colocado el enemigo de la naturaleza humana.

"Este es aquel a quien buscamos, que por haberse hecho hermano nuestro al nacer de Judá, se hizo prójimo de aquel que había caído en manos de ladrones, curó con aceite y vino sus llagas y las vendó; y lo subió sobre su propio pollino"[32]. La estructura es idéntica a la exégesis de la parábola del buen pastor: el Verbo bajó y tomó a la humanidad entera sobre sus hombros o, lo que es lo mismo, la subió sobre el propio jumento. Según la exégesis nisena, el Verbo, al contestar la pregunta sobre quién es nuestro prójimo, explicó toda la misericordiosa economía en torno al hombre: la caída del hombre de un lugar superior; el caer en manos de ladrones; las heridas de los pecados, la inutilidad del tránsito de la Ley, pues ni el sacerdote ni el levita curaron sus heridas, ya que la sangre de los toros y de los machos cabríos era impotente para limpiar el pecado. Sólo Aquel que "se revistió de toda la naturaleza humana" al recibirla, se cuidó de acercarse "por medio de su cuerpo, significado por el jumento" al lugar en que estaba el hombre herido. Y "le curó las heridas y le alivió montándolo sobre el propio jumento"[33].

La exégesis nisena a este pasaje - como ha analizado M. Canévet[34] -, se detiene en torno a la significación de los dos denarios que el buen samaritano entrega al hostelero. Estos dos denarios son los dos grandes preceptos: el amor a Dios y el amor al prójimo. De igual forma que la misericordia llevó al Verbo a hacerse prójimo del hombre herido, así nosotros hemos de mostrar que somos prójimos de los demás mediante nuestras buenas obras. Y concluye Gregorio repitiendo que "quien a causa de su *philanthropía* se hizo prójimo del hombre, naciendo de Judá, se ha hecho nuestro consanguíneo"[35].

Gregorio vuelve sobre la parábola del Buen Samaritano en la *Oratio* XV realizando la exégesis en idéntica forma, y subrayando que "el Verbo descendió a causa de quien había caído en mano de sus enemigos, lo cual significa que el descenso se realizó desde la inefable majestad hasta la humildad de nuestra carne"[36].

Fue la misericordia redentora lo que movió al Verbo a tomar sobre sí a la oveja perdida, a la humanidad; fue esta misericordia lo que movió al Verbo, como buen samaritano, a hacerse nuestro prójimo

---

[32] *Ib.* 14 (427,1-5).

[33] *Ib.* 427,13-428,8.

[34] CANÉVET, Herméneutique biblique 154 s.

[35] *Cant* 14 (GNO VI 429,5-8).

[36] *Ib.* 15 (436,14-16).

tomando carne de nuestra carne. "Cristo vino a este mundo - recalca Gregorio -, para hacer luminosos a los que estaban negros, llamando no a los justos sino a los pecadores. A estos, por medio del baño de la regeneración los hace lucir como luminarias, limpiada su oscuridad por medio del agua"[37].

5. *Unguentum effusum nomen tuum* (*Cant* 1,2)

Para Gregorio, estas palabras significan la inefabilidad de lo divino, es decir, del Verbo. No hay nombre que pueda abarcar la inmensa naturaleza divina; nada que pueda tocar al Verbo. Nuestra razón sólo puede acercarse a El mediante vestigios. Así cualquier nombre "que pensemos para conocer el ungüento de tu divinidad no significa el ungüento en sí, sino que indicamos algunas pequeñas reliquias del vapor del buen olor divino"[38]. "El ungüento de la divinidad está por encima de todo nombre y de todo conocimiento"[39].

Esta teología de la inefabilidad del nombre es aplicada por Gregorio al Verbo con todo rigor, poniento así de relieve la radicalidad con que acepta su divinidad. La Esposa dice: *Dime, tú a quién ama mi alma* (*Cant* 1,6). Comenta el Niseno: "Te llamo así, porque tu nombre supera todo nombre y toda inteligencia, y toda naturaleza que participa de la razón es incapaz de decirlo o comprenderlo (...) ¿Cómo no he de quererte a tí que me amaste de tal forma que, cuando aún era yo negra, entregaste tu alma por las ovejas que apacientas? No puede pensarse mayor amor que este, pues entregaste tu alma por mi salvación. Dime, pues, dónde apacientas, para que encontrado el pasto saludable sea saciada con aquel alimento que es necesario comer para entrar en la vida eterna, y corriendo hacia la fuente beba el agua divina, que tú ofreces como de divina fuente a quienes tienen sed, manando agua de tu costado, abierta esta vena de agua por el hierro: quien la guste se convertirá en fuente de agua viva que salta hasta la vida eterna"[40].

El párrafo citado es rico y se entrecruzan en él, junto a un notable número de textos del Nuevo Testamento evocados, los diversos planos de la exégesis nisena. Se muestra, sobre todo, la unidad de Aquel cuyo está nombre sobre todo nombre y ha dado su vida por los hombres. No sólo ha dado su alma por las ovejas - dirá Gregorio evocando el conocido texto de *Jn* 10,15 -, sino que de su costado sigue brotando la vida

---

[37] *Ib.* 2 (48,19-49,4).

[38] *Ib.* 1 (37,7-9).

[39] *Ib.* 37,13 s.

[40] *Ib.* 2 (61,14-62,7).

que convierte al creyente en fuente de agua que salta hasta la vida eterna. Lo que importa es que El mismo está por encima de toda inteligencia y está tan cercano al hombre, tan accesible, que es su *hermano*. Sin dejar de ser inefable, se ha hecho *consanguíneo* del alma.

6. *Lectus noster umbrosus* (*Cant* 1,17)

El descenso del Verbo hasta la humildad de nuestra carne significa que Dios se manifiesta "velando su divinidad" y, por tanto, haciéndose accesible. He aquí un hermosísimo párrafo: "*Nuestro lecho es umbrio*. Esto es, te conoció y te conocerá la naturaleza humana ensombrecido a causa de la economía (de la salvación). Pues tú, el hermoso, el hermanito, el encantador, viniste a nuestro lecho velado. Pues si no te hubieses velado a tí mismo ocultando el puro destello de tu divinidad con la forma del siervo (cfr. *Filip* 2,5-11), ¿quién hubiese soportado tu aparición? Pues nadie verá la faz de Dios y vivirá (*Ex* 33,29). Viniste, pues, hermoso, pero de forma tal que pudiésemos recibirte. Viniste habiendo velado los rayos de tu divinidad con el vestido de tu cuerpo"[41].

Gregorio combina la exégesis de *Cant* 1,17 con el v. 16: *He aquí que eres bello, hermanito mío*. Esta belleza es la divinidad del Verbo, velada en la carne; esta belleza, al mismo tiempo, es en cierto sentido palpada por la Esposa. No en vano Gregorio ha iniciado el tema con una elocuente cita: *Nadie puede decir Señor Jesús, sino en el Espíritu Santo* (*1 Cor* 12,3). Esto es así, porque sólo el Espíritu Santo puede purificar los ojos del alma en forma tal que esta pueda percibir al Verbo que se oculta bajo la carne de Cristo. "Tú - le dice el alma - eres verdaderamente hermoso; no solamente hermoso, sino que estando siempre en la misma sustancia de lo bello, eres siempre lo que eres: no floreces en un tiempo ni pierdes las flores en otro, sino que en la eternidad de la vida mantienes la belleza. Tu nombre es el amor a los hombres, la *philanthropía*"[42].

Estas frases del Niseno son inconfundibles. En ellas se revela su admiración por la *estabilidad* de lo divino, por la perfecta conjunción en Dios entre ser y eternidad, trascendiendo todo cambio[43]; la apropiación al Verbo, como una de sus características, de la *philanthropía*, término usualmente aplicado a Dios. La humanidad de Cristo vela a

---

[41] *Ib.* 4 (107,9-108,7; cfr. también *ib.* 109,1-3).

[42] *Ib.* 106,20-107,5.

[43] Cfr. p. e., la descripción que hace GAÏTH 17-39 de la naturaleza trascendente y de la libertad divina en el pensamiento del Niseno.

la divinidad, pero, en cierto sentido, la hace accesible al alma. De ahí que sea *en* Cristo - auténtico *mediador* - donde el alma tiene acceso a la divinidad. La Esposa, "hecha más perspicaz, aprende la belleza del Verbo, y se admira de cómo baja umbrío hacia el lecho de la vida inferior, ocultado por la naturaleza material del cuerpo de hombre"[44].

Gregorio subraya la perfecta y completa humanidad de Cristo. Se trata de una humanidad cuya carne es concreta y tangible. Comentando *Cant* 2,5 - *sternite mini torum in malis* -, llama a Cristo manzano, "pues quien a causa de su *philanthropía* ha germinado en la selva de nuestra naturaleza, se ha convertido en manzano por haberse hecho partícipe de la carne y la sangre"[45]. Los colores de la manzana - blanco y rojo - evocan el color del cuerpo humano para el Niseno: blanca la carne, coloreada por el rojo de la sangre. Quien "viene de arriba y está por encima de todas las cosas" nos muestra "a través de la manifestación en la carne" que es en sí mismo el ejemplar de todos los bienes[46].

El tema vuelve a aparecer en la *Oratio* XIII, citando *Cant* 5,10 *(cognatus meus et candidus et rubicundus).* Comenta Gregorio: "por esta mezcla de colores describe la propiedad de la carne. Y lo hizo también anteriormente cuando lo llamó manzano, cuya forma es una mezcla de estos dos colores. Indica así simbólicamente, por este color rojo, la naturaleza de la sangre"[47].

7. El nacimiento virginal

Gregorio destaca vigorosamente en estas *Homilías* la realidad material de la carne y la sangre de Jesús. "Lo que nació según la carne era de la semilla de David"[48], dirá el Niseno en la *Homilía* I. Quizás por este subrayado en la perfecta humanidad de Jesús, Gregorio dedica unos párrafos a desarrollar el nacimiento virginal de Cristo en coherencia con lo enseñado en otras de sus obras: que Cristo es perfecto hombre, pero no un hombre común, οὐ κοινὸς ἄνθρωπος[49].

"Por esta razón - puntualiza Gregorio - se llama blanco y rojo a Aquel que se ha hecho partícipe de nuestra carne y nuestra sangre, indicando veladamente por medio de estos dos colores la naturaleza

---

[44] *Cant* 6 (GNO VI 176,11-14).

[45] *Ib.* 4 (125,17-20).

[46] *Ib.* 126,8-12.

[47] *Ib.* 13 (387,7-12).

[48] *Ib.* 1 (17 s.).

[49] *Apol* (GNO III/I 160,9 s.).

del cuerpo, y no el hecho de que haya sido engendrado en la forma en que comunmente son engendrados los hombres. De entre todos los millares de hombres, desde el momento en que hubo hombres y hasta donde avance la naturaleza fluyendo por medio del parto, solamente éste vino a esta vida por una nueva forma de parto: la naturaleza no *colaboró* a su nacimiento, sino que se hizo sierva de este nacimiento. Por esta razón llama blanco y rojo a aquel que por la carne y la sangre se hace presente en la vida; el es el único elegido de la pureza virginal, cuya concepción no provino de la unión de dos; cuyo nacimiento fue sin mancha y el parto sin dolor"[50].

Se encuentran aquí temas reiteradamente presentes en el pensamiento niseno. Concretamente, el hecho de que la naturaleza se hizo esclava, fue puesta totalmente al servicio de la dignidad de quien "se introducía a sí mismo en la vida humana"[51]. La afirmación es frecuente en los Santos Padres[52]. También Gregorio aplicará este pensamiento a la hora de hablar de la Ultima Cena, señalando que el mismo correr del tiempo se sometió al poder de quien era su dueño[53].

Gregorio habla con claridad del nacimiento virginal y de su relación con la concepción virginal. Tras citar *Lc* 1,35, comenta: "La Virgen no conoció cómo se formó en su seno el cuerpo que recibiría de Dios; de igual forma tampoco sintió el parto, atestiguando el profeta Isaías que el parto fue sin dolor, cuando dice: *Antes de que llegasen los trabajos del parto, librada, dió a luz a un varón* (*Is* 66,7)"[54]. Según el Niseno la virginidad en la concepción pedía la virginidad en el parto.

Dos razones más aduce Gregorio en favor del parto virginal. La primera está basada en el paralelismo Eva - María. Eva fue condenada en razón de su desobediencia a dar a luz con dolor; convenía - argumenta el Niseno - que la "madre de la vida" comenzase su gestación con alegría y diese cumplimiento al parto también con alegría. En esta misma maternidad alegre encuentra Gregorio la segunda razón de conveniencia para afirmar la virginidad en el parto: el saludo del

---

[50] *Cant* 13 (GNO VI 387,19-388,9).

[51] He analizado el asunto en Estudios sobre la cristología de Gregorio de Nisa 47-49. Cfr. también GORDILLO 142 ss; AUBINEAU: SC 119, 150-153.

[52] Así, San Agustín escribe: "Pues ¿cómo podía estar colocado bajo la necesidad del destino aquel que en otro lugar dijo: Tengo potestad de entregar mi alma, y tengo potestad de tomarla de nuevo? (*Jn* 10,18)" *Io eu tr* 37,9 (CChr.SL 36,337,26-30). La afirmación de que la naturaleza y los tiempos están al servicio del Redentor es clave en los *Tractatus in Iohannem.*

[53] "Pues quien tenía la potestad de entregar su alma por sí mismo y re-tomarla cuando quisiese (cfr. *Jn* 10,18), tenía la potestad, como hacedor de los siglos, de hacer el tiempo conforme a sus obras y no esclavizar sus obras al tiempo": GR NYSS *tr sp* (GNO IX 286,13-288,8; cfr. DROBNER, Drei Tage).

[54] *Cant* 13 (GNO VI 388,21-389,2).

ángel en la Anunciación comienza con una palabra que es una invitación a la alegría: χαῖρε, "rechazando con esta palabra la tristeza impuesta al parto desde el pecado de los orígenes"[55].

8. El misterio de Cristo

En la *Oratio* XIII encontramos una larga digresión dedicada a presentar una síntesis de la doctrina sobre Dios. De hecho, estos párrafos podrían calificarse como un pequeño tratado de cristología.

Se inician con esta solemne afirmación: "En Cristo hay algo increado y algo creado. Decimos que es increado aquello que es eterno, anterior a los siglos y creador de todos los seres; llamamos creado, en cambio, aquello que fue tomado conforme al cuerpo de nuestra humildad según la economía de nuestra salvación"[56]. Gregorio es constante en considerar como primaria la división de los seres en creados e increados. Se trata de una división radical, que no admite seres intermedios. Bien lo puso de relieve en sus escritos contra Eunomio[57]. Por ello Gregorio no aceptará jamás la más mínima vacilación en torno a la naturaleza de la mediación de Cristo. Esta mediación no puede entenderse como la entiende Eunomio: Cristo ocuparía un lugar intermedio entre Dios y la creación. La mediación de Cristo ha de entenderse como el resultado de una doble *consustancialidad*: con el Padre en cuanto Dios, y con nosotros en cuanto hombre[58].

En coherencia con este planteamiento, el esquema subyacente al pensamiento niseno es como una anticipación al que más tarde encontraremos en el Concilio de Calcedonia: en Cristo la unión de los dos extremos - creado e increado - se produce permaneciendo inalterables tanto lo creado como lo increado. Por tanto esta unión no es el resultado de una mezcla. Llamamos increado - argumenta Gregorio - al Verbo que existía en el principio; creado lo que es carne. Lo que hay en El de increado es anterior a los siglos y "permanece incomprehensible e inefable"; lo que se nos ha manifestado por medio de la carne puede ser conocido en cierta manera. Gregorio llama a esto el *gran misterio de la piedad:* ese misterio por el que el Verbo, conforme aquello de *Filip* 2,5-11, existiendo en forma de Dios, conversó con los hombres habiendo tomado sobre sí de una vez *para siempre* (ἅπαξ) la car-

[55] *Ib.* 389,10-12.

[56] *Ib.* 380,15-20.

[57] Cfr. MOSSHAMMER.

[58] Cfr. *CE* I 297 s. (GNO I 114).

ne mortal[59]. Gregorio recalca que ya, al tomar la carne humana, santifica con su pureza a nuestra naturaleza[60].

Al mismo tiempo que subraya la diferencia insalvable entre creado e increado, Gregorio muestra con la unión que ambas naturalezas encuentran en Cristo que se hallan indisoluble y estrechísimamente unidas hasta el punto de que forman un único Cristo. En la misma carne de Cristo se manifiesta, en cierto sentido, la gloria del Unigénito del Padre, "conforme aquello de Juan: *hemos visto su gloria,* y era hombre lo que se manifestaba; pero lo que era conocido a través de el lo llama gloria *como de Unigénito del Padre lleno de gracia y de verdad* (*Jn* 1,14)"[61].

El Niseno insiste en párrafos parecidos. Baste citar este: "Añadimos que Cristo es cabeza del cuerpo de la Iglesia. Decimos Cristo aplicando este nombre no a la eternidad de la divinidad, sino al hombre que recibe a Dios, el que fue visto sobre la tierra y conversó con los hombres; al que es germen de virginidad, en quien habitó la plenitud de la divinidad corporalmente; al que es primicias de la masa común, por medio de la cual el Verbo se revistió de nuestra naturaleza, habiéndola hecho inocente, purificada de todos los vicios que se le habían adherido"[62].

Gregorio subraya la unidad de Cristo precisamente en aquellos párrafos en que aplica a Cristo los diversos atributos. Así, leemos en la *Oratio* I, explicando por qué llama a Cristo el otro Salomón "porque éste también ha nacido según la carne de la semilla de David, tiene por nombre paz; El es el verdadero rey de Israel, el edificador del templo de Dios; El abraza el conocimiento de todas las cosas; su sabiduría es ilimitada, mejor dicho, El es en su ser la sabiduría y la verdad; a El se ha de atribuir todo nombre y conocimiento divino y sublime"[63]. Por esta razón Cristo puede apacentar el alma y saciar sus deseos de infinito: porque El es la "santificación, la pureza, la inmortalidad, la luz, la verdad", en una palabra, porque, siendo *hermano* del alma en cuanto a su naturaleza humana, es el Bien infinito. A este respecto son elocuentes los pasajes en que el Niseno desarrolla la aplicación de *2 Cor* 2,15 - *somos para Dios suave olor de Cristo* - y *Cant* 1,2: *Ungüento derramado es tu nombre*[64].

---

[59] *Cant* 13 (GNO VI 381,16-21).

[60] *Ib.* 381,21-382,2.

[61] *Ib.* 381,7-10.

[62] *Ib.* 390,21-391,8.

[63] *Ib.* 1 (17,2-7).

[64] Para suave olor, cfr. *Cant* 3 (GNO VI 91,14-93,9; 94,19-22); para ungüento cfr. 1 (35,16-36,11).

Revestirse de Cristo lleva consigo el que, en cierto sentido, el alma perciba esa "inmensa naturaleza que no puede ser abarcada por ningún nombre"[65], como se percibe el perfume sin ser visto, pues el olor sirve de vestigio[66]. Ese perfume además hace que el alma se convierta "en buen olor de Cristo", pues "el mismo Jesús nace en quienes lo recibieron, y crece en ellos en edad, sabiduría y gracia"[67].

9. El Salvador

Cristo vino al mundo para salvarnos, tornándonos de oscuros en luminosos, llamando a los pecadores y convirtiéndolos en luminarias a través de la purificación bautismal[68]. Gregorio repite este pensamiento con formulaciones prácticamente idénticas[69], en coherencia con el Símbolo de Nicea: se encarnó para nuestra salvación. Esta consiste en hacer del pecador un *hombre nuevo*[70]. Salomón es tipo de Cristo, porque era pacífico, lleno de sabiduría, y edificó el templo para Dios. Todo esto lo hace en plenitud Cristo[71]. No sólo fue un rey pacífico, que destruyó todas las enemistades, y en la cruz "nos reconcilió consigo a nosotros y a todo el mundo, y derribó el muro de separación, para hacer en sí un hombre nuevo de los dos pueblos"[72]. A Cristo corresponde en forma plena lo tipificado en Salomón: a El corresponde el verdadero juicio, el ser juez de todo el mundo[73].

El Verbo nació en nuestra carne por su gran amor al hombre[74]. Se trata de una *philanthropía* que le lleva hasta la experiencia de la muerte[75]. Es mediante la muerte como el Verbo "destruyó a quien tenía el imperio de la muerte" (cfr. *Hebr* 2,14) y después manifestó en su carne la gloria que tuvo desde el principio, antes de que el mundo existiese[76]. Resume así el Niseno temas que ha desarrollado por exten-

---

[65] *Ib*. 1 (36,16 s.).

[66] *Ib*. 37,7-11.

[67] *Ib*. 3 (96,7-10).

[68] *Ib*. 2 (48,6 s.).

[69] Así, p. e., el Verbo bajó a la tierra para convertir el desierto en vergel adornado por las virtudes del alma: *Cant* 15 (436,16-437,8).

[70] *Ib*. 7 (201,15).

[71] *Ib*. 1 (17,2-7).

[72] *Ib*. 7 (201,11-17).

[73] *Ib*. 204,1-4.

[74] *Ib*. 4 (125,18-20).

[75] *Ib*. 126,21.

[76] *Ib*. 7 (242,16-19).

so en otras obras: su lucha con el demonio a quien arrebata él su poder sobre nuestra muerte[77]; la descripción de la resurrección como iniciativa del Verbo[78]. Cristo mostró su amor por el hombre en que "cuando aún éramos pecadores murió por nosotros (cfr. *Rom* 5,8); por eso la Esposa a su vez se enciende en amor hacia Aquel que la amó primero"[79]. De hecho esta forma de actuar corresponde claramente al Verbo a quien, como Dios que es, le corresponde el nombre de Amor[80].

Gregorio usa, sin detenerse a explicarlo, el lenguaje sacrificial que describe en otros lugares con mayor detención a la hora de hablar de la muerte o del sacerdocio de Cristo[81]: El Señor "se anonadó a sí mismo tomando la forma de siervo (cfr. *Filip* 2,7) y se dió a sí mismo en precio (ἀντάλλαγμα) por la vida del mundo, y siendo rico se hizo pobre por nosotros, para que nosotros viviésemos en su muerte; y en su pobreza nos hiciésemos ricos, y reinásemos en su forma de siervo (cfr. *2 Cor* 8,9 ss.)"[82].

Conclusión

Las *Homiliae in Canticum* de Gregorio de Nisa contienen su doctrina mística delineada sobre el horizonte del amor esponsal que corresponde al epitalamio. Se trata de un amor entre Cristo y el alma que, como corresponde a los esposos, tiene como base la igualdad entre ellos. De ahí que Gregorio subraye la *consanguinidad* - la consustancialidad - de la Humanidad de Cristo con los demás hombres con los que se une de algún modo desde el momento de la encarnación. Jesús toma la humanidad sobre sus hombros como el Buen Pastor toma la oveja perdida. De ahí también que Gregorio subraye que, al revestirse de Cristo, la esposa es elevada, divinizada en una comunión con la Divinidad que tiene lugar en un proceso indefinidamente progresivo.

Es *en Cristo* donde el alma se une con Dios: a través de los sacramentos y de la fe; y más adelante, en el camino místico. La mediación de Cristo no consiste en que éste sea un ser intermedio sobre el que se apoya el alma para acercarse a la Divinidad - como un escalón que

[77] Cfr. *or cat* 18 (PG 45,53-56).

[78] Así lo pone de relieve, p. e., cuando analiza la resurrección del Señor a la luz de *Jn* 10,18; cfr. *Apol* (GNO III/I 152,29-154,21). Cfr. MATEO-SECO, Resucitó al tercer día.

[79] *Cant* 13 (GNO VI 378,13-17).

[80] *Ib.* 378,17.

[81] Cfr., p. e., *perf* (GNO VIII/I 175,14-176,7).

[82] *Cant* 15 (GNO VI 444,2-7).

nos acerca a la cumbre en la medida en que lo sobrepasamos -, sino en que *en El* el alma se encuentra con Dios, un Dios que se le ha hecho accesible precisamente porque ha *velado* su divinidad con la humildad de la carne.

La cristología contenida en estas homilías es verdaderamente importante para entenderlas, ya que toda la doctrina mística de la unión con Cristo se encuentra cimentada en su carácter de Mediador, y la naturaleza de esta mediación se encuentra en estrecha dependencia de la radicalidad con que en Cristo se unen dos abismos - lo creado y lo increado - siendo, pues, consustancial al Padre en cuanto Dios y consustancial a la esposa en cuanto hombre.

El Niseno desarrolla en estas homilías una cristología y soteriología que son bien conocidas a través del resto de sus obras. Sin polémica, sin detenerse en largas consideraciones, Gregorio estima oportuno, sin embargo, resumir repetidamente las líneas fundamentales de la cristología en que se apoya su doctrina mística. Estas líneas son que el Verbo, Buen Pastor, Buen Samaritano, nuevo Salomón, bajó del cielo por amor al hombre, y toma sobre sus hombros la oveja perdida - la humanidad -, y monta el herido en su jumento como hizo el Buen Samaritano. Nacido virginalmente, es verdadero hombre y Dios verdadero. Al mismo tiempo, es en sí mismo uno, con unidad indisoluble. El es hermoso, la hermosura por esencia. El tiene un nombre entrañable: *el que ama al hombre*. Fue este amor lo que le llevó a bajar del cielo, tomar la forma de siervo y entregar su vida en *rescate* por quien había pecado. Por eso El es la santificación, la pureza, la inmortalidad, la luz y la verdad. Es en su unión con El, como el alma puede saciar su sed de infinito que es, en cierto sentido, infinita.

Resümee

Gregors von Nyssa Homilien zum Hohelied haben seine Mystik der bräutlichen Liebe zum Thema. Es handelt sich dabei um die Liebe zwischen Christus und der Seele, die, wie es bei Brautleuten sein sollte, auf der Gleichheit beider beruht. Deswegen unterstreicht Gregor die "Blutsverwandtschaft", die Konsubstantialität, der Menschheit Christi mit den anderen Menschen, mit denen er sich in gewisser Weise vom Augenblick der Inkarnation an vereint. Jesus nimmt die Menschheit auf seine Schultern wie der gute Hirt das verlorene Schaf.

Die Seele wird mit Gott in Christus vereint. Um daher diese Homilien recht verstehen zu können, ist insbesondere ihre Christologie wichtig, da die gesamte Mystik der Vereinigung der Seele mit Christus auf seiner Funktion als Mittler beruht und die Natur dieser Mittlerschaft ihrerseits untrennbar abhängig ist von der Konsubstantialität Christi als Gott mit dem Vater und seiner Konsubstantialität mit der Braut, der Seele, als Mensch.

Ohne zu polemisieren oder sich auf lange Erörterungen einzulassen, faßt Gregor wiederholt die grundlegenden christologischen Aussagen zusammen, auf denen seine Mystik beruht: das Wort, der gute Hirte, der barmherzige Samariter, der neue Salomo, der aus Liebe zu den Menschen vom Himmel kam und das verlorene Schaf, die Menschheit, auf seine Schultern nahm. Er hob den verwundeten Menschen auf sein eigenes "Reittier", wie es der barmherzige Samariter tat. Geboren von einer Jungfrau ist er wahrer Mensch und wahrer Gott. Er ist schön und trägt einen Namen voll Mitgefühl: Der die Menschen liebt. Er gab sein Leben zur Sühne für den einen, der gesündigt hatte. Er ist Heiligung, Licht und Wahrheit. In der Vereinigung mit Ihm stillt die Seele ihren Durst nach dem Unendlichen, der in gewissem Sinne unendlich ist.

Christologische Deutung von *Röm* 8,19-22 bei Gregor von Nyssa und Theodoret von Kyros

Alberto VICIANO

Röm 8,19-22 ist eine der schwierigsten Stellen der Paulusbriefe. Sie hat entsprechend das Interesse der Exegeten aller Zeiten geweckt. Der Text lautet: "Denn die ganze Schöpfung (κτίσις) wartet sehnsüchtig auf das Offenbarwerden der Söhne Gottes. Die Schöpfung ist der Nichtigkeit (ματαιότης) unterworfen, nicht aus eigenem Willen, sondern durch den, der sie unterworfen hat; aber zugleich gab er ihr Hoffnung: auch die Schöpfung soll von der Sklaverei (δουλεία) der Vergänglichkeit (φθορά) befreit werden zur Freiheit und Herrlichkeit der Kinder Gottes. Denn wir wissen, daß die gesamte Schöpfung bis zum heutigen Tag seufzt und in Geburtswehen liegt".

Kern des Problems ist es zu präzisieren, was der paulinische Ausdruck κτίσις genau meint. Die heutige Auslegung glaubt wohl allgemein, daß im Kontext von *Röm* 8,19-22 unter diesem Wort die Schöpfung im weitesten Sinn, insbesondere aber die vernunftlose Schöpfung im Gegensatz zu den 8,23 genannten Menschen begriffen ist[1]. Je nachdem man bei der κτίσις an alle Bereiche der Schöpfung denkt oder aber nur bestimmte Ausschnitte davon in den Blick nimmt, wie z. B. die vernunftlose Schöpfung, die Menschen oder die Engel, haben wir die universale, die kosmisch-angelologische, die kosmisch-anthropologische, die kosmische, die anthropologische oder die angelologische Deutung vor uns[2]. Die Auslegung der Väter zeigt bereits eine große Verschiedenheit. Nach den ersten Jahrhunderten exegetischer Bemühung stellt Augustinus fest: "Dieses Kapitel ist dunkel. Denn es ist nicht klar, was der Apostel mit Schöpfung meint"[3].

Andererseits konzentriert sich die moderne Exegese[4] auf die kosmologischen[5], anthropologischen[6] und eschatologischen[7] Aspekte des

---

[1] Vgl. SCHELKLE 292-315; GIERATHS 19-87.

[2] Damit sind die Erklärungen der Perikope aber nicht erschöpft. Die Hauptdeutungen treten in verschiedenen Formen auf, vor allem, weil die Termini ματαιότης und φθορά entweder als Mangel im physischen oder im moralischen Bereich aufgefaßt werden. Für die patristische Auslegung dieser Wörter vgl. SCHELKLE 298-303.

[3] *Diu qu* 67,1 (CChr.SL 44 A,164).

[4] Zahlreiche Literatur dazu findet sich bei H. HÜBNER; DUNN; FEUILLET.

[5] Vgl. BRUNNER 149-153; DUBARLE; VÖGTLE 183-208.

Textes. Dennoch haben nicht wenige Kirchenväter diese Stelle christologisch ausgelegt, eine Tatsache, die heute nicht selten übersehen wird[8]. Die vorliegende Studie will einen Beitrag zum Verständnis dieser Stelle leisten. Es soll gezeigt werden, wie Gregor von Nyssa und Theodoret von Kyros die besagte Stelle christologisch ausdeuten. Ihre verschiedenen Interpretationen dieser Stelle sollen vor dem Hintergrund ihrer unterschiedlichen Arbeitsweisen und theologischen Traditionen beleuchtet werden.

1. *Röm* 8,19-22 in der patristischen Tradition

Um sich die theologische Tradition beider Kirchenväter besser zu vergegenwärtigen, soll im folgenden zunächst kurz auf die Interpretation näher eingegangen werden, die ihre Vorgänger, insbesondere Origenes, Diodor von Tarsus und Johannes Chrysostomus, von dieser Paulusstelle vorgelegt haben[9].

a. Origenes und die universale Deutung

Nach Origenes[10] umfaßt die κτίσις an unserer Stelle die Menschen, die Gestirne und die Engel. In diesem weiten Ausmaß ist die Schöpfung wegen ihrer vielfältigen Beziehung zum Bereich des Stofflichen der Vergänglichkeit unterworfen. Die Unterwerfung des Menschen besteht darin, daß seine Seele an den sterblichen Leib gebunden ist[11]. Dieser Zustand hindert sie an der ersehnten Vereinigung mit Gott und wird daher von ihr als Unfreiheit empfunden. Doch hat sie die Hoffnung, bei der Offenbarung der Kinder Gottes von dieser Knechtschaft befreit zu werden[12]. Auch die Gestirne stehen nach Origenes in

---

[6] Vgl. LUZ 181; PAULSEN 111-132; SCHMITHALS 137-174.

[7] Vgl. BALZ 125; SCHLIER, Römerbrief 256-264.

[8] Manche moderne Exegeten haben in diesem Text einen christologischen Sinn sehen wollen (vgl. OSTEN-SACKEN 287-308); ihre patristische Grundlage ist allerdings dürftig. Ausnahmen bilden WILES, The divine Apostle; DASSMANN; CASCIARO.

[9] Für diesen zweiten Abschnitt stützen wir uns auf die wichtige Dissertation von GIERATHS; wir haben auch eine weitere unveröffentlichte Dissertation eingesehen: ROXO. Für die deutsche Übersetzung einiger Väterzitate bedanken wir uns bei Dr. Alois Kehl.

[10] "Origène a trouvé dans ces versets une occasion privilégiée d' exercer sa pénétration et sa subtilité d' exégète. Il les cite et, la plupart du temps, les commente une trentaine de fois dans les écrits qui nous ont été conservés" (LEBEAU 336).

[11] Vgl. *comm in Rom* 7,4 (PG 14,1110).

[12] Vgl. *ib.* 1111.

Beziehung zur materiellen Welt und sind damit der Vergänglichkeit unterworfen. Denn kraft ihrer Bewegung wirken sie ein auf das pflanzliche Leben, daß es Frucht bringt und so den Bedürfnissen des menschlichen Leibes dienen kann. Von einer Befreiung der Gestirne spricht Origenes in *De Principiis*[13]. Die mittelplatonische Kosmologie, die auf Origenes einen starken Einfluß ausgeübt hat, prägt seine Auffassung von der Gemeinschaft der höheren Geschöpfe mit dem Schicksal der Menschen; man könnte bei ihm in dieser Beziehung fast von einer anthropozentrischen Sicht der Erlösung sprechen. Außerdem können wir nach seiner sonstigen Lehre den Schluß ziehen, daß nach der ἀποκατάστασις πάντων, wenn die Seelen aller Menschen von der Materie befreit und mit ätherischen Leibern umkleidet sind, der Grund für die Knechtschaft der Gestirne wegfällt. Schließlich spricht Origenes noch von der Unterwerfung der Engel unter die Vergänglichkeit. Da sie, wie es in *Hebr* 1,14 heißt, den sterblichen Menschen zur Erlangung ihres Heils behilflich sind, geraten sie in eine Beziehung zur Welt des Stofflichen und verfallen damit der Vergänglichkeit[14]. Dazu treten die Erzengel für Origenes noch in einer anderen Weise zur Vergänglichkeit des Menschen in Beziehung; denn die vorzügliche Aufgabe der Erzengel besteht darin, Kämpfe in dieser Welt zu führen sowie Könige und Völker zum Krieg gegeneinander zu veranlassen. Origenes begründet diese Ansicht mit dem Hinweis auf den Offenbarungsengel in *Dan* 10,13 und 10,21, der dem Propheten von seinem Kampf gegen die Engel von Persien und Griechenland berichtet und von der Hilfe, die ihm Michael, der Schutzengel des auserwählten Volkes, in diesem Kampf leistet[15]. Schon diese Unterwerfung der Engel unter die Vergänglichkeit macht ihr Seufzen verständlich[16]. Es kommt aber noch hinzu, daß die Engel die Leiden und das Seufzen der Menschen, die ihrer Fürsorge anvertraut sind, nicht ohne Mitgefühl ansehen können. Wenn aber dereinst die Offenbarung ihrer Pflegebefohlenen eintritt, werden sie mit diesen das Heil erlangen[17].

---

[13] Vgl. *princ* I 7,5 (SC 252,216 ff.).

[14] Vgl. *comm in Rom* 7,4 (PG 14,1111).

[15] Vgl. *ib.* 1112.

[16] Vgl. *ib.* 1110.

[17] Vgl. *ib.* 1112; GIERATHS 20 f.

b. Diodor von Tarsus und die kosmisch-angelologische Deutung

Bei dieser Deutung werden die Aussagen in der Perikope *Röm* 8,19-22 sowohl auf die untermenschliche Schöpfung als auch auf die Engel bezogen. Wir finden sie in verschiedener Form zur Zeit der Kirchenväter und zwar vorwiegend bei Theologen, die zur antiochenischen Schule gehören oder ihr nahestehen.

Diodor von Tarsus, der den Ruhm der antiochenischen Exegetenschule begründete, beschreitet bei der Erklärung unserer Stelle diesen Weg. Er bezieht die Aussagen der Perikope teils auf die untermenschliche Schöpfung und teils auf die Engel. Von ersterer gilt die Unterwerfung unter ματαιότης und φθορά sowie die Befreiung aus dieser Knechtschaft (δουλεία). Gott hat zur Strafe für die Sündhaftigkeit der Menschen dem Satan die Macht gegeben, die Umgebung der Menschen übel zuzurichten. Die Folge sind Hungersnöte, Krankheiten und sonstiges Unheil unter den Menschen. Die Knechtschaft der untermenschlichen Schöpfung liegt weiterhin darin, daß der Mensch sie auf Antrieb Satans zur Sünde mißbraucht, indem er ihr göttliche Ehren erweist. Von diesem Mißbrauch spricht Paulus auch *Röm* 1,25. Doch wird die Naturwelt bei der Offenbarung der Kinder Gottes aus ihrer üblen Lage befreit. Das Seufzen und das Erwarten in unserer Perikope kann nach Diodor aber nicht von der untermenschlichen Schöpfung, der κτίσις, gelten. Denn sie ist nicht beseelt, wie man irrtümlich aus unserer Perikope gefolgert hat. Diese Ausdrücke, die ein vernunftbegabtes Wesen voraussetzen, beziehen sich auf die Engel, die von Gott über die κτίσις gestellt sind, um deren Ordnung zu sichern. Wenn Paulus ihre Tätigkeiten der Naturwelt zuschreibt, so bedient er sich damit einer Redeweise, die auch dem Alten Testament nicht ungewohnt ist. Denn dort wird verschiedentlich von der Natur ein Tun ausgesagt, das ein geistiges Wesen voraussetzt, also von den über der Natur stehenden Engeln oder Menschen zu verstehen ist. Da die ihnen anvertraute κτίσις durch die Sünde des Menschen und durch den Satan in Unordnung geraten ist, seufzen die Engel und ersehnen die Befreiung des Menschen, mit der dann auch die Freiheit der κτίσις gegeben ist[18].

Der Einfluß Diodors durch seine kosmisch-angelologische Deutung prägt sowohl Gregor als auch Theodoret, wie später noch zu sehen sein wird.

[18] Vgl. *Catenae* (93-95 STAAB); GIERATHS 23 f.

c. Johannes Chrysostomus und die kosmische Deutung

Schon Irenäus von Lyon[19] und Tertullian[20] hatten unter κτίσις in unserer Perikope die untermenschliche Schöpfung verstanden. Johannes Chrysostomus fragt sich bei der Erklärung unserer Stelle, was die Unterwerfung unter die ματαιότης bedeutet. Er antwortet φθαρτὴ γέγονε[21]. Da er in diesem Zusammenhang *Ps* 102 (101),26 und *Jes* 51,6 zitiert, ergibt sich, daß er hier an die Unterwerfung des Himmels und der Erde unter die Vergänglichkeit denkt. Diesen Zustand führt er auf den Sündenfall zurück. Als der Mensch sterblich geworden ist, hat der Fluch Gottes auch die Schöpfung getroffen. Dies ist zur Besserung des Menschen geschehen. Doch wird die Schöpfung einst wieder unvergänglich sein und als passende Umgebung die Herrlichkeit des verklärten Menschen erhöhen. Außerdem bemerkt Johannes Chrysostomus, daß Paulus das All personifiziert[22]; so ahmt der Apostel die Sprache der Propheten nach, wobei er ebensowenig wie jene das All für beseelt hält[23].

d. Gregor von Nyssa und die kosmisch-angelologische Deutung

Gregor von Nyssa hat die Paulusbriefe nicht eigens kommentiert[24]. Er zitiert diese Stelle jedoch siebenmal in seinen Werken. Hauptsächlich nimmt er darauf Bezug in den Streitschriften *Contra Eunomium* und *Antirrheticus adversus Apolinarium*. Erwähnenswert ist ebenfalls das von Cramer edierte Fragment: "In dem Ausdruck 'das sehnliche Erwarten der Schöpfung' kann man unter 'Schöpfung' auch die Engel verstehen, wie sich schon früher gezeigt hat, wenn es nämlich heißt: 'Freude wird den Engeln über die aus der Sünde Geretteten' (*Lk* 15,10). Deswegen seufzt jene 'Schöpfung' (d. h. die Engel) und leidet bis jetzt mit über unsere Nichtigkeit, weil sie unser Ver-

---

[19] Vgl. *haer* V 32,1 (SC 153,396 ff.).

[20] Vgl. *cor* 6,2 (CChr.SL 2,1047).

[21] Vgl. CHRYS *hom* 14 *in Rom* 5 (PG 60,530); GIERATHS 37.

[22] Cyrill von Alexandrien hat auch über diese paulinische Personifikation gesprochen; vgl. *Rom* (PG 74,821).

[23] Vgl. *hom* 14 *in Rom* 5 (PG 60,529). Darüber hinaus schreibt LIMBURG 25: "En efecto, al comentar Rom. 8,20, el Crisóstomo señala la estrecha relación que, por voluntad divina, existe entre el hombre y las demás criaturas visibles. Todas ellas han sido creadas en función del hombre (διὰ ἀνθρώπων). Así se explica tanto el castigo actual que sufren a causa del pecado del hombre, la maldición que cayó sobre la tierra, como también la incorruptibilidad futura de la que gozarán una vez que el hombre la haya adquirido en la resurrección de los cuerpos".

[24] Vgl. TURNER 498 f.

derben als die uns eigene Strafe erachtet. Wenn die Offenbarung der Söhne Gottes geschieht, die sie (jene 'Schöpfung') für uns immer ersehnt und erwartet, und wenn das Schaf für das himmlische Hundert (der Herde) gerettet ist (vgl. *Lk* 15,4-7) - wir selbst, d. h. die menschliche Natur, sind ja dieses Schaf[25] -, dann vor allem bringen die Engel in ihrer Freude mit nimmer endendem Dank Gott die Anbetung dar"[26].

Diese Stelle bezeugt deutlich, daß Gregor der kosmisch-angelologischen Interpretation folgt. Diese Auslegungsform ist auch an anderen Stellen seines Werkes auffallend, insbesondere in *Contra Eunomium*[27].

e. Theodoret von Kyros und die kosmisch-angelologische Deutung

Eine weitere Form der kosmisch-angelologischen Deutung unserer Stelle bietet Theodoret von Kyros[28]. Nach Theodoret spricht Paulus in den VV. 19-21 nur von der sichtbaren, vernunftlosen Schöpfung. Ihre Unterwerfung gründet bei Theodoret nicht in ihrer Beziehung zur Vergänglichkeit des Menschen, sondern in ihrer eigenen Natur. Sie hat von Gott eine θνητὴ φύσις erhalten. Die Welt ist in diesem Zustand erschaffen worden, weil der Schöpfer des Alls die Sünde und Strafe Adams vorausgesehen hat. Denn es geziemt sich nicht, daß der Mensch sterblich ist, die Welt hingegen, die für ihn geschaffen ist, unvergänglich. Daher ist sie τρεπτή erschaffen worden. Das τρεπτόν der Schöpfung ist auch *Ps* 102 (101),27 durch das Wort vom Vergehen des Himmels und der Erde bezeugt. Wenn aber die Menschen nach der Auferstehung unsterblich geworden sind, wird auch die sichtbare Schöpfung an der Unvergänglichkeit teilnehmen. Theodoret entdeckt wie Johannes Chrysostomus die rhetorische Figur der Personifikation der Schöpfung, die Paulus hier verwendet. In V. 22 ist aber auch die unsichtbare Schöpfung eingeschlossen, wie der Ausdruck πᾶσα ἡ κτίσις zeigt. Wie dann das Seufzen der Engel zu verstehen ist, muß aus *Lk* 15,7 entnommen werden, wo der Herr erklärt, daß die Engel im Himmel sich freuen über einen einzigen Sünder, der sich bekehrt. Dann ist es aber auch klar, daß sie über unsere Sünden betrübt sind.

---

[25] Vgl. *Apol* (GNO III/I 152,2 f.).

[26] *Catenae* zu *Rom* 8,21 (IV 252 f. CRAMER).

[27] Vgl. *CE* III,II 49 (GNO II 68,15-25).

[28] Vgl. *Rom-Philm* (PG 82,137); GIERATHS 26.

Wie eingangs bemerkt, ist damit die Interpretation der Kirchenväter nicht erschöpft. In ihnen ist eine christologische Auslegung latent, aus der die Tiefendimensionen dieser paulinischen Aussagen sichtbar werden. Das Offenbarwerden der Kinder Gottes kann nur nach der Menschwerdung Wirklichkeit werden. Origenes selbst hatte es in *De Principiis* I 7,5 deutlich zum Ausdruck gebracht. Diese oben lediglich erwähnte Stelle soll nun hier in ihren christologischen Aussagen angeführt werden: "Nun wollen wir auch betrachten, was die 'Freiheit der Kreatur' und die 'Befreiung aus der Dienstbarkeit' ist. Wenn Christus 'das Reich Gott dem Vater überantworten wird' (*1 Kor* 15,24), dann werden auch diese Lebewesen, nachdem sie zuerst dem Reich Christi zugefallen sind, mit diesem ganzen Reich der Herrschaft des Vaters überantwortet werden; und wenn Gott 'alles in allem sein wird' (*1 Kor* 15,28), wird auch in diesen, da auch sie zu den 'allen' gehören, Gott ebenso sein wie in allen"[29].

2. Christologische Deutung von *Röm* 8,19-22 bei Gregor von Nyssa

Gregor von Nyssa erwähnt, wie bereits angesprochen, siebenmal diese paulinische Stelle. Wenn er sich auf sie in den Streitschriften *Contra Eunomium* und *Antirrheticus adversus Apolinarium* bezieht, macht er auf ihren christologischen Inhalt aufmerksam; er unterstreicht sowohl die darin angesprochene Gottheit Christi als auch seine Menschheit, je nach den Anforderungen des jeweiligen Streites.

Es soll eigens vermerkt werden, daß Gregor *Röm* 8,19-22 mit einer anderen christologischen Stelle des Apostels Paulus in Beziehung setzt: *Phil* 2,7. Durch seine Menschwerdung wird der Sohn Gottes zum Erstgeborenen der ganzen Schöpfung und verwirklicht in der Welt den Heilsplan des Vaters. Auf diese Weise bewirkt er, was Paulus in *Röm* 8,19-22 erwähnt: er bringt den Engeln die Freude zurück, da diese sehen, daß Christus die Menschen erneut ruft, die in der Sünde verstrickt waren. Von diesem Augenblick an beginnen das Offenbarwerden der Kinder Gottes und das Aufhören der Geburtswehen der Schöpfung, die den Namen Jesu anbeten wird (vgl. *Phil* 2,10). Die Freude der Engel tritt in Erscheinung durch ihre Danksagung an Gott, wenn sie die Wirksamkeit des Guten Hirten feststellen, "der aufgrund seiner Erstgeburt den wiedergerufen hat (ἀνακαλεσάμενος), der sich vom Elternhaus entfernt hatte"[30].

---

[29] Vgl. OR *princ* (245, 247 GÖRGEMANNS/KARPP).

[30] Vgl. *CE* III,II 49 (GNO II 68,15-25).

a. Christus ist Gott

Auch an den anderen Stellen von *Contra Eunomium* zitiert Gregor *Röm* 8,22 (πᾶσα ἡ κτίσις) immer in Bezug auf *Phil* 2,7. Er will dadurch zeigen, daß auch in diesem christologischen Hymnus Paulus von der Gottheit des Sohnes spricht[31].

Gregor bringt die Sklaverei der Schöpfung, von der Paulus in seiner Perikope spricht, mit *Ps* 119 (118),91: "dir ist alles dienstbar" in Verbindung. Er faßt diesen Gedanken mit der Formel: "die ganze Schöpfung ist nach Paulus geknechtet (δουλεύει)" zusammen[32]. Auch der Sohn Gottes wird zum Sklaven, sobald er Fleisch annimmt (vgl. *Phil* 2,7), denn seine menschliche Natur ist geschaffen. Wenn aber Eunomius behauptet, der Sohn Gottes sei bereits vor seiner Menschwerdung ein Geschöpf, wird deutlich, daß er den paulinischen Text aus *Phil* 2,7 nicht verstanden hat; das beinhaltet sogar einen Widerspruch: der Sohn Gottes würde dadurch von einer Knechtschaft in die andere übergehen, was auf keinen Fall von Paulus gemeint ist[33].

b. Christus ist vollkommener Mensch

Wie in den vorstehenden Ausführungen angedeutet, gibt die aus *Röm* 8,22 und *Phil* 2,7 erarbeitete Synthese Gregor von Nyssa Anlaß, über die Menschheit Christi zu sprechen, die dieser annimmt, als er zum Knecht wird. Diesen Gedanken bringt Gregor in der *Refutatio Confessionis Eunomii* 111[34] deutlicher zum Ausdruck. Nach Gregor gefiel es den Arianern, ihre Gedanken mit *Prov* 8,22 - "Der Herr hat mich geschaffen" - zu unterstützen. Unabhängig davon, daß man eine andere Lesart für diesen alttestamentlichen Text finden könne - ἐκτήσατο (besaß) statt ἔκτισε (erschuf)[35] -, enthalte die Form ἔκτισε selbst ein tiefgehendes Geheimnis, da sie sich auf die Menschheit Christi beziehe: "Die ganze Schöpfung ist nach Paulus geknechtet". Daher wurde nach der Auslegung von *Phil* 2,7 das Wort, das am Anfang Gott war, später Fleisch und Mensch. Daher betont Gregor, daß die menschliche Natur Christi geschaffen und den Menschen in allem gleich wurde, außer in der Sünde. Denn Gott erschuf diese Natur nicht auf menschliche Weise, sondern auf eine neue Art, damit die

[31] Vgl. *ib.* I 16 f. (9,12-15); III 55 (127,15-30); IV 37 (148,11 f.).

[32] Vgl. *ib.* I 16 (9,12); I 17 (9,18); III 155 (127,15); IV 37 (148,12).

[33] Vgl. *ib.* IV 37 f. (148,11 ff.).

[34] Vgl. GNO II 358,7-26.

[35] Vgl. CANÉVET, Herméneutique biblique 268-273.

Menschen den neuen Menschen anzögen, der in Christus erschaffen worden ist (vgl. *Eph* 4,24).

In seiner Streitschrift gegen Apolinaris sieht sich Gregor veranlaßt, sich in die christologischen und soteriologischen Lehren der hl. Schrift zu vertiefen. Sie lehrt, daß Christus als Mensch eine vollkommene, aus Leib und Seele bestehende Natur besaß. So bemerkt Gregor in seinem Kommentar zu *Lk* 23,43, daß Christus am Kreuz durch seine Seele dem guten Schächer die Toren zum Paradies geöffnet und durch seinen Leib die Macht der Verwesung besiegt hat, der die ganze Schöpfung gemäß *Röm* 8,21 unterworfen ist, da er eine lebenspendende Natur besaß[36].

In einem anderen Traktat, der weniger polemisch ist, faßt Gregor mit theologischer Präzision diese Gedanken wie folgt zusammen: "Der Herr hat mich geschaffen im Anfang seiner Wege, vor seinen Werken in der Urzeit (*Prov* 8,22). Alle Geschöpfe sind versklavt, wie der Apostel sagt (vgl. *Röm* 8,21). Wer daher im Schoß einer Jungfrau nach dem Wort des Propheten (vgl. *Jes* 49,5) erschaffen ist, ist Knecht und nicht Herr; d. h. der dem Fleisch nach Mensch ist, in dem sich Gott geoffenbart hat, und jener, der am Anfang seiner Wege erschaffen worden ist, ist nicht Gott, sondern Mensch. In ihm hat sich uns Gott geoffenbart, um den Weg des menschlichen Heils, der zur Verlorenheit führte, neu zu gestalten (ἀνανεώσασθαι). Wir erkennen also in Christus zwei Aspekte: einen göttlichen und einen menschlichen, d. h. in seiner Natur offenbart sich das Göttliche und in der οἰκονομία das Menschliche. Daher sprechen wir der Göttlichkeit das Ewige und der menschlichen Natur das Geschaffene zu"[37].

3. Christologische Deutung von *Röm* 8,19-22 bei Theodoret von Kyros

Auch der Bischof von Kyros[38] entdeckt in dieser paulinischen Stelle eine christologische Ausrichtung, die allerdings nur teilweise mit der Deutung Gregors von Nyssa übereinstimmt. Hierbei sei in Erinne-

[36] Vgl. *Apol* (GNO III/I 153,10-24); MÜHLENBERG, Apollinaris von Laodicea 108-148; DANIÉLOU, L' être et le temps 175; MATEO-SECO, Kenosis; DERS., Cristología 29-77.

[37] *Fid* (GNO III/I 63,4-21). In seiner Exegese von *Phil* 2,7 folgt Gregor dem Weg, den sein Vorgänger Basilius der Große in *Contra Eunomium* eingeschlagen hatte: "Pour moi, en effet, l' expression 'exister en forme de Dieu' a la même valeur que celle d' 'exister en substance de Dieu', je l' affirme. Et de même que l' expression 'avoir pris la forme d' esclave' signifie que notre Seigneur a été engendré dans la substance de l' humanité, de même en parlant d' 'exister en forme de Dieu' (l' Apôtre) fait voir absolument la propriété de la substance divine". BAS *Eun* I 18 (SC 299,237).

[38] Vgl. TURNER 516 f.; RICHARD; ASHBY; GUINOT.

rung gerufen, daß Theodoret in seinem Kommentar zu den Paulusbriefen nicht nur gegen Arianer und Eunomianer, sondern auch gegen Markioniten und Manichäer streitet. Gerade gegen diese letzteren wendet er sich in seinem Kommentar zum achten Kapitel des Römerbriefs[39].

Theodoret betont, daß die der Vergänglichkeit geweihte Schöpfung der Veränderung (μεταβολή) harrt, gemäß dem göttlichen Ratschluß, die Geschöpfe von der Verlorenheit zu befreien[40]. Dieser göttliche Ratschluß wird ausgeführt, wenn Christus in der Fülle der Zeit (vgl. *Gal* 4,4) alle Dinge in sich vereint: was im Himmel und auf Erden ist (vgl. *Eph* 1,10), da nach Theodorets Auslegung Paulus die plötzliche Veränderung (μεταβολή) der Dinge ἀνακεφαλαίωσις nennt[41].

Mit der Art und Weise, wie Theodoret den paulinischen Terminus ἀνακεφαλαίωσις interpretiert, befindet er sich in der Tradition der antiochenischen Auslegung. Schon Theodor von Mopsuestia hatte ἀνακεφαλαίωσις als "die schnelle Zusammenfassung vieler Sinne" definiert[42]. Johannes Chrysostomus hatte diesen Terminus ähnlich, aber noch deutlicher bestimmt: "Er (= Paulus) sagt: 'zu erneuern' (ἀνακεφαλαιώσασθαι). Was heißt ἀνακεφαλαιώσασθαι? Zusammenfassen. Indes, wir wollen uns bemühen, der eigentlichen Bedeutung ganz nahe zu kommen. Bei uns und nach dem gewöhnlichen Sprachgebrauch versteht man unter ἀνακεφαλαίωσις: einen langen Vortrag kurz zusammenfassen, alles, was mit vielen Worten gesagt wurde, in gedrängter Kürze wiederholen. Diese Bedeutung ist auch hier zutreffend. Christus hat nämlich die im Laufe der Jahrhunderte getroffe-

---

[39] Vgl. PUECH 240, 245, 269, 272; ROSSI 139-142; SANNA 238-260. Nach PARVIS 339 ist dieser Kommentar Theodorets in die Jahre 436-438 zu datieren.

[40] Vgl. *Rom-Philm* (PG 82,137).

[41] Vgl. *ib.* (PG 82,512). "An important soteriological category speaks of the overthrow of the power of death ... The Word (1) became incarnate, (2) overthrew the power of death, and (3) secured the general resurrection. The same three elements are found in essence at Eph. 1,9-10, where Theodoret describes the alienation of the heavenly powers from the corruptible creation" (PARVIS 294). "Teodoreto, en efecto, extiende el horizonte de la ἀνακεφαλαίωσις a todo el conjunto de la creación: no sólo se unirán bajo la capitalidad de Cristo los ángeles y los hombres, sino también los seres irracionales y todo el cosmos material. Tal amplitud cósmica de la ἀνακεφαλαίωσις no estaba excluida de la dirección exegética anterior capitaneada por el Crisóstomo, pero es ahora, en Teodoreto, explícitamente expuesta. Teodoreto, en fin, habla de otra dimensión de la ἀνακεφαλαίωσις: ésta consiste también en la mutación o transformación de todo el cosmos visible: por la Encarnación de Cristo, la naturaleza humana resurge para la incorrupción y, como consecuencia de ello, también el cosmos material, la creatura visible, que ha sido creada para uso del hombre, es liberada de la corrupción. A este respecto es interesante la relación que establece Teodoreto entre Eph. 1,10 y otros textos paulinos de consideraciones cosmológicas, a saber, Rom. 8,19, Hebr. 2,9 e, incluso, Lc. 15,7" (CASCIARO 312).

[42] THDR MOPS *Eph* 1,10 (I 128 SWETE). Vgl. GIERATHS 24-26; WILES, The divine Apostle 38; WICKERT 119 f.

nen Anstalten in sich erneuert, d. h. kurz wiederholt. Denn indem er die Offenbarung erfüllte und in seiner Gerechtigkeit zusammendrängte, hat er alles Frühere zusammengefaßt und noch Neues hinzugefügt. Das ist unter ἀνακεφαλαίωσις (Erneuerung) zu verstehen. Es wird damit aber noch etwas anderes ausgedrückt. Was ist dieses? In dem fleischgewordenen Christus hat Gott ein Haupt gesetzt über alle, Engel und Menschen. D. h. er hat ihn als gemeinsamen Urgrund gegeben den Engeln und den Menschen; diesen als den Fleischgewordenen, jenen als das göttliche Wort. Wie man von einem zum Teil morschen, zum Teil festen Haus zu sagen pflegt: er hat das Haus wiederaufgebaut, d. h. es fester gemacht, einen festeren Grund gelegt, so ist auch hier der Sinn: er hat alle unter ein Haupt gebracht. Denn nur so kann eine Vereinigung, eine genaue Verbindung entstehen, wenn alles unter ein Haupt gebracht, gleichsam durch ein festes Band von oben zusammengehalten wird"[43].

Wie es schon früher bei Tertullian der Fall war[44], christianisiert auch hier die antiochenische Schule einen Terminus aus der griechischen Rhetorik[45]. Die christologische Anwendung dieses Terminus im Epheserbrief ist nach der antiochenischen Schule die Zusammenfassung der Heilsgeschichte, die darin besteht, daß Gott der Vater Christus dem Fleisch nach zum Haupt aller Wesen macht[46].

Deswegen bringt nach Theodoret die göttliche οἰκονομία, die sich mit der Menschwerdung Christi erfüllt, eine rasche Veränderung der Dinge mit sich. Diese beginnt mit der Tatsache, daß die menschliche Natur neu geboren wird und die Unverweslichkeit anzieht; daraus ergibt sich ein doppelter Effekt: Einerseits wird die untermenschliche Schöpfung von der Verweslichkeit befreit, und andererseits erlangen die Engel die Freude wieder, dadurch daß sie den Schmerz, die Trauer und das Wehklagen ablegen: "Allein die göttliche Natur ist unbedürftig. Die gesamte Schöpfung aber bedurfte des Heilsmittels der Ökonomie ... Die Menschwerdung des Einziggeborenen, die den Tod vernichtete, die Auferstehung vor Augen brachte und das Unterpfand der

---

43 *Hom* 1 *in Eph* (PG 62,16); STODERL 170 f.

44 "... *ut ita dixerim, sicut verbum illud in Graeco sonat, recapitulare, id est ad initium redigere, vel ab initio recensere*": *Marc* V 17,1 (CChr.SL 1,712).

45 "Oft wird κεφάλαιον auch περιληπτικὸν νόημα genannt": OR *Catenae* zu *Eph* 1,10 (VI 114 CRAMER). Vgl. SCHLIER, ἀνακεφαλαιόομαι 681 f. und LAUSBERG I 171 und 237 f. Nach Schlier und auch nach Lausberg hat dieser *terminus technicus* der Rhetorik verschiedene Bedeutungen: 1) etwas zu seinem κεφάλαιον zurückbringen, d. h. zu seinem Hauptpunkt, daher die Bedeutungen "zusammenfassen", "sammeln"; 2) etwas in seinen Hauptpunkten auseinanderlegen; 3) aus etwas eine Schlußfolgerung ziehen; 4) wiederholen. Die erste Bedeutung ist nach diesen Autoren die weitaus häufigste.

46 Vgl. CASCIARO 308-311.

allgemeinen Auferstehung gegeben hat, löste jene finstere Wolke auf. *Anakephalaiosis* also nennt er (= Paulus) den plötzlichen Umschwung der Dinge. Durch die Ökonomie in unserem Herrn Christus nämlich ersteht die Natur der Menschen auf, sie zieht die Unverderblichkeit an, und auch die sichtbare Schöpfung wird, vom Verderben befreit, Unverderblichkeit erlangen, und auch die Scharen der unsichtbaren (Geister) werden in beständiger Freude leben, denn es wich Klage und Trauer und Seufzen"[47].

Fazit

In der vorliegenden Untersuchung wurde festgestellt, daß Gregor von Nyssa und Theodoret von Kyros bei ihrer Interpretation von *Röm* 8,19-22 dem Diodor von Tarsus folgen. Beide Kirchenväter (wie schon vorher Origenes) deuten diese Stelle aber auch christologisch, was zweifellos eine Bereicherung ihrer theologischen Tragweite bedeutet: Origenes bietet eine christologisch-eschatologische Deutung der Perikope, Gregor von Nyssa eine christologisch-anthropologische, und Theodoret von Kyros eine christologisch-kosmologische.

Für Gregor von Nyssa findet sich die christologische Komponente des Textes in der Sklaverei des Geschöpfes, die Christus auf sich nahm (vgl. *Phil* 2,7), als er Mensch wurde - auch wenn seine Menschwerdung auf eine neue Weise zustande kam, d. h. sündenlos -, um durch die Ausübung seiner Funktion als Guter Hirt das Heil zu bewirken.

Theodoret hingegen bringt diese Stelle in Verbindung mit der paulinischen Lehre von der ἀνακεφαλαίωσις aller Dinge in Christus (vgl. *Eph* 1,10). Er entdeckt in der göttlichen Vorsehung den weisen Ratschluß, die untermenschliche Schöpfung im Hinblick auf die Sünde des Menschen von Anfang an verweslich zu gestalten und sie nach der Fülle der Zeit plötzlich zu verändern.

Sowohl für Gregor als auch für Theodoret ist es die Menschwerdung des Sohnes Gottes, die der Schöpfung die Unverweslichkeit und den Engeln die Freude (vgl. *Lk* 15,7 und 15,10) verleiht. Gregor[48] nimmt freilich eine mehr anthropologische Perspektive als Theodoret ein: er weist auf den Ruf des Guten Hirten, die dem guten Schächer gewährte Vergebung und die Belohnung im Paradies; der Bischof von Kyros dagegen bietet eine gänzlich kosmologische Auslegung des paulinischen Textes. Diese Unterschiede sind zum Teil auf die Anforde-

[47] Vgl. *Rom-Philm* (PG 82,512). Übersetzung von KOCH 138.

[48] Vgl. CANÉVET, Nature du mal.

rungen der Auseinandersetzungen zurückzuführen, in denen sie jeweils stehen; Gregor und Theodoret streiten gleichermaßen gegen die Arianer; darüber hinaus setzt sich Gregor mit Apolinaristen und Theodoret mit Manichäern auseinander. So wird die anthropologische Ausrichtung des ersten und die kosmologische Perspektive des zweiten verständlich. Der Hauptunterschied zwischen beiden Theologen liegt u. E. in dem Grund für die Vergänglichkeit der materiellen Welt. Für Theodoret erschafft Gott die Welt im Hinblick auf die spätere Sünde des Menschen vergänglich. Für Gregor dagegen läßt sich diese Knechtschaft nicht allein von der Sünde her erklären, da auch Christus, der ja sündenlos war, durch seine Menschwerdung Knecht geworden ist. Wenn wir den Gedanken Gregors weiter verfolgen, können wir vermuten, daß Gott die Vergänglichkeit der materiellen Welt eher in Voraussicht der zukünftigen Würde der Kinder Gottes erlaubt hat: "Wir wissen, daß Gott bei denen, die ihn lieben, alles zum Guten führt, bei denen, die nach seinem ewigen Plan berufen sind" (*Röm* 8,28).

Die Gemeinsamkeiten beider Theologen sind jedoch tiefer, als ein erster Blick verrät. Beiden Auslegungen von *Röm* 8,19-22 liegt das christliche Verständnis der *restauratio* zugrunde. Gregor verwendet für seine soteriologische Konzeption die Termini ἀνακαλεῖν[49] und ἀνανεοῦν[50]. Theodoret stützt seine Auslegung dieser paulinischen Stelle auf den Terminus ἀνακεφαλαιοῦν[51]: Was für Theodoret den Engeln die Freude zurückbringt, die ἀνακεφαλαίωσις, ist für Gregor die Handlung Christi als Guter Hirt, der die Menschen in das Haus des Vaters zurückruft und sie auf den Weg des Heils zurückbringt. Diese Übereinstimmung zwischen beiden Kirchenvätern hat eine theologische Tradition: unter den Auslegungen, die Tertullian von dem paulinischen Terminus *recapitulare* gibt, finden sich *ad initium revocare* ("zum Anfang zurückrufen") und *ad initium redigere*, *ab initio recensere* ("zum Anfang zurückführen")[52]; Christus vereint die Menschen in sich und führt sie zum Paradies, aus dem sie nach der Sünde Adams durch einen Spruch Gottes ausgeschlossen waren (vgl. *Gen* 3,23) und wohin sie durch den Ruf Christi zurückgeführt werden[53].

Die christologischen Auslegungen Gregors und Theodorets von *Röm* 8,19-22 haben vielleicht ihren Ursprung in einer älteren theolo-

---

[49] Vgl. *CE* III,II 49 (GNO II 68,15-25).

[50] Vgl. *fid* (GNO III/I 63,14).

[51] Vgl. *Rom-Philm* (PG 82,512).

[52] Vgl. *Marc* V 17,1 (CChr.SL 1,712); vgl. BRAUN 517-520; VICIANO 363 f.

[53] "... *et postremo totus homo in paradisum revocatur, ubi ab initio fuit*". *Mon* 5,3 (CChr.SL 2, 1234). Vgl. MATTEI: SC 343,82-100.

gischen Tradition, wahrscheinlich in der theologischen Tradition Kleinasiens, von der Tertullian ein besonderer Exponent ist.

Resümee

Die Auslegung der paulinischen Stelle *Röm* 8,19-22 durch die Kirchenväter ist sehr unterschiedlich. Dabei wird insbesondere die Frage verschieden beantwortet, was Paulus in diesem Abschnitt unter Schöpfung versteht. Hier werden jene Auslegungen vorgestellt, die Origenes, Diodor von Tarsus, Johannes Chrysostomus, Gregor von Nyssa und Theodoret von Kyros hinterlassen haben. Bei ihnen ist eine christologische Auslegung latent, durch die die Tiefendimensionen der paulinischen Aussagen sichtbar werden. Gregor von Nyssa und Theodoret von Kyros bieten dabei eine christologisch-anthropologische bzw. eine christologisch-kosmologische Deutung der Perikope. Für Gregor von Nyssa findet sich die christologische Komponente des Texts in der Sklaverei des Geschöpfes, die Christus auf sich nahm (vgl. *Phil* 2,7), als er Mensch wurde. Theodoret hingegen bringt diese Stelle in Verbindung mit der paulinischen Lehre von der ἀνακεφαλαίωσις aller Dinge in Christus (vgl. *Eph* 1,10). Die christologischen Auslegungen Gregors und Theodorets von *Röm* 8,19-22 haben vielleicht ihren Ursprung in einer älteren theologischen Tradition, wahrscheinlich in der theologischen Tradition Kleinasiens.

John Philoponus and Gregory of Nyssa's Teaching on Resurrection - A Brief Note

Lionel R. WICKHAM

The learned will not need a reminder of who John Philoponus was and of his importance as philosopher and theologian. To the unlearned it will be enough to refer to the recently published volume under the editorship of Richard Sorabji[1], and to recall that John the Grammarian, 'philoponus' to his admirers and friends but 'mataioponus' ('pedant') to the enemies amongst his co-religionists (in the end numerous, despite their gratitude for his refutation of dyophysitism and the Council of Chalcedon) was one of the most distinguished thinkers of the sixth century. An innovator and polymath with an independent judgement, he was certainly a layman (and so not subject to the same doctrinal constraints as the clergy) with a 'constituency', when he wrote on theology, amongst those who had at least tolerated the old state-religion of the *Henoticon* before Justin changed it in 518[2]. To that Christian constituency, troubled as it was by problems of organization and leadership, his embrace was, to say the least, in the nature of a kiss of death. He divided it by advocating 'tritheism', saying that logic told us that the divine unity was a mental after-thought or abstraction, and so he produced a sizable party of 'tritheists' who accepted his arguments. He divided it again, this time only producing factions diverging on how he should be refuted, on the subject of resurrection.

The idea of resurrection, as it had been expounded by the standard theologians, seemed to him (as it has seemed to many, before and since) irrational and philosophically untenable. John was unusual in that he did not hesitate to say so, however much damage it might cause venerable reputations. Perhaps (who knows?) he may even have revelled in the general mayhem. Of the works he wrote on the subject only fragments survive. Those published by A. Van Roey[3]

---

[1] The first essay, by the editor, gives an outline of the career, chronology and main ideas of the subject.

[2] I inevitably summarize in a very general manner and ask for indulgence in the matter. Another way of describing John's 'constituency' would be to call it 'monophysite'; but that too is open to misinterpretation.

[3] The fragments of Philoponus survive in Syriac translation in this work, for more

reveal Philoponus first of all belabouring Cyril of Alexandria for a contradiction in terms. (I need not underline the magnitude of Philoponus' impertinence in venturing against that exact standard of orthodoxy whose every word was cherished as if it were holy writ.) Cyril has said (in book seven of his commentary on the First Epistle of Saint Paul to the Corinthians)[4] that the resurrected will be what they are but 'incomparably nobler, incorruptible and immortal'. But how can he do so? He has destroyed the definition of man with 'incorruptible and immortal', since man is by definition a rational and mortal animal. It is no use saying that a mere change of form (σχῆμα) in the body is involved. What we are dealing with is a total change of nature. 'Consequently', John goes on, 'men's bodies will, at the resurrection, become what they were not. If, therefore, those previous bodies do not rise (for they will have perished) they will be also dissimilar to them and not only numerically different from those that are' (sc. now) 'but also not of the same *eidos* as them. For those at the resurrection are incorruptible and immortal. And all who do not follow Christ, who decreed this by Paul' (cf. *1 Cor* 15:52 f.), 'are at war with God'. Matter and form of the present body alike perish, according to Philoponus, to be replaced by new bodies which constitute a new class of entity. What further positive arguments he used in the treatises he wrote on the subject we do not know, but the general position is plain.

If Cyril got it in the neck from Philoponus, the sharpest words seem to have been reserved, in the fourth book of his treatise on the resurrection (so the lemma to the fragments), for Gregory of Nyssa. The following lines, five short and discrete fragments recounted because of their excess of disrespect towards a divinely inspired and God-clad father, have been preserved[5]. 'As usual, he' (sc. Gregory of Nyssa) 'thinks (δοξάζει) inappositely, fashioning non-existent images (εἰκόνας) to absurdity'. 'We should laugh all this to scorn rather than rebut it.' 'You' (sc. Gregory of Nyssa) 'bring us in new demons (δαίμονας) ignorant of nature'. 'But this venerable maker of myths passes on' (or, perhaps, 'exaggerates') 'and makes up reasons for all of them, and that though he is a medical man (ἰατρός). And he does not examine the close-knit (πυκνάς/συνεχεῖς) and uninterrupted changes of a

details on which consult the article named. On the Cononites and the history in general, see also EBIED/VAN ROEY/WICKHAM.

[4] *Res fr* 32 (135 f. VAN ROEY). Greek text of the passage from Cyril *I Cor* 4 in the edition of PUSEY III 309,4 ff.

[5] *Res fr* 33 (137 f. VAN ROEY). I add in brackets what I surmise to be the Greek words underlying the Syriac version, in the places where the Syriac is ambiguous or needs explanation.

single body'. 'What writer of fables (λογοποιός) or deviser of absurd accounts (λόγων) made this up for you' (sc. Gregory)? 'For no theologian or treatise-writer able to examine the nature of realities or master of natural science (διδάσκαλος τῆς φυσικῆς θεωρίας) has been seen to blather these things anywhere'.

A few preliminary comments on the lines are in order. First, John calls Gregory of Nyssa a 'medical man'. I do not think that this is more than a deduction from Gregory's penchant for natural science. Examples abound and he was much admired for them. Severus of Antioch, for one, thought the speech about the ant in book eight of *Contra Eunomium III* particularly 'brilliant', giving the death-blow, as it were, to Eunomius' pretentious and vain search into the divine nature, by inviting Eunomius to anatomise the lowly insect[6]. And indeed the extended scientific analogies form one of the most characteristic features in Gregory, by no means mere showing off of learning, but often, even now, I should suggest, effective and thought-provoking. Philoponus, I should suggest, simply read this as evidence of technical medical training on Gregory's part. Secondly (by way of corollary to the first) Gregory is roundly abused for his absurd non—existent images. I suggest this means that Gregory has employed some comparisons or analogies, drawn from natural science, to illustrate the possibility of resurrection. John seems to be saying that Gregory's explanations have no scientific basis and that he has simply omitted any genuine reasoning for what requires explanation viz. the unity of the body throughout its continuous and rapid changes i. e. its unity *qua* essentially corruptible. (The εἶδος of the resurrection-body, as we see in the attack on Cyril, must be different.) Thirdly, Gregory has said some things no qualified physicist has ever said before. Fourthly, Gregory has said something about 'demons'.

What passages of Gregory did Philoponus have in mind? I find a clue in the last point about demons. In *De anima et resurrectione*[7] Macrina explains Paul's words (*Phil* 2:20) about things in heaven, things on earth and things under the earth bowing the knee to Christ. He refers, she says, to three conditions of rational nature: that of incorporeal angels (in heaven), of embodied creatures (on earth) and of those released through death from the carnal (under the earth). She

[6] *CE* III,VIII 3 (GNO II 238,19-239,21). Severus is quoted in chapter 19 of Peter of Callinicus *Against Damian* III, the text and translation of which will, it is hoped, be published soon in an edition by the authors named above in note 3. The same chapter lists the works of Gregory against Eunomius and explains their order, their number and the reason for their being written. It is the first testimony, *ni fallimur*, to the correct arrangement embodied in Jaeger's edition.

[7] PG 46,70 C et sqq.

adds to the last condition any other rational creature, whether we call them 'demons' or 'spirits' does not matter. They too are under the earth. Evil spirits now, they will in the end confess Christ's lordship. How might these lines appear to a hostile critic? I would suggest that it might be very justly objected to Gregory that he was fetching in 'new demons ignorant of nature' i. e. their own nature. For consider how vague the condition of these demons is, and how little distinguishable from that of departed spirits. What species of being, what φύσις do they belong to? They are, allegedly, what Paul means by what are 'under the earth'. But so are departed souls. Moreover, from all those 'under the earth' there will in the end be a unanimous acknowledgment of Christ's lordship. So there seems to be no difference between them and departed souls in their final state. Gregory's language makes it impossible to distinguish any different 'natures' in rational beings. I think that it is along such lines that Philoponus' critique will have proceeded.

As for the 'non-existent images, fashioned to absurdity' I think we can find these in the passage which comes soon after these lines about 'demons'. Macrina suggests an analogy which lies outside possibility[8]: the separation of previously mixed pigments. Supposing a painter were able to take the colours off his picture (as *we* might say scoop them off the canvas and put them back in the tubes of paint) but also again recreate the picture he had made by putting the same paints back on the surface, so the soul will be able to recognize the constituent elements of the body once its own and reclaim them. This is confessedly a non-existent image (or comparison). Surely, you might argue, the very impossibility of doing what the analogy prescribes is conclusive proof of the impossibility of resurrection as a reassembling of the bodies' constituent elements. It has been admitted as ἔξω τοῦ δυνατοῦ, and it is ἄτοπος/absurd in every sense of the term. And moreover the 'static' feature (i. e. the fact that a picture stays put on the surface) neglects the dynamism of a body's existence, in process, as it is, of constant change. Macrina continues with another analogy, that of a shattered vessel which its owner could reassemble from the broken shards. It is open to the same objection as the preceding one. The unity of a constantly changing body acquiring new constituents, simply cannot be compared with that of a picture or vessel, and a 'medical man' should have known better than to attempt such a comparison.

As for the new things no theologian or qualified physicist has ever before suggested, might that not be the intervening passage where

[8] PG 46,73 B.

Gregory speaks of the re-congregation of the elements dispersed at death? The soul remains in the elements, like a guardian over its property, and is able to re-unite them, pulling them back together 'each single one of them being welded to its former neighbour and embracing an old acquaintance'[9]. The image is vivid, brilliant even, but is not the idea of the ψυχή remaining in the lifeless elements very odd indeed? Had anyone ever suggested before Gregory that death was not the *complete* disjunction of soul and body? Gregory speaks in a way here which would be much more appropriate to the incorruptible union of Logos and body in Christ than of our bodies and souls. Indeed in *hom opif* 27[10], more plausibly and cautiously, he speaks of the re-union of the elements as analogous to the way mercury always collects together i. e. essentially inanimate parts re-combine. Here, however, the ψυχή seems to mean both something like 'vital force' or 'unconscious memory' *and* conscious voluntary agency. At any rate, I should suggest we have here a strange and perhaps original view which could be savagely criticized for its incoherence with accepted natural and theological science.

What I would suggest then, with all the customary provisos about the possibility of finding further lines from Philoponus, which would give us more details about the text of Gregory he was criticizing, and about the level of certainty we can attach to reconstructions based on slender materials, is that Philoponus in book four of his treatise on the resurrection set out part of *De anima et resurrectione* and proceeded to savage it as incompetent, unscientific and ultimately irreligious. In so doing he anticipated a kind of attack on Gregory which would be used in modern times by H. F. Cherniss[11], who finds Gregory's treatment of resurrection peculiarly illogical and the inevitable mark of a timid mind unable wholeheartedly to embrace the Platonism he presents in one mood or the Christian mythology in another. The Church told Gregory that there would be a general resurrection; it told him too that that meant the restoration of soul and body to incorruption and deathless life, not the re-incarnation of souls in newly created bodies. But this was incompatible with what he had been taught, and what he believed, about the nature of souls and bodies. Too pusillanimous to let go one horn of the dilemma, Gregory

---

[9] English translation as in MOORE/WILSON 446. The translation of the whole passage should be used with care, though; fluent and learned, it errs, perhaps, in being too much an interpretation.

[10] PG 44,225-229.

[11] Esp. 56 ff. This essay is not loved by Gregorians, but its negative critique of Gregory makes still for stimulating reading with those who can put that critique into a just perspective.

impales himself on both. Such criticism we may no doubt gladly concede to clever people who are quite sure they know the right answers. Philoponus, of course, thought he did: the Church did not teach, nor did the Bible prescribe, the view that the body to be raised is numerically identical with this present one; a truer philosopher accommodates both science and the creed. Cherniss, I conclude, thought the creed entirely dispensable, whatever view one takes of the Platonism which, so far as it appeals to reason as arbiter, must destroy religious faith.

I will not defend Gregory. It would be as useless to reproduce his arguments as to fit out a trireme to travel to Betelgeuse. Nonetheless (and there is a big 'nonetheless' to be said) I do not think I shall be alone in saying that I find Gregory on the resurrection deeply imaginative and suggestive. It cannot be more than a series of aperçus, I grant you, and certainly not the scientific construction that Gregory believed it, perhaps, to be. What Philoponus so boldly attacked was, so far as I can see, the most inventive and strongest case for the Church's teaching of Gregory's time. I find Gregory not simply ludicrous, whatever Philoponus (or Cherniss) might allege. Indeed (but that would involve writing a different essay than the present tribute to one so distinguished in Gregorian studies as my friend Dr. Spira) I would argue that so long as there is a problem about resurrection Gregory's discussion of it should echo in our minds.

Resümee

Johannes Philoponus griff neben anderen gefeierten Theologen auch Gregor von Nyssa wegen seiner Auferstehungslehre an. Der Artikel diskutiert die einzelnen Punkte, die er kritisierte, und identifiziert einen der Texte im Werk Gregors, gegen den Johannes offenbar vorgeht.

Unsterblichkeit und Tod

Zur Spannung zweier anthropologischer Grundaussagen in Gregors von Nyssa *Oratio Catechetica*

Reinhard KEES

"Die 'Lehre der Unterweisung' ist notwendig für die, die dem Geheimnis der Frömmigkeit vorstehen, damit durch Hinzufügung von Geretteten die Kirche angefüllt werde, indem das der Lehre entsprechende, glaubwürdige Wort den Ungläubigen zu Gehör gebracht wird"[1]. Mit diesen Worten beginnt Gregor von Nyssa sein mit 'ΛΟΓΟΣ ΚΑΤΗΧΗΤΙΚΟΣ' überschriebenes dogmatisches Werk. Er macht damit deutlich, für wen er diese *Oratio catechetica* verfaßt hat. Es ist ein Werk für die, die die christlichen Gemeinden leiten, für die, die das 'glaubwürdige Wort' der christlichen Lehre den Hinzukommenden vortragen. Die *or cat* ist ein Werk für Katecheten, nicht für Katechumenen. Gregor will ihnen ein Hilfsmittel in die Hand geben, das sie befähigen soll, den bei der Unterweisung gegen den christlichen Glauben auftretenden Einwänden zu begegnen. Er will sie dazu anleiten, diejenigen, die sich in 'Irrtümer verstrickt haben, auf den rechten Weg zu bringen'[2]. Doch geht es Gregor nicht nur um die Widerlegung von Einwänden. Er will die Unterrichtenden auch befähigen, die Lehre im Zusammenhang darzustellen. Er möchte ihnen helfen, "das Ganze der christlichen Wahrheit von den geistigen Voraussetzungen und Anforderungen ihrer Gläubigen und Gemeinden her darlegen zu können"[3]. Mit dieser Absicht, in der sich apologetische und systematisch-theologische Interessen wechselseitig durchdringen und befruchten, ist die *or cat* eine "die gesammte theologische Lehre übersichtlich umfassende und begründende Abhandlung"[4].

Dies ist um so bedeutender, wenn man bedenkt, daß wir aus dieser Zeit, wie A. Grillmeier gezeigt hat[5], kein anderes Werk kennen, das sich so um die Gesamtheit der christlichen Lehre bemüht. Die meisten

---

[1] *Or cat* pr 1 (1,1). Kapitel- und Abschnittangaben nach MÉRIDIER; Seitenangaben (in Klammern) nach SRAWLEY, CPT.

[2] Vgl. den Gebrauch von πλανάομαι und ἐπανορθόω in pr 2 (2,14 und 3,1).

[3] GRILLMEIER 619.

[4] OEHLER I/1, XIII.

[5] GRILLMEIER 611.

anderen Werke, auch die anderen Werke Gregors von Nyssa, sind durch einen konkreten Auftrag oder eine theologische Kontroverse veranlaßt. Deshalb beschäftigen sie sich nur mit einem Ausschnitt der christlichen Lehre und haben die Gesamtheit nur mittelbar im Blick. In der *or cat* dagegen hat es Gregor unternommen, da ihn keine konkrete Kontroverse auf eine theologische Thematik festlegte, die Gesamtheit der christlichen Lehre unmittelbar zusammenzustellen.

Diese Zielsetzung macht die *or cat* für eine systematisch-theologische Beschäftigung interessant. Man erwartet eine gewisse Vollständigkeit der Themen und eine sachgemäße Bezogenheit und Zuordnung der einzelnen Aussagen und Themen zueinander. Darum ist es sinnvoll, nach den Zusammenhängen der einzelnen theologischen Aussagen zu fragen und die Beziehung einer theologischen Grundentscheidung zu anderen Themenbereichen der Entfaltung der christlichen Lehre zu ergründen. Erst so kann die Bedeutung einer theologischen Grundentscheidung angemessen erfaßt werden.

1.

Zu den wichtigsten Themen der *or cat* gehört die Anthropologie, geht es doch im gesamten zweiten Teil um "das Heilshandeln des Logos Gottes, das den Menschen betrifft"[6]. Zunächst behandelt Gregor

---

[6] *Or cat* 5,1 (20,2). Die Formulierung κατὰ ἄνθρωπον sinngemäß mit Inkarnation wiederzugeben, wozu SRAWLEY, CPT 20 in der Anmerkung zur Stelle anregt - ebenso auch: BARBEL 38; VAN UNNIK 89; HAYD 133; OEHLER I/2, 21 - und damit den Inhalt von οἰκονομία auf das Christusgeschehen bzw. noch enger auf die Inkarnation festzulegen, ist m. E. aus vier Gründen unzulässig:
1. Es gibt eine ganze Reihe paralleler Formulierungen (κατὰ ἄνθρωπον oder καθ' ἡμᾶς in Verbindung mit οἰκονομία), die keineswegs mit Inkarnation wiedergegeben werden können [vgl. 20,3 (79,18); 20,6 (81,1); 24,6 (94,5)]. Durch die Variation der fast stereotypen Wendung καθ' ἡμᾶς οἰκονομία in ἡ ὑπὲρ ἡμῶν οἰκονομία in 23,4 (90,7) wird die Richtigkeit der von uns gegebenen Übersetzung dieser Wendung belegt.
2. Die *or cat* hat ganz deutlich eine zweigliedrige Struktur. Die ersten vier Kapitel behandeln die Θεολογία und alle folgenden die Οἰκονομία. Daher ist die Formulierung als Themenangabe für alle weiteren Kapitel zu verstehen. Vgl. GRILLMEIER *passim*.
3. Der Inhalt der Kapitel 5-8 spricht gegen die Einengung der οἰκονομία auf das Christusgeschehen. In diesen Kapiteln ist von diesem vermeintlichen Inhalt der οἰκονομία gar nicht die Rede. Dann wären die Kapitel demnach als Einschub zu betrachten und man fände in 9,1 den erneuten Ansatz zur Behandlung des Christusgeschehens. Doch die inhaltsreichen Erörterungen der Kapitel 5-8 sind für die gesamte folgende Darstellung von so grundsätzlicher Bedeutung, daß sie, inhaltlich gesehen, kaum als Exkurs gewertet werden können. Sie stellen vielmehr erst den Verstehenshintergrund für die Behandlung alles Folgenden dar.
4. Wenn οἰκονομία schon das Christusgeschehen bezeichnen sollte, müßte beachtet werden, daß der Skopos des Christusgeschehens nach Gregors Lehre nicht in der Inkarnation, sondern beim Geschehen von Tod und Auferstehung bzw. noch konkre-

in Kapitel 5-8 die Schöpfung des Menschen und seine daraus resultierende Bestimmung zur Teilhabe am Göttlichen. Dabei nimmt er den derzeitigen Zustand des Menschen, seinen Fall und die Natur des Bösen als Veranlassung für Gottes Heilshandeln in Christus in den Blick. Danach behandelt er in den Kapiteln 9-32 das Christusgeschehen. Er zeigt, wodurch es ermöglicht wurde, daß der ursprüngliche, durch den Fall des Menschen zerstörte Zustand wiederhergestellt werden kann. Im dritten Teil der Οἰκονομία, Kapitel 33-40, legt Gregor Gottes Heilshandeln am glaubenden Menschen durch die Sakramente dar. Damit zeigt er, wie das durch Christus ermöglichte Heil dem Menschen zugeeignet wird. In allen drei Teilen geht es um den Menschen. In allen drei Teilen behandelt Gregor ein zentrales Thema der Anthropologie, die Problematik des Todes und der Unsterblichkeit bzw. des ewigen Lebens[7].

Schon im ersten Teil, dem Teil 'Θεολογία', begegnen anthropologische Grundaussagen, die Gregor zum Ausgangspunkt seiner trinitätstheologischen Überlegungen macht. Schon in diesem Zusammenhang schreibt Gregor: "Denn da unsere Natur vergänglich und schwach ist, deshalb ist schnell hinsterbend (ὠκύμορος) unser Leben, bestandlos unsere Macht und ohne Festigkeit unser Wort"[8]. Die Sterblichkeit wird hier schon als eine Grundgegebenheit des menschlichen Lebens angeführt, die aus der Natur des Menschen folgt. Gregor nimmt dabei nicht auf den Unterschied der ursprünglichen Bestimmung zum jetzigen Zustand des Menschen Bezug. Wie kann er von der Sterblichkeit sprechen, ohne diese wichtige Unterscheidung vorzunehmen? Man muß fragen, in welchem Sinne die Sterblichkeit aus der Natur des Menschen folgt. Wie verhalten sich dazu die Aussagen über die Unsterblichkeit des Menschen?

Um auf diese Fragen näher eingehen zu können, wollen wir untersuchen, welche Bedeutung der Tod und die Sterblichkeit in der οἰκονομία Gottes an den Menschen hat. Dabei wird zu beobachten sein, daß Gregor in unterschiedlichen Zusammenhängen die Akzente je verschieden setzt. Zur Klärung unserer Fragen werden gerade diese Unterschiede in ihrer wechselseitigen Beziehung aufeinander einen wichtigen Beitrag leisten.

---

ter allein in der Auferstehung liegt.

[7] Einer der wenigen Aufsätze, die sich speziell und ausschließlich mit der *or cat* beschäftigen, ist dem Thema des Todes gewidmet: MATEO-SECO, Teología de la muerte.

[8] *Or cat* 1,3 (8,9).

2.

Zunächst kann, ganz allgemein betrachtet, festgestellt werden: Gregor benutzt das Begriffspaar 'Leben - Tod' im Zusammenhang seiner Entfaltung der Lehre vom Bösen[9], um damit den Unterschied zwischen Tugend und Schlechtigkeit bzw. Gut und Böse zu verdeutlichen. Daraus läßt sich ableiten: Tod ist das Gegenteil von Leben. Tod ist das beim Fehlen des Lebens als Gegenteil Gedachte[10]. Er ist Nichtteilhabe am Leben, er ist Nicht-Leben. Man muß also bei der Bestimmung von 'Tod' immer die Bestimmung von 'Leben' mitbedenken. Gregor unterscheidet zwei Arten des Todes. In Kapitel 8,8 schreibt er: "Es gibt eine gewisse Analogie des leiblichen Todes zum seelischen Tod, denn wie wir im Fleisch das Getrenntwerden vom sinnlichen Leben Tod nennen, so bezeichnen wir auch bei der Seele die Trennung vom wahren Leben als Tod"[11]. Dieser Unterschied kommt durch die unterschiedliche Bestimmung des Lebens zustande. Dem sinnlichen Leben korrespondiert der sinnliche Tod. Dem wahren Leben entspricht der Tod der Seele, der folgerichtig als der wahre, als der eigentliche, als der erste Tod bezeichnet werden könnte[12].

Der leibliche Tod besteht in der Trennung von Leib und Seele[13]. Diese ist, genauer gesagt, eine Trennung des Körpers von der Seele[14] mit für den Körper wichtigen Konsequenzen. Ohne die Seele ist der Körper bzw. das Fleisch tot und unwirksam[15], denn die Seele ist das, was den Körper lebendig macht, was ihn im Leben hält. Sie ist sein

---

[9] *Ib.* 15,5 (65,6 f.); vgl. 6,11 (37,5).

[10] *Ib.* 15,5 (65,11); 6,11 (37,8); vergleiche auch die Bedeutung von ἀντιδιαιρέω in 15,7 (66,2) "distinguish logically" (LSJ s.v.).

[11] *Ib.* 8,8 (45,14 f.); auch MATEO-SECO, Teología de la muerte 459 zitiert diesen Satz, mißt ihm aber nicht die Bedeutung zu, die er in unserer Darstellung hat. Dadurch übersieht er, daß Gregor verschiedene Bereiche der Rede vom Tod unterscheidet. BALÁS, ΜΕΤΟΥΣΙΑ ΘΕΟΥ 89 verweist innerhalb des Teiles III 4 "The Participation of the True Life" auf eine Parallele dieser Stelle in *tr sp* (GNO IX 292,3), wo Gregor vom Tod beider, des Leibes und der Seele, spricht: "... das Sterben der Seele ist die Entfremdung vom wahren Leben, das des Leibes ist die Verwesung und die Auflösung ..."; vgl. auch den *ib.* neben dem Satz aus *or cat* 8,8 zitierten Satz aus *ref Eun* 174 (GNO II 385); deutsche Übersetzung bei R. M. HÜBNER, Einheit des Leibes Christi 138. BALÁS 96 resümiert: "... that the opposition of the two lives, bodily and spiritual, is a constant doctrine of Gregory". Entsprechendes dürfte daher für die Lehre vom doppelten Tod gelten.

[12] Vgl. die dazu in *ref Eun* 174 (GNO II 385) gegebene Begründung: "Denn der Ungehorsam ist des freien Willens, nicht des Leibes Sünde; der freie Wille aber ... gehört der Seele an": übersetzt durch R. M. HÜBNER, Einheit des Leibes Christi 138.

[13] *Or cat* 16,4 (69,14); 16,4 (70,1). Diese Trennung drückt Gregor mit Verben oder Substantiven der Wortstämme διακρι-: 16,4 (70,2); 16,7 (70,16), χωρι-: 16,4 (69,1), διαλυ-: 35,7 (133,9); 35,8 (134,4) aus.

[14] *Ib.* 16,6 (70,10).

[15] *Ib.* 11,1 (57,12).

Lebensprinzip. Die in *De anima et resurrectione* gegebene Definition belegt dies. Gregor schreibt dort: "Seele ist ein geschaffenes, lebendiges, denkfähiges Wesen, das durch sich selbst dem organischen und empfindungsfähigen Leib Lebens- und sinnliche Wahrnehmungskraft verleiht, solange die dafür empfängliche Natur bestehend erscheint"[16].

Der Trennung vom sinnlichen Leben ist die Auflösung des Körpers zugeordnet. Dieser Auflösungstod, den Gregor auch mit Verwesung (φθορά) umschreibt, betrifft aber nur den Körper; denn dieser ist aus den vier Weltelementen zusammengesetzt[17]. Ob durch diese Auflösung die Trennung von der Seele vollzogen wird, oder ob sie der Trennung nachfolgt, ist nicht eindeutig zu erheben. Der in Kapitel 8 vorliegende Zusammenhang scheint darauf hinzuweisen, daß der Körper von der Seele weg aufgelöst wird und dadurch die Trennung zustande kommt. In den Kapiteln 13-16 unterscheidet Gregor deutlich zwischen der Trennung von Leib und Seele und der nachfolgenden Verwesung[18].

Obgleich die Seele als nicht zusammengesetzte nicht der Auflösung unterliegt[19], spricht Gregor doch vom Tod der Seele. Wie der leibliche Tod die Trennung des Leibes von der Seele ist, so ist der seelische Tod die Trennung der Seele von Gott, denn das wahre Leben ist Gott selbst[20]. Er ist das Lebensprinzip der Seele, wie sie das Lebensprinzip des Leibes ist. Tod ist also die Trennung, die Auflösung einer Beziehung, die Zerstörung eines lebenswichtigen Verhältnisses. In beiden Fällen wird aber deutlich, daß der Tod nicht die Nichtexistenz zur Folge hat. Wie der Leib trotz der Verwesung nicht aufhört zu existieren, so geht auch die Seele nicht ins Nichtsein über[21]. Diese Analogie wird im folgenden weiter zu beachten sein.

3.

Um feststellen zu können, welche Bedeutung der sinnliche Tod hat, muß beachtet werden, in welchem Zusammenhang und unter

---

[16] *An et res* (PG 46,29 B).

[17] *Or cat* 8,7 (44,6).

[18] Vgl. Anm. 50 die Ausführungen zu πάθος und die Unterscheidung des Todes Christi vom Tod der Menschen allgemein. Vgl. auch MATEO-SECO, Teología de la muerte 459 und *tr sp* (Anm. 11).

[19] *Or cat* 8,8 (46,5).

[20] *Ib.* 1,6 (9,15); 37,1 (142,2). Vgl. BALÁS, ΜΕΤΟΥΣΙΑ ΘΕΟΥ 83 ff., der darauf hinweist, daß bei Gregor für Vater, Sohn und Geist gleichermaßen gilt, daß sie das Leben essentiell und nicht *qua* Teilhabe besitzen.

[21] Vgl. BALÁS, ΜΕΤΟΥΣΙΑ ΘΕΟΥ 98.

welcher Prämisse Gregor in Kapitel 8 zur Behandlung des Todes kommt. In Verteidigung seiner Aussage über die gottebenbildliche Ausstattung des Menschen hatte Gregor zuvor[22] mit der Erörterung über das Böse und den Fall des Menschen erklärt, wie es zum derzeitigen Zustand des Menschen kommen konnte und gekommen ist. Ab Kapitel 7 begegnet er dem Einwand, der vor allem von seiten der Manichäer vorgebracht wird. Sie stellen aufgrund der jetzigen schlechten Vorfindlichkeiten des Menschen die Güte Gottes in Frage. Die Vorwürfe, die die manichäisch Denkenden vorbringen, beruhen nach Gregors Meinung auf der falschen Auffassung vom Guten und Bösen. Sie verstehen das Gute als die Annehmlichkeiten unseres Lebens. Dementsprechend bedeutet für sie das Fehlen dieser Freuden, d. h. Leiden und Gebrechen, das Böse. Krankheiten und Leiden ergeben sich für Gregor aber zwangsläufig aus dem Zusammengesetztsein des Körpers und dürfen von daher nicht als Böses bezeichnet werden. Gregor kennt eine andere Bestimmung von Gut und Böse. Das Gute ist für ihn Gott allein. Zu Gott gibt es aber kein Gegenteil, keine absolute, seiende, böse Macht, weil dies aufgrund seiner Vollkommenheit ausgeschlossen ist[23]. Demzufolge kann das Böse nur ein Tun des Menschen sein, das dann geschieht, wenn der Mensch sich in seiner freien Selbstbestimmung von eben diesem Gut, von Gott, abwendet[24]. Deshalb ist das Böse dem Menschen und nicht Gott anzulasten.

Wenn auch für Gregor Krankheiten und Leiden, die sich notwendig aus dem Zusammengesetztsein des Körpers ergeben, kein Böses sind, dann muß er aber nun doch auf das, was als das "größte, letzte Übel"[25] angesehen wird, auf den Tod und die Sterblichkeit des Menschen, eingehen. Selbst wenn jemand seiner Anschauung von Leiden und Krankheit zustimmt, wird ihm die Zustimmung in diesem Punkte wesentlich schwieriger. Der Gesprächspartner hält ihm die Tatsache entgegen, daß "unser Leben durch den Tod aufgelöst wird", daß "unser Lebendigsein durch die Sterblichkeit erlischt"[26]. Diesem Unwillen begegnet Gregor mit der Behauptung, daß gerade darin ein Übermaß göttlicher Wohltat gesehen werden muß, daß man gerade dadurch dazu gebracht werden soll, "die Gnade der Fürsorge Gottes, die er für den Menschen hegt, zu bewundern"[27]. Diese Behauptung ist

---

[22] *Or cat* 5,8-6,11 (25,2-37,10).

[23] *Ib.* pr und 1 *passim.* Vgl. auch *v Mos* pr (GNO VII/I 4,5).

[24] *Or cat* 5,11 (27,9); 9,2 (53,2); 15,7 (66,1 ff.).

[25] *Ib.* 8,1 (41,5).

[26] *Ib.* 41,3-6.

[27] *Ib.* 41,9.

außerordentlich überraschend und provozierend. Sie muß von Gregor erläutert werden.

Durch den Zusammenhang zeigt sich eine von vornherein positive Bewertung des Todes. Anders könnte Gregor die Güte Gottes gegenüber dem Vorwurf der Sterblichkeit des Menschen nicht verteidigen.

Es wird im folgenden sofort deutlich, daß der Tod als eine Reaktion Gottes auf die Abkehr des Menschen von ihm und die daraus für den Menschen resultierende Befleckung mit der Schlechtigkeit verstanden wird. "Da wir uns in einer freien Betätigung der Selbstbestimmungsmacht die Gemeinschaft mit dem Bösen zugezogen haben ... und zur Schlechtigkeit umgestaltet worden sind, darum wird der Mensch gleichsam wie ein tönernes Gefäß wieder in Erde aufgelöst, damit, wenn die jetzt von ihm aufgenommene Schmutzigkeit abgesondert ist, er zur anfänglichen Gestalt durch die Auferstehung umgestaltet werde"[28]. Gregor belegt seine Aussage mit einer Auslegung von *Gen* 3,21. Er deutet die Kleidung aus Fell[29], die dem Menschen nach dem Fall umgelegt wurde, als die Fähigkeit zu sterben. "Die Fähigkeit zu sterben, die von der unvernünftigen Natur hergenommen ist, hat der, der unsere Schlechtigkeit heilt, aus Fürsorge danach (sc. nach der Abwendung vom Guten) dem Menschen umgelegt, aber nicht, um für immer zu bleiben"[30]. Ein Kleidungsstück ist ja nur für eine bestimmte Zeit um den Körper gelegt und nicht mit ihm verwachsen.

Im folgenden macht Gregor deutlich, was unter der "Sterblichkeit, die nach dem Heilsplan der zur Unsterblichkeit geschaffenen Natur angelegt wurde"[31], zu verstehen ist. Sie betrifft nur den äußeren Teil des Menschen, nicht aber den inneren, das göttliche Ebenbild[32]. Es handelt sich nämlich beim Tod nicht um eine Vernichtung des Sinnlichen, sondern nur um eine Auflösung. "Denn Vernichtung

---

[28] *Ib.* 8,3 (42,5 ff.).

[29] Diese hier vorgelegte Interpretation der Felle von *Gen* 3,21 ist die pointierteste, die Gregor bietet. In *virg* 12,4 und 13,1 (GNO VIII/I 302,10.25; 303,15) werden sie als die fleischliche Denkungsart, die dem Menschen Kränklichkeit und Mühe einbringt, gedeutet. In *v Mos* II 22 (GNO VII/I 39,24-40,4) interpretiert er sie mit der Trübung der Erkenntnis der Wahrheit. Die hier vorliegende Interpretation hat Gregor von Methodius übernommen, der in seiner Auslegung der Stelle bewußt gegen Origenes polemisiert. Nicht die Leiblichkeit, sondern die Sterblichkeit hat der Mensch nach dem Fall erhalten. Nach Methodius und Gregor war der Mensch auch schon vor dem Fall mit Leiblichkeit ausgestattet. Dies beweisen nach Methodius die Kapitel der Genesis, die vom Menschen vor dem Fall sprechen. Vgl. METH *res* 38 f. (GCS 280-284).

[30] *Or cat* 8,4 (43,9). Die von MATEO-SECO, Teología de la muerte 461 gegebene Übersetzung dieser Stelle ist falsch. Er übersetzt ἰατρεύοντα mit "se alegra" und muß deshalb als Subjekt "el demonio" in den Text Gregors einfügen.

[31] *Or cat* 8,5 (43,16 ff.).

[32] *Ib.* 44,3.

ist der Übergang ins Nichtsein, Auflösung dagegen ist das Wieder-in-die-Elemente-des-Kosmos-Auseinandergehen, woraus er (sc. der Leib) seinen Bestand hatte"[33]. Damit ist gesagt, daß der Körper nicht aufhört zu existieren, selbst wenn er der sinnlichen Wahrnehmung entzogen ist.

In Kapitel 8,3 ist kurz ausgesagt, daß die Auflösung des Leibes die Reinigung von der Befleckung durch die Schlechtigkeit zum Ziel hat. Gregor macht dies in 8,7 mit einem Bild deutlicher. Ein mit flüssigem Blei gefülltes Gefäß muß, wenn das Blei erkaltet ist und sich nicht mehr ausgießen läßt, abgebrochen und neu geformt werden, damit der Besitzer es wieder der ursprünglichen Bestimmung gemäß gebrauchen kann[34]. Für die Seele gibt es eine andere Art der Reinigung[35].

So hat der Tod, die Trennung von Leib und Seele, einen bestimmten positiven Sinn. Denn erst durch diese Trennung wird die Voraussetzung dafür geschaffen, daß Leib und Seele in der je eigenen Weise von der Schlechtigkeit gereinigt werden können, um dann in der Auferstehung wieder zum ursprünglichen Zustand vereinigt zu werden. Daß der Tod nur die Voraussetzung für die Auferstehung ist, und nur als solcher ein positives Faktum auf dem Wege zum ursprünglichen Zustand, wird auch durch die finale Struktur der Sätze in 8,3 und 35,7[36] deutlich.

Die hier vorgetragene Deutung des Todes als Reinigung und Voraussetzung der Auferstehung wird bestätigt durch den Schluß der Leichenrede auf die Prinzessin Pulcheria, die Gregor 385, also in zeitlicher Nähe zur Entstehung der *or cat*, in Konstantinopel hielt. Er sagt dort: "Denn der Tod ist für die Menschen nichts anderes als etwas von der Schlechtigkeit Reinigendes ... Wenn es nun unmöglich ist, daß die Natur ohne Auferstehung zum Besseren wieder zusammengesetzt wird, ohne daß der Tod vorausgegangen ist, aber die Auferstehung nicht geschehen kann, dann ist wohl der Tod etwas Gutes, indem er uns Anfang und Weg zur Umwandlung zum Besseren wird"[37].

---

[33] *Ib.* 44,5.

[34] *Ib.* 8,7 (44,17 ff.).

[35] *Ib.* 8,11 f. (47,9 ff.).

[36] *Ib.* 8,3 (42,12); 35,7 (133,9).

[37] *Pulch* (GNO IX 472,1); hier wird die Aussage von SPIRA, Grabreden 112 bestätigt, daß das, "was hier (sc. in den Grabreden) verkürzt und oft nur angedeutet erscheint, ... in den großen theologischen Schriften ausgeführt" ist. SPIRA hätte 114 Anm. 1 auch auf die hier behandelten Stellen aus Gregors *or cat* verweisen können. Vgl. auch SPIRA, Descensus ad Inferos, wo er 234 die in der Osterpredigt anklingende Überlistungstheorie mit den entsprechenden Aussagen der *or cat* erläutert.

4.

Im zweiten Teil der Οἰκονομία geht es Gregor darum zu erweisen, daß das Christusgeschehen Gott nicht unangemessen ist, sondern daß es als Betätigung der Menschenliebe Gottes[38] der Haupteigenschaft Gottes entspricht. In diesem Zusammenhang behandelt Gregor an mehreren Stellen ausführlich die Problematik des Todes des Menschen allgemein und des Todes Christi im besonderen. Die dort gegebene Interpretation des Todes scheint der in Kapitel 8 entwickelten zu widersprechen. Bedenken wir, daß der Tod als Gottes gute Reaktion auf den Fall der menschlichen Natur wie ein Kleidungsstück umgehängt wurde und das Innere nicht berührt, so scheinen die folgenden Aussagen aus dem Zusammenhang des zweiten Teiles der Οἰκονομία das genaue Gegenteil davon auszusagen: Der Tod gehört zu dem, was unserer Natur "durch die ihr innewohnende Folgerichtigkeit"[39] bzw. "gemäß der ihr eigentümlichen Verbindung (εἱρμός)"[40] zukommt. Der Tod ist wie die Geburt eine "Eigentümlichkeit unserer Natur"[41]. Er ist Eigentümlichkeit der fleischlichen Natur[42]. Er ist eine natürliche Bewegung[43].

Nur zweimal sind solche Aussagen im ersten Teil der Οἰκονομία angeklungen. Es war davon die Rede, daß Krankheit und Tod "zwangsläufig" den Menschen treffen[44], weil sein Körper zusammengesetzt ist, ja weil der Mensch als ganzer aus Leib und Seele zusammengesetzt ist. Dieses Zusammengesetztsein ist also der Grund für die Trennung, für die Auflösung der Zusammensetzung.

Selbst im Zusammenhang mit Christus wird von Gregor betont, daß die menschliche Natur auch bei ihm nach ihrer eigenen Folgerichtigkeit zu Trennung von Leib und Seele fortschritt[45]. Ist dabei vergessen, daß der Tod eine Reaktion Gottes auf die Sünde ist? Ist er das auch bei Christus? Um solche Gedanken fernzuhalten, nimmt Gregor eine Begriffsbestimmung von πάθος vor. Geburt und Tod können nicht im eigentlichen Sinne πάθος genannt werden. Πάθος im eigentli-

38 *Or cat* 15,2 (63,8).

39 *Ib.* 16,7 (70,16); vgl. 16,9 (72,10).

40 *Ib.* 16,1 (67,8).

41 *Ib.* 32,2 (115,13).

42 *Ib.* 13,1 (59,17).

43 *Ib.* 16,2 (68,7); 16,4 (69,18). Die hier beschriebene Spannung zwischen den Aussagen von Kapitel 8 zu den des zweiten Teiles der οἰκονομία hat MATEO-SECO, Teología de la muerte 453 nicht gesehen, obwohl es auch ihm darum ging, die innere Übereinstimmung der Nyssenischen Theologie darzustellen.

44 *Or cat* 7,3 (39,9); 8,15 (59,3); 32,2 (115,7).

45 *Ib.* 16,7 (70,15).

chen Sinne ist nur die Abkehr von der Tugend zur Schlechtigkeit[46]. Das, was, vermutlich aus dem Grunde, weil der Mensch es mehr oder weniger passiv erleidet, im uneigentlichen Sinne πάθος genannt wird, wie "die Geburt, das Wachstum, der Erhalt des Subjektes durch Ein- und Ausfluß der Nahrung, die Verbindung der Elemente zum Körper und die Trennung[47] des Zusammengesetzten und der Übergang zu dem Verwandten" sollte im eigentlichen Sinne wertneutral ἔργον genannt werden[48]. In gewissem Sinne können aber beim Menschen das, was der Geburt vorausging und was dem Tode nachfolgt, d. h. Lust und Verwesung, πάθος genannt werden[49]. Davon ist Christus ausgenommen, weil diese eine deutliche Affinität zur Sünde haben[50].

---

[46] *Ib.* 16,1 (67,6-8).

[47] Die Formulierung ἡ τοῦ συντεθέντος πάλιν διάλυσίς τε καὶ πρὸς τὰ συγγενῆ μεταχώρησις muß aus dem weiteren Kontext interpretiert werden. Διάλυσις ist hier nicht der Auflösungstod des Leibes, denn das widerspräche zum einen dem Zusammenhang, in dem es gerade darum geht zu zeigen, daß die Trennung von Leib und Seele nicht πάθος ist (16,7 und 16,6). Es widerspräche zum anderen der gegebenen Identifizierung des Auflösungstodes des Leibes mit der Verwesung, der Christus aber durch die nach drei Tagen erfolgte Auferstehung entnommen ist.
Der Begriff διάλυσις ist von Gregor vielfältig gebraucht, für die Auflösung des Körpers [7,3 (39,10); 8,1 (41,3); 8,7 (45,8)], aber auch für die Trennung von Leib und Seele [35,7 (133,9); 35,8 (134,4); 16,9 (72,9)]. An anderen Stellen muß aus dem Zusammenhang erschlossen werden, welche Bedeutung gemeint ist [8,1 (41,5); 8,3 (42,12); 16,7 (71,4); 16,9 (72,4)]. Der Fortgang der Formulierung hier, die ja sehr weit gefaßt ist, so daß sie nicht nur auf den Körper, sondern auch auf die Seele angewandt werden kann, zeigt die Richtigkeit der hier gegebenen Interpretation. Nach der Trennung gehen beide in den Bereich, zu dem sie gehören, der Leib zu den Elementen des Kosmos und die Seele in den Bereich der "feinen, leichtbeweglichen Wesenheit" [6,3 (30,10)].

[48] *Or cat* 16,1 (68,1-5).

[49] *Ib.* 13,1 (60,2-9).

[50] Für das Wort πάθος läßt sich kein deutsches Wort finden, das der Intention dieses Begriffes in vollem Umfange gerecht wird. Aus 2,2 (14,13) wird deutlich, daß πάθος von πάσχειν abgeleitet ist. Πάθος ist also etwas, was erlitten wird. Es ist etwas, wozu man gezwungen ist, etwas, was die freie Selbstbestimmung einengt. Dies ist ein Aspekt des Begriffes.
Das, was vor der Zeugung und nach dem Tod dem Menschen 'passiert', ist seiner Selbstbestimmung entzogen. Er erleidet es, gezeugt zu werden, genauso wie zu verwesen.
Diesem Aspekt scheint die Definition von 16,1 (vgl. Anm. 46) zu widersprechen. Πάθος ist die Ausrichtung auf das Schlechte, die Neigung [ῥοπή: 6,8 (35,8)], die schnelle Bewegung, der Impuls [ὁρμή: 16,3 (69,9)] auf das Schlechte hin. Diese Bestimmung löst den Widerspruch.
Sieht es zunächst so aus, als schlössen sich beide Bedeutungen aus - die freie Selbstausrichtung auf das Schlechte einerseits und das Erleiden, das 'Äußeren-Veranlassungen-Unterworfen-Sein' andererseits -, so muß man doch beachten, daß das Böse, obwohl ihm kein eigenes Sein zukommt, doch ein Eigengewicht hat, wie ein Stein, der von der Bergspitze herabrollt [6,9 (35,11)]. Wenn sich der Mensch erst einmal von der Tugend ab- und der Schlechtigkeit zugewandt hat, dann steht er unter der Schwerkraft des Bösen. Seine Freiheit ist verspielt, seine Abkehr vom wahrhaft Guten zum nur scheinbar Guten bringt ihm Erleiden, 'Leidenschaft'. Er liefert sich dem Beherrschtsein durch das Böse, der Passivität aus.
Der Mensch war in seinem Urzustand in ἀπάθεια, da er ja Bild des Apathischen selbst ist [6,10 (36,6)]. Er hatte keinerlei Neigung zum Bösen und war in seiner freien Selbstbestimmung ganz auf Gott ausgerichtet. Aber aus Lust mischte er sich,

Hier werden also die Trennung von Leib und Seele und die nachfolgende Auflösung unterschieden. Die Trennung scheint als Nicht–πάθος der menschlichen Natur eigentümlich zu sein, sofern sie eine zusammengesetzte ist. Die Auflösung dagegen scheint die Folge der Sünde bzw. die Reaktion Gottes auf die Sünde zur Reinigung des Leibes zu sein. Doch auch diese Interpretation löst die bisher aufgezeigten Widersprüche nur teilweise. Es muß nämlich noch ein weiterer Widerspruch bedacht werden.

Es ist ja in Kapitel 8 gesagt, daß die Sterblichkeit "dem zur Unsterblichkeit" geschaffenen Menschen beigelegt ist[51]. Ziel des Menschseins war und ist die Unsterblichkeit. Eindeutig hatte Gregor in 5,6 formuliert, daß der Mensch "in sich das Unsterbliche haben mußte, damit er durch die ihm gegebene Kraft das Höhere erkenne und nach der göttlichen Ewigkeit verlange"[52]. Wenn diese Aussage sagen soll, daß zur ursprünglichen Ausstattung des Menschen die Unsterblichkeit gehörte, dann widersprechen ihr alle Aussagen, die wie in Kapitel 13,16 und 32 den Tod als ein zur Natur des Menschen gehöriges Phänomen bezeichnen. Man könnte geneigt sein, diesen Widerspruch zu lösen, indem man annimmt, daß die Leiblichkeit vor dem Fall eine andere, unzusammengesetzte war. Für diese Annahme gibt es aber in der *or cat* keinen Anhaltspunkt. Außerdem löst diese Annahme das Problem nicht, da die Zusammensetzung des Menschen aus Leib und Seele damit nicht beseitigt ist. Diese ist ja ursprünglich und hat einen ganz bestimmten Sinn, den der Mensch nur als ein aus Sinnlichem und Geistigem Zusammengesetzter erfüllen kann[53].

---

indem er sich vom Guten abwandte, die Schlechtigkeit bei [8,3 (42,7)]. Aus Lust unterwarf er sich freiwillig dem Feind des Lebens [21,5 (84,8)], weil dieser ihm das Böse im Gewand des Guten vorhielt und so in ihm ein Streben nach nur scheinbar Gutem, nach Vergänglichem, nach Sinnlichem weckte. Daher ist die Lust ein Ausdruck des 'Von-Gott-Abgewandt-Seins'. Die sinnliche Lust ist somit eine Erscheinungsform von πάθος. Sie verstellt dem Menschen den Weg, beständig auf Gott ausgerichtet zu sein. Hat der Mensch die sinnliche Lust erst einmal gespürt, so läßt er sie bzw. sie ihn nicht wieder los. Wie die Lust ein Ausdruck der Abkehr von Gott ist, so ist die Verwesung eine Folge. Insofern dürfen Lust und Verwesung von Christus nicht ausgesagt werden.

Πάθος hat nach all diesen Überlegungen für Gregor im eigentlichen Sinne dieselbe Bedeutung wie ἁμαρτία. Das erklärt, warum Gregor von der Sache her ständig von der Sünde des Menschen reden kann, ohne das Wort ἁμαρτία zu benutzen. Eine Formulierung aus *CE* bestätigt diese Aussage: "Das möchte ich dem Gesagten noch hinzufügen, daß nichts in Wahrheit πάθος ist, was nicht zur Sünde führt" [*CE* III,IV 27 (GNO II 144,15)].

51 *Or cat* 8,5 (44,1 f.).

52 *Ib.* 5,6 (23,18).

53 Diese Zusammensetzung des Menschen ist eindeutig positiv bestimmt: Nur dadurch, daß es diesen Treffpunkt von Geistigem und Sinnlichem gibt, gewinnt die sinnliche Welt Teil an der göttlichen Gnade. Sie hat durch den Menschen Anteil am Besseren [6,3 (31,3)].

So bekommt die Bestimmung des Menschen zur Teilhabe an den göttlichen Gütern

Man muß diesen Widerspruch von Gregors Aussagen über den Fall her interpretieren. Die Zusammensetzung des Menschen aus Leib und Seele im ganzen und die Zusammensetzung des Körpers aus den Weltelementen im besonderen führen von sich aus folgerichtig und naturgemäß zur Trennung, zur Auflösung, weil es das Naturgemäße einer jeden Zusammensetzung ist, getrennt zu werden. Dies geschieht jedoch solange nicht, wie der Mensch in seiner schöpfungsmäßigen Ausrichtung auf das Leben selbst[54], auf Gott, der ihn im Sein hält[55], verharrt. Sobald er sich aber von ebendieser Quelle seines Lebens abwendet, oder besser gesagt, sobald die Seele sich davon abwendet und der seelische Tod eintritt[56], führt die Zusammensetzung dazu, daß der Mensch der Trennung preisgegeben ist. Er wird dann nicht mehr von Gott im Leben gehalten. Gott hindert dann die natürliche, zwangsläufige Abfolge, die Trennung des Zusammengesetzten, nicht[57]. So läßt sich der Tod zum einen als ein in der Natur des Men-

---

eine kosmologische Dimension. Nicht nur der Mensch, sondern durch ihn auch die gesamte sinnliche Welt soll Anteil am Göttlichen haben. Gäbe es keinen solchen Grenz- und Treffpunkt von Sinnlichem und Geistigem, dann wären beide Bereiche der Schöpfung grundsätzlich voneinander getrennt. Dann hätte die sinnliche Welt keinen Anteil am Göttlichen, dann wäre die Schöpfung nicht harmonisch.
Diese Aussagen setzen stillschweigend voraus, daß das Geistige *per se* Anteil am Göttlichen hat: vgl. 6,5 (32,7). Es ist damit aber nicht gesagt, daß das Sinnliche *per se* das Schlechte ist. Dies würde nicht zu Gregors Lehre vom Bösen und von der Schöpfung passen. Und doch gibt es einen engen Zusammenhang zwischen dem Sinnlichen und dem Bösen; denn die sinnliche Wahrnehmung kann getäuscht werden, wenn sie widerrechtlich zur Beurteilung des Guten herangezogen wird. Sie ist die Fehlerquelle, durch die das Böse als vermeintlich Gutes in den Menschen eindringt. Das geschieht aber nur, wenn Gut und Böse nicht nach dem eigentlichen Kriterium, der Vernunft, sondern nach sinnlichen Kriterien unterschieden werden [7,2 (39,2); 8,6 (44,10); 21,4 (83,12)]. Dann wird auch die ursprünglich gute und sinnvolle Zusammensetzung des Menschen pervertiert. Dann gewinnt nicht das Sinnliche Anteil am Geistigen, sondern umgekehrt, es findet eine 'Verfleischlichung' der Seele statt. Gregor kann dann sogar von gewissen Materialitäten im Bereich der Seele sprechen [8,11 (47,14)].
So hat auch der Fall des Menschen eine kosmologische Dimension. Indem der Mensch aus der Teilhabe an den göttlichen Gütern fällt, fällt mit ihm die gesamte sinnliche Schöpfung aus der vermittelten Teilhabe. Daher hat dann auch die Rettung des Menschen eine kosmologische Dimension. So verdichtet sich die Bedeutung auf die Auferstehung Christi, durch die es erst wieder möglich wurde, daß der Mensch seiner Bestimmung gemäß wiederhergestellt werden kann, um so wieder Vermittler der Teilhabe am Göttlichen für die sinnliche Welt zu sein.

[54] *Or cat* 1,6 (9,15); 37,1 (142,2).

[55] Vgl. *ib.* 32,6 (119,1).

[56] Vgl. *ib.* 8,8 (46,1). MATEO-SECO, Teología de la muerte 458 f. meint, Gregor habe in der *or cat* der Frage, warum dieser Tod der Seele sei, durch welche Tat er sich vollziehe und welche Wirkung er habe, keine besondere Aufmerksamkeit zuteil werden lassen. So hat er die Bedeutung des Satzes aus 8,8 nicht erkannt. Daß der Tod der Seele durch ihre Abkehr vom wahren Leben, von Gott, zustande kommt und damit ein Ausdruck für den Fall des Menschen ist, blieb ihm deshalb verborgen, obwohl er bemerkt hat, daß die Rede vom Tod der Seele in einem "moralischen Sinn" geschieht.

[57] *Or cat* 16,9 (72,10).

schen begründetes Phänomen und zum anderen als Gottes Reaktion auf den Fall des Menschen verstehen[58]. Das Zusammengesetztsein wäre so nicht der Grund für die Trennung - dieser Grund ist die Abkehr von Gott -, sondern lediglich die Voraussetzung, insofern als etwas, was nicht zusammengesetzt ist, nach Gregor auch nicht aufgelöst werden kann[59].

Wir haben hier dieselbe Argumentationsstruktur vor uns, wie wir sie im Zusammenhang der Stellung des Menschen als Mischung zwischen Sinnlichem und Geistigem und der daraus resultierenden Möglichkeit - nicht Notwendigkeit - zum Abfall von Gott bemerken können[60]. In beiden Fällen argumentiert Gregor zum einen von der vorfindlichen Ausstattung des Menschen und zum anderen von der heilsökonomischen Absicht[61] her. Beidemal belegt er diese doppelte Argumentation mit einem Zitat aus der Genesis, das er entsprechend auslegt.

Nach diesen Überlegungen läßt sich zusammenfassend sagen: Unsterblich ist der Mensch nur solange, wie er bzw. konkreter seine Seele auf Gott ausgerichtet ist. Wenn die Seele sich von Gott als ihrem Lebensprinzip abwendet und körperliche Kriterien zur Beurteilung des Guten gelten läßt[62], stirbt sie. Das kann für den von ihr her lebenden Körper nicht ohne Folgen bleiben. Demnach ist die Unsterblichkeit kein in dem Menschen selbst begründetes Prinzip, sondern sie ist eine Unsterblichkeit aus Teilhabe am Ewigen. Das entspricht der Tatsache, daß der Mensch auch nur aus Teilhabe am Leben lebt und aus Teilhabe am wahrhaft Seienden im Sein gehalten wird[63]. Nur so ist es zu erklären, daß dem Menschen die Unsterblichkeit durch die Abkehr von Gott verloren gehen konnte, daß "durch die Abkehr vom Leben der Tod eingeführt wird"[64]. Nur so ist die Spannung zu erklären, daß einerseits gesagt werden kann, der Tod komme dem Menschen zwangsläufig, folgerichtig, seiner Verbindung gemäß zu, andererseits

[58] Daß beide Aussagen auf diese Weise vermittelt werden können und nicht alternativ verstanden werden müssen, hat auch SRAWLEY, CPT XXV nicht gesehen: "According to Gregory death was a temporary institution, not a necessity of man's nature".

[59] *Or cat* 8,8 (46,5).

[60] *Ib.* 6,3 f. (29,12-31,12).

[61] Vgl. Anm. 53.

[62] *Or cat* 8,6 (44,9); 8,16 (50,10).

[63] *Ib.* 25,1 (95,3 ff.). Auch BALÁS, ΜΕΤΟΥΣΙΑ ΘΕΟΥ hat die aufgezeigte Konzeption von der Teilhabe des Menschen am Leben Gottes nicht dazu verwendet, zu zeigen, daß Gregor unter diesem Aspekt auch davon sprechen kann, daß der Tod zur menschlichen Natur gehört.

[64] *Or cat* 8,19 (51,13).

aber, er sei eine von außen dem Menschen verliehene Möglichkeit zur Reinigung.

Auf dem Hintergrund und zur Bestätigung der hier vorgetragenen Argumentation müssen die Aussagen von der Unsterblichkeit des Menschen noch einmal kurz in den Blick genommen werden. Zunächst ist darauf hinzuweisen, daß Gregor in Kapitel 8 bewußt formuliert "εἰς ἀθανασίαν" und nicht "ἐν ἀθανασίᾳ"[65]. Diese Aussage gibt also keinen Zustand an, sondern ein Ziel. Der Mensch ist auf die Unsterblichkeit hin geschaffen. Dies haben die Übersetzer beachtet. Auf eine Nuance der bereits zitierten Formulierung in 5,6 jedoch haben sie, bis auf Srawley, nicht geachtet. Die meisten übersetzten "τὸ ἀθάνατον"[66] mit 'Unsterblichkeit'[67]. Barbel und Méridier interpretieren noch weiter und übersetzen: "den Grund der Unsterblichkeit"[68] bzw. "le principe de mortalité"[69]. Doch diese Aussage ist von Gregor gewiß nicht beabsichtigt. Der Mensch hat nicht das Prinzip der Unsterblichkeit in sich, so daß er durch sich selbst oder etwas in sich unsterblich wäre. Er hat aber durch dieses 'Etwas' die Möglichkeit zur Unsterblichkeit. Srawley hat m. E. mit Recht die etwas umständliche Formulierung Gregors in der Anmerkung folgendermaßen interpretiert: "τὸ ἀθάνατον is that part of man which is immortal"[70] und schreibt in seiner Übersetzung: "but that it should have within it an element that is immortal"[71]. Gemeint ist die Seele. Sie ist als rein geistiges, unzusammengesetztes Wesen in ihrer fortwährenden Teilhabe am Ewigen zur Unsterblichkeit bestimmt und befähigt[72]. Diese Bestimmung und

---

[65] *Ib.* 8,5 (44,1).

[66] *Ib.* 5,6 (23,18).

[67] HAYD 135; OEHLER I/2, 25; VAN UNNIK 91; vgl. auch MATEO-SECO, Teología de la muerte 461.

[68] BARBEL 39.

[69] MÉRIDIER 29.

[70] SRAWLEY, CPT 23.

[71] SRAWLEY, Translation 36.

[72] Die Seele ist nicht aus sich selbst heraus ewig, auch wenn sie nicht aufgelöst werden kann. Insofern ist die Aussage von MATEO-SECO, Teología de la muerte 460 "el alma, sin embargo, es perenne" nicht korrekt. Mateo-Seco hat der finalen Struktur der Aussagen von der Unsterblichkeit keine Beachtung geschenkt. Die finale Grundstruktur des Menschen auch in seiner ursprünglichen Bestimmung findet man jedoch an vielen Stellen der *or cat.* Sie ergibt sich zwangsläufig aus der Tatsache, daß der Mensch als Geschöpf sich einer Veränderung verdankt, der Veränderung vom Nicht-Sein ins Sein. Insofern hat er im eigentlichen Sinne kein Sein, sondern nur ein Werden [6,7 (34,1 ff.); 8,18 (51,2)]. Wahres Sein kann im eigentlichen Sinn nur Gott zugesprochen werden [25,1 (95,3 f.); 32,6 (119,1)]. Diese ontologische Differenz führt dazu, daß die ursprüngliche Ausstattung des Menschen eine finale Struktur hat. Der Mensch *ist* nicht, sondern er *wird* Ebenbild Gottes. Er ist *zur* Teilhabe an den göttlichen Gütern geschaffen. Er ist mit göttlichen Gütern ausgestattet, *damit* er durch sie ein Verlangen, eine Begierde nach Gott hat [ἔφεσις 5,5 (23,4); ἐπιθυμία 5,6 (23,14); ὄρεξις 5,9 (26,5)]. Deutlicher

Befähigung geht nun in der Mischung des Menschen auf den Leib über, der *qua* Teilhabe an der Seele an der Unsterblichkeit teilhaben kann, solange die Seele selbst an der Ewigkeit Gottes teilhat. Stirbt aber die Seele, indem sie sich von dem Prinzip ihrer Unsterblichkeit, von Gott, abwendet, ist der Mensch als Zusammengesetzter dem Gesetz seiner Natur ausgeliefert. Das Zusammengesetzte wird getrennt, es löst sich auf. Dem Tod der Seele, der schon in diesem Leben eintritt, folgt der sinnliche Tod, die Trennung von Leib und Seele und die Auflösung des Leibes in der Verwesung.

5.

Wir werden nun sehen müssen, ob die hier vorgetragene Interpretation der Aussagen Gregors über die Unsterblichkeit und den Tod und die gegebene Lösung der Spannung der scheinbar widersprüchlichen Aussagen in anderen Themenbereichen bestätigt werden.

Für die Interpretation der soteriologischen Bedeutung des Christusgeschehens ist es nicht ohne Belang, daß der Tod lediglich die positive Voraussetzung ist, die gegeben sein muß, damit das durch ihn Gereinigte in der Auferstehung wieder verbunden werden kann. So ist der Tod Christi für Gregor nur ein Durchgangsstadium und hat keine eigene, von der Auferstehung zu trennende, soteriologische Bedeutung. Die Reinigung von Flecken der Schlechtigkeit ist ja bei Christus nicht notwendig[73], weshalb er der Verwesung entnommen ist. Der Skopos des Heilsgeschehens in Christus ist erst mit der Auferste-

---

sagt Gregor dies in 5,10 (27,2): Die Teilhabe an den göttlichen Gütern ist Lohn für die Tugend. Auch die προαίρεσις des Menschen hat eine finale Struktur: "Auf etwas geht die προαίρεσις ganz und gar zu, weil das Verlangen nach dem Guten sie natürlicherweise in Bewegung versetzt" [21,3 (83,8)].
Die Gottebenbildlichkeit des Menschen muß also in einer ständigen Relation zu Gott selbst als Prozeß verwirklicht und vervollkommnet werden. Diese Vervollkommnung denkt Gregor als unendlichen Prozeß, weil sie den unendlichen Gott zum Ziel hat. Deshalb gebraucht Gregor den Begriff ὁμοίωσις, der von seiner Wortbildung her eine finale Bedeutung hat und so eine Prozeßstruktur aufweist, zur Interpretation des Begriffes εἰκών, der eher statisch, inaktiv verstanden werden könnte [5,7 (24,5)]. Erinnert sei in diesem Zusammenhang an Gregors Definition des Christentums in *prof Chr* (GNO VIII/I 136,7): "Christentum ist die Nachahmung der göttlichen Natur". Gregor stützt dies mit dem Hinweis auf unsere ursprüngliche Bestimmung. Christentum ist eben die Betätigung des Menschen seiner ursprünglichen Bestimmung gemäß als Ebenbild Gottes zur Verähnlichung und Vervollkommnung.

[73] Die Formulierung in 35,8 (134,1), in der es um den Tod Christi geht, scheint dieser Aussage zu widersprechen. Doch geht es dort schon um den Übergang der Bedeutung des Todes von Christus auf die Menschen. Bei ihm wurde das Getrennte wieder verbunden, damit unsere Natur gereinigt werden und im gereinigten Zustand wieder zusammengesetzt werden kann.

hung erreicht. Mit der "Auferstehung seines eigenen Leibes hat er (sc. Christus) das Ziel (τὸν σκοπόν) vollendet"[74].

Deutlich zeigt sich die Wertung des Todes als Zwischenstadium in Kapitel 32. Dort beschäftigt sich Gregor mit Einwänden, die gegen den Tod Christi generell und die schimpflichste aller Todesarten, den Kreuzestod, vorgebracht werden. Zunächst begegnet er diesen mit der Wiederholung von Argumenten aus Kapitel 27. Gott mußte durch alle Eigentümlichkeiten des Menschen hindurchgehen, ansonsten wäre der Vorsatz nur halb vollendet geblieben. In diesem Zusammenhang schreibt Gregor: "... daß den Tod zwangsläufig die Geburt bewirkt"[75]. Doch dann verbessert er die Aussage: Wenn man das Geheimnis genau betrachtet, muß man vernünftigerweise sagen, daß "nicht wegen der Geburt sich der Tod ereignet hat, sondern, genau entgegengesetzt, des Todes wegen die Geburt unternommen worden ist. Denn nicht, weil er des Lebens bedurfte, hat der ewig Seiende die leibliche Geburt angezogen, sondern um uns zum Leben aus dem Tod zurückzurufen"[76]. Damit ist deutlich gesagt, daß der Skopos des Christusgeschehens nicht schon in der Geburt erreicht ist[77], sondern daß die "Sinnspitze" dieses Geschehens[78] im Tod und der Auferstehung liegt. Gott 'vermischt' sich nicht mit dem Menschen, um leben, sondern um sterben und auferstehen zu können.

Der zweite Satz zeigt aber deutlich, daß auch nicht der Tod das hauptsächliche Heilsereignis ist, sondern daß er um der Auferstehung willen unternommen worden ist. Denn nicht durch den Tod geschieht die Zurückrufung des Menschen aus dem Tode zum Leben, sondern durch die Auferstehung[79]. Christus mußte also sterben, um auferstehen zu können. Doch nicht nur aus diesem Grunde. Er mußte "sich dem Tode so weit nähern, daß er die Todheit berührte", "weil der Wiederaufstieg unserer ganzen Natur aus dem Tode geschehen sollte"[80]. Erst so konnte er zum Grenzpunkt (μεθόριον) des Lebens und

---

[74] *Or cat* 15,4 (64,13).

[75] *Ib.* 32,2 (115,7).

[76] *Ib.* 32,3 (115,15 f.).

[77] Vgl. Anm. 6.

[78] R. M. HÜBNER, Einheit des Leibes Christi 62 Anm. 126.

[79] Gregor gebraucht hier ἀνακαλέω und ἐπάνοδος parallel. Mit Hilfe dieser Begriffe wird in 16,7 (71,3 ff.) Auferstehung definiert: "Und das ist die Auferstehung: die Rückkehr der verbunden gewesenen Teile nach der Trennung zu unauflöslicher Einheit, indem sie miteinander verwachsen, damit die erste, das Menschliche betreffende Gnade wiederhergestellt/zurückgerufen werde und wir wieder zum ewigen Leben gelangen, nachdem die unserer Natur beigemischte Schlechtigkeit durch unsere Auflösung ausgeflossen ist". Vgl. auch 35,8 (134,5). Diese Parallelität belegt, daß der zitierte finale Nebensatz tatsächlich von der Auferstehung spricht.

[80] *Or cat* 32,3 (116,3 ff.).

des Todes werden[81]. Erst so konnte das Prinzip des Todes, das durch den Fall des Menschen in die Welt kam, durch das Prinzip der Auferstehung ersetzt werden[82]. Deutlicher: Dadurch, daß das Prinzip der Auferstehung von Christi Auferstehung her "sich konsequent zum Ende hin durchsetzt"[83] und sich so auf die ganze Menschheit erstreckt[84], wurde der Tod zu dem, wozu er aus Fürsorge Gottes für den Menschen bestimmt ist, nämlich zur reinigenden Vorstufe der Auferstehung. Daher können die Aussagen von Kapitel 8 über die Heilsbedeutung des Todes nicht ohne die Aussagen von Kapitel 16 und 32 über die Heilsbedeutung des Todes und der Auferstehung Christi verstanden werden. Der Tod selbst ist ja noch nicht die Wiederherstellung des ursprünglichen Zustandes. Er ist nur die Voraussetzung dafür, daß der Mensch nicht für immer von Gott abgewandt bleiben und so seine Bestimmung verfehlen muß, sondern in der Auferstehung seiner ursprünglichen Bestimmung zugeführt werden kann. Der Tod ist kein Heilsweg an Christus vorbei, sondern integrierter Bestandteil des durch Christi Tod und Auferstehung ermöglichten Heilsweges zur Wiederherstellung der ursprünglichen Ausstattung des Menschen.

Deutlich wird dies auch in der im Zusammenhang der Taufe gegebenen Zusammenfassung zum Thema Tod. Dort sagt Gregor, daß bei Christus "der Heilsplan, der den Tod betrifft, seine Vollendung fand, indem er sich seinem eigenen Skopos gemäß vollständig erfüllte"[85]. Im folgenden wird deutlich, der Skopos des Todes liegt darin, daß das im Tode Getrennte sich in der Auferstehung wieder vereinigt. Er liegt also in der Aufhebung des Todes.

Wie der Tod notwendig die Geburt voraussetzt, so setzt die Auferstehung den Tod voraus. Dieser kommt aber erst zu seinem Ziel, wenn er in der durch Christus ermöglichten Auferstehung überwunden ist. Diese Aussagen entsprechen der in Kapitel 8 entwickelten und durch das Zitat aus der Leichenrede für die Prinzessin Pulcheria bekräftigten Interpretation über den Tod.

---

[81] *Ib.* 16,9 (72,12).

[82] *Ib.* 16,8 (71,10 ff.).

[83] *Ib.* 16,8 (72,2); vgl. R. M. HÜBNER, Einheit des Leibes Christi 155 ff.

[84] *Ib.* 32,3 f. (116,3-117,7); vgl. *ib.* 148 ff.

[85] *Ib.* 35,7 (133,14).

6.

Im dritten Teil der Οἰκονομία zeigt sich deutlich die Umkehrung dessen, was in den Ausführungen der Kapitel 5-8 über den Fall des Menschen und den Tod gesagt ist. Im ersten Teil der Οἰκονομία ist eine Bewegungsrichtung des Menschen von Gott weg dargestellt, die dem Menschen Tod und Sterblichkeit einbringt. Demgegenüber ist im dritten Teil eine Bewegung des glaubenden Menschen hin zu Gott beschrieben, die durch Christus ermöglicht ist und dem Menschen wieder ewiges Leben und vollkommene Teilhabe an den göttlichen Gütern und Gemeinschaft mit Gott bringt.

Im Zusammenhang der Eucharistie schreibt Gregor über die Seele: "Die Seele ist durch den Glauben mit ihm (sc. dem Führer zum Leben, i. e. Christus) vermischt[86] und hat von daher die Anfänge der Rettung, denn die Einigung mit dem Leben bedeutet Gemeinschaft des Lebens"[87]. Im Glauben wird der Fall des Menschen rückgängig gemacht. Die Seele richtet sich wieder auf Gott, auf das wahre Leben, aus. So hat durch sie der Mensch wieder Anteil am Leben und wird nicht der Vergänglichkeit preisgegeben, sondern von Gott im Sein gehalten.

In der Behandlung der Taufe wird deutlich, daß sie Nachahmung des Todes und der Auferstehung Christi ist. Sofern sie Nachahmung des Todes ist, ist sie Reinigung. Sie zerschneidet den engen Zusammenhang des Menschen mit der Schlechtigkeit[88] und ist so eine gewisse Vernichtung des Bösen, die allerdings noch nicht vollkommen ist[89]. Der Getaufte ist bis zu einem gewissen Grade aus der Verstrickung und Befleckung durch die Schlechtigkeit befreit. Sofern die Taufe Nachahmung der Auferstehung ist, steht ihre Wirkung noch aus. Sie

---

[86] Es ist erwähnenswert, daß Gregor im Zusammenhang des Glaubens und der Sakramente zur Beschreibung der Verbindung der Glaubenden mit Christus dieselben bzw. entsprechende Begriffe verwendet, wie im Zusammenhang der Beschreibung des Christusgeschehens. Dem ἀνακραθῆναι von Leib und Seele mit Christus entspricht das καταμίγνυσθαι Gottes zum Menschen. Sicher hat Gregor in diesen Formulierungen die Grundbedeutung der Präpositionen ἀνά und κατά mitgemeint. 'Ανάκρασις ist zwar für Gregor auch Terminus für 'Vermischung' überhaupt, also auch für die Richtung von Gott auf den Menschen hin [27,1 (101,2)], aber die Verben mit dem Präfix κατά- sind in dieser Richtung sehr viel häufiger gebraucht. Dagegen gibt es keine κατά-Aussagen für die Bewegung des Menschen zu Gott hin. Im Glauben vollzieht sich die Bewegung des Menschen auf Gott hin. Diese ist durch die Bewegung Gottes zum Menschen hin ermöglicht worden, die wiederum durch die Bewegung des Menschen von Gott weg notwendig geworden und veranlaßt ist. So ist es sinnvoll, wenn Gregor die Bewegung des Menschen zu Gott als Pendant zur Bewegung Gottes zu den Menschen versteht und durch die Formulierung diesen Zusammenhang andeutet.

[87] *Ib.* 37,1 (141,4).

[88] *Ib.* 35,9 (134,12).

[89] *Ib.* 134,11.

setzt in Bewegung. Sie gibt nicht gleich das unsterbliche Leben, sondern sie führt zum ewigen Leben[90]. Sie gestaltet um zur Unverweslichkeit[91]. Das Erstrebte wird vollkommen sein[92]. Die unbeschreibbare Auferstehung hat von der Taufe her ihren Anfang: "Denn jenes kann nicht geschehen, wenn dies nicht vorhergegangen ist"[93]. Taufe und Auferstehung verhalten sich wie Anfang und Ende[94]. Die Taufe, so sagt Gregor, ist notwendige Voraussetzung für die Auferstehung, die in Zukunft geschehen soll. Selbst wenn sie eine kleine, unscheinbare Handlung ist, ist sie Anfang und Ursache für ein großes Geschehen[95].

Die Taufe übernimmt in diesem Zusammenhang dieselbe Funktion, die der Tod bei den Ungetauften einnimmt. Beide reinigen in der je eigenen Weise den Menschen von der Befleckung durch die Schlechtigkeit und zerschneiden den Zusammenhang mit ihr. Beide sind so notwendige Voraussetzungen dafür, daß die Auferstehung zum ursprünglichen Zustand geschehen kann. Der Unterschied besteht darin, daß der Mensch die Wirkung der Taufe schon im sinnlichen Leben erfährt, während die Wirkung des Todes erst nach dem sinnlichen Leben erfolgt.

Daher gibt es für Gregor dann auch am Ende des Heilshandelns Gottes an den Menschen zwei Verfahren: Die Getauften, die in diesem Leben schon gereinigt worden sind, werden nach der Trennung von Leib und Seele in der Wiederzusammensetzung beider durch die Auferstehung ohne Läuterung zur ἀπάθεια gelangen[96]. Die Ungetauften aber, die in diesem Leben der Reinigung noch nicht teilhaftig geworden sind, werden in der Zwischenphase des Todes die Reinigung des Leibes durch die Auflösung und die Läuterung der Seele durch das Feuer[97] erfahren. Erst dann können sie in den göttlichen Chorreigen einstimmen[98]. Erst dann wird die Danksagung einstimmig sein[99].

---

[90] Wieder kann festgestellt werden, daß die Aussagen über das unsterbliche Leben eine finale Struktur haben, wie es auch schon zu den Aussagen über die ursprüngliche Bestimmung und Beschaffenheit des Menschen bzw. über das Menschsein überhaupt und das Christsein festzustellen war (vgl. Anm. 72).

[91] *Ib.* 33,4 (126,4).

[92] *Ib.* 34,3 (128,14).

[93] *Ib.* 35,12 (137,5-8).

[94] *Ib.* 136,10.

[95] *Ib.* 137,7 f.

[96] *Ib.* 35,14 (138,10 f.).

[97] *Ib.* 8,6 f. (44,9 ff.); 8,11 f. (47,9 f.).

[98] *Ib.* 36,1 (139,10).

[99] *Ib.* 26,8 (100,7).

Die Taufe macht, wie es schon vom Glauben ausgesagt wurde, den Fall rückgängig und so den Reinigungstod für den getauften Gläubigen bis zu einem gewissen Grade überflüssig. Daß der Getaufte dennoch stirbt, mag einen doppelten Grund haben. Es ist deutlich gesagt, daß die Taufe keine Wiederholung des Todes Christi, sondern eine Nachahmung ist. Die Natur des Menschen läßt aber eine vollkommene Nachahmung nicht zu[100]. Der Zusammenhang mit der Schlechtigkeit ist zerschnitten, sie ist aber nicht vollkommen vernichtet. Daher bedarf auch der Getaufte der Umgestaltung zur ἀπάθεια. Diese geschieht in der Auferstehung, die aber ohne den vorhergegangenen Tod, die Trennung von Leib und Seele, nicht geschehen kann. Wie wir es bei Christus festgestellt haben, ist der Tod für den Getauften dann eine bloße Vorstufe der Auferstehung, ohne Reinigungsfunktion. Der Getaufte ist ja in der Taufe schon den Reinigungstod gestorben. Diese Begründung läßt sich aus der *or cat* erheben. Es könnte aber auch geschlußfolgert werden, daß der Getaufte sterben muß, weil sein Leben nie so vollkommen sein kann, daß er sich nicht wieder durch Verfehlung des Guten die Befleckung mit der Schlechtigkeit zuzieht. Selbst wenn er auf dem Wege der Vervollkommnung von Stufe zu Stufe vorwärts schreitet, wird die Stufe, auf der er steht, im Vergleich zu der nächst höheren, eine Stufe der Unvollkommenheit sein. Insofern hat Gregor die beiden Wege am Ende des Heilshandelns Gottes zu alternativ beschrieben. Auch die Getauften bedürfen der Nachläuterung.

7. Resümee

Es zeigt sich, daß die Aussagen über den Tod in den drei Themenbereichen Schöpfungslehre, Soteriologie und Sakramentenlehre im Οἰκονομία-Abschnitt der *Oratio Catechetica* aufgrund des jeweiligen Zusammenhanges und der jeweiligen Absicht der Darlegung deutlich unterschiedliche Akzente aufweisen.

Im ersten Teil der Οἰκονομία ist Gregor von dem Interesse geleitet, Gottes Schöpfergüte zu verteidigen und die derzeitigen Übel zu erklären. Deshalb stellt er die Sterblichkeit als wohltätige Reaktion Gottes auf den Fall des Menschen dar. Dagegen deutet er im zweiten Teil den Tod als Eigentümlichkeit der menschlichen Natur, die sich aufgrund des Zusammengesetztseins naturgemäß vollzieht, um so den Tod Christi von jeglichem Tadel zu entlasten.

---

[100] *Ib.* 35,8 (134,7).

Diese Aussagen scheinen denen von der ursprünglichen Unsterblichkeit zu widersprechen. Diese scheinbaren Widersprüche lassen sich unter Berücksichtigung anderer wichtiger theologischer Grundentscheidungen erklären. Für diese Erklärung müssen in erster Linie die finale Grundstruktur des Menschen - der Mensch ist bestimmt und befähigt zur Sterblichkeit - und die ontologische Hauptdifferenz zwischen unveränderlich, wahrhaft seiendem Schöpfer und veränderlich, stetig werdendem Geschöpf und der daraus resultierende Teilhabecharakter des Seins und Lebens des Menschen beachtet werden.

Darüber hinaus zeigt der dritte Teil der Οἰκονομία, der weniger von apologetischem Interesse bestimmt ist als die anderen beiden, daß wichtige Grundentscheidungen über den Tod, über die Bestimmung des Menschen zur Unsterblichkeit und über den Tod und die Auferstehung Christi im Zusammenhang der Taufe wieder aufgenommen werden. Erst die Zusammenschau aller drei Komplexe gibt ein umfassendes Bild dessen, was Gregor von Nyssa in der *or cat* über die Unsterblichkeit des Menschen und den Tod gelehrt hat.

El vocabulario eucarístico en la *Oratio Catechetica* de San Gregorio de Nisa

Jesús SANCHO BIELSA

Es común la referencia al texto de la *Oratio catechetica* de San Gregorio de Nisa, cuando los autores tratan de precisar la aparición del vocabulario eucarístico en la época de los Santos Padres[1]. Junto a San Ignacio de Antioquía[2], San Justino[3], San Cirilo de Jerusalén[4], San Juan Crisóstomo[5] - por citar únicamente algunos de oriente -, ocupa un puesto indiscutido e indiscutible el Obispo de Nisa, y concretamente este tratadito de doctrina cristiana[6]. Kelly, profesor de patrología en la Universidad de Oxford, nos resume la aportación del Niseno: "Grégoire de Nysse reprend à son compte l' idée de conversion"[7].

Con independencia de la distinta valoración que puedan hacer los autores, podemos estar todos de acuerdo en que la significación y relieve del vocabulario eucarístico del Niseno no pueden entenderse anacrónicamente desde una mentalidad actual determinada por nuestra cultura moderna; pero nadie negará que los Santos Padres provocaron con sus escritos esta inteligencia nuestra de la fe que ellos nos transmitieron, y más todavía en un escrito catequético que tiene como propósito ilustrar la fe de los sencillos.

Digamos también que el verdadero punto de referencia para determinar hoy el *status quaestionis* del escrito niseno está en el término

---

1 Cfr. TAILLE (*frequenter*); DIEKAMP, *Manuale IV* 161, 165; CUERVO 285; KELLY, Initiation 452.

2 IGN *Smyrn* 7,1 (I 208,16-209,1 FISCHER).

3 IUST *I apol* 66 (I 182 OTTO).

4 CYR H *cat* 22,2 (PG 33,1097): οἶνον μεταβαλὼν εἰς αἷμα.

5 CHRYS *prod Iud* 1,6 (PG 49,380): τοῦτο τὸ ῥῆμα μεταρρυθμίζει τὰ προκείμενα.

6 Srawley hace notar que el Niseno trata de la Eucaristía también en otras obras: *diem lum* (GNO IX 225,21-226,2); *tr sp* (GNO IX 287,16-288,8); *v Mos* (GNO VII/I 77,4-78,3); *perf* (GNO VIII/I 190,14-192,15). Cfr. The catechetical oration of Gregory of Nyssa, editada por J. H. SRAWLEY, Cambridge 1903, 141, nota inicial. Con todo, los autores recurren unánimemente a la *Oratio catechetica* 37. Citaremos por esta edición de Srawley, y en las citas señalaremos la página y la línea donde se halla el texto aducido (PG 45,93-98).

7 KELLY, Initiation 452 s. Con la apreciación de Kelly coinciden TIXERONT 189: San Gregorio de Nisa "ha orientado claramente el pensamiento cristiano hacia la idea de la transubstanciación"; BAREILLE 1150, que retoma el juicio de Tixeront; BATIFFOL 266: "Le langage de Saint Grégoire ouvre la voie à la théorie qui s' appellerá un jour la théorie de la 'transformation substantielle'".

transubstanciación, puesto en circulación por el canciller de Bolonia Rolando Bandinelli en el siglo XII, y usado en occidente desde entonces como el supremo tecnicismo a cuya elaboración ha llegado la mente humana ilustrada por la fe, para explicar el proceso de la presencia real de Cristo en la Eucaristía. Como se ve, el vocablo es tardío y no aparece en los Padres. Sin embargo, no hubiera sido fácil su construcción precisa sin las piedras sillares - muy similares - que aportaron éstos en una lenta maduración de conceptos y precisión de términos, que nosotros hemos heredado.

Un elemento a tener en cuenta es que el empeño por fijar con rigor la terminología de los misterios de la fe, tan manifiesto en los escritos de San Basilio[8], hubo de influir necesariamente en la obra de su hermano. ¿Cuál es entonces la efectiva aportación de Gregorio de Nisa a la inteligencia y explicación del misterio eucarístico?.

1. Marco eucarístico de la *Oratio catechetica*

Comencemos por decir que Gregorio no está construyendo un sermón en el que exponga directa y expresamente la doctrina eucarística, sino que, dentro de un proyecto de síntesis de doctrina cristiana y para señalar el papel de los sacramentos como instrumentos que aplican la redención de Jesucristo, explica la acción del bautismo y de la Eucaristía, los dos principales sacramentos. Y mientras que el bautismo nos une con Cristo mediante la fe (ὕδωρ καὶ πίστις)[9], por lo que parece afectar especialmente al alma de quien lo recibe[10], la Eucaristía es el sacramento que opera la salvación con una dinámica particular del cuerpo y en el cuerpo[11].

A esto tiende toda la exposición del párrafo 37, donde la biología del *soma* es contemplada desde distintas perspectivas: proceso natural de la nutrición observado en el hombre y aplicado a la humanidad del Logos, para venir a la conclusión de que, si el hombre se nutre de pan

---

[8] "Basilio es el primero en admitir solamente la fórmula μία οὐσία y τρεῖς ὑποστάσεις en Dios; entendiendo la palabra ὑπόστασις en el sentido de ser subsistente por sí mismo y caracterizado con especiales propiedades (ἰδιότητες); es decir, en el sentido de individuo o persona" (ALTANER 277). Cfr. GONZÁLEZ. Es, pues, notable la aportación de los capadocios en la precisión terminológica del dogma trinitario, y de modo particular hay que destacar esta fórmula con la que se quiere expresar la consubstancialidad de las personas divinas por su única esencia, y la distinción real en la trinidad de hipóstasis.

[9] GR NYSS *or cat* 33 (124,1); πίστις καὶ ὕδωρ: *ib.* 36 (140,9 s.).

[10] Ἡ ψυχὴ μὲν διὰ πίστεως, πρὸς αὐτὸν ἀνακραθεῖσα τὰς ἀφορμὰς ἐντεῦθεν τῆς σωτηρίας ἔχει: *ib.* 37 (141,4-142,1).

[11] Τὸ δὲ σῶμα ἕτερον τρόπον ἐν μετουσίᾳ τε καὶ ἀνακράσει τοῦ σῴζοντος γίνεται: *ib.* 37 (142,2-4).

y vino como alimento de sustento natural, también necesita comer el pan y el vino que por la consagración (τῇ τῆς εὐλογίας δυνάμει)[12] se transelementan (μεταστοιχειώσας)[13] o se hacen Cuerpo y Sangre de Cristo, con cuya comida el hombre mortal llega a participar de la inmortalidad de Cristo[14].

La argumentación del Niseno es la siguiente: la naturaleza humana (τὸ ἀνθρώπινον) se compone (συγκεκραμένον) de dos elementos, alma y cuerpo, siendo necesario que ambos se unan al Salvador y participen de su vida inmortal. El alma lo hace por la fe, que recibe en el bautismo, y el cuerpo lo alcanza de otro modo. ¿Qué modo?.

El que toma un veneno tiene que tomar el antídoto que lo contrarresta. Nosotros tenemos dentro el veneno mortal del pecado y hemos de tomar el remedio que lo desvirtúa, y que no es otra cosa que el Cuerpo de Cristo que superó la muerte y dio comienzo a la vida, a la nueva vida en Cristo[15]. Es como la levadura que fermenta la masa y la transforma. Así el cuerpo inmortal nos transforma en El y nos asimila a El cuando lo recibimos (σῶμα ἐν τῷ ἡμετέρῳ γενόμενον)[16].

Porque la fisiología del cuerpo es que la vida se continúa y se robustece mediante el alimento, que es comida y bebida: el pan y el agua mezclada con vino. De este modo se comportó el Logos de Dios hecho hombre, sometido a las leyes normales de la vida. El cuerpo, pues, necesita del alimento, que es asimilado por la fuerza del metabolismo.

En el caso de Cristo, "por la inhabitación del Logos de Dios, el cuerpo fue elevado a la dignidad divina" (πρὸς τὴν θεϊκὴν ἀξίαν μετεποιήθη)[17]; ahora, cuando creemos que el pan santificado por la palabra de Dios es transmutado (μεταποιεῖσθαι) en el cuerpo del Logos de Dios, para que la naturaleza humana sea divinizada por la comunión de la divinidad, se comunica (ἐνσπείρει) a todos los creyentes en la economía de la gracia a través de la carne - cuyo sustento es el pan y el vino unidos a los cuerpos de los fieles -, para que también el hom-

---

[12] *Ib.* 152,7.

[13] *Ib.* 152,7 s. Cfr. MATEO-SECO, Cristología 370 ss.

[14] Δειχθέντος μὴ εἶναι δυνατὸν ἐν ἀθανασίᾳ γενέσθαι τὸ ἡμέτερον σῶμα, μὴ διὰ τῆς πρὸς τὸ ἀθάνατον κοινωνίας ἐν μετουσίᾳ τῆς ἀφθαρσίας γινόμενον: *or cat* 37 (144,5-7).

[15] Parece recordar a Ignacio de Antioquía en este texto: "Rompiendo un solo pan, que es medicina de inmortalidad, antídoto contra la muerte y alimento para vivir siempre en Jesucristo": IGN *Eph* 20,2 (I 158,14-17 FISCHER).

[16] *Or cat* 37 (143,4). Es la misma idea que después plasmará S. Agustín: "*Cibus sum grandium, cresce et manducabis me, nec tu me in te mutabis, sicut cibum carnis tuae, sed tu mutaberis in me*": AUG *conf* 7,10,16 (CChr.SL 27,103,18-104,20).

[17] *Or cat* 37 (149,1 s.).

bre se haga partícipe de la inmortalidad por la unión con el cuerpo inmortal.

Queremos destacar esta afirmación principal de la argumentación: "Convenientemente creemos que el pan santificado por la palabra de Dios es transmutado en el cuerpo del Logos de Dios. Porque también aquel cuerpo era virtualmente pan, pero fue santificado por la inhabitación del Logos, que habitó en la carne. En consecuencia, por donde en el cuerpo de Cristo (ἐν ἐκείνῳ τῷ σώματι) el pan transoperado pasa a ser fuerza divina, otro tanto sucede ahora por medio de su cuerpo (διὰ τοῦ αὐτοῦ), cuyo sustento era el pan y de algún modo El también era pan; y de manera semejante el pan ahora, al decir del Apóstol, es santificado por la palabra de Dios y la oración (διὰ λόγου θεοῦ καὶ ἐντεύξεως), no llegando a ser el cuerpo del Logos por el proceso de la comida sino instantáneamente (εὐθύς), transoperado (μεταποιούμενος) cuerpo del Logos, como está dicho por el Logos: 'Esto es mi cuerpo'"[18]. Lo que tiene lugar "por virtud de la consagración, después de cambiar en aquel cuerpo la naturaleza de los elementos visibles (τῇ τῆς εὐλογίας δυνάμει πρὸς ἐκεῖνο μεταστοιχειώσας τῶν φαινομένων τὴν φύσιν)[19].

En estas afirmaciones brilla la fe en la presencia real de Cristo en la Eucaristía, como verdad fundamental, que viene a realizarse no por el proceso biológico lento y natural, sino de pronto y en virtud de las palabras del Señor, que se pronuncian en la persona de Cristo al celebrar el misterio eucarístico y operan un cambio en la naturaleza de los elementos visibles que se ofrecen a Dios (pan y vino).

Srawley[20] y Kelly[21] subrayan el párrafo en que San Gregorio llama la atención para considerar "cómo fue posible que aquel único cuerpo distribuido constantemente a tantas multitudes de fieles por toda la tierra, está entero en la participación de cada uno y permanece entero

---

[18] *Ib.* 149,2-151,1.

[19] *Ib.* 152,7 s.

[20] "The question which Gregory sets himself to answer in his chapter on the Eucharist is as follows. How can the one Body of Christ, while continually distributed to multitudes of believers, become in its entirety the possession of each through the portion received, and yet remain an undivided whole?" (SRAWLEY [1903] XXXVIII).

[21] "Il essaie d' expliquer d' une façon assez originale comment l' unique corps du Christ, qui est distribué chaque jour à des milliers des fidèles, peut être reçu intégralement par chaque communiant tout en ne perdant sa propre intégrité" (KELLY, Initiation 452).

y el mismo en sí mismo"[22]. Srawley no encuentra ahí la idea del *totus Christus*[23], que se ventiló en el Concilio de Trento[24].

En el Concilio de Trento efectivamente se discutieron estos problemas suscitados en el siglo XVI, y que no se corresponden con las preocupaciones del Niseno; pero nos parece anacrónica la afirmación de que la idea del *totus Christus* no se contenga en este texto, que por cierto es bien original en aquel momento y debe ser abonada a San Gregorio. Por el modo de introducirla en el desarrollo del tema, sin embargo, da la impresión de que era un asunto catequético bastante conocido entre los fieles y creído con admiración, siendo registrado por el autor. Lo que no significa que Gregorio hiciese problema de esta cuestión, que entonces no era polémica sino doctrina tenida positiva y pacíficamente, por encima de cualquier discusión.

2. Estructura filo-semasiológica

Lo primero que sorprende en este escrito del Niseno es la insistencia con que utiliza vocablos compuestos de la preposición μετά. Con diferente morfología aparecen doce veces los verbos μεταποιέω (siete veces), una, μετατίθησιν, μεθίστημι (tres), y, una, μεταστοιχειώσας. No siempre se refieren directamente a la *conversión* eucarística; en varios casos es una analogía y punto de referencia para explicarla. El uso de μεταστοιχειώσας aplicado a la Eucaristía es propio de San Gregorio[25].

A estos vocablos característicos habría que añadir el uso de γίγνομαι, que en ocasiones lleva implícita la idea de *cambio*, puesto que, además de sustituir a εἰμί en las formas de que carece, significa *llegar a ser*, hacerse, lo que evidentemente implica el *cambio*. Un ejemplo ilustrativo de este significado lo encontramos en el pasaje de la *Oratio in baptismum Christi*, donde afirma el Niseno que "no sólo se *dice* que es el Cuerpo de Cristo sino que *se hace* realmente, lo es"[26].

---

[22] *Or cat* 37 (144,8-11).

[23] "There is no idea, as in some later discussions, that *totus Christus* is present under each species, and under each particle of the species of bread and wine" (SRAWLEY [1903] 144, n. 10).

[24] Cfr. *Concilium Tridentinum, Decretum de ss. Eucharistia*, cap. 3: DS 876/1641; c.3: DS 885/1653.

[25] Lampe 861 (voz μεταστοιχειόω 5); BAILLY, voz μεταστοιχειόω. Aunque todos encierran la idea de *cambio* y una intencionalidad coincidente, el significado propio de μεταποιέω es *transoperar*; el de μετατίθημι, *transponer*, el de μεθίστημι *transestar* o *trasladar*; y el de μεταστοιχειόω, *transelementar*.

[26] Σῶμα Χριστοῦ λέγεταί τε καὶ γίνεται: GR NYSS *diem lum* (GNO IX 225,22 s.). Igual uso encontramos en S. Juan Crisóstomo: οὐδὲ γὰρ ἄνθρωπός ἐστιν ὁ ποιῶν τὰ

Desde una valoración aritmética, es claro que la forma preferida es el verbo μεταποιέω, y ésta preferencia no es tan sólo numérica sino cualitativa. La *transoperación* o cambio implicado en este término vale por

a) la transformación de nuestros cuerpos mediante la unión con el cuerpo inmortal de Cristo[27];

b) por la transformación del cuerpo de Cristo que, al inhabitar el Logos de Dios en su naturaleza humana, es elevado a una dignidad divina[28];

c) por la asimilación del pan que comía el cuerpo mortal de Jesús en su estancia visible entre nosotros[29];

d) por el cambio sacramental de la Eucaristía[30];

e) por la transformación del vino en calor fisiológico para el cuerpo que lo bebe[31].

Se podría decir que el Niseno utiliza este término (μεταποιέω) para expresar los significados más nobles, reservando el uso de μεθίστημι para la transformación del alimento corporal en el metabolismo biológico (τῆς τροφῆς μεθισταμένης) en dos ocasiones[32], si bien en una tercera adquiera significado excepcional, puesto que, dada la condición de la humanidad de Cristo unida hipostáticamente al Logos, el pan que asimilaba su cuerpo se transformaba en energía divina (ἐν ἐκείνῳ τῷ σώματι μεταποιηθεὶς ἄρτος εἰς θείαν μετέστη δύναμιν)[33].

Si no existe un uso unívoco para hablar del cambio eucarístico, porque unas veces se refiere el término μεταποιέω al metabolismo natural o sobrenatural místico, y, otras, al misterio de la presencia real sacramental de Cristo, los términos no tendrán en todos los casos el mismo alcance y la misma significación. Por ejemplo, los cambios operados en el metabolismo fisiológico (τῆς τροφῆς .. πρὸς τὴν τοῦ σώματος φύσιν μεθισταμένης)[34] sólo son *transformaciones* o cambios de forma, que se operan en la naturaleza por agentes naturales; por el contrario, los cambios acaecidos en la Eucaristía son cambio de sub-

---

προκείμενα γενέσθαι σῶμα καὶ αἷμα Χριστοῦ: CHRYS *prod Iud* 1,6 (PG 49,380); y en Juan Damasceno: πῶς ὁ ἄρτος γίνεται σῶμα Χριστοῦ: IO D *f o* 4,13 (PG 94,1141).

27 GR NYSS *or cat* 37 (143,3-5,8 s.).

28 *Ib.* 149,1 s.

29 *Ib.* 149,6 s.

30 *Ib.* 149,2-4; 150,2 s.

31 *Ib.* 151,8 s. Srawley añade todavía el significado de cambio producido por la regeneración bautismal.

32 *Ib.* 146,15-147,1; 148,13-15.

33 *Ib.* 149,6 s.

34 *Ib.* 148,13-15.

stancias o *transubstanciación,* que posibilita el que aquello que era pan se convierta en el Cuerpo de Cristo (τὸν τῷ λόγῳ τοῦ θεοῦ ἁγιαζόμενον ἄρτον εἰς σῶμα τοῦ θεοῦ λόγου μεταποιεῖσθαι πιστεύομεν)[35].

Estos asertos responden a las afirmaciones del Niseno así como a la naturaleza misma del hecho que nos atestigüa la fe. Como enseña el Concilio de Trento, la conversión eucarística es *mirabilis et singularis*, admirable y singular, es decir, única[36]. En consecuencia, no tiene ejemplo o igual entre los cambios naturales, y no cabe univocidad sino simple analogía o semejanza que nos permite y aproxima a la inteligencia del misterio de fe.

Es bien conocido que μετά confiere a sus compuestos - prácticamente siempre - la significación de cambio: cambio de lugar o de condición; y este significado que impregna las voces en cuya composición entra la preposición μετά es bien manifiesto en Gregorio, que se esfuerza por explicar el cambio misterioso que se realiza en la Eucaristía. Y también está claro que no intenta una demostración del hecho de fe que llamamos presencia real. Sólo una vez sale el texto institucional: "Esto es mi Cuerpo" (*Mt* 26,26; *Mc* 14,22; *Lc* 22,19; *1 Cor* 11,24), aunque en otros momentos se transparente la teología del Evangelio de San Juan cuando Jesús habla de que quien come su cuerpo tendrá vida eterna (cfr. *Io* 6,54.58), como apunta Srawley[37]. La presencia real no la discutía nadie en Nisa ni en toda la οἰκουμένη cristiana, y el obispo atestigüa esa creencia unánime de la Iglesia del siglo IV. El intenta *explicar* el hecho de la presencia real para facilitar la inteligencia de sus fieles.

Si alguien buscara en el vocabulario de la *Oratio catechetica* el término μεθυπόστασις (*transubstantia*), habrá de tener en cuenta que el obispo de Nisa no podía utilizarlo después de librar la batalla contra el arrianismo con la fórmula μία οὐσία τρεῖς ὑποστάσεις, y tampoco podía utilizar el término μετουσία, que tiene un valor común entre los clásicos del helenismo para expresar la idea de *participación*.

Los teólogos orientales del siglo XVII quisieron incorporar el término occidental *transubstanciación* con el neologismo equivalente μετουσίωσις, pero no debió encontrar buena acogida y fue efímera su vigencia[38].

---

[35] *Ib.* 149,2-4.

[36] *Concilium Tridentinum, ses. 13, Decretum de ss. Eucharistia*, c.2: DS 884/1652.

[37] "The starting point of such language is *Io* 6,54.58" (SRAWLEY [1903] 142 n. 2).

[38] "The term μετουσίωσις was first adopted under Roman influence in the seventeenth century, and does not appear to have gained universal acceptance in the East" (SRAWLEY [1903] XLII n. 3). La misma observación puede leerse en Ott cuando escribe que "la Iglesia ortodoxa griega, después del II Concilio universal de Lyon (1274), recogió de la teología latina este término (el de *transubstanciación*),

Lo que sugiere Kelly de entender el vocabulario del Niseno respecto al cambio real y profundo que se efectúa en la Eucaristía, como un *cambio de relación* entre los elementos, no parece suficiente[39]. Esta interpretación viene de Harnack y la recoge Srawley[40], de quien la toma sin duda Kelly. Srawley traduce la argumentación del Niseno como un intento paralelo de relacionar el pan y el vino con la persona de Cristo en la Eucaristía, partiendo de la relación existente entre el pan y el vino que sirvieron de alimento al cuerpo terreno de Jesús cuando vivía entre nosotros[41].

Pensamos que el propósito de San Gregorio es mucho más sencillo. La fe de los cristianos del siglo IV profesa sin titubeos la presencia real de Cristo bajo los velos del pan. Como el cristiano necesita comer el Cuerpo del Señor para incorporarse al Salvador y participar de sus bienes salvíficos - y más concretamente de la inmortalidad, que el Señor promete a los que comen su Cuerpo, como vimos anteriormente -, el autor de la *Oratio catechetica* lo va explicando con analogías parciales que pueden dar razón, siempre deficiente, del misterio tremendo que es comer a Cristo: a Cristo entero todos y cada uno de los que lo reciben entero y el mismo.

A veces se tiene la impresión de que el autor se pierde con los ejemplos y explicaciones, tornándose obscuro; el propósito, en cambio, sigue en pie: dar razón del misterio. Como los ejemplos no son totalmente satisfactorios, al final recurre a la más simple, más verdadera y más profunda razón, a la afirmación de Cristo: "Esto es mi Cuerpo", con la que el pan queda santificado y transoperado - convertido - en el Cuerpo de Cristo mediante la palabra (πρὸς τὸ σῶμα διὰ τοῦ λόγου μεταποιούμενος). La fe está clara y lo difícil es traducir en palabras el misterio de Dios, a pesar del enorme empeño que ha pues-

lo tradujo por el griego μετουσίωσις, resp. μετουσιοῦσθαι. Pero cuando encontró mayor difusión este término fue durante el siglo XVII, en la lucha contra las teorías calvinistas sobre la Eucaristía del patriarca Cirilo Lucaris; cfr. la *Confessio orthodoxa* de Pedro Mogilas I 107, y la *Confessio* de Dositeo 17. La moderna teología ortodoxa renuncia a explicar cómo se verifica la presencia real del cuerpo y la sangre de Cristo. La significación del término μετουσίωσις ha quedado notablemente desleída, si no se ha llegado a negarla por completo" (OTT 562 s.). Cfr. también la nota de Migne: PG 94,1144.

[39] "Il est à noter qu'il dit de 'la nature des objets visibles' qu'elle est 'transélementée' (μεταστοιχειώσας). Il semble qu'il pense à un changement dans la relation entre eux des éléments (στοιχεῖα) constitutifs du pain et du vin qui ferait acquérir à ceuxci la 'forme' (εἶδος) du corps et du sang du Seigneur et les propriétés correspondantes" (KELLY, Initiation 453.).

[40] SRAWLEY [1903] XL. La cita de HARNACK es History IV 296.

[41] "The purpose of Gregory's illustration is to compare the relation in which bread and wine stand to the person of Christ in the Eucharist with that which the bread eaten by Him while on earth had to His earthly Body. The change in both cases is a change of relation" (SRAWLEY [1903] XXXVIII s.).

to en juego el sutil ingenio del obispo de Nisa. El se ha aproximado a desvelar el misterio con una explicación congruente del gran don del Señor, partiendo de la fe; pero ni él ni nadie podrá traspasar el velo. No obstante, es evidente que allí ha habido un cambio profundo para que se pueda decir con verdad que lo que antes era pan ahora es el Cuerpo del Señor; para que podamos confesar que "también ahora el pan santificado por la palabra de Dios se convierte en el Cuerpo del Logos de Dios"[42].

¿Qué es eso de *transoperar?* En lugar de transoperar podríamos traducir igualmente por *transformar*, (aunque no es ese el significado riguroso de μεταποιέω, y en tal caso habría que sustituirlo por μεταμορφόω), pero de cualquier modo la preocupación de establecer los matices entre *transformar* (cambio de forma) y *transubstanciar* (cambio de substancia), como hacemos hoy nosotros, está fuera de la óptica de la *Oratio catechetica*. Los fieles de Nisa no eran todos filósofos, ni el obispo está haciendo una exposición de la metafísica de la Eucaristía. Lo que les dice sencillamente es que allí está el Señor, que así lo ha dicho, porque el pan se ha cambiado en el Cuerpo de Cristo por la palabra santificadora de Jesús. A nosotros nos toca comerlo para participar de los frutos que nos ha prometido si le comemos en la Eucaristía.

La naturaleza del cambio como δείκνυσις metafísica cae, por tanto, fuera de la frontera de la *Oratio catechetica*. Lo que se pretende es dar una explicación sencilla pero verdadera de este gran don que se nos ha dado, ilustrando el obispo la fe de su pueblo para que crea y *entienda* en la medida de lo posible.

Se trata de un hecho al que no alcanzan ni el poder ni la comprensión naturales de la criatura. Como dirá más tarde Juan Damasceno, "por la virtud del Espíritu Santo se efectúa la conversión del pan en el Cuerpo de Cristo"[43]. Y entonces los Padres, tanto Gregorio de Nisa (μεταποιέω, μετατίθημι, μεθίστημι, μεταστοιχειόω), como Cirilo de Jerusalén (μεταβάλλω), como Juan Crisóstomo (μετασκευάζω, μεταρρυθμίζω)[44], como Juan Damasceno (μεταποιέω)[45], utilizan estos térmi-

[42] Νῦν τὸν τῷ λόγῳ τοῦ θεοῦ ἁγιαζόμενον ἄρτον εἰς σῶμα τοῦ θεοῦ λόγου μεταποιεῖσθαι πιστεύομεν: *or cat* 37 (149,2-4). Ἐνταῦθά τε ὡσαύτως ὁ ἄρτος, καθώς φησιν ὁ ἀπόστολος, ἁγιάζεται διὰ λόγου Θεοῦ καὶ ἐντεύξεως, οὐ διὰ βρώσεως προϊὼν εἰς τὸ σῶμα γενέσθαι τοῦ λόγου, ἀλλ' εὐθὺς πρὸς τὸ σῶμα διὰ τοῦ λόγου μεταποιούμενος: *ib.* 149,10-150,3. Las dos afirmaciones coinciden en la idea y casi en las palabras, con un ligero desarrollo en la segunda frase.

[43] IO D *f o* 4,13 (PG 94,1139).

[44] "Si saint Basile et saint Grégoire de Naziance 'n' ont laissé trace dans leurs ouvrages d' un essai quelconque d'examen pour s' expliquer le mystère eucharistique', il n' en est pas de même de saint Grégoire de Nysse qui, avec une netteté remarquable, affirme 'qu' il se fait dans le mystère eucharistique un changement et une conversion' (*or cat* 37) ... Ce changement, Cyrille de Jérusalem l' appelle μετα-

nos en los que siempre la inclusión del prefijo μετά indica el esfuerzo por traducir un hecho sobrenatural que desborda las posibilidades del orden y del conocimiento naturales.

Siglos más tarde Tomás de Aquino certificará la misma limitación que experimentaría Gregorio de Nisa, diciendo que "no puede ser percibida por los sentidos sino únicamente por la fe, que se sustenta en la autoridad de Dios, la presencia del verdadero Cuerpo y Sangre de Cristo en este sacramento. Por lo que San Cirilo, a propósito de las palabras de San Lucas: 'Esto es mi Cuerpo, que será entregado por vosotros' (*Lc* 22,19), hace este comentario: 'No dudes de que esto es verdad, sino acepta con fe las palabras del Salvador. El es la verdad, y la verdad no engaña'"[46].

El Niseno no busca afirmar sólo un cambio de relación. ¿En qué puede consistir este cambio de relacion? Un mero cambio de relación jamás podrá dar razón de la presencia real de Cristo en la Eucaristía; pero el cambio real y profundo del pan que se *transopera* - se transmuta - en el Cuerpo del Señor sí puede explicar el cambio de relación. La posición de Harnack, que parecen compartir Srawley y Kelly, conduciría a la *transfinalización* y *transignificación* que se han querido proponer como invento de nuestros días.

Si se efectúa la conversión del pan en el Cuerpo del Señor, desde aquel momento la relación de las cualidades sensibles del pan ya no respecta al pan, que *se ha convertido*, sino al Cuerpo de Cristo que *se contiene* bajo aquellas especies sensibles.

Conclusión

Esta es la elaboración a la que llegaron los teólogos de la Eucaristía, partiendo de la fe en la presencia real. Gregorio de Nisa, junto con otros grandes mojones de la catequesis eucarística, está al comienzo de este camino de labor honda y recta; y él de modo muy particular por la insistencia y tino con que intentó felizmente desbrozar la dificultad de un misterio no menos profundo que entrañable para los cristianos de todos los tiempos. El hecho de que se discuta el alcan-

βολή; Grégoire de Nysse μεταποίησις; Chrysostome, μετασκευή ou μεταρρύθμησις. La langue théologique n' est pas encore précisée; mais l' idée d' une conversion substantielle existe déjà dans la pensée de Pères" (MICHEL 1397).

[45] 'Ο ἄρτος καὶ οἶνος μεταποιοῦνται εἰς σῶμα καὶ αἷμα Θεοῦ: IO D *f o* 4,13 (PG 94, 1144 s.). El Damasceno utiliza también el verbo μεταβάλλω, pero para calificar el metabolismo o la transformación del pan y del vino en el cuerpo y sangre del que lo come (*ib.* 1145).

[46] Santo Tomás de Aquino, *s th* 3 q 75, a 1 c.

ce de su aportación al vocabulario y explicación de la Eucaristía es bien significativo del relieve de su significación histórica.

Desde el punto de vista de una valoración teológica imparcial se podría decir sin ningún recelo que el teólogo de Nisa, subido al vuelo de la especulación - la *Oratio catechetica* es sin duda alguna un nivel alto de explicación de la fe - y en aras del más puro sentido común, apuesta por ofrecer un discurso de la presencia real de Cristo en el misterio eucarístico que la entiende necesariamente por un cambio profundo de la naturaleza que está más allá (μετά) y dentro de lo que parece pan y vino ofrecidos en la Eucaristía. Y es que, como ha dicho Penido, "afirmado el hecho de la presencia real, se puede deducir de ahí la transubstanciación - por lo menos en teoría -, sin necesidad de apelar de nuevo al testimonio de la fe"[47].

Gregorio de Nisa no usó el término, que no existía, y él no lo inventó. Usó palabras similares, más sencillas, más populares, más catequéticas, y cargadas de fuerza: se *transopera* sobre el pan con las palabras de Jesús, que hacen que el pan se haga su Cuerpo; se *transelementa* la naturaleza de los dones visibles. Gregorio de Nisa con un vocabulario muy significativo - y hasta suyo - trabajó con los mismos materiales, con las mismas ideas, con la misma teología, con la misma fe, en el permanente simposio de la Eucaristía que celebran los hijos de la Iglesia.

Resümee

Die *Oratio catechetica* Gregors von Nyssa stellt für diejenigen, die das eucharistische Vokabular der Kirchenväter studieren, einen obligatorischen Bezugspunkt dar; und gleichzeitig ist ihr Beitrag von großem Interesse und Einfluß für die spätere Tradition. Verglichen mit anderen zeitgenössischen Vätern erscheint der Nyssener führend in seiner katechetischen Absicht, das Geheimnis der Realpräsenz Christi in der Eucharistie zu erklären und den Wandlungsprozeß, der sie hervorruft. Alle beabsichtigen, sie ihrem Volk pädagogisch zu übersetzen - denn sie sind Hirten und Bischöfe -, aber die Ausarbeitung des Nysseners ist herausragend wegen seiner Bilder, Beispiele und Vergleiche, ebenso wegen seines eindringlichen Vokabulars.

Aus unserer gegenwärtigen Perspektive fixieren wir unbewußt als Vergleichspunkt den Terminus "Transsubstantiation", der im 12. Jh.

[47] "Posé le fait de la présence réelle, on peut, *théoriquement* du moins, en déduire la transsubstantiation, sans faire de nouveau appel au témoignage de la foi" (PENIDO 426).

von Rolando Bandinelli eingeführt und vom IV. Lateran- und Trienter Konzil gutgeheißen wurde. Folglich gebraucht Gregor von Nyssa nicht diesen Begriff, sondern γίνομαι, μεταποιέω, μετατίθημι, μεθίστημι, μεταστοιχειόω (mit allen diesen Verben ist die Vorstellung des Wechsels, des Übergangs einer Wirklichkeit in eine andere verbunden, vor allem in den mit μετά- zusammengesetzten Begriffen). Er deutet damit einen transzendenten Vorgang an, der weit über die natürliche Handlungsfähigkeit eines Geschöpfes hinausgeht, für dessen Beschreibung er eigentlich das Wort μεταμορφόω hätte gebrauchen müssen, indem er so zwischen "wandeln" und "transsubstantiieren" unterscheidet. Diese Vermutung wird gerechtfertigt durch den eigentlichen literarischen Text und das bekannte Anliegen des Nysseners, terminologische Genauigkeit zu erreichen bei der Erklärung der Geheimnisse christlichen Glaubens.

Wenn auch Gregor von Nyssa nicht das Wort "Transsubstantiation" gebrauchte, verwandte er Äquivalente, die Anlaß zur weiteren Präzisierung geben. Johannes von Damaskus wird nicht mehr als das Erbe dessen zu überliefern haben, dem er in der *Oratio catechetica* begegnet war. Deswegen meinen wir, daß Gregors Erklärung der Eucharistie unter denen, die seine Zeitgenossen vorstellen, und generell in der Zeit der Hl. Väter hervorgehoben zu werden verdient.

La plus ancienne description d' une mariophanie par Grégoire de Nysse

Marek STAROWIEYSKI

Dans la "Vie de S. Grégoire le Thaumaturge", écrite par Grégoire de Nysse, on trouve un intéressant fragment contenant la description d'une apparition de Marie à l' Apôtre du Pont[1]. Si le fragment a été souvent mentionné, il ne fut pas, au moins à notre connaissance, étudié plus profondément, malgré son rôle important, soit dans la mariologie, soit dans l' histoire de la littérature chrétienne.

Il y a quelques années, on a soulevé des objections contre l' authenticité de la "Vie de S. Grégoire". La *Clavis Patrum Graecorum* la place sans aucun doute parmi les œuvres de Grégoire de Nysse[2], et nous partageons pleinement cette opinion. L' édition critique n'est pas encore publiée, et nous devons donc nous contenter de l' édition de Morelli dans la *Patrologia Graeca* de Migne[3], sans rien savoir sur la tradition manuscrite de notre fragment et sur les éventuelles variations du texte.

En ce qui concerne les sources, la "Vie" s' appuie sur une double tradition: celle de l' activité et de l' enseignement de S. Grégoire, vivante en Cappadoce et dans le Pont au IVe siècle, et sur la tradition, particulière, présente dans la famille de Grégoire, puisque sa grand-mère Macrine a connu personnellement le grand thaumaturge.

Basile le Grand, frère aîné de Grégoire, est témoin de cette double tradition. Dans ses lettres, adressées aux habitants de Néocésarée, il parle du grand thaumaturge, grand témoin de la tradition, maître des mystères de Dieu et père spirituel[4]. Mais les plus fortes expressions se trouvent dans son traité "Sur le Saint-Esprit", où il le compare aux Apôtres en l' appelant "second Moïse", et il poursuit: "L' admiration qu'il suscita est grande, aujourd' hui encore, chez les habitants du pays, et son souvenir, neuf et toujours vivace, reste ancré dans les églises; le temps même ne l' a pas émoussé. On n' a ajouté aucune pra-

---

[1] PG 46,910 C-912 C. Sur Grégoire le Thaumaturge cf. JANIN; GODET; NAUTIN (assez discutable), mais avant tout, CROUZEL: SC 148, 11-92.

[2] CPG II 3184; BHG 715-715c.

[3] Sur les éditions de la "Vie" de Grégoire de Nysse, cf. RYSSEL 229, nr. 1.

[4] *Ep* 28,1 (PG 32,304 C-308 A); 204,2 (745 C); 207,4 (764 B-765 C); 210,3 (772 A).

tique, aucune parole, aucun rite sacrificiel, qu' il ne l' ait lui-même laissé à son église"[5]. Même si on rejette la rhétorique de ces textes, ils témoignent d' une profonde vénération envers Grégoire au milieu du IVe siècle.

Le même Basile nous rapporte qu' il a reçu l' enseignement de Grégoire par sa grand-mère, Macrine, qu' elle-même avait reçu d' une tradition transmise oralement[6]. L' évêque de Nysse porte probablement le nom de Grégoire en l' honneur du grand thaumaturge.

La tradition sur Grégoire le Thaumaturge s' est transmise oralement et on suppose qu' elle fut mise par écrit avant Nicée et elle était probablement une des sources pour la "Vie" écrite par Grégoire de Nysse, pour la "Vie" en syriaque et pour la "Vie" latine. Même si nous ne pouvons exclure des insertions de la part de l' évêque de Nysse, on peut supposer que la "Vie" écrite par lui témoigne d' une tradition qui remonte au III/IVe siècle, créée après la mort de l' apôtre du Pont et qui prouve la grande personnalité de Grégoire le Thaumaturge[7].

1.

Après ces informations introductives, nous pouvons nous occuper du texte même de Grégoire.

La vision de Marie dut avoir lieu, selon la "Vie", après le retour de Grégoire de Césarée au Pont. Il voulait s' adonner à l' étude de la philosophie, mais il fut sacré évêque par Phédime, métropolite d' Amasée. Le nouvel évêque se rendant compte de la déficience de sa formation théologique a demandé à Dieu de lui procurer une révélation (ἐμφάνεια) des mystères de la foi car il savait bien qu' il existe des gens falsifiant la doctrine orthodoxe. Il passait la nuit à réfléchir sur cela lorsqu' il lui apparut, comme une sorte de forme humaine, un vieillard dont les vêtements étaient ceux d' un saint; il paraissait âgé et était très vénérable par la grâce de sa contenance et de tout son maintien. Etonné à cette vue, il se souleva de son lit et demanda qui il était et pourquoi il venait; mais l' autre, calmant de sa voix douce la perturbation de son esprit, lui dit qu' il lui apparaissait par un ordre divin à propos de ses doutes afin que la vérité de la foi orthodoxe pût lui être révélée. Il prit courage à ces paroles et le regarda avec un mélange de joie et de frayeur. Alors, comme le vieillard étendait la main droite en avant et lui désignait avec son doigt quelque chose sur le

[5] 29,74 (SC 17 bis, 512,22 s. 26-30 PRUCHE).

[6] *Ep* 204,6 (PG 32,752 C-753 A). Cf. SAUGET.

[7] HARNACK, Geschichte 2/2, 97 s.; PONCELET; TELFER 228-231.

côté, Grégoire suivit des yeux la main tendue et vit une autre apparition (θέαμα) sous la forme d' une femme, mais d' une femme plus qu' humaine (ἐν γυναικείῳ τῷ σχήματι, κρεῖττον ἢ κατὰ ἄνθρωπον). Ses yeux pouvaient à peine supporter la lumière accompagnant l' apparition (τοῖς ὀφθεῖσιν), mais il les entendit converser ensemble au sujet de ses doutes, et par là, non seulement il obtint une vraie connaissance de la foi mais il apprit leurs noms, comme ils s' adressaient l' un à l' autre par leur appellation respective. Et ainsi il dit avoir entendu la personne qui semblait être une femme encourager (παρακαλούσης) Jean l' Evangéliste à ouvrir au jeune homme le mystère de la dévotion; et il répondit qu'il était prêt à complaire en cela aux voeux de la Mère du Seigneur (ἑτοίμως ἔχειν καὶ τοῦτο τῇ μητρὶ τοῦ Κυρίου χαρίσασθαι, ἐπειδὴ τοῦτο φίλον αὐτῇ) et il énonça un formulaire, clair et complet, et ensuite disparut. Grégoire se mit immédiatement à écrire cet enseignement, et à l' avenir, il prêcha dans l' église selon ce qu' il avait appris[8]. Telle serait l' origine de la célèbre exposition de la foi de Grégoire le Thaumaturge, qui a plutôt le caractère d' une subtile exposition du mystère de la Trinité que d' un symbole

---

[8] PG 46,910 C-912 C, cf. NEWMAN 354 s. Pour faire comparaison nous donnons ici le texte latin et celui syriaque dans la traduction allemande de Ryssel.
Flor Cas 170 s.: *Nam quadam nocte evigilanti illi et de eadem re anxie cogitanti, lux emissa desuper circumdedit eum. Et in eadem luce apparuit quidam senior vultu hylari, sacerdotali stola indutus et super eum astitit. Quem cum beatus Gregorius cerneret, illico de grabato suo exsiliens inquirere caepit, quis esset et ob quam rem insinuandam venisset. Ille autem territam eius mentem pacificare volens faceta quadam hylaritate ita eum affatus est: "Petitionem tuam exaudivit Dominus. Desideria cordis tui pervenerunt in conspectu eius. Ideoque ab eo missus sum ad intimandum tibi divinae fidei veritatem". Mox laetus effectus, gestiebat audire ab eo pollicitam fidei claritatem et cum magna cordis exultatione dicebat: "Utinam dignetur nobis hoc donare gratia Christi. Eia, beate senex, demonstra dogma salutis". Ille autem protenta manu, annuit alteram adesse personam et quasi absque eius iussione loqui minime praesumebat. Conspiciens itaque e latere Gregorius vidit sanctae Dei Genetricis vultum supra solis splendorem fulgentem et illum senem ex nomine Iohannem Evangelistam vocantem eique praecipientem, ut rationem illi sanctae fidei demonstraret. Qui ait libenter paratum esse eius iussionibus obedire. Inter haec autem de mysterio fidei clarius locuti sunt. Qua ratione plenius instructus et tenaci memoria in pectoris arca illam recondens, ut quondam Moyses in heremo legem accipiens ad posterorum memoriam sanctissima sua manu litteris comprehendere curavit et quasi hereditarium donum a Deo sibi collatum sanctae Ecclesiae Catholicae dereliquit, per quod Dei populus ab omni heretica pravitate mundatus hactenus perseverat.*
RYSSEL 243: In jener Nacht aber schlief Gregorius und sah in seinem Traum einen Jüngling, der ein Buch in seiner Hand hatte, und eine Jungfrau, die angetan war mit kostbaren Gewändern, und er hielt sie an der Hand, nämlich Johannes den Evangelisten, den Sohn des Zebedäus, und Maria, die Mutter unseres Herrn. Die sprachen zu ihm: "Merke auf auf das, was du siehst, o Mann! Denn siehe, ich verheisse dir heute, dass du den Glauben sehen wirst, der vom Himmel her erschienen ist. Doch stehe auf wie ein hohes Horn und predige vor dem Volke!" Er aber lehrte sie in der Nacht und bei Tage ohne Unterlass.

baptismal[9]. L' exemplaire original de ce texte devait être conservé à Néocésarée[10].

Le fragment, on le voit et il faut le dire, loin d' être clair, exige quelques remarques.

1. Ce n' est pas la seule description d' une apparition dans les écrits de Grégoire. Emélie, la mère de Grégoire, en invoquant S. Thècle pendant l' accouchement, a vu τινα ἐν εἴδει καὶ σχήματι μεγαλοπρεπεστέρῳ ἢ κατὰ ἄνθρωπον ἐπιφανέντα[11]. Dans ce texte, on trouve la même expression κατὰ ἄνθρωπον ἐπιφανέντα avec le comparatif que dans notre texte. Dans une autre description de la révélation d' un saint à un soldat boiteux le saint est représenté comme S. Jean dans notre fragment[12]. Les autres apparitions chez Grégoire de Nysse n' ont en commun avec la nôtre que d' avoir lieu pendant la nuit[13]. La ressemblance des apparitions de Marie, de S. Thècle et d' un saint montre que Grégoire en compose la description selon certains schémas, mais il ne s' y tient pas strictement. Parmi toutes ces descriptions d' apparitions, la nôtre est la plus développée.

2. S. Jean apparaît sous la forme d' un noble vieillard, ce qui concorde avec la tradition iconographique de l' Orient; en Occident, par contre, on le représente comme un jeune homme[14].

3. Ce n' est pas Marie qui a été envoyée pour révéler le mystère, mais S. Jean. Par le contenu de l' exposition de la foi de Grégoire on apprend qu' il s' agit du mystère de la Trinité. S. Jean est appelé dans la tradition orientale "le Théologien", et dans ses écrits, on trouve plusieurs mentions de la Trinité[15].

4. Marie apparaît ensemble avec S. Jean car dans l' évangile de ce dernier se trouve la scène dans laquelle ont été confiés Jean à Marie et Marie à Jean[16]. Cet élément est développé dans la tradition tardive. Dans les "Actes de Jean" de II/IIIe siècle on ne trouve pas encore la figure de Marie, tandis que dans les différentes versions du "Transitus Mariae" - dont les plus anciennes proviennent probablement du IVe siècle - cette union est très fortement soulignée[17].

---

[9] CPG I 1764 considère le symbole comme authentique; là aussi la liste des éditions du symbole.

[10] GR NYSS *v Gr Thaum* (PG 46,913 A).

[11] *V Macr* 2,23-25 (SC 178,146 MARAVAL).

[12] *Mart 2* (PG 46,784 CD).

[13] *Ib.* 785 AB; *v Ephr* (*ib.* 836 AB).

[14] KÜNSTLE II 341; LECHNER, part. 111.

[15] *Jean* 15,26; 16,5-14; etc.

[16] *Jean* 19,25 s.

[17] Le "Transitus R" est attribué à S. Jean; un autre "Transitus" porte le nom de

5. Nous avons pu nous rendre compte que l' apparition de Marie est exprimée en termes très imprécis: θέαμα, ἐν γυναικείῳ τῷ σχήματι, κρεῖττον ἢ κατὰ ἄνθρωπον, ὀπτασία, ἐμφάνεια et les autres.

La vision comme telle est assez facile à expliquer: Grégoire de Nysse considère le Thaumaturge comme un nouveau Moïse qui, au commencement de sa mission, reçoit la révélation du symbole selon lequel il se met ensuite à enseigner. L. Abramowski est d' avis que ce symbole très théologique et "scolaire" ("eines derart schultheologischen Bekenntnisses") devait être encadré dans une extraordinaire révélation[18]. L' apparition de Jean est aussi assez facile à expliquer, comme nous avons vu, mais celle de Marie reste incompréhensible par la logique interne du texte, car la révélation est trinitaire et il n' y a même pas de mention de l' incarnation ni de la personne de Marie. Le seul rapprochement entre la vision et le symbole est l' appellation de Marie comme μήτηρ τοῦ Κυρίου et le Κύριος dans le Symbole[19]. Ils pourraient éventuellement se trouver dans les écrits perdus de l' Apôtre du Pont, mais il est impossible de le prouver, bien que des textes sur Marie chez un élève d' Origène - alexandrin et écrivain très marial[20] - n' aient pas de quoi étonner. La constatation de M. Jugie "que le Thaumaturge devait avoir pour Marie une dévotion spéciale" exige aussi des preuves, car le témoignage de Grégoire n'est pas, comme le croit le grand byzantiniste, "tout à fait irrécusable"[21]. S. Jean apparaît en premier et donne la révélation à Grégoire pour faire plaisir à Marie. Jean et Marie sont, tous deux, entourés de lumière. Marie semble donc être ici une personne de second plan, laquelle, semble-t-il, confirme avec son autorité la révélation donnée par Jean - ce qui pourrait être la preuve du grand respect qui entoure Marie en ce temps-là.

Nous ne savons donc pas comment expliquer cette apparition. L' hypothèse de Harnack, selon laquelle nous rencontrons ici un syncrétisme religieux de Cappadoce ou du Pont, exige des preuves[22]. En ce qui concerne l' historicité de ce fait, considéré par Newman comme historique[23], nous ne pouvons rien dire. On ne peut pas le rejeter a

---

Jean le Théologien, cf. Apokryfy Nowego Testamentu 547-589.

[18] ABRAMOWSKI 148. Sur la figure de Moïse chez Grégoire cf. HARL, Moïse.

[19] GR NYSS *v Gr Thaum* (PG 46,912 CD).

[20] Sur la mariologie d' Origène cf. VAGAGGINI; CROUZEL, La théologie mariale d' Origène: SC 87,11-64; STAROWIEYSKI, Mariologia.

[21] JUGIE 95.

[22] HARNACK, Geschichte 2/2, 99 note 2. Harnack appelle Grégoire, a cause de cette vision, "*pater superstitionum*".

[23] NEWMAN 355.

priori, mais selon les règles sévères de vérification des apparitions mariales modernes, employées par l' église catholique, la réponse ne peut être que négative. Reste toutefois un fait certain: au III/IVe siècle dans le Pont et en Cappadoce, on considère une mariophanie comme possible.

2.

Si on ne peut pas dire grand-chose sur l' historicité du texte, il est toutefois un témoignage intéressant, pour l' histoire de la mariologie, malgré son manque de clarté. S. Jean vient révéler à Grégoire le mystère de la piété, et ce, pour faire plaisir à Marie; nous avons donc ici affaire à la doctrine de l' intercession de Marie. Est-ce que cette doctrine était déjà connue à cette époque? Y a-t-il d' autres textes qui l' expriment?

Les témoignages des IIe, IIIe et IVe siècles ne sont pas abondants.

La prière "*Sub Tuum praesidium*". On discute sur le problème de sa date de composition. Il n' y a pas d' obstacle pour accepter la date du IIIe siècle ou du commençement du IVe[24]. Voici la reconstruction du texte trouvé sur un papyrus: ὑπὸ τὴν σὴν εὐσπλαγχνίαν καταφεύγομεν θεοτόκε: τὰς ἡμῶν ικεσίας: μὴ παρείδῃς ἐμ περιστάσει: ἀλλ' ἐκ κινδύνου ῥῦσαι ἡμᾶς // μόνη ἁγνή μόνη εὐλογημένη[25]. La foi en la possibilité d' une aide de Marie est exprimée ici, *expressis verbis*, sans aucun doute.

Les livres Sibyllins. Ils présentent plusieurs problèmes, car on ne sait pas exactement l' époque où ils furent écrits ni quand les chrétiens y firent des interpolations. Probablement ont-elles été faites au II/IIIe siècle. Dans un texte du IIe livre, vv. 311-2, clairement interpolé par les chrétiens, on parle des pécheurs qui à l' intercession de Marie ont droit à sept jours pour se convertir:

ἑπτὰ γὰρ αἰώνων μετανοίας ἦματ' ἔδωκεν
ἀνδράσι πλαζομένοις διὰ χειρὸς παρθένου ἁγνῆς[26].

Selon l' éditeur du texte, A. Kurfess, au lieu des mots: παρθένου ἁγνῆς, le texte original était probablement ἀγγέλου ἁγνοῦ. L' aide de Marie a été soulignée par les mots διὰ χειρός, ce que l' éditeur allemand a bien traduit: "vermittelst", soulignant dans son commentaire que la foi du peuple précède ici la formation du dogme[27].

---

[24] Sur la datation de cette prière cf. STAROWIEYSKI, Theotokos 421-423.

[25] GIAMBERARDINI 80 donne la reconstruction de STEGMÜLLER 77.

[26] *Oracula Sibyllina* (64 KURFESS).

[27] *Ib.* 285 s.

Les deux textes sont des exemples de la piété populaire. Le premier est né en Egypte; en ce qui concerne le second il est difficile de dire quoi que ce soit.

Le troisième témoignage, cette fois bien daté de l' an 379, provient de Constantinople ou de Cappadoce, car son auteur, Grégoire de Nazianze, né en Cappadoce, a prononcé le sermon sur S. Cyprien à Constantinople. La vierge Justine prie Marie de l' aider pour échapper aux mains du sorcier: τὴν Παρθένον Μαρίαν ἱκετεύουσα βοηθῆσαι παρθένῳ κινδυνευούσῃ[28]. H. Delehaye croit que ce texte ne provient pas de la légende primitive mais fut ajouté par Grégoire de Nazianze[29].

Les textes des deux Grégoires furent ainsi caractérisés par Cardinal H. J. Newman: "Dans l' une et l' autre de ces preuves, la bienheureuse Vierge apparaît surtout avec ce caractère de patronne ou de consolatrice (paraclet) que saint Irenée et d' autres Pères décrivent, et que lui donne l' église du moyen-âge; elle paraît une mère aimant tous ceux qui s' adressent à elle"[30].

Le fragment examiné est donc un texte qui montre la foi naissante en l' intercession de Marie. Mais est-ce que c' est vraiment la foi naissante? Les deux premiers textes proviennent de la tradition populaire; on pourrait dire la même chose du témoignage de Grégoire de Nysse et de celui de Grégoire de Nazianze. N' avons-nous pas ici affaire à des textes par lesquels la foi populaire s' intègre dans les œuvres des théologiens, dans ce qu' on pourrait appeller "*theologia docta*"? Ailleurs j' ai déjà démontré qu' on a affaire au même processus en ce qui concerne le terme Θεοτόκος[31]. Ne s' agit il pas ici d' un cas analogue?

Le texte de Grégoire est donc une preuve, bien qu'assez faible de la foi en l' intercession de Marie dans le Pont et en Cappadoce au III/IVe siècle. En même temps, c' est aussi le plus ancien texte chrétien parlant d' une mariophanie. Les autres descriptions des mariophanies, concernant l' antiquité chrétienne, s' appuient sur des textes du moyen-âge[32]. Même si on trouve des descriptions de mariophanies

[28] 24,11 (SC 284,601-3 MOSSAY-LAFONTAINE).

[29] DELEHAYE 330.

[30] NEWMAN 356.

[31] STAROWIEYSKI, Theotokos.

[32] L' article de MARTINEZ a le mérite de donner une liste des apparitions de Marie qui auraient eu lieu dans l' antiquité. Ce sont: l' apparition à l' empereur Auguste (PARTHEY 33 s.); l' apparition à S. Basile (CERULLI 339-379); l' apparition concernant la fondation de l' église de s. Maria Maggiore (PARTHEY 47 s.); les mentions de l' apparition de la Vierge à Saragosse se trouvent dans le manuscrit du XIV siècle; l' apparition à S. Ildephonse, cf. note 35.

chez un écrivain du VIe siècle, Évagre le Scholastique, elles sont typiquement légendaires[33].

3.

Passons maintenant à un autre problème, beaucoup plus bref: l' influence de cette mariophanie dans la littérature paléochrétienne.

Comme nous l' avons déjà dit, dans les textes authentiques de S. Grégoire le Thaumaturge on ne trouve pas de mention sur Marie et rien ne prouve qu' il s' occupait de ce sujet. Mais au contraire, une tradition unanime des manuscrits lui attribue trois homélies typiquement mariales (deux sur l' Annonciation et la troisième sur la Sainte Mère de Dieu) et une quatrième, sans toutefois la même unanimité[34]. Ces quatre homélies, importantes pour la théologie mariale, ne sont certainement pas des œuvres de l' Apôtre du Pont, car elles furent prononcées au V/VIe siècle; peut-être seulement la première (selon Caro) pourrait provenir du IVe siècle. Pourquoi donc ces homélies furent-elles attribuées à Grégoire le Thaumaturge? L' hypothèse selon laquelle cette attribution se fonde sur les pièces perdues de Grégoire n' a aucun valeur, faute de preuve. Je crois que la raison de cette attribution fut la vision de Marie, d' autant plus que certainement trois, et presque sûrement aussi la quatrième homélie, furent écrites après la "Vie de Grégoire le Thaumaturge". Nous avons ici la situation à rebours de la célèbre vision de S. Ildephonse de Tolède, auteur du "*De perpetua virginitate beatae Mariae Virginis*", à qui les écrivains du haut moyen-âge ont attribué une apparition de Marie[35]. Dans le cas d' Ildephonse, l'attribution de la vision a été provoquée par son œuvre, dans le cas de Grégoire, la vision a provoqué l' attribution.

---

[33] EUAGR *h e* 5,24.35 (171. 185 s. BIDEZ/PARMENTIER).

[34] Sur l' ensemble de l' homilétique grecque cf. CARO; MARTIN; JUGIE.
Les homélies attribuées à S. Grégoire: *In Annuntiationem Virginis Mariae*: CPG 1775; BHG 1139n.; PG 10,1145-1156; CARO II 481-493. *In Annuntiationem Virginis Mariae*: CPG 1176; BHG 1092w.; PG 10,1156-1169; CARO II 493-511. *In Annuntiationem Sanctae Virginis*: CPG 4519 (PS-CHRYS); BHG 1128 f; PG 10,1172-1177 = PG 50,791—796; CARO II 511-522. *In S. Dei Genitricem et semper Virginem Mariam*: CPG 1784; J. B. Pitra, Analecta Sacra IV, Parisiis 1883, 159-164 (406-408); Caro II 353-359. Cf. CPG 1778 et 1792.

[35] PL 96,53-110. Cette tradition, inconnue au successeur de S. Ildephonse († 667), S. Julien de Toledo († 690) a été transmise par Cixilanus (PL 96,46-48). DÍAZ Y DÍAZ, part. 44 s. croit que c' était un auteur du Xe siècle, et non, comme on le considère généralement, mort en 782.

Il me semble que le texte de la vision de Marie chez Grégoire de Nysse recèle encore plusieurs secrets et que cet article a posé plus de problèmes qu' il n' en a résolu au sujet de ce texte difficile.

Resümee

Die in der *Vita Gregorii Thaumaturgi* Gregors von Nyssa wiedergegebene Marienerscheinung an den Wundertäter nach seiner Bischofsweihe, um ihn im rechten Glauben zu unterrichten und zu bestärken, stellt den frühesten Bericht einer Mariophanie in der alten Kirche überhaupt dar und das erste Zeugnis für die Verehrung Mariens als Fürsprecherin im Kappadokien des 3./4. Jh.s. Zwar wird in den authentischen Werken des Thaumaturgen Maria nicht erwähnt, bezeichnenderweise werden ihm jedoch vier Marienhomilien zugeschrieben, was wohl seinen Grund nicht in verlorenen Schriften marianischen/mariologischen Inhalts hat, sondern auf die von Gregor von Nyssa berichtete Marienvision zurückzuführen ist.

La virginidad de María en San Ambrosio y en San Gregorio de Nisa

Juan Luis BASTERO

Aprovecho el homenaje al profesor Spira, para poner en relación a dos Santos Padres que brillan con luz propia: Ambrosio y Gregorio. Si normalmente el paso del tiempo es la mejor criba para separar la mena de la ganga, en nuestro caso la Historia, como árbitro justo e imparcial, muestra la verdadera dimensión científica, teológica, pastoral y humana de estos dos prohombres de la Iglesia.

Ambrosio es ante todo un pastor, un hombre de gobierno, preocupado de su grey. Toda su extensa producción literaria se dirige a orientar a los fieles en la doctrina correcta.

Gregorio se revela como un hombre de gran cultura filosófica y científica. Con una brillante inteligencia, es agudo y penetrante en sus juicios. Hábil polemista, influenciado por la retórica de la segunda sofística. Profundo en su doctrina y tendente a la contemplación. Todas estas cualidades hacen del Niseno un santo Padre de primera magnitud, que influye de una forma capital en el desarrollo teológico de la doctrina cristiana.

Tanto Ambrosio como Gregorio fueron dos paladines de la virginidad. La influencia del Obispo de Milán es clara y patente; gracias a sus escritos se asentó definitivamente el amor a esta virtud en el mundo occidental. No habían pasado tres años de su elección como obispo cuando escribió su obra *De virginibus* dedicada a su hermana Sta. Marcelina. Este libro causó un gran impacto en los ámbitos ascéticos de su tiempo, siendo, a la vez, muy combatido por aquellos que no entendían el valor de la consagración virginal. Ambrosio acosado, se vio en la necesidad de escribir al año siguiente el *De virginitate*, donde responde a las objeciones que le habían hecho. Ya al final de su vida vuelve a publicar *De institutione virginis* (año 394), donde defiende la virginidad perpetua de María contra las doctrinas heréticas de Bonoso. Por último, tomando pie en una homilía pronunciada en Florencia, escribió *Exhortatio virginitatis* (año 395), donde hace una alabanza a la virginidad y a la entrega del corazón.

Igualmente Gregorio nos ha legado el *De virginitate*, redactado el año 371, con objeto de invitar a los lectores a la vida virtuosa. En este tratado hace una síntesis de la vida espiritual, tomando como base firme y coherente la virtud de la virginidad. Y es que el Niseno tuvo en su vida espiritual una influencia clara y determinante de su hermana mayor Sta. Macrina, que desde joven consagró su vida a Dios mediante el voto de virginidad.

1. La virginidad y su fundamentación antropológica

a. San Ambrosio

Para S. Ambrosio la creación particular y específica del hombre, plasmado por las manos divinas, convierte al hombre, no sólo en criatura de Dios, sino en un ser hecho "a su imagen y semejanza"[1]. Dios Padre se dirige al Hijo y al Paráclito como a sus manos y de esta manera, afirma S. Ambrosio, "estas son las manos que modelaron al hombre: Cristo y el Espíritu"[2]. Pero la intervención del Hijo y del Espíritu Santo es específica, ya que a cada uno le compete una función determinada, de acuerdo con sus características personales: al Hijo le corresponde la plasmación directa del cuerpo, pues "el Señor Jesús es el autor de nuestro cuerpo"[3]. El modela el barro de la tierra según la forma del hombre y le hace apto para recibir el hálito vital. El Espíritu Santo es quien inspira el *spiraculum vitae*[4] al cuerpo hecho de limo terreno. En frase del Obispo milanense "este hombre es de doble sustancia: una sustancia hecha, la otra formada. Una del Espíritu Santo, la otra de barro"[5].

Brevemente podemos decir que para Ambrosio, el privilegio del hombre radica en la índole singularísima de la plasmación a que fue sometido el cuerpo y a la diferenciada intervención trinitaria. Todo el misterio y la dignidad humana descansa en que sólo el hombre fue creado a imagen y semejanza de Dios[6], que lo convierte en *homo caelestis*[7]; o, con otra terminología, al hombre prelapsario le pertenece la

---

[1] *Gen* 1,26 s.

[2] AMBR *118 Ps* 10,17 (CSEL 62,5,213,28 s.).

[3] *Ib.* Cfr. *Lc* 1,7 (CSEL 32,4,14,7-18).

[4] *Gen* 2,7.

[5] AMBR *118 Ps* 10,18 (CSEL 62,5,214,9 s.). S. Ambrosio además atribuye al Espíritu Santo el que podamos ser partícipes de la naturaleza divina: "¿Quién osa afirmar que el Espíritu Santo está dividido del Padre y de Cristo, si por medio de él merecemos ser a imagen y semejanza de Dios, y por medio de él sucede aquello que dice el apóstol Pedro que nos hacemos partícipes de la naturaleza divina?" [*spir* 1,6,80 (CSEL 79,9,48,29-33)].

[6] Para un estudio más profundo de este tema puede consultarse BASTERO, Naturaleza del pecado 115-128.

[7] AMBR *118 Ps* 11,14 (CSEL 62,5,242,10). También emplea expresiones como *homo*

condición angélica[8] y colocado en el Paraíso por Dios se ocupa de alimentar su vida celestial[9].

De aquí que, para el Doctor de Milán, el estado originario de nuestros primeros padres fue el virginal. Hay abundantes textos en sus escritos tardíos donde muestra esta doctrina. Invitando a los jóvenes a la virginidad, expone que sólo a través de esa condición el hombre vive la vida en la forma primigenia antes de la caída: "Dadle, ofrecedle aquel Adán que fue antes del pecado; dadle aquella Eva cual fue antes de que bebiese el engañoso veneno de la serpiente, antes de que cayese en sus insidias, cuando no tenían de qué avergonzarse. Pues si bien el matrimonio es algo bueno, los cónyuges tienen que ruborizarse de ello. Sed, pues, tales, hijos míos, como fueron Adán y Eva en el Paraíso terrestre. Está escrito que Adán conoció a Eva, su mujer, cuando fue expulsado del Paraíso"[10]. En este texto queda patente que para el Doctor de Milán el estado original de los protoparentes era el virginal. La vida paradisíaca era tan celeste, que la primera pareja no sólo no hacía uso de la sexualidad, sino que tampoco ejercitaba las demás funciones fisiológicas. Es decir, eran como ángeles y "podemos deducir que por eso no tuvieron para alimentarse alimento corruptible y terreno"[11], sino que "se saciarán de alimentos espirituales, con cuya virtud no existirá para ellos el hambre"[12]. Incluso S. Ambrosio irá más lejos al identificar el Paraíso con el lugar donde S. Pablo fue transportado[13]. El Adán prelapsario era un ser celeste y perdió esta condición por la caída, convirtiéndose en un ser terrestre[14] y el matrimonio pertenece a este género de vida[15].

Resumidamente podemos decir que para el Obispo de Milán, Dios creó al hombre en un estado y condición virginales. Más aún, el modelo normativo presente en la mente divina, era un hombre virgen. Por ello, quien conserva y vive la virginidad, conserva su naturaleza tal como fue plasmada por las manos de Dios[16]. La virginidad es celeste, y

---

spiritalis y *homo novus* [cfr. *Ps* 38,22 (CSEL 64,6,201,3)].

[8] *Par* 9,42 (CSEL 32,1,299,2-5).

[9] *Lc* 4,66 (CSEL 32,4,172,16 s.).

[10] *Exh* 6,36 (PL 16,346 CD).

[11] *Par* 9,42 (CSEL 32,1,299,4 s.).

[12] *Lc* 7,142 (CSEL 32,4,348,18 s.).

[13] *118 Ps* 4,2 (CSEL 62,5,68,20-22).

[14] *Ib.* 15,36 (CSEL 62,5,349,18-20); *Ex* 6,42 (CSEL 32,1,234,5-7).

[15] *Inst* 5,36 (PL 16,315 AB).

[16] *Ib.* 17,104 (PL 16,330 D-331 A).

como está exenta de toda mancha, su origen está en el Verbo, en el "Hijo inmaculado de Dios"[17].

b. San Gregorio de Nisa

Igual que S. Ambrosio, S. Gregorio admite una doble creación. La primera en la que Dios crea al hombre a su imagen y semejanza. La segunda en la que comunica la diferenciación sexual, que da al hombre algo de común con los animales irracionales[18]. Fundamenta esta doble creación en el mismo texto del Génesis. Según el Niseno la Escritura afirma que el Señor creó al hombre a su imagen y semejanza y después lo creó hombre y mujer, por tanto, la diferenciación sexual es algo que está en otro orden de la imagen divina[19].

Esta división de sexos era, de alguna manera, extraña al primitivo proyecto divino, sin embargo Dios la puso en el hombre en previsión de la futura caída[20]. De aquí que, en la mente creadora, existía una primera intención de una humanidad ausente de caracteres animales y, lógicamente, de sexualidad: era totalmente a imagen del Creador. Esa será la situación del hombre después de la resurrección, los hombres serán semejantes a los ángeles. En frase del Niseno, "si la vida de los resucitados es comparable a la de los ángeles, es evidente que también antes de la caída, la vida humana era, de alguna manera, angélica. Y por eso el retorno de nuestra vida al estado primitivo nos hace semejantes a los ángeles"[21].

Remarca todavía más esta situación, afirmando que antes de la caída, la vida del hombre no precisaba del proceso fisiológico de la nutrición para su conservación. S. Gregorio rebate la objeción de algunos que mantenían la diferenciación del cuerpo resucitado con el cuerpo prelapsario, escribiendo: "alguno podrá decir que el hombre no deberá volver a la misma forma de vida - que tenía al principio -, pues si entonces se debía comer, en la vida futura seremos liberados de esa servidumbre. Pero yo, fundándome en la Escritura, no opino que se tratase entonces de una nutrición corpórea, ni de una alegría carnal, sino pienso en otro tipo de nutrición, que tiene alguna analo-

[17] *Virg* 1,5,21 (PL 16,194 C).

[18] GR NYSS *hom opif* 16 (PG 44,185 A).

[19] *Ib.* 181 C; 185 D.

[20] *Ib.* 17 (PG 44,189 CD). Para todo el tema de la creación del hombre puede consultarse las siguientes obras: LEYS; BALÁS, ΜΕΤΟΥΣΙΑ ΘΕΟΥ; DANIÉLOU, Platonisme; McCLEAR; BIANCHI; VIVES 215 ss.; Grégoire de Nysse. La création de l' homme, ed. J. LAPLACE: SC 6 (1943).

[21] GR NYSS *hom opif* 17 (PG 44,188 CD).

gía con la de los cuerpos, pero que da alegría sólo al alma. Conviene pensar que es un fruto digno de la plantación que Dios ha hecho en el Edén - Edén significa delicia - y no dudar que el hombre se haya alimentado de tales frutos; pero no debemos atribuir a la estancia paradisíaca, nuestra nutrición expuesta al cambio y a la nutrición"[22].

El pecado produce en el hombre la pérdida de la condición "angélica", convirtiéndolo en *homo terrenus* y, por tanto, corruptible y mortal. El matrimonio, consecuencia inmediata de la segunda creación, introduce al hombre en el nivel de la vida biológica y produce unos frutos que necesariamente tienen que morir[23]. A la vez la procreación, en el hombre postlapsario, es el medio para, en cierto sentido, recuperar la inmortalidad perdida[24].

De todo lo que acabamos de exponer podemos deducir que la virginidad es el estado primero en que Dios creó al hombre. Así lo dice el Obispo de Nisa, "si la vida prometida por el Señor a los justos después de la resurrección es igual a la de los ángeles, y si la renuncia al matrimonio es propia de la naturaleza angélica, el hombre recibe los bienes prometidos uniéndose a los esplendores de los santos e imitando con su vida incontaminada la pureza de las esencias incorpóreas"[25].

Más aún, para el Niseno, la virginidad pertenece como algo propio y pleno a Dios. Así lo expone en el *De virginitate* cuando titula el capítulo segundo "la virginidad es propia de la naturaleza divina" y dice en él: "aunque parezca una paradoja, al virginidad está en el Padre que tiene un Hijo engendrado sin pasión alguna; está en el Hijo, fuente de incorrupción, en cuya generación resplandece la pureza y la exención de pasión. Otro hecho paradójico, está representado en el Hijo, cuando se piensa que ha sido engendrado en la virginidad. De idéntica manera brilla ésta en el Espíritu Santo, por la pureza incorruptible que naturalmente posee"[26]. La doctrina de S. Gregorio es clara y contundente: la virginidad se halla en Dios como en su fuente y plenitud, no sólo en su unidad sustancial, sino en la Trinidad de personas. De aquí que la participación en la virginidad divina origina los "lazos de parentela entre el hombre y Dios"[27]. Con otras palabras dirá, que "el mayor elogio de la virginidad consiste en hacernos ver que ella, al comunicarnos sus castos y arcanos misterios, nos hace

---

[22] *Ib.* 19 (196 CD). Igual que para Ambrosio, Gregorio tiene una concepción ultraterrena del paraíso. Cfr. SUTCLIFFE; DANIÉLOU, Terre et paradis.

[23] GR NYSS *virg* 14 (GNO VIII/I 305,26-306,2).

[24] *Or cat* 28 (PG 45,73 CD).

[25] *Virg* 14 (GNO VIII/I 309,10-15).

[26] *Ib.* 2 (253,11-17).

[27] *Ib.* 255,10 s.

partícipes de la excelencia de Dios"[28]. Si el hombre está creado *ad imaginem Dei*, en el hombre resplandece la virginidad con luz propia, como algo constitutivo de su ser creatural, pues ella es la que imprime la imagen de Dios y, a la vez, es la manifestación más patente de su participación en la naturaleza divina. Por eso en el plan divino entraba el conferir al hombre una participación de su virginidad, que lo elevaba a la condición de Hijo de Dios, destinado a la inmortalidad y a la felicidad sin ocaso.

Para el Obispo de Nisa la virginidad no es una mera continencia corporal, sino que el algo que trasciende la integridad material del cuerpo. Como afirma el P. Gordillo, la "virginidad en el lenguaje del Niseno quiere decir: ἀφθαρσία = incorrupción, ἀπάθεια = exención de toda pasión, καθαρότης = pureza de ser. Tres términos que S. Gregorio maneja con frecuencia como si fueran sinónimos; porque en realidad son inseparables, aunque haya entre ellos alguna diversidad de concepto"[29]. La virginidad, por tanto, es una virtud totalizante que afecta no sólo a la dimensión carnal del hombre, sino fundamentalmente, al alma. Es una virtud cimiento de todas las demás y, que en su estado prelapsario, engloba a los dones preternaturales[30].

Adán al pecar perdió la virginidad y su felicidad. Antitéticamente a través de la virginidad el hombre caído puede recuperar la imagen de Dios. Tal es el ejemplo que nos ha dado el profeta Elías y el precursor Juan Bautista[31] y por este camino deben pasar todos aquellos que intentan alcanzar la perfección, ya que la virginidad origina una participación en la misma vida divina es "el lazo de parentesco entre el hombre y Dios"[32].

La importancia de esta virtud se basa en su íntima conexión con el estado primigenio del hombre prelapsario. Tanto para S. Ambrosio como para S. Gregorio el hombre de la primera creación - es decir aquel querido originariamente por Dios - es un *homo angelicus* o bien un *homo caelestis* y, por tanto, virginal. S. Gregorio profundiza más que S. Ambrosio en la conexión entre la virginidad y la creación *ad imaginem Dei*, al afirmar que esta virtud compete a Dios de una forma primaria y absoluta y a los demás seres de una manera gradualmente participada.

[28] *Ib.* 252,7-10.

[29] GORDILLO 130. Cfr. *virg* 1 s. (GNO VIII/I 251,15.19-21; 252,11; 253,13-15).

[30] *Virg* 11 (GNO VIII/I 296,21-297,6).

[31] *Ib.* 6 (278,15-280,8).

[32] *Ib.* 2 (255,10 s.).

2. La Virginidad de María

a. San Ambrosio

El Obispo de Milán parte del Verbo, que en la plenitud de los tiempos se encarnó[33] y eligió una madre; esta elección recae sobre una virgen, de la que nace virginalmente. Es decir, María es virgen porque va a ser Madre de Dios; la virginidad de la Madre está fundada en la realidad del Hijo.

S. Ambrosio dirá que es sumamente conveniente la generación virginal del Verbo, porque ningún nacimiento humano hubiese sido tan digno de Dios como aquél en el que el Hijo de Dios conservase al encarnarse la pureza de su origen inmaculado. Incluso fundamentará la necesidad de la concepción virginal como algo exigido por la divinidad de Cristo[34]. Podemos resumir su razonamiento, diciendo que la divinidad de Cristo excluye en El cualquier connivencia con el pecado. Ahora bien, como en el nacimiento marital el hombre contrae una mancha, debe descartarse tal generación en quien es la absoluta pureza y santidad. Luego la divinidad del Verbo exige y postula su concepción virginal.

Ve otra razón en el paralelismo de Adán con Cristo, que es el Nuevo Adán, padre y principio de una nueva humanidad. Como Adán procede de una tierra virgen, de la misma forma Jesús de la Virgen. En efecto, si la concepción del Señor hubiera sido a través de la unión marital, su cuerpo se hubiera contaminado con las manchas de la corrupción. Pero era necesario que fuera del todo sin pecado, quien debía rescatarnos del pecado. Por tanto la concepción tenía que ser virginal. "Ha venido el Hijo de Dios en semejanza de carne de pecado; no vino, ciertamente, en semejanza de carne el que tomó verdadera carne, sino en semejanza de carne de pecado, esto es de carne pecadora. Nuestra carne, penetrada del engaño y del veneno de la serpiente, se ha convertido en carne del pecado. Y después que por el pecado se hizo culpable, se convirtió en carne de muerte, porque debía pagar su débito a la muerte. Cristo ha tomado en su carne la semejanza de esta carne culpable y condenada. Porque aunque había tomado la sustancia natural de esta carne, sin embargo, no tomó nada contaminado. Ni fue concebido en iniquidad, ni nació en pecado, porque no nació de la sangre, ni del deseo de la carne, ni de la voluntad de varón, sino del Espíritu Santo y de la Virgen"[35]. O bien "no fue engendrado Cristo

---

[33] Cfr. *Gal* 4,4.

[34] Cfr. AMBR *fid* 4,8,80 (CSEL 78,8,184,26-31); *inc* 5,35 (CSEL 79,9,240,7-241,19).

[35] *Ps* 37,5 (CSEL 64,4,139,27-140,9).

como los demás hombres, por la unión del hombre y de la mujer, sino que nació del Espíritu Santo y de la Virgen y tomó un cuerpo inmaculado al que no sólo no manchó ningún vicio, sino que ni siquiera mancilló ningún ignominioso coágulo en su concepción y nacimiento. Pues todos los hombres nacemos bajo el pecado y nuestro nacimiento es con mancha ... pero la carne de Cristo condenó al pecado, que El no sintió al nacer y que crucificó al morir"[36].

El Doctor de Milán da una tercera razón en el nuevo orden establecido por Cristo. La aceptación de una ordenación que trasciende el curso de la naturaleza está vinculada a la fe en la concepción virginal de su autor. Glosando el misterio eucarístico dice: "cuando nació el Señor Jesús de María ¿estuvo por delante el proceso acostumbrado de la naturaleza?. Si buscamos el orden natural, la mujer acostumbra engendrar uniéndose al varón. Está claro, por tanto, que la Virgen engendró fuera del orden natural. Y este cuerpo que nosotros hacemos presente proviene de la Virgen. ¿Por qué buscamos el orden natural en el Cuerpo de Cristo cuando el mismo Señor Jesús nació de la Virgen fuera del orden natural?. Verdadera era la carne de Cristo que fue crucificada y sepultada; realmente es éste el sacramento de aquella carne"[37]. La misma argumentación hace al comentar la regeneración bautismal: "si bajando el Espíritu Santo sobre la Virgen obró la concepción y realizó la generación, no hay que dudar que al descender a la pila sobre los bautizados obra realmente la regeneración"[38].

Para concluir esta fundamentación y sin ánimo de ser exhaustivos, presentamos una cuarta razón: el paralelismo antitético de Eva y María. Antes de la caída original Eva es semejante a María en una virtud muy querida y venerada por S. Ambrosio, la virginidad. Sin embargo, si Eva nos concibió en pecado debido a una desobediencia, María engendró a Cristo, y en El a nosotros, mediante la obediencia. Ante el mandato divino "observa su obediencia, observa su deseo; *he aquí la esclava del Señor*: es la disposición de servir; *hágase en mí según tu palabra*: es el deseo concebido"[39]. Existe un gran paralelismo entre ambas mujeres:

a) las dos recibieron un mandato divino, pero su respuesta fue desigual;

b) fueron dos ángeles los interlocutores de las mujeres: la insi-

[36] *Paen* 1,3,13 (CSEL 73,7,125,40-126,45.49 s.).

[37] *Myst* 9,53 (CSEL 73,7,112,47-54).

[38] *Ib.* 59 (116,116-120).

[39] *Lc* 2,16 (CSEL 32,4,50,21 s.; 50,28-51,2). Para este apartado puede consultarse: BASTERO, Paralelismo Eva-María 73-81.

nuación del seductor iba a engañar a la virgen Eva; el mensaje de salvación iba a iluminar a la virgen María;

c) los resultados son opuestos: Eva engendra en pecado, "es madre del error"[40]; María concibe al Verbo de Dios.

Brevemente podemos decir que tanto Eva como María eran esposas y vírgenes en el momento de su actuación. Después del precepto divino la suerte es diversa: Eva desobedece, pierde la amistad divina y al concebir deja de ser virgen[41]; María se adhiere a la voluntad del Señor y concibe virginalmente. Lo que Eva había atado para el mal, sólo podía ser desatado para el bien por una criatura que juntara en sí las tres propiedades: esposa, virgen y madre.

S. Ambrosio afirma que en los planes divinos era conveniente que "así como el pecado empezó por las mujeres, el bien debía empezar por las mujeres"[42] y que "si por una mujer entró la locura, por una virgen penetró la sabiduría"[43], o más taxativamente "no extraña que el Señor al rescatar al mundo haya empezado su obra por María"[44] que engendra sin menoscabo de su virginidad.

Contrapone los términos de *mujer y virgen*. Eva es la mujer, María la Virgen. En su *Exhortación a la virginidad* exclama: "considerad, hijos, qué madre ha elegido Jesús al venir a esta tierra. Por una virgen vino la salvación al mundo; y con un parto virginal desató la caída de la mujer"[45]. Obsérvese la misma valoración en las palabras: "si por una mujer entró la locura en el mundo, por una virgen penetró la sabiduría"[46].

S. Ambrosio fue un esforzado defensor de la virginidad perpetua de María. De hecho tiene por sacrílega la negación de la perpetuidad[47]. Dando por supuesto y como pacificamente aceptada por todos la virginidad de María en la concepción del Verbo, emprende una lucha decidida contra el monje milanés Joviniano, que niega la virginidad *in partu*. Utiliza como fundamentación básica la interpretación mariológica del texto *Ezequiel* 44,2; en la carta del Sínodo de Milán al papa Siricio dice: "¿Quién es aquella puerta del santuario, aquella puerta exterior al Oriente, que permanece cerrada: y nadie pasará por ella, sino sólo el Dios de Israel? ¿Acaso no es María esa puerta, por quien

[40] *Lc* 9,4 (CSEL 32,4,439,8 s.).

[41] *Inst* 5,36 (PL 16,315 B).

[42] *Lc* 2,28 (CSEL 32,4,56,7 s.).

[43] *Ib.* 4,7 (142,17 s.).

[44] *Ib.* 2,17 (51,22 s.).

[45] *Exh* 4,26 (PL 16,343 C).

[46] *Lc* 4,7 (CSEL 32,4,142,17 s.).

[47] *Inst* 5,35 (PL 16,314 A-315 A).

entró el redentor a este mundo?... Esta puerta es la bienaventurada María de la que está escrito: porque Dios pasará por ella y será cerrada después del parto; porque virgen concibió y dió a luz"[48]. La doctrina es diáfana: S. Ambrosio asevera de forma rotunda la virginidad intacta de María. Repite la misma argumentación, incluso más contundentemente en su tratado *De Institutione virginis*, cuando citando el mismo texto escriturístico dice: "¿Quién es esta puerta, por eso está cerrada porque es virgen?. La puerta es María, por quien Cristo entró en este mundo, cuando fue realizado el parto virginal y no deshizo los claustros genitales de la virginidad. Permaneció inviolada la valla del pudor"[49]. El sentido es claro: se refiere a la virginidad en el parto, pues aunque Cristo pasó por Ella, la puerta permanece cerrada, pues El *non aperuit*[50].

Igualmente el Obispo de Milán rechaza decididamente la doctrina de Bonoso de Sárdica que niega la virginidad de María *post partum*. Extiende la interpretación del versículo de Ezequiel - *porta clausa* - a la virginidad después del parto. "Por eso dice el profeta Ezequiel: *esta puerta estará cerrada; no se abrirá y nadie pasará por ella*: esto es, ningún hombre; porque el Señor Dios de Israel pasará por ella. Y estará cerrada, esto es, antes y después del paso del Señor estará cerrada; y no se abrirá a nadie, ni está abierta; porque tuvo siempre a Cristo como puerta suya, que dijo: *yo soy la puerta* que nadie podrá arrancarla"[51]. Incluso concreta explícitamente que también para su esposo S. José la puerta estaba cerrada: "que oiga al profeta que dice: *No se abrirá y estará cerrada*, esto es, no se abrirá para aquel con quien se desposará, no estará permitido que se abra la puerta donde Dios pasará. Y después de El, dijo, será cerrada. Es decir, no la abrirá José, puesto que se le ha dicho: *No temas recibir a María tu esposa, porque lo que nacerá de ella, es del Espíritu Santo*"[52].

No contentándose con estas pruebas aduce el testamento del Señor en la Cruz como argumentación de la virginidad *post partum*[53]. Incluso afirmará que el Señor no hubiese nacido de María si ella no hubiera conservado la virginidad[54]. Tal es el valor que para nuestro autor po-

---

[48] *Ep* 42,6 (PL 16,1126 A).

[49] *Inst* 8,52 (PL 16,320 A).

[50] *Bona porta Maria, quae clausa erat, et non aperiebatur. Transivit per eam Christus, sed non aperuit. Ib.* 8,53 (320 A).

[51] *Ib.* 55 (320 BC).

[52] *Ib.* 57 (320 CD).

[53] *Ib.* 7,47 s. (318 A-C). Este argumento fue usado anteriormente por S. Atanasio, S. Hilario y S. Epifanio. Cfr. HUHN.

[54] AMBR *inst* 6,44 (PL 16,317 AB).

see esta virtud, que la pone como *condicio sine qua non* de la maternidad divina.

Hemos expuesto resumidamente la doctrina de S. Ambrosio. Si este Doctor en sus planteamientos no es muy original, sino que depende en esta materia de otros Padres, a su vez, por la fuerza coherente de sus argumentos y por el prestigio personal que gozó en su tiempo y en la posteridad, influyó muy decididamente en muchos Santos Padres, como S. Agustín, S. León Magno etc.; por ello podemos afirmar, que se le debe considerar como el gran defensor de la perpetua virginidad de María y el artífice de que esta verdad de fe se arraigara profundamente en el Occidente cristiano.

b. San Gregorio de Nisa

Si para el Niseno la virginidad es, ante todo, una prerrogativa divina, le compete esencialmente a la naturaleza humana de Cristo, pues en virtud de la unión hipostática la humanidad de Jesús es del todo impecable, santa y, por tanto, virginal. Dicho de otra forma, su virginidad y pureza están vinculadas a la gracia entitativa de la unión y no, como sucedía en los primeros Padres, a la gracia santificante.

Para el Obispo de Nisa la virginidad de María está en ese orden: María es virgen, pero con una virginidad superior y de orden distinto de la nuestra. De esta forma es el ejemplo, el modelo y el paradigma de las almas que se consagran a Dios a través de esta virtud: "lo que en María inmaculada se ha realizado corporalmente cuando la plenitud de la divinidad ha brillado en Cristo por la virginidad, eso también se cumple en toda alma que permanezca virgen ... no que en adelante el Señor se hace presente corporalmente ..., sino que El viene a habitar espiritualmente, introduciendo con El al Padre, como dice el Evangelio"[55]. Hay, pues, una distinción patente entre la virginidad de María y la nuestra. La primera, necesaria para la que es Madre de Dios, le confiere una total ἀφθαρσία - tanto corporal como espiritual -, en tanto que la segunda otorga a los que la viven una incorruptibilidad solo espiritual.

La virginidad, según el Niseno, es el único camino para que el Verbo se encarnara: "la fuente de la incorruptibilidad, nuestro Señor Jesucristo, no ha entrado en el mundo por un acto conyugal, con el fin de mostrar este gran misterio por la forma que usó en su encarnación: que sólo la pureza es idónea de acoger a Dios cuando se presenta

[55] GR NYSS *virg* 2 (GNO VIII/I 254,24-255,3).

en el mundo"[56]. Y es que la virginidad es exigida porque el Hijo es la fuente y raíz de toda incorruptibilidad (ἀφθαρσίας χορηγός) porque en su generación resplandece la pureza y la ἀπάθεια[57]. La misma idea expresa el Obispo de Nisa al afirmar que "tan grande es el poder de la virginidad que en el Empíreo permanece con el Padre de los Espíritus, reina en los espíritus celestiales, entra en la obra de la salvación de los hombres, ya que por ella Dios entra en comunión con la vida humana, y por ella eleva al hombre al deseo de las cosas celestiales"[58]. Esta virtud, por tanto, produce un doble efecto: uno descendente - posibilita que Dios intervenga en la vida humana - y otro ascendente - eleva al hombre haciéndole apto para gustar la vida divina -. Este efecto ascendente aplicado a María le hizo idónea para atraer a la divinidad[59], "de modo que, en cierto sentido, la Virginidad se puede mirar como la raíz del nacimiento del Señor en María"[60].

Igual que S. Ambrosio, el Niseno ve en el paralelismo de Adán con Cristo otra razón de la concepción virginal de Jesús. En el *Sermo de Annuntiatione Domini*, atribuído recientemente a S. Gregorio por la crítica más autorizada[61] se lee: "quiero renovar el género humano en el seno virginal; quiero en forma atemperada al hombre amasar de nuevo la imagen que modelé; quiero curar con una nueva modelación la vieja imagen que modelé; quiero curar con una nueva modelación la vieja imagen hecha pedazos. Modelé de tierra virgen al primer hombre a quien el diablo, tomándole, arrastró y hundió como enemigo y pateó mi imagen caída. Quiero ahora hacerme para mí de tierra virgen un nuevo Adán para que la naturaleza se defienda a sí misma en forma congruente y sea correspondida con justicia"[62]. Si para S. Gregorio, haciéndose eco de una doctrina muy arraigada en los Padres, Adán fue plasmado de tierra virgen[63], el nuevo Adán[64] tiene que ser engendrado también de una arcilla virgen. Es decir, el paralelismo entre Adán y Cristo exige que éste posea la naturaleza primigenia del hombre prelapsario; su cuerpo no puede estar mancillado por una génesis conyugal. Un poco después, en el mismo sermón, el Doctor de Nisa hace un resumen de este paralelismo con unas frases muy sinté-

[56] *Ib.* 254,17-21.

[57] *Ib.* 253,13-15.

[58] *Ib.* 255,4-10.

[59] *Nat* (PG 46,1141 A).

[60] KNACKSTEDT 30; cfr. GORDILLO 136 s.

[61] Cfr. MATEO-SECO, Mariología 411.

[62] PS-CHRYS *annunt et Ar* (PG 62,765).

[63] Cfr. ORBE 84-89.

[64] Este paralelismo es sugerido en *Rom* 5,12-19 y *1 Cor* 15,45-49.

ticas, pero profundas en su contenido: "Conoce el Padre la encarnación del Hijo, pues donde está el Espíritu Santo, allí está también el Hijo, allí también está el Padre. Inseparable es la Trinidad, indivisible la Trinidad. Así como, en el principio, el Padre formando al hombre convocó para esta obra al Hijo y al Espíritu Santo, diciendo: *Hagamos al hombre a nuestra imagen y semejanza*, así ahora, cuando va a tener lugar su reforma se encuentra en forma misteriosa la Santa Trinidad. De igual forma que tuvo lugar la primera *plasis*, de igual forma tiene lugar la nueva generación"[65]. La doctrina condensada en este texto nos muestra lo siguiente:

a) Igual que en la creación de Adán interviene toda la Trinidad, en la encarnación del Verbo actúan las tres Personas divinas, porque la Trinidad es "inseparable e indivisible" en sus operaciones *ad extra*;

b) la humanidad de Cristo es idéntica a la del Adán prelapsario, porque ambas *plaseis* son efectuadas por Dios trino de "igual forma" utilizando tierra virgen;

c) la simetría de los dos Adanes exige la virginidad de la madre del nuevo Adán.

S. Gregorio encuentra otra razón para la necesidad de la virginidad de María en el paralelismo antitético de Eva y María. En el mismo sermón que acabamos de comentar dice: "llega el ángel a la Virgen María y entrando a ella, le dice: *Dios te salve, llena de gracia*. Llamó Señora a la que era consierva suya, como quien ya era Madre del Señor... Tu primera madre, Eva, por haber transgredido el mandato recibe el castigo de dar a luz con dolor; a tí corresponde, en cambio, el saludo de alegría. Ella engendró a Caín, habiendo engendrado la envidia y el homicidio; tú engendrarás un Hijo que dará la vida y la incorrupción a todos... A tí te designó el Espíritu Santo, diciendo por medio de la lengua de Isaías: *He aquí que la virgen concebirá en el vientre y dará a luz un hijo*. Tu eres aquella virgen. *Dios te salve, pues llena de gracia*... Has encontrado un esposo que, por su mucho amor al hombre, quiere ser hijo tuyo"[66].

Estas frases apuntan varias ideas muy sugestivas:

a) Eva, pecadora, recibe el castigo de dar a luz con dolor; María, llena de gracia, engendra con alegría;

b) los frutos son antitéticos: Eva genera, en Caín, la envidia y el homicidio; María concibe, en su Hijo, la vida y la incorrupción;

c) la consecuencia del pecado de Eva fue la extensión de la condena a todos los sucesores (representados en Caín); María, por su fideli-

---

[65] PS-CHRYS *annunt et Ar* (PG 62,767).

[66] *Ib*. 765 s.

dad virginal, comunica la incorrupción y el gozo[67];

d) finalmente, María es madre de la vida, de la alegría y felicidad, porque en ella se cumple el oráculo de Isaías: la virginidad es la fuente y el origen de su maternidad.

Semejante doctrina afirma en otro texto: "Pues ya que aquella que introdujo la muerte en la naturaleza con el pecado, fue condenada a parir con sufrimiento y trabajo, era absolutamente necesario que la madre de la vida concibiese con alegría y con gozo diese a luz. Y efectivamente le dijo el arcángel: *Alégrate, llena de gracia*, alejando con esta palabra la tristeza, que, a causa del pecado, fue desde el principio la condición de todo parto"[68].

El Niseno afirma que Eva produce frutos de muerte y a María le llama madre de vida. Es muy congruente con su pensamiento, pues, como hemos visto anteriormente, toda generación a través del acto conyugal, produce frutos perecederos; por tanto, si María es madre de vida, la generación y el alumbramiento tienen que ser virginales. Es decir, la antítesis de Eva y María exige la virginidad de la Segunda Eva.

La virginidad de María es una verdad tan indiscutida y tan fundamental para S. Gregorio, que no duda en mantener incluso el propósito de virginidad en la Doncella de Nazareth, cuando recibe la embajada del ángel. "Oye la púdica voz de la Virgen. El ángel anuncia el parto; pero Ella se adhiere a la virginidad y piensa que debe anteponerse la integridad a la anunciación angélica; ni es incrédula con el ángel, ni desiste de su propósito. Me he prohibido, dice, la intimidad con el varón. *¿Cómo sucederá esto, si no concozco varón?*"[69].

Dando por supuesta la concepción virginal de Cristo, se detiene en afirmar el parto virginal. En su *Comentario al Cantar de los Cantares* se recrea en glosar las palabras de la esposa: *mi Amado es blanco y rojo, distinguido entre diez mil* (*Cant* 5,10) y comenta, "sólo éste vino a esta vida con una nueva especie de parto. La naturaleza no concurrió a su nacimiento, sino que fue su esclava. Por esta razón le llama blanco y rojo, porque habitó en esta vida por medio de la carne y de la sangre; y dice que es distinguido entre millares de hombres por su pureza virginal: su concepción no procedió de la unión de dos; su par-

---

[67] Véase idéntico paralelismo en el siguiente texto: "la mujer toma defensa de la mujer; aquélla introdujo el pecado, ésta, contrariamente, cooperó en el ingreso de la justicia; aquélla siguió el consejo de la serpiente, ésta presentó al vencedor de la serpiente y concibió al autor de la luz; aquélla por medio del árbol introdujo el pecado; ésta trajo el bien por medio de un madero" [GR NYSS *nativ* (PG 46,1148 AB)].

[68] GR NYSS *Cant* 13 (GNO VI 389,6-12).

[69] *Nat* (PG 46,1140 CD). El P. Pozo remonta a este Santo Padre la doctrina del voto de virginidad de María. Cfr. POZO 218.

to fue sin mancilla; su nacimiento sin dolor. Su tálamo fue la virtud del Altísimo cubriendo como una nube la virginidad misma; su tea nupcial, el resplandor del Espíritu Santo; el lecho, la ausencia de pasión; las bodas, la incorruptibilidad. Quien nació de estas cosas es llamado con justicia *distinguido entre millares*. Esto significa que no tuvo origen del lecho conyugal. Sólo el nacimiento de éste no tuvo parto, de igual forma que comenzó a existir sin concurso de varón. Pues no es exacto utilizar el nombre de parto para aquel alumbramiento incorrupto y sin concurso de varón, ya que los vocablos de virginidad y parto parecen incompatibles con respecto a la misma persona. Sin embargo, así como nos fue dado un hijo sin padre, así se nos ha dado un niño sin parto. Esto mismo atestigua el profeta Isaías, al anunciar que su parto sería sin dolor, cuando dice: *Antes de que viniesen los dolores del parto, librada, dio a luz a un varón*. Así pues, fue elegido, y renovó en ambos puntos el orden de la naturaleza: ni tuvo su origen en el placer, ni salió a la luz de los dolores. Y esto sucedió por una razón muy explicable y no carente de enseñanza. Pues ya que aquélla que introdujo la muerte en la naturaleza por medio del pecado fue condenada a dar a luz por medio de dolores y trabajos, era conveniente que la madre de la vida comenzase su concepción desde la alegría y realizase el parto con alegría. Por esto le dice a ella aquel arcángel *Alégrate María, llena de gracia*. Con esta expresión arroja aquella tristeza que se impuso en un comienzo al parto a causa del pecado"[70].

Quizá no haga falta ninguna explicación o comentario a esta diáfana y clarividente cita. Cristo es verdadero hombre, pero no es un hombre como los demás: su naturaleza humana no procede del lecho conyugal y su alumbramiento es virginal. Por eso, si Eva da a luz con dolor, María lo hace con alegría; y para mostrar que sigue permanciendo intacta en el parto, el Niseno gráficamente desea prescindir de este vocablo, para eliminar las lamentables connotaciones que, después de la caída, evoca este hecho.

Otra razón de conveniencia que da S. Gregorio para mantener la virginidad *in partu* la podemos resumir diciendo que, si después del pecado original, todo placer humano conlleva su propio dolor - y por eso al placer de la concepción se le empareja el dolor del parto - cuando se engendra sin placer, se debe dar a luz sin dolor. Dicho de otra forma, para el Niseno la concepción sin concurso de varón exige y postula el nacimiento virginal. Veamos sus palabras: "Y que el parto fue sin dolor, te lo enseñará, en primer lugar, la equidad de las cosas. Ya que todo placer tiene unido el dolor, es necesario que en las cosas que están unidas, cuando una falta, falte la otra. Así pues, al no ha-

---

[70] *Cant* 13 (GNO VI 388,3-389,12).

ber precedido ningún placer a la concepción, tampoco siguió ningún dolor. Esto lo prueban también estas palabras del profeta: *Antes de que llegasen los dolores de su parto, escapó y dio a luz un varón*"[71].

Conclusión

Hemos visto resumidamente en estas páginas la doctrina de estos dos autores sobre la virginidad de María. Para ambos, Ella es el modelo y ejemplo para todas aquellas personas que se consagran al Señor en pureza de cuerpo y alma. El pensamiento sobre esta prerrogativa mariana es muy similar en S. Ambrosio y S. Gregorio. Los dos tienen la misma teología de la creación humana y por ello, ambos afirman la dimensión virginal del primer hombre plasmado por las manos de Dios.

Igualmente sostienen enérgicamente la perpetua virginidad de María, no sólo como algo conveniente y digno, sino como algo necesario e imprescindible para la encarnación del Verbo.

Para el Niseno la concepción virginal del Señor es un reflejo de la eterna generación del Verbo y el nacimiento sin dolor reproduce el misterio del Hijo, engendrado del Padre antes de todos los siglos. De hecho S. Gregorio utiliza esta prerrogativa mariana como argumento, contra Eunomio, para afirmar la consustancialidad del Hijo con el Padre.

El planteamiento de S. Ambrosio es el mismo, aunque más centrado en la misma virginidad de María, debido a las reales controversias que libró en su pontificado contra Joviniano y Bonoso. El pensamiento, quizá, no sea tan profundo, pero su coherencia es contundente, de tal manera que con justicia podemos decir que este Santo Padre es el gran defensor de la virginidad de María.

Resümee

Die vorliegende Arbeit will den hohen Rang der Jungfräulichkeit Mariens bei zwei Autoren derselben Zeit zeigen, dem hl. Ambrosius und dem hl. Gregor von Nyssa, die, wenn sie auch vom kulturellen Umfeld her sehr verschieden sind, doch ihre, freilich zu differenzierenden, Ähnlichkeiten vorweisen.

[71] *Tr sp* (GNO IX 276,4-11); cfr. *CE* III,II 12 (GNO II 55,29-56,3); 15 (56,17-57,3); 25-27 (60,15-61,6).

Man kann die Bedeutung dieser Tugend nur begreifen, wenn wir verstehen, welches der Wert der Jungfräulichkeit in der zugrundeliegenden Anthropologie im Denken des hl. Ambrosius und hl. Gregor ist. Nach beiden ist der Mensch der ersten Schöpfung, d. h. der ursprünglich von Gott gewollte, ein *homo angelicus* oder auch ein *homo caelestis* und als solcher jungfräulich. Der Nyssener vertieft mehr als der Mailänder Bischof die Verbindung zwischen Jungfräulichkeit und der Schöpfung *ad imaginem Dei*, um zu bekräftigen, daß diese Tugend Gott zukommt als eine ursprüngliche und absolute Form und den übrigen Wesen auf eine Weise der graduellen Teilhabe.

Gleichermaßen ist bei beiden Maria das Modell und Beispiel für alle Personen, die sich dem Herrn in der Reinheit des Leibes und der Seele weihen. Das Gedankengut über diesen marianischen Vorzug ist beim hl. Ambrosius und dem hl. Gregor von Nyssa sehr ähnlich. Sie vertreten nachdrücklich die beständige Jungfräulichkeit Mariens, nicht nur als etwas ihr Zustehendes und Würdiges, sondern als etwas Notwendiges und für die Inkarnation des Logos Unentbehrliches.

Beim Nyssener ist die jungfräuliche Empfängnis des Herrn ein Abbild der ewigen Zeugung des Logos, und die schmerzlose Geburt wiederholt das Geheimnis des Sohnes, gezeugt vom Vater vor aller Zeit. Tatsächlich verwendet Gregor diesen Vorzug Mariens als Argument gegen Eunomios, um die Konsubstantialität des Vaters mit dem Sohn zu bekräftigen.

Die Fragestellung des Bischofs von Mailand ist dieselbe, wenn auch mehr auf die Jungfräulichkeit Mariens selbst konzentriert, aufgrund der aktuellen Auseinandersetzungen, die er während seines Pontifikates mit Jovinian und Bonosus führte. Das Gedankengut ist vielleicht nicht so tief, aber seine Kohärenz ist gleichermaßen überzeugend.

Die Deutung des alttestamentlichen Pascha (*Ex* 12) bei Gregor von Nyssa im Lichte der Auslegungstradition der griechischen Kirche

Hubertus R. DROBNER

Das Pascha des Alten Bundes, die Schlachtung des Lammes, die Errettung der jüdischen Erstgeburt durch sein Blut und der Auszug des Volkes Israel aus Ägypten, gewinnt als Typos des neuen Pascha, des Erlösertodes Christi am Paschafest der Juden, von Anfang an für die Christen unmittelbare und herausragende Bedeutung. Dementsprechend häufig befassen sich die Kirchenväter mit der Auslegung von *Ex* 12[1]. Dies gilt in besonderem Maße für ihre Predigten am Osterfest[2]. Während die diachrone Erforschung der Auslegungsgeschichte Einblick in die Auslegungstraditionen gewährt, leistet die Behandlung eines einzigen Autors einen Beitrag zur Erforschung seines Denkens im Zusammenhang seines ganzen Werkes, wobei allerdings die Deutungstraditionen immer mit zu berücksichtigen sind.

1. Die Texte

Bericht und Vorschriften des Pascha umfassen in *Ex* 12 die Verse 1-28 sowie 43-51. Im weiteren Sinne gehören dazu *Ex* 11, die Ankündigung des Todes der Erstgeburt, und *Ex* 12,35 f., die Plünderung der Ägypter. Die Verse *Ex* 12,37-42 schildern dagegen den Aufbruch Israels mit Zeitangabe der Dauer ihres Aufenthaltes in Ägypten und sind für die Exegese des Pascha ohne Bedeutung.

Gregor verwendet in seinen Werken nur eine kleine Auswahl davon[3], die Verse

12,5: Ein vollkommenes, männliches, einjähriges Lamm wird es für euch sein; von den Schafen und den Ziegen werdet ihr es nehmen.

12,8: Und sie werden das Fleisch in der gleichen Nacht essen; am Feu-

[1] Vgl. *Biblia Patristica*. Literatur bei SIEBEN, *Voces* 165 s.v. πάσχα, 357 s.v. *pascha*; DERS., *Exegesis Patrum* 23 f.

[2] Zu den griechischen Osterpredigten bis Gregor von Nyssa vgl. DROBNER, Drei Tage 179-189.

[3] Vgl. DROBNER, Bibelindex 29.

er gebraten werden sie es essen und ungesäuertes Brot zu Bitterkräutern.

12,9: Ihr werdet nichts davon roh, auch nicht im Wasser gekocht essen, sondern vielmehr am Feuer gebraten, den Kopf zusammen mit den Beinen und mit den Eingeweiden.

12,10: Ihr werdet nichts davon bis zum Morgen übriglassen und keinen Knochen davon zerbrechen; was aber davon bis zum Morgen übrigbleibt, werdet ihr im Feuer verbrennen.

12,11: So werdet ihr es essen: eure Hüften gegürtet, und die Schuhe an euren Füßen, und die Stäbe in euren Händen; und ihr werdet es in Eile essen: ein Pascha ist es für den Herrn.

12,22 f.: Ihr werdet aber ein Ysopbüschel nehmen, es in das Blut tauchen und von dem Blut an die Oberschwelle und an die beiden Pfosten an der Tür streichen; keiner von euch wird zur Türe seines Hauses hinausgehen bis zum Morgen. [23] Und der Herr wird vorübergehen, um die Ägypter zu schlagen, und er wird das Blut an der Oberschwelle und an den beiden Türpfosten sehen, und der Herr wird die Tür übergehen und nicht den Verderber in eure Häuser eintreten lassen, um den Schlag auszuführen.

12,29: Es geschah aber um Mitternacht, und der Herr schlug alle Erstgeburt in Ägypten, vom Erstgeborenen des Pharao, der auf dem Throne sitzt, bis zum Erstgeborenen der Gefangenen im Kerker und bis zur Erstgeburt allen Viehs.

12,35 f.: Die Söhne Israels aber taten, wie Moses ihnen aufgetragen hatte, und forderten von den Ägyptern als Ausstattung silberne und goldene Gefäße und Kleider; [36] und der Herr erwies seinem Volk Gnade vor den Ägyptern, und sie liehen ihnen; und sie nahmen Beute von den Ägyptern.[4]

Hinzu kommt die kurze Nacherzählung des Pascha in der *Historia* der *Vita Moysis*, die sich auf den gesamten Kontext bezieht (*Ex* 11–14,5)[5], sowie eine allgemeine Deutung des Todes der Erstgeburt, die die Rettung der Israeliten bedeutete (vgl. *Ex* 11,5-12,30)[6].

Diese recht kleine Auswahl aus *Ex* 12 hat keine äußerlich erkennbaren Gründe und kann daher, wenn überhaupt, nur aufgrund der Deutung der Verse zu erklären versucht werden. Generell fällt zunächst nur auf, daß Gregor *Ex* 12 am ausführlichsten in der *Vita Moysis* behandelt, wo dies auch erwartet werden kann: in einer langen Auslegung des Todes der Erstgeburt, des Auszugs aus Ägypten und der Mitnahme der Reichtümer Ägyptens[7]. Überraschenderweise zi-

[4] Übersetzung nach der LXX, da die griechische Übersetzung nicht in allen Einzelheiten mit dem hebräischen Text übereinstimmt.

[5] *V Mos* I 28 f. (GNO VII/I 13,8-14,2 = SC 1,66-68 = 24-26 SIMONETTI).

[6] *Cant* 3 (GNO VI 76,3-6).

[7] *V Mos* II 89-116 (GNO VII/I 60,1-69,3 = SC 1,158-176 = 108-124 SIMONETTI). Vgl.

tiert er aber in seinen Osterpredigten *Ex* 12 nur einmal[8], während die Exegese von *Ex* 12 in vielen anderen Osterpredigten eine durchaus prominente Rolle spielt[9]; darüber hinaus dreimal in den Homilien zum *Canticum Canticorum*[10], einmal in *De virginitate*[11] und einmal in *De beatitudinibus*[12].

2. Die Auslegung

a. Das Deutungsprinzip

Den Schlüssel zu seinem grundlegenden Verständnis des atl. Pascha gibt Gregor selbst bei der eingehendsten Auslegung in *v Mos* II 102: "Es paßt aber zu unserer vorliegenden anagogischen Auslegung des Sinnes auch das Folgende" (συνεργεῖ δὲ πρὸς τὴν προκειμένην ἡμῖν ἀναγωγὴν τοῦ νοήματος καὶ τὰ ἐφεξῆς)[13]. Dies entspricht dem Ziel der *Vita Moysis*, das Leben des Moses als Vorbild des mystischen Aufstiegs der Seele zu Gott zu deuten[14]. Daher ist zwar Moses der Typos der Seele, sein Weg und der der Seele in seiner Nachfolge sind aber "mystisch", d. h. moralisch und anagogisch zu begreifen. Dieses Prinzip wird im Hoheliedkommentar Gregors, wieder im Zusammenhang mit *Ex* 12, noch ausgeweitet: "Was immer die Geschichte hinsichtlich des Größeren berichtet, wodurch den Israeliten die Rettung widerfährt, ist ein empfehlendes Vorbild für die mit Gott verbundene Seele"[15]. Noch mehrere Male wird bei der Auslegung von *Ex* 12 mit anderen Worten darauf verwiesen: man muß den ausgesagten Sinn in den Werken genauer verstehen (διάνοιαν ἀκριβέστερον κατανοῆσαι)[16]; der Buchstabe blickt auf einen höheren Sinn (πρός

Anm. 5.

[8] *Tr sp* (GNO IX 294,17-296,22). *Ib.* 306,1 f. bezieht sich nochmals auf die Stelle zurück.

[9] Vgl. u. Abschnitt 3.

[10] Vgl. Anm. 6; *Cant* 6 (GNO VI 193,10-12), 10 (306,11-307,8).

[11] *Virg* 23,7,32-35 (SC 119,556 = GNO VIII/I 342,7-10).

[12] *Beat* 3 (PG 44,1229 B).

[13] GNO VII/I 64,5 f.

[14] Vgl. DANIÉLOU: SC 1 ter, 16-25; SIMONETTI XX-XXX; BRIGATTI 31-38; MALHERBE/FERGUSON 9-14; COCCHINI 2321; GUILLAUME; DANIÉLOU, *Sacramentum Futuri* 191 bis 200; DERS., Moïse 267-282.

[15] *Cant* 3 (GNO VI 76,4-6): ὅσα πρὸς τὸ κρεῖττον ἡ ἱστορία διέξεισι, δι' ὧν γίνεται τοῖς Ἰσραηλίταις ἡ σωτηρία, ἐπαίνων ἐστὶν ὑπόθεσις τῇ τῷ θεῷ συναπτομένῃ ψυχῇ.

[16] *V Mos* II 95 (GNO VII/I 61,24 f.).

τινα ὑψηλοτέραν διάνοιαν τὸ γράμμα βλέπει)[17]. Dementsprechend deutet Gregor durchgehend das atl. Pascha *Ex* 12 moralisch-anagogisch, nicht typologisch auf Christus hin, wie man zunächst erwarten könnte[18].

b. *Ex* 12,5

Die in *Ex* 12,5 geforderte Vollkommenheit und Fehlerlosigkeit des Lammes weist nach Gregor darauf hin, daß der innere Mensch (ὁ ἔσω ἄνθρωπος), der Gott dargebracht wird, ebenso vollkommen (τέλειος) und makellos (ἄμωμος) sein muß[19].

c. *Ex* 12,8

Das ungesäuerte Brot und die Bitterkräuter in *Ex* 12,8 zieht Gregor im Hoheliedkommentar zur Erklärung von *Cant* 5,1 heran:

"Ich stieg herab in meinen Garten, meine Schwester Braut.
Ich pflückte meine Myrrhe (σμύρνα) mit meinen Wohlgerüchen (ἀρώματα).
Ich aß mein Brot mit meinem Honig.
Ich trank meinen Wein mit meiner Milch."[20]

Er deutet die Verse auf die zwei Arten von Menschen, die Vollkommenheit erstreben: Die einen suchen sie auf Erden. Sie erhalten Myrrhe als Sinnbild des irdischen Lebens, das bitter ist aufgrund seiner Vergänglichkeit (νεκρότης), vermischt mit Aromen, den Tugenden, die sie zu einem reinen Leben (καθαρὸς βίος) führen. Die anderen begehren allerdings höhere Speise (ὑψηλοτέραν τροφήν). Sie erhalten das (eucharistische) Brot, das nicht mehr, wie beim atl. Pascha, mit den Bitterkräutern des Lebens gegessen wird (denn sie sind zeitlich), sondern mit dem Honig des ewigen Lohnes der Tugend; so wie Christus nach der Auferstehung seinen Jüngern Fisch und Honigwabe reicht (vgl. *Lk* 24,42 und *Jo* 21,3-14) und der Kelch nach der Auferstehung mit Wein und Milch gefüllt ist, nicht mit Galle und Essig wie der Schwamm am Kreuz.

---

[17] *Ib.* II 105 (65,1).

[18] Vgl. u. Abschnitt 3.

[19] *Virg* 23,7,32 f. (SC 119,556).

[20] *Cant* 10 (GNO VI 306,11-307,8).

Die Wiederholung der Deutung in der Osterpredigt *De tridui spatio* macht den Hintergrund deutlicher[21]. Die vielfältigen Vorschriften des jüdischen Gesetzes haben als "Schatten der künftigen Güter" (vgl. *Kol* 2,17. *He* 10,1) alle nur ein einziges, asketisches Ziel: die Natur des Menschen von der ihr eingemischten Bosheit (κακία) zu reinigen. Sie sind daher nicht literal, sondern "geistlich" (πνευματικῶς) zu befolgen. So mahnen die Azyma zur Enthaltsamkeit vom Bösen, vertreiben die Bitterkräuter das im Leben Mißbrauchte (καταβεβλακευμένον) und Zügellose (ἔκλυτον) und führen zum mäßigen und enthaltsamen Leben als Vorbereitung für die kommende Welt. Beide aber gelten nur für die gegenwärtige Weltzeit, was Gregor aus *Ex* 12,15 schließt und durch *He* 12,11 bestätigt sieht. Sieben Tage zeigen die Weltzeit an, die in Wochenzyklen verläuft, und die Erziehung bzw. die Bitterkräuter sind nur für die Gegenwart (πρὸς τὸ παρόν) schmerzhaft[22].

Gegen Ende der Predigt kommt Gregor noch einmal auf die Azyma und Bitterkräuter zurück bei der Deutung der nachösterlichen Erscheinungen Jesu (*Lk* 24,42. *Jo* 21,3-14)[23]. Ihm liegt offenbar ein Evangelientext vor, der *Lk* 24,42 ergänzt: "ἀπὸ μελισσίου κηρίον", so daß er das "Brot nach der Auferstehung" auf die Eucharistie, die Honigwabe auf die Süßigkeit des Lebens nach der Erlösung deutet. Hintergrund ist wohl die Taufliturgie der Osternacht, in der den Neugetauften nicht nur ein Kelch mit Wein, sondern auch ein Kelch mit Milch und Honig gereicht wurde als Sinnbild für "das Land, in dem Milch und Honig fließen" (vgl. z. B. *Ex* 3,8).

Von daher erst wird recht verständlich, warum Gregor sich bei den Stichworten "Myrrhe, Brot, Honig, Wein, Milch" an *Ex* 12 erinnert: weil sie die Speisen der Osternacht und der Erlösung sind. Man darf deswegen auch die Auslegung des Hoheliedkommentars von der Osterliturgie her deuten. Welche der beiden Schriften allerdings die frühere ist, kann daraus nicht geschlossen werden. Der Hoheliedkommentar wird traditionellerweise als Spätwerk Gregors nicht vor 391 eingestuft[24], für *De tridui spatio* gilt ähnliches (nicht vor 386, eher später)[25]. Eine zwingende logische Reihenfolge aber gibt es nicht.

Ein drittes Mal erklärt Gregor die Bitterkräuter in *De beatitudinibus* als die Bitterkeiten dieses Lebens, die zusammen mit einem frei-

---

[21] GNO IX 294,17-296,22; 306,1-10. Vgl. MEREDITH; DROBNER, Drei Tage 133-137.

[22] Vgl. *Cant* 10 (GNO VI 307,1): πρὸς γὰρ τὸ παρὸν ἡ πικρία.

[23] GNO IX 306,1-10.

[24] Vgl. DANIÉLOU, Chronologie des œuvres 168; MAY, Chronologie 64; CAHILL 447-453.

[25] Vgl. DROBNER, Drei Tage 190-198.

willig einfachen und "ungesäuerten" Leben den Menschen zur Tröstung der Ewigkeit führen (zu *Mt* 5,4)[26]. Wenn die Datierung Daniélous in die Jahre vor 379 aufrechterhalten werden kann[27], wäre der Nachweis erbracht, daß Gregor seine mystische Deutung von *Ex* 12 bereits in frühen Jahren konzipierte, um sie in seinen Spätwerken, im Kern unverändert, zu entfalten. Dieser Schluß wird dadurch gestützt, daß *De virginitate*, das anerkanntermaßen ein Frühwerk Gregors ist (371[28] oder 372-378[29]), bereits eine asketische Deutung von *Ex* 12 enthält.

d. *Ex* 12,9-10

Die genauen Vorschriften für die Zubereitung und den Verzehr des Lammes *Ex* 12,9 f. kommen Gregor bei der Auslegung von *Cant* 3,7 f. in den Sinn:

"Siehe das Lager (κλίνη) Salomos,
sechzig Mächtige (δυνατοί) im Kreis um es herum,
von den Mächtigen Israels.
Alle tragen ein Schwert (ῥομφαία),
des Krieges kundig,
ein Mann, sein Schwert an seiner Hüfte
gegen den Schrecken in Nächten"[30].

Ex 12,9 f. fungiert dabei allerdings nur als Bestätigung der bereits gefundenen Deutung: Das Schwert (ῥομφαία) ist der Logos, das Schwert der Besonnenheit (σωφροσύνη), mit dem nur der umgürtet ist, der ein Liebhaber des "unvergänglichen Lagers" (ἄφθαρτος κλίνη) (Asket) ist, der gegen das Fleisch und das Blut (das Irdische) kämpft. Er allein kann in die tieferen Geheimnisse des Geistes eindringen, so wie beim Pascha nur das offenbare Fleisch gegessen werden darf, das in den "Knochen der Unkenntnis" (ὀστέα τῆς ἀσαφείας) Verborgene in Ruhe gelassen werden muß.

In *v Mos* erklärt Gregor *Ex* 12,9 f. im Kontext der umfassenden Deutung des Auszuges Israels in gleicher Weise, allerdings in manchen Punkten detaillierter[31]. Das am Feuer gebratene Paschalamm bedeutet den feurigen Glauben (ἔκπυρος πίστις), der uns vorgelegt

---

[26] *Beat* 3 (PG 44,1229 B).

[27] Vgl. DANIÉLOU, Chronologie des œuvres 160; MAY, Chronologie 56.

[28] Vgl. DANIÉLOU, Chronologie des œuvres 159 f.; AUBINEAU: SC 119,81 f.

[29] Vgl. GRIBOMONT, Panégyrique 250; MAY, Chronologie 55.

[30] *Cant* 6 (GNO VI 193,10-12).

[31] *V Mos* II 109-111 (GNO VII/I 66,9-67,8); vgl. MALHERBE/FERGUSON 170 Anm. 124.

wird und den es unbesehen (ἀμελητί) anzunehmen gilt. Die Glaubenslehre aber, die in harten und schwer aufzubrechenden Gedanken (νοήματα) verborgen ist, ist so zu belassen und wieder dem Feuer zu übergeben. Das Feuer nämlich stellt den Hl. Geist dar, der allein die Tiefen Gottes erforscht (vgl. *1 Kor* 2,10). Die Gebote Gottes, die offenbaren Sinn haben, gilt es hungrig und hastig (vgl. *Ex* 12,11), nicht bequem und erzwungen aufzunehmen. Die aber geheimen Sinn haben, die das Begreifen des Menschen übersteigen, sind nicht gewaltsam zu erbrechen, sondern dem Geist zu überlassen: "Suche nicht nach dem, was deine Kräfte übersteigt (*Sir* 3,21), d. h. zerbrich nicht die Knochen des Logos, denn du bedarfst des Verborgenen nicht".

e. *Ex* 12,11

Die Deutung der Speisevorschriften (*Ex* 12,9 f.) und die Art und Weise des Essens (*Ex* 12,11) bilden in *v Mos* eine Einheit, die hier lediglich methodisch getrennt wird, die dennoch aber, wie soeben gesehen, nicht ganz voneinander zu scheiden sind[32]. Die gegürteten Hüften, die Schuhe an den Füßen, die Stäbe in den Händen und die Hast erklärt Gregor aus dem Vergleich mit dem Gegenteil: Wer sich Tafelfreuden hingibt, hat freie Hände, bis auf den Boden fließende, ungegürtete Gewänder, die ihn beim Laufen behindern würden, hat die Schuhe abgelegt und ißt genußreich in großer Muße. Der höhere Sinn (ὑψηλοτέρα διάνοια) der Art und Weise, wie das Pascha gegessen wird, mahnt also zu einem asketischen Leben ohne Genuß, so wie das Fleisch an dem gerade vorhandenen Feuer gebraten wird. Denn das irdische Leben ist nur ein Durchgang (παροδικῶς), wozu man wie ein Reisender gerüstet sein muß: mit den widerstandsfähigen Schuhen des enthaltsamen und einfachen Lebens zum Schutz gegen die Dornen (= Sünden) des Weges; sie verhindern das Eindringen der Sünde. Das Gewand des Genusses wird mit dem Gürtel der Mäßigung gegürtet; denn ein bis auf den Boden fließendes Kleid behindert den zu Gott Eilenden. Der Stab, der die wilden Tiere vertreibt, ist das Wort der Hoffnung, auf das sich unsere müde Seele stützen kann und das die Angreifer abwehrt.

---

[32] *Ib.* II 103-108 (64,10-66,8); vgl. MALHERBE/FERGUSON 170 Anm. 118.

f. *Ex* 12,22-23. 29

Zu Beginn der großen Auslegung des Pascha in *v Mos* erklärt Gregor den grundsätzlichen Sinn der in *Ex* 12,29 berichteten Tötung der ägyptischen Erstgeburt und der Rettung der Israeliten durch das Blut des Lammes (*Ex* 12,22 f.) mystisch[33]. Die Tötung der ägyptischen Erstgeburt lehrt die Ausrottung des Lasters von Anfang an, von der Wurzel her. Wer das nicht tut, lebt auf die ägyptische Weise, d. h. böse. Der Schutz vor dem Bösen muß am Eingang erfolgen, damit das Böse überhaupt nicht eindringen kann, da es dann nicht mehr durch irgendeinen Trick (ἐπίνοια) vertrieben werden kann. In diesem Zusammenhang steht die einzige typologische Exegese des Pascha durch Gregor: die Deutung des Blutes des Lammes als das Blut Christi, wobei die Salbung mit dem Blut Christi ein traditionelles Bild der Taufe ist.

g. *Ex* 12,35-36

Als letzten Vers legt Gregor *Ex* 12,35 f. aus, die Plünderung der Ägypter durch die Israeliten[34]. Da Ägypten Sinnbild des Bösen bzw. der Welt ist, sind die Reichtümer Ägyptens die weltlichen Dinge, die zur tugendhaften Verwendung zu gebrauchen erlaubt ist, wenn man sich selbst bereits auf dem Weg der Tugend befindet.

h. Ergebnisse

Die bisherige Darstellung der Exegese Gregors hat gezeigt, daß er das atl. Pascha durchgehend moralisch und anagogisch auf den Weg der Seele des Menschen zu Gott hin deutet, deren Vorbild der Aufstieg des Moses ist. Bis auf eine einzige Ausnahme entstammen auch alle Belegstellen anerkanntermaßen späten Schriften Gregors, denen die *Vita Moysis* vorausgegangen sein kann, bzw. die alle im selben Zeitraum verfaßt sind. Lediglich *De beatitudinibus* stellt eine Ausnahme dar. Entweder muß also das exegetische Konzept Gregors bereits in frühen Jahren entwickelt gewesen sein und sich durch alle Perioden seines Schaffens durchgehalten haben - oder aber *De beatitudini-*

[33] *V Mos* II 90; 92-95 (60,7-13; 61,4-62,9); vgl. DANIÉLOU, Bible et liturgie 221-227; DERS.: SC 1 ter, 165 Anm. 2; LOI, Tipologia 188-190; CANTALAMESSA 320-328.

[34] *Ib.* II 112 (67,9-17).

bus ist doch sehr viel später zu datieren als bisher angenommen, nämlich Ende der 80er/Anfang der 90er Jahre des 4. Jh.s.

3. Die Auslegungstradition

Um die Eigenart der Exegese Gregors zu erfassen, ist es nun nötig, die Auslegungstradition darzustellen[35], gleichzeitig aber auch andere Quellen, die das Denken Gregors geprägt haben, zu prüfen. Dazu sind hauptsächlich die Osterpredigten der griechischen Kirche bis Gregor heranzuziehen, unter ihnen vor allem fünf, die ausführlich die Exegese von *Ex* 12 enthalten:

1. Pseudo-Chrysostomus, ἱεραὶ μὲν ἤδη φωτός (CPG I 1925 = II 4611) (um 375 oder 2./3. Jh.)[36];
2. Pseudo-Chrysostomus, πάσχα μὲν γηϊνόν (CPG II 4606) (nach 318)[37];
3. Gregor von Nazianz, *In sanctum Pascha* (CPG II 3010) (9. April 383)[38];
4. Pseudo-Chrysostomus, πάσχα μὲν ἑορτάζουσιν Ἰουδαῖοι (CPG II 4609) (nicht sicher datierbar)[39];
5. Pseudo-Chrysostomus, ἐν Ἰουδαίοις οἱ τύποι (CPG II 4610) (nicht sicher datierbar)[40];

Weitere bedeutende Quellen zur Auslegungstradition sind die *Traditio Apostolica, Didascalia Apostolorum*, Justin, Irenaeus, Klemens von Alexandrien, Origenes[41], Methodius, Eusebius von Caesarea, Kyrill von Jerusalem und Epiphanius von Salamis. Für Gregor speziell ist neben den christlichen Alexandrinern Philo von Alexandrien heranzuziehen.

Da es methodisch nicht einfach ist, einen übersichtlichen Überblick über die Auslegungen zu geben, auch ein Schaubild zu umfangreich würde, sollen im folgenden tabellarisch und in Stichworten, Vers für Vers die Deutungen und ihre Quellen vorgestellt und im An-

[35] Vgl. grundlegend DANIÉLOU, Exodus; LE DÉAUT/LÉCUYER; LÉCUYER; DANIÉLOU, *Sacramentum Futuri* 131-200.

[36] PS-CHRYS *pas* 1. Vgl. dazu CANTALAMESSA; GROSSI; LOI, *In sanctum Pascha.*

[37] PS-CHRYS *pas* 2. Vgl. dazu CATTANEO.

[38] GR NAZ *or* 45 (PG 36,623-664). Zur Datierung vgl. GALLAY 253; BERNARDI 251 f.; RUETHER 179. DONDERS 33 datiert dagegen um das Jahr 385.

[39] PS-CHRYS *pas* 4.

[40] PS-CHRYS *pas* 5.

[41] OR *pas.*

schluß daran die Beziehungen zu Gregor von Nyssa herausgearbeitet werden. Die einzelnen Auslegungen sind auch nicht immer eindeutig dem einen oder anderen Vers zuzuordnen, da sie in den Quellen eine dichte Einheit bilden. Entsprechende Beziehungen werden, wo möglich, durch Querverweise deutlich zu machen versucht.

Ex 12
Der Auszug aus Ägypten nach Israel
= der Übergang von der Welt zum ewigen Leben[42];
= atl. Pascha ist σκιά/τύπος/εἰκών des ntl. Pascha (vgl. *1 Kor* 5,7)[43].

Ex 12,2
Der Monat des Pascha als erster Monat des Jahres
= Anfang des ewigen Lebens[44];
= das erste (höchste) der Mysterien[45];
= Übergang vom Dunkel zum Licht in der Taufe[46].

Ex 12,3
(1) Der zehnte Tag des Monats
= der Dekalog[47];
= Zahl der Vollkommenheit[48];
= der Mensch besteht aus zehn Komponenten: Leib, Seele, fünf Sinne, Stimme, Fortpflanzung, Denken[49];
= die Welt besteht ebenfalls aus zehn Komponenten: die vier Elemente (= 1), die sieben Planeten, der Himmel der Fixsterne, die Erkenntnis Gottes[50];
= Zahl des Sohnes[51].

---

42 PS-CHRYS *pas* 4 (PG 59,731); *pas* 5 (PG 59,733; 735); OR *hom Ex* 5,3 (GCS Or 6,188, 5-7); EUS *pas* 2 (PG 24,696 B-D).

43 OR *Io* 10,14(11)-10,16(13) (GCS Or 4,185,10.24; 186,6.14.17.23), vgl. GUÉRAUD/NAUTIN 103-106; *pas* 2,19-3,26 (156-158 GUÉRAUD/NAUTIN), vgl. *ib.* 115 f.; EUS *pas* 1 (PG 24,693 A); 3 (697 A); 6 (700 D); *Ps* 77,49-51 (PG 23,928 CD). EPIPH *haer* 33,5,8 f. (GCS Epiph 1,455,1-7): generell ist *alles* Jüdische Vorbild der in Christus erschienenen Wahrheit; 33,5,15 (455,19-24); 42,12,3 (2,161,15-19), vgl. ROUSSEAU 33 f.

44 PS-CHRYS *pas* 1,17 (145,10-149,11); *pas* 2,I,6 f. (59,3-61,8), vgl. CATTANEO 19-21; *pas* 4 (731); *pas* 5 (733).

45 GR NAZ *or* 45,14 (641 C).

46 OR *pas* 3,37-4,35 (158-160 GUÉRAUD/NAUTIN); vgl. *ib.* 116.

47 PS-CHRYS *pas* 1,20 (151,3-7).

48 GR NAZ *or* 45,14 (641 C).

49 CLEM *str* 11,51,1 (GCS Clem 2,139,26-140,11).

50 *Ib.*

51 OR *pas* 17,3-5 (186 GUÉRAUD/NAUTIN), vgl. *ib.* 124.

(2) Das (unschuldige) Pascha-Lamm
= Christus[52].
(3) Ein Lamm für jedes Haus
= jeder ißt das Pascha in der Gruppe der Vollkommenheit, zu der er gehört[53].

Ex 12,4
Die Einladung der Nachbarn
= die Einladung der Heiden zum Opfer Christi[54];
= zunächst genüge ein jeder allein der Vollkommenheit, falls nicht, nehme er Helfer dazu[55];
= jeder ißt zusammen mit seinem geistlich Nächsten[56].

Ex 12,5[57]
(1) Vollkommen
= vollkommen in der Gerechtigkeit[58];
= die göttliche Natur Christi[59].
(2) Männlich
= der ἡγεμονικός[60].
(3) Einjährig
= ewig[61];
= neu, nichts vom alten Menschen[62].

---

52 MEL *pas* 4; 6 (v. 25; 36 [u.ö.] HALL); PS-CHRYS *pas* 1,18 (149,12-16); *pas* 2,I,21 f. (75, 1-12); *pas* 4 (731); *pas* 5 (733); GR NAZ *or* 45,13 (640 C); APOLL *fr pas* 4 (CorpAp 9, 487); PETR AL *fr pas* (PG 18,513 A-517 C); *Trad Ap* 41 (90,7 BOTTE); IUST *dial* 40,1 (137 GOODSPEED); 111,3 f. (227 f.); IREN *dem* 25 (SC 62, 70 f.); OR *hom in Num* 11,1 (GCS Or 7,76,17-19); *comm ser 10 in Mt* (GCS Or 11, 21,12); *Io* 10,16(13) (GCS Or 4,186, 23-20); *pas* 12,22-16,4 (176-184 GUÉRAUD/NAUTIN), vgl. *ib.* 120-122; 41,13-43,6 (234 bis 238) vgl. *ib.* 138-140; METH *symp* 9,1 (GCS 115,16 f.); *cibis* 12,1 (442,28 f.); EUS *pas* 1 (PG 24,696 A) mit Zitat von *Is* 53,4 - *Jo* 1,29 - *1 Kor* 5,7; 3 (697 A); 7 (701 B); *Ps* 77,49-51 (PG 23,928 CD); EPIPH *haer* 51,31,2 (GCS Epiph 2,304,10); CYR H *cat* 13,1 (II 2,11 RUPP); 13,3 (II 52,21-23). Vgl. NIKOLASCH; LOI, Tipologia; MANGENOT 582-584; DANIÉLOU, Bible et liturgie 220-239; ROUSSEAU 35 f.; NADUVILEZHAM.

53 OR *pas* 21,8 bis 1 (194 GUÉRAUD/NAUTIN); vgl. *ib.* 126.

54 PS-CHRYS *pas* 1,22 (151,12-14).

55 GR NAZ *or* 45,14 (641 D-644 A).

56 OR *pas* 22,12 bis 8 (196 GUÉRAUD/NAUTIN); vgl. *ib.* 126 f.

57 Vgl. NIKOLASCH 130-140.

58 PS-CHRYS *pas* 1,19 (149,17 f.); *pas* 2,I,16; 20 (69,12-71,3; 73,9-12); *pas* 5 (734).

59 GR NAZ *or* 45,13 (640 D-641 A).

60 PS-CHRYS *pas* 2,I,17 f.; 20 (71,4-22; 73,12-18); GR NAZ *or* 45,13 (641 A).

61 PS-CHRYS *pas* 1,19 (149,18-151,2); *pas* 5 (734); GR NAZ *or* 45,13 (641 A).

62 PS-CHRYS *pas* 2,I,19 f. (73,5-8. 18-23).

(4) Vollkommen und einjährig
= die göttliche und menschliche Natur Christi[63].
(5) Vollkommen, männlich und einjährig
= Vollkommenheit Christi[64].
(6) Lamm oder Böcklein
= da jeder nach seiner geistlichen Kapazität das Pascha ißt, bringt der eine ein vollkommenes Opfer (Lamm = Christus) dar, der andere ein Opfer für seine Sünden (Böcklein)[65].

Ex 12,6 (vgl. auch zu 12,8)[66]
(1) Fünf Tage aufbewahren
= die fünf Zeitalter von Adam bis Noe, Noe - Abraham, Abraham - Moses, Moses - Christus, Christus - Parusie[67];
= die Läuterung der fünf Sinne[68];
= die fünf Tage zwischen dem Verrat des Judas (Bezahlung der 30 Silberlinge) und dem Tod Jesu[69];
= Zeit der Vorbereitung der Seele auf das Pascha[70].
(2) Ganz Israel schlachtet das Lamm
= ganz Israel befleckt sich mit dem Gottesmord[71].
(3) Schlachtung gegen Abend (vgl. auch zu 12,12[1])
= Tod Christi gegen Abend[72];
= Tod Christi gegen Ende der Zeiten[73];
= Abend des Abendmahles[74];
= der Gläubige wird vom vollen Licht erleuchtet[75].

---

[63] PS-CHRYS *pas* 1,19 (149,17-151,2).

[64] OR *pas* 22,8-23,3 (196-198 GUÉRAUD/NAUTIN); vgl. *ib.* 127.

[65] OR *pas* 23,4-24,7 (198-200 GUÉRAUD/NAUTIN); vgl. *ib.* 127 f.

[66] Vgl. NIKOLASCH 141-143.

[67] PS-CHRYS *pas* 1,21 (151,8-11); *pas* 2,I,9 f. (61,20-63,5; 63,13-17), vgl. CATTANEO 86 f.; *pas* 5 (734).

[68] GR NAZ *or* 45,14 (641 C).

[69] *Didasc Ap* 21 (188 f. CONOLLY).

[70] OR *pas* 17,5-19,2 (186-190 GUÉRAUD/NAUTIN), vgl. *ib.* 125 f.

[71] PS-CHRYS *pas* 1,24 (151,18-153,3).

[72] MEL *pas* 71 (v. 499 HALL); PS-CHRYS *pas* 1,23 (151,15-17); EPIPH *haer* 50,2,6 (GCS Epiph 2,247,14-17).

[73] PS-CHRYS *pas* 2,I,9 (63,5-8); *pas* 5 (734); OR *pas* 25,6-10 (202 GUÉRAUD/NAUTIN), vgl. *ib.* 128.

[74] GR NAZ *or* 45,15 (644 C).

[75] OR *pas* 19,14-21,7 (190-194 GUÉRAUD/NAUTIN); vgl. *ib.* 126.

Ex **12,7**[76]
(1) Das Blut an der Tür (vgl. auch zu 12,13[1])
= Salbung[77];
= die Besiegelung der Gläubigen mit dem Zeichen des Kreuzes[78];
= die Gläubigen sind die Tür[79];
= das Blut Christi[80];
= die Seelen werden gesalbt mit dem Blut Christi[81];
= die Körper der Gläubigen werden mit dem Glauben gesalbt[82].
(2) Die zwei Türpfosten
= Juden und Heiden[83];
= die verweichlichenden und die verhärtenden Sünden[84];
= der Habitus und die Tat[85].
(3) Die Türoberschwelle
= die Kirche[86];
= der λογισμός[87];
= φλιὰ τῆς διανοίας, gesalbt zur Abwehr des Verderbens[88].

Ex **12,8** (vgl. auch zu 12,6)
(1) Die Nacht
= die Nacht der irdischen Welt[89];
(2) Am Feuer geröstet
= das Feuer des Geistes[90];
= ohne Lüsternheit[91];

---

[76] Vgl. NIKOLASCH 143-146.

[77] PS-CHRYS *pas* 2,II,2 f. (77,12-79,14); *pas* 4 (731); *pas* 5 (734); GR NAZ *or* 45,15 (644 B).

[78] *Trad Ap* 42 (100,4-13 BOTTE).

[79] IUST *dial* 40,1 (137 GOODSPEED).

[80] *Ib.*; OR *Io* 10,17(13) (GCS Or 4,187,29-31), vgl. GUÉRAUD/NAUTIN 106; EUS *pas* 2 (PG 23,696 B-D).

[81] OR *comm ser 10 in Mt* (GCS Or 11,21,12-15); METH *symp* 9,1 (GCS 115,17 f.).

[82] OR *pas* 25,15 bis 4 (202 GUÉRAUD/NAUTIN); vgl. *ib.* 129.

[83] PS-CHRYS *pas* 1,25 (153,5-14).

[84] PS-CHRYS *pas* 2,II,8 (83,9-13).

[85] GR NAZ *or* 45,15 (644 B).

[86] PS-CHRYS *pas* 1,25 (153,4).

[87] PS-CHRYS *pas* 2,II,8 (83,13-18).

[88] EUS *pas* 11 (PG 24,705 B).

[89] PS-CHRYS *pas* 1,26 (153,15-17); *pas* 2,II,12 (85,12 f.); *pas* 4 (732); *pas* 5 (735); GR NAZ *or* 45,14 (644 A); OR *Io* 10,17(13) (GCS Or 4,187,32).

[90] PS-CHRYS *pas* 1,27 (153,18-20); *pas* 2,II,12 (85,13-17); *pas* 5 (735); GR NAZ *or* 45,16 (645 A); OR *Io* 10,18(13) (GCS Or 4,188,24), vgl. GUÉRAUD/NAUTIN 107.

[91] PS-CHRYS *pas* 2,II,17 f. (89,16-93,7).

= die Festigkeit des Wortes[92];
= Typos der Kreuzigung[93];
= Symbol der Gottheit des Logos[94];
= Das Wort Gottes ist nicht roh und schwach anzunehmen[95].
(3) Die Azyma
= die Einfachheit[96];
= die Azyma der εἰλικρίνεια und ἀλήθεια (*1 Kor* 5,8)[97].
(4) die Bitterkräuter
= das Leiden der Juden für den Gottesmord[98];
= das Leiden der Christen in dieser Welt[99];
= der schwierige Weg der Christen zum Heil[100];
= die Feste Gottes haben immer auch etwas Bitteres an sich, weil der Mensch aus Geist und Fleisch besteht[101];
= die Bitterkeit der Strafe für die Sünden[102].

Ex 12,9 (vgl. auch zu 12,10)[103]
(1) Fleisch
= das Wort ist Fleisch geworden (*Jo* 1,14) = Eucharistie (*Jo* 6,53 bis 56)[104];
= die Worte der Hl. Schrift, die im Feuer des Geistes geschrieben sind und so gelesen werden müssen[105];
= die Lehren des Himmelreiches[106].

---

92 GR NAZ *or* 45,16 (645 A).

93 IUST *dial* 40,3 (137 GOODSPEED).

94 OR *Io* 10,16(13) (GCS Or 4,187,33-188,9).

95 METH *cibis* 12,1 (GCS 442,26-28).

96 PS-CHRYS *pas* 4 (731); *pas* 5 (735); GR NAZ *or* 45,15 (644 C); OR *comm ser 10 in Mt* (GCS Or 11,21,10-13); *hom in Num* 11,1 (GCS Or 7,76,20-26) u. ö.

97 PS-CHRYS *pas* 2,II,13 f. (85,19-87,9); OR *Io* 10,17(13) (GCS Or 4,186,15-18); EUS *pas* 7 (PG 24,701 B); 11 (705 A); EPIPH *haer* 33,5,15 (GCS Epiph 1,455,19-24).

98 MEL *pas* 93 (vv. 678-692 HALL); PS-CHRYS *pas* 1,31 (157,5-9).

99 PS-CHRYS *pas* 2,II,13 f. (87,1 f. 9-16); *pas* 4 (732); *pas* 5 (735); GR NAZ *or* 45,17 (648 A).

100 OR *hom in Num* 27,10 (GCS Or 7,270,20-31).

101 *Ib*. 23,10 (221,5-13); *Cels* VIII 21-23 (GCS Or 2,238,11-240,24).

102 OR *Io* 10,17(13) (GCS Or 4,188,10-14); vgl. GUÉRAUD/NAUTIN 107.

103 Vgl. NIKOLASCH 146-152.

104 OR *Io* 10,17(13) (GCS Or 4,187,22-188,14); vgl. GUÉRAUD/NAUTIN 106.

105 OR *pas* 26,5-27,5 (204-206 GUÉRAUD/NAUTIN); vgl. *ib*. 129 f.

106 EUS *pas* 2 (PG 23,696 B).

(2) Das Fleisch nicht roh verzehren
= den Logos vorbereitet und aufnahmefähig haben[107];
= nicht ohne gute Werke essen[108];
= roh sind die Juden, die sich nur an den Buchstaben der Schrift halten[109].
(3) Nicht im Wasser kochen
= den Logos nicht verwässern[110];
= kein Genuß[111];
= kochen heißt die Schrift verfälschen, wie es Häretiker tun[112].
(4) Am Feuer gebraten
= die orthodoxen Christen nehmen die Schrift im Feuer des Geistes auf[113].
(5) Der Kopf zusammen mit den Füßen
= die erste und zweite Parusie Christi[114];
= Christus, das Haupt, zusammen mit den Menschen[115];
= von der ersten Betrachtung Gottes bis zu den letzten Gedanken über die Inkarnation[116];
= Gottheit und Menschheit Christi[117].
(6) Der Kopf zusammen mit den Füßen und Eingeweiden
= Triaden: Gott, Wille des Vaters und Mensch - Anfang, Mitte und Ende - Gott, Logos und Mensch - Höhe, Tiefe und Breite - Gesetz, Logos und Apostel[118];
= von den höchsten bis zu den tiefsten und innersten Lehren der Schrift[119];
= jeder ißt vom Pascha nach seinen Fähigkeiten[120].
(7) Die Eingeweide
= die im Fleisch verborgene Gottheit Christi[121];

---

107 PS-CHRYS *pas* 1,28 (155,1 f.).

108 PS-CHRYS *pas* 2,II,15 (87,17-89,8).

109 OR *pas* 27,10-30a (206-212 GUÉRAUD/NAUTIN); vgl. *ib.* 130 f.

110 PS-CHRYS *pas* 1,28 (155,1-4); GR NAZ *or* 45,16 (644 D-645 A).

111 PS-CHRYS *pas* 2,II,16 (89,9-15).

112 OR *pas* 27,10-30a (206-212 GUÉRAUD/NAUTIN); vgl. *ib.* 130 f.

113 *Ib.*

114 PS-CHRYS 2,II,19 (93,8-95,10).

115 PS-CHRYS *pas* 5 (735).

116 GR NAZ *or* 45,16 (645 A).

117 CYR H *cat* 13,1 (2,12 f. RUPP).

118 PS-CHRYS *pas* 1,29 (155,5-17).

119 OR *Io* 10,18(13) (GCS Or 4,189,1-8); vgl. GUÉRAUD/NAUTIN 107.

120 OR *pas* 30,15-32,13 (212-216 GUÉRAUD/NAUTIN); vgl. *ib.* 131 f.

121 PS-CHRYS *pas* 2,II,21 f. (95,14-22); *pas* 5 (735).

= die verborgenen Dinge des Verstandes[122].

Ex 12,10 (vgl. auch zu 12,46[3])
(1) Nichts übriglassen bis zum Morgen
= das Irdische hinter sich lassen bis zur zweiten Parusie[123];
= wer die Nacht der Welt hinter sich gelassen hat, genießt am Tag, der Zeit des Herrn, das Manna, das die Azyma ablöst[124].
(2) Die Reste im Feuer verbrennen (vgl. auch zu 12,9)
= die Sünde im Feuer des Geistes vernichten[125];
= nichts vom Logos darf den Ungläubigen preisgegeben werden; es ist im Feuer des Geistes zu verbrennen[126];
= die Nacht ist diese Welt, der Tag die kommende; das Unvollkommene dieser Welt kann nicht Bestand haben vor dem Ewigen[127].

Ex 12,11
(1) Die Gürtung der Lenden
= Enthaltsamkeit[128];
= bereit zum Wettlauf zur Wahrheit[129];
= Bereitschaft der Seele[130];
= Abtötung des Fleischlichen[131];
= die Lenden in Wahrheit gegürtet (*Eph* 6,14)[132];
= Gürtel der Besonnenheit (σωφροσύνη)[133];
= die Lenden der Seele mit ἁγνεία und σωφροσύνη gegürtet[134].
(2) Sandalen an den Füßen
= Stütze, Zeichen der Wahrheit[135];
= Zeichen der Bereitschaft[136];

[122] GR NAZ *or* 45,16 (645 A).
[123] PS-CHRYS *pas* 2,II,23 f. (97,1-21).
[124] OR *Io* 10,18(13) (GCS Or 4,189,14-21); vgl. GUÉRAUD/NAUTIN 108.
[125] PS-CHRYS *pas* 2,II,25 (99,1-6).
[126] GR NAZ *or* 45,16 (645 C).
[127] OR *pas* 34,10-31 (220 GUÉRAUD/NAUTIN); vgl. *ib.* 133 f.
[128] PS-CHRYS *pas* 1,33 (157,13-15); *pas* 4 (732); GR NAZ *or* 45,18 (648 C).
[129] PS-CHRYS *pas* 2,III,9 (109,14-18).
[130] PS-CHRYS *pas* 5 (735).
[131] OR *pas* 35,4-37,2 (222-226 GUÉRAUD/NAUTIN); vgl. *ib.* 134.
[132] EUS *Ps* 67,7 (PG 23,689 C).
[133] EUS *pas* 4 (PG 24,697 C).
[134] *Ib.* 7 (701 A).
[135] PS-CHRYS *pas* 1,34 (157,16-159,3).
[136] PS-CHRYS *pas* 2,III,10 (109,19-111,4); *pas* 5 (735).

= Schutz gegen die Sünde[137];
= Zeichen der Auferstehung des Fleisches[138].
(3) Ein Stab in der Hand
= Zeichen der göttlichen Macht[139];
= Glaube und Hoffnung auf Christus[140];
= Stütze des Verstandes gegenüber den Geheimnissen Gottes, um nicht in Häresie zu fallen[141];
= Zeichen der *correctio*[142];
= Stab des göttlichen Wortes zur Abwehr der Feinde[143];
= Stab aus der Wurzel Jesse[144].
(4) Ausgerüstet wie ein Wanderer
= Pilgerschaft des Lebens[145];
= am Übergang vom Dunkel zum Licht, vom Bösen zur Erlösung[146];
= auf dem Weg zu Gott in der Nachahmung des Moses und Elias[147].
(5) In Eile essen
= Wachsamkeit und Frische[148];
= ohne Genuß[149];
= keine Rückwendung zur Schlechtigkeit[150];
= wir eilen vom Sterblichen zum Unsterblichen[151].
(6) Pascha des Herrn (vgl. auch zu 12,43)
= Pascha Christi[152];
= Sonntag[153].

---

137 GR NAZ *or* 45,19 (649 B); EUS *pas* 4 (PG 24,697 C).

138 OR *pas* 37,2-38,4 (226-228 GUÉRAUD/NAUTIN); vgl. *ib.* 134 f.

139 PS-CHRYS *pas* 1,35 (159,4-12).

140 PS-CHRYS *pas* 2,III,11 (111,5-8); *pas* 4 (732); *pas* 5 (735).

141 GR NAZ *or* 45,19 (649 C).

142 OR *pas* 38,5-39,6 (228-230 GUÉRAUD/NAUTIN); vgl. *ib.* 135 f.

143 EUS *pas* 4 (PG 24,697 CD).

144 *Ib.* 7 (701 B).

145 PS-CHRYS *pas* 2,III,7 f. (107,16-109,13); *pas* 4 (732).

146 OR *pas* 43,6-47,27 (238-246 GUÉRAUD/NAUTIN); vgl. *ib.* 141-148.

147 EUS *pas* 4 (PG 24,697 C); 7 (701 B).

148 PS-CHRYS *pas* 1,32 (157,10-12).

149 PS-CHRYS *pas* 2,III,12 (111,9-16); *pas* 5 (735 f.).

150 GR NAZ *or* 45,17 (645 D-648 A).

151 EUS *pas* 4 (PG 24,697 D).

152 PS-CHRYS *pas* 1,36 (159,13-15).

153 EUS *pas* 7 (PG 24,701 B).

Ex **12,12**
(1) Die Nacht
= die Nacht der Weltzeit[154];
= die Taten der Dämonen in der Nacht[155].
(2) Ägypten
= Verirrung in Dunkelheit[156].
(3) Die Erstgeburt
= der alte Götzendienst[157].

Ex **12,13**
(1) Das Schutzzeichen des Blutes (vgl. auch zu 12,7[1])
= Salbung der Seelen mit dem Blut Christi[158];
= das Blut Christi ist Zuflucht vor den Dämonen[159].
(2) Die Häuser
= die Seelen[160];
= der Leib als das Haus der Seele[161].
(3) "Ich werde euch beschützen"
= Ausbreitung der Hände Christi am Kreuz[162].
(4) Der Vorübergang der Tötung der Erstgeburt
= der Vorübergang des Todes aus Adam, dem Erstgeborenen[163].

Ex **12,15**
Sieben Tage Azyma
= die Speise der Juden im Leben[164];
= Enthaltsamkeit durch das ganze Leben[165].

Ex **12,16**
(1) Der erste und siebte Tag sind heilig
= Tag der Taufe und des Todes[166].

---

[154] OR *Io* 10,17(13) (GCS Or 4,187,32); vgl. GUÉRAUD/NAUTIN 106.
[155] PS-CHRYS *pas* 1,14 (141,11-143,6).
[156] PS-CHRYS *pas* 1,12 (139,15-141,7).
[157] *Ib.* 13 (141,8-10).
[158] *Ib.* 37 (159,16-18).
[159] EUS *pas* 2 (PG 24,696 B); CYR H *myst* 1,3 (SC 126,86,6-9).
[160] PS-CHRYS *pas* 1,15 (143,16-18).
[161] EUS *pas* 2 (PG 24,696 B).
[162] PS-CHRYS *pas* 1,15. 38 (145,1-2. 159,19-161,5).
[163] PS-CHRYS *pas* 2,I,1 (55,3-10); *pas* 4 (731); *pas* 5 (734).
[164] PS-CHRYS *pas* 1,39 (161,6-14).
[165] PS-CHRYS *pas* 2,III,13-16 (113,1-115,6); *pas* 5 (736); GR NAZ *or* 45,15 (644 C).
[166] PS-CHRYS *pas* 2,III,17 (115,7-15).

(2) Keine Arbeit während des Pascha
= die Seele nicht mit Irdischem ermüden[167].

Ex **12,23**
Das Lamm vertreibt den Verderber
= Christus, das Lamm Gottes, nimmt hinweg die Sünde der Welt (*Jo* 1,29)[168].

Ex **12,29**
Der Tod der Erstgeburt
= die Ausrottung des Übels von Anfang an[169].

Ex **12,43**
Ein Fremdstämmiger darf nicht vom Pascha essen
= Pascha nicht für Ungläubige[170];
= im Gegensatz dazu ist Christus für alle gestorben[171].

Ex **12,44**
Die Beschneidung der Sklaven
= die Befreiung von der Sklaverei der Sünde[172].

Ex **12,46**[173]
(1) In *einem* Haus essen
= die *eine* Kirche[174].
(2) Nichts hinaustragen
= Heil gibt es nur in der Kirche[175];
= das kirchliche Wort darf nicht aus der Kirche zu den Juden und Heiden hinausgetragen werden[176].
(3) Keinen Knochen zerbrechen (vgl. auch zu 12,10)
= Typos Christi am Kreuz[177];

---

[167] *Ib.* III,18 (115,19-117,11).

[168] CYR H *cat* 13,3 (II 52,21-23 RUPP).

[169] OR *hom Ex* 4,8 (GCS Or 6,180,8-181,6).

[170] PS-CHRYS *pas* 1,40 (161,15-17).

[171] EUS *pas* 9 (PG 24,704 C).

[172] PS-CHRYS *pas* 1,40 (161,17-163,2).

[173] Vgl. NIKOLASCH 152-155.

[174] PS-CHRYS *pas* 1,41 (163,3-5); *pas* 2,I,11 f. (65,3-67,3); *pas* 4 (731); *pas* 5 (734).

[175] PS-CHRYS *pas* 1,41 (163,6-8); *pas* 2,I,13-15 (67,4-69,11).

[176] OR *sel in Ex* (PG 12,281-298).

[177] MEL *pas* 71 (v. 501 HALL); PS-CHRYS *pas* 4 (732); *pas* 5 (735); GR NAZ *or* 45,16 (645 B).

= die Unvergänglichkeit des Leibes Christi[178];
= schwer Verständliches darf nicht aufgebrochen werden[179];
= die Einheit der Schrift darf nicht zerbrochen werden[180].

Ex 12,48
Die Beschneidung
= die geistliche Beschneidung der Seele[181].

Ex 12,49
Dasselbe Gesetz gilt auch für die Proselyten
= alle sind in Christus frei geworden[182].

4. Tradition und Eigenart der Auslegung Gregors

Aufgrund der unmittelbaren Vorbildhaftigkeit des atl. Pascha für die Passion Jesu sollte man zunächst annehmen, daß die typologische Deutung von *Ex* 12 die übliche und die am weitesten verbreitete ist, die fast ausschließlich moralisch-asketische und anagogische Gregors die Ausnahme bildet. Die Herausarbeitung der exegetischen Tradition widerlegt allerdings diese erste Vermutung. Insgesamt ist die moralisch-asketische Auslegung ebenso häufig wie die typologische; in geringerem Maße dagegen findet man die allegorische und anagogische. Setzt man die Auslegungsweisen mit den Autoren bzw. Werken in Verbindung, ergibt sich ein differenziertes Bild: Melito von Sardes[183] und Epiphanius von Salamis deuten *Ex* 12 grundsätzlich und ausschließlich typologisch, Gregor von Nazianz nur moralisch-asketisch; Origenes, Eusebius von Caesarea, sowie die Osterpredigten Pseudo-Chrysostomus *pas* 1, 2, 4 und 5 mischen beide Formen mit allegorischer und anagogischer Deutung. Für die anderen zitierten Autoren und Werke ist die Zahl der Belegstellen zu gering, um gültige Aussagen zu machen. Allen gemeinsam ist die typologische Deutung des Paschalammes auf Christus hin, die aber schon von der ntl. Bezeugung her unumgänglich ist. Es ist daher nicht verwunderlich, daß dies auch die einzige typologische Exegese ist, die die beiden Gregore in diesem Zusammenhang anbieten.

---

178 PS-CHRYS *pas* 1,30 (157,1-4); *pas* 2,II,26 (99,7-16). Vgl. CATTANEO 32-35.

179 GR NAZ *or* 45,16 (645 AB).

180 OR *Io* 10,18(13) (GCS Or 4,189,8-13); vgl. GUÉRAUD/NAUTIN 107.

181 PS-CHRYS *pas* 2,III,2-6 (103,10-107,10); *pas* 4 (732); *pas* 5 (736).

182 PS-CHRYS *pas* 1,42 (163,9-13).

183 Vgl. zuletzt TRISOGLIO und die dort ausführlich angemerkte weitere Literatur.

Was die Ausschließlichkeit der moralisch-asketischen Deutung Gregors von Nyssa betrifft, scheint er sich also eng an seinen Freund Gregor von Nazianz anzuschließen. Ob allerdings eine direkte Abhängigkeit vorliegt, darf aus drei Gründen bezweifelt werden:

1) Der Vergleich der einzelnen Deutungen der Exodus-Verse beim Nyssener mit den Auslegungen vor ihm zeigt, daß manche mit dem Nazianzener übereinstimmen, die Mehrzahl aber auch in der Auslegungstradition der Osterpredigten nachweisbar ist, und die Exegese der Verse 22-23 sowie 35-36 ohne Vorbild ist[184]:

Ex 12,5: Vollkommenheit und Fehlerlosigkeit des Lammes als Mahnung zur Vollkommenheit des Menschen: PS-CHRYS *pas* 1, 2, 5;

Ex 12,8: ungesäuertes Brot und Bitterkräuter als Zeichen des asketischen Lebens: Origenes, PS-CHRYS *pas* 2, 4, 5, Gregor von Nazianz;

Ex 12,9 f.: Feuer des Geistes: PS-CHRYS *pas* 2, Gregor von Nazianz. Zerbrechen der Knochen: Gregor von Nazianz zu *Ex* 12,46;

Ex 12,11: Ausrüstung der Essenden und Art des Essens: PS-CHRYS *pas* 1, 2, 4, 5, Gregor von Nazianz[185];

Ex 12,29: Ausrottung des Übels von Anfang an: Origenes[186].

2) Die Werke Gregors von Nyssa, die die Auslegung von *Ex* 12 enthalten, sind, soweit wir heute wissen[187], nicht alle nach der Osterpredigt des Nazianzeners (383)[188] entstanden: *De virginitate* und *De beatitudinibus* gelten als Frühwerke, verfaßt vor 379[189], lediglich die *Vita Moysis* (nach 390)[190], der Hoheliedkommentar (391-394)[191] und die Osterpredigt *De tridui spatio*[192] werden in eine spätere Periode des Schaffens Gregors datiert.

3) Es gibt ein zweites Vorbild Gregors, das *Ex* 12 ausschließlich literal und moralisch-asketisch auslegt und dessen Einfluß auf Gregor nicht unterschätzt werden darf: Philo von Alexandrien, der *Ex* 12 an vielen Stellen seines Werkes deutet[193], vor allem in den *Quaestiones*

---

[184] Die genauen Stellenangaben s. o. Abschnitt 3.

[185] Vgl. MALHERBE/FERGUSON 170 Anm. 125.

[186] Vgl. DANIÉLOU: SC 1,57 Anm. 1; MALHERBE/FERGUSON 169 Anm. 109.

[187] Zu den grundlegenden Problemen der Chronologie des Lebens und der Werke Gregors von Nyssa vgl. zuletzt DROBNER, Drei Tage 190-198.

[188] S. o. 281 und Anm. 38.

[189] S. o. 278 und Anm. 27-29.

[190] Vgl. DANIÉLOU: SC 1 ter, 15; DERS. Chronologie des œuvres 168; MAY, Chronologie 64 f.; JAEGER 118 f.; MALHERBE/FERGUSON 1 f.; SIMONETTI XIX.

[191] S. o. 277 und Anm. 24.

[192] S. o. 277 und Anm. 25.

[193] Vgl. *Biblia Patristica.* Supplément 61 f.

in Exodum. Ein Vergleich mit Gregor ergibt folgende Übereinstimmungen:

Ex 12: Die Allegorie des Paschaopfers bedeutet die Reinigung der Seele[194];

Ex 12,5: Fortschritt des Menschen zur Vollkommenheit[195];

Ex 12,8: Ungesäuertes Brot = ἄρτος κακώσεως nach *Dt* 16,3, das zur Askese (εὐφροσύνη, εὐθυμία) erzieht[196]; weist auf das enthaltsame und anspruchslose Leben hin[197]; Symbol der klugen Seele[198];

Bitterkräuter = ohne Begierde, Absage an die πάθη, Zeichen der Bekehrung[199];

Ex 12,11: Eile = Abkehr von den Leidenschaften (Ägyptens)[200];

Gürtung der Lenden = Zügelung der Begierden (ἐπιθυμίαι)[201], bereit zum Dienst[202];

Stab = die Unterweisung Gottes[203].

Die Übereinstimmungen zwischen Gregor und Philo sind nicht wörtlich, aber doch ähnlich genug und in der Grundaussage identisch: daß das Pascha auf den Weg der menschlichen Seele zur Tugend zu deuten ist. Die weitere alexandrinische Tradition, die ja insgesamt für Gregor als grundsätzlich einflußreich einzuschätzen ist, setzt diese eindeutige Exegese zwar nicht einheitlich fort, bietet aber doch einzelne Vorbilder. Jedenfalls bleibt auch von der alexandrinischen Tradition her Gregors Auslegung der Verse 22-23 und 35-36 ohne Beispiel.

Dieses letzte Phänomen erklärt sich daraus, daß Gregor die Verse *Ex* 12,22-23 und 35-36 ausschließlich in der *Vita Moysis* auslegt. Anscheinend hat er in den Werken, in denen er *Ex* 12 nur an einzelnen Stellen heranzieht, aus der ihm vorliegenden reichen Palette der verschiedenen Auslegungsmöglichkeiten die ihm richtig erscheinenden moralisch-asketischen Deutungen ausgewählt. In dem Werk aber, wo er *Ex* 12 als eigenes Thema behandelt, geht er darüber hinaus und

194 *Spec* II 147 (V 121,9-14 COHN).

195 *Qu Ex* I 8 (15-17 MARCUS).

196 *Congr* 161-162 (III 105,23-106,9 WENDLAND).

197 *Spec* II 147 (V 121,9-14 COHN).

198 *Qu Ex* I 15 (24 f. MARCUS).

199 *Ib.*

200 *Heres* 255 (III 58,12-17 WENDLAND); *mig Abr* 25 (II 273,17-23 WENDLAND).

201 *Leg* 3,154 (I 146,25-29 COHN); *qu Ex* I 19 (27 f. MARCUS). Vgl. MALHERBE/FERGUSON 170 Anm. 121.

202 *Sacr* 63 (I 227,14-228,6 COHN).

203 *Ib.*

behandelt auch Verse, deren Deutung er - in der vorgegebenen Grundlinie - aus eigener Theologie ergänzt.

5. Die Auswahl der Verse

Nachdem nun Gregors Deutungen und ihre Quellen dargelegt sind, ist noch einmal zu der am Anfang gestellten Frage zurückzukehren, zu den Gründen für die relativ geringe Auswahl der *Ex* 12–Verse seitens Gregors (5, 8-11, 22-23, 29, 35-36). Zunächst ist festzustellen, daß in den Werken außerhalb der *Vita Moysis* die Auslegung von *Ex* 12 nicht das Hauptthema bildet, sondern theologisch-assoziativ die Einzelverse herangezogen werden, die zur Erklärung des Hoheliedes, als Beispiel christlicher Vollkommenheit und zur Verdeutlichung des Ostergeschehens geeignet scheinen. Daß auch Gregors Osterpredigten *Ex* 12 nicht thematisieren, obwohl dies durchaus üblich ist, ist nicht weiter verwunderlich. Sind doch aus der rund 25jährigen Bischofszeit Gregors nur zwei Osterpredigten erhalten. Es wäre aber wohl ein ausgesprochen glücklicher Zufall, wenn das Schicksal der Textüberlieferung gerade die passende Osterpredigt erhalten hätte.

Lediglich in der *Vita Moysis* bot sich Gregor breiterer thematischer Raum zur Auslegung von *Ex* 12, den er auch nutzt. Daß er dennoch nicht jeden Vers minutiös erklärt, sondern sich auf die Verse 9-11, 22-23, 29 und 35-36 beschränkt, ist wohl daraus zu erklären, daß die Exegese des Pascha auch in der *Vita Moysis* nur einen Teil des Sujets bildet. Art und Umfang der Auslegung müssen sich auf das Ziel des ganzen Werkes ausrichten, den Weg des Moses als Vorbild für den Progress der Seele zu Gott, wovon das Pascha nur ein Teil ist. Und für die Deutung des Pascha auf das asketische Ziel hin genügen die ausgewählten Verse völlig. Sie enthalten alle wichtigen asketischen Elemente: die Glaubenslehre, das Lamm, das Feuer des Geistes, die Gebote Gottes, die Haltung und Ausrüstung des Asketen, das Leben als Weg, den Schutz gegen die Sünde, den Kampf gegen das Laster, das Blut des Lammes, den rechten Gebrauch der weltlichen Güter. Zwar hätte Gregor weitere Verse im einzelnen auslegen können, für sein Ziel aber, die Deutung des atl. Pascha als Wegweiser zum asketischen Leben, hätten sie außer Bestätigungen und Doppelungen nichts Neues erbracht. Gregor beschränkt sich daher strikt auf das Wesentliche und Notwendige und wählt nur die, aber auch alle die Verse aus, die seinem Ziel dienen.

Resümee

Der Vergleich der Stellen im Werk Gregors von Nyssa, an denen er den alttestamentlichen Paschabericht *Ex* 12 deutet, mit der Auslegungstradition der griechischen Kirche vor ihm zeigt, daß Gregor diesen Text nicht, wie man aufgrund seiner Vorbildhaftigkeit für das Ostergeschehen zunächst erwarten könnte, typologisch auf Christus hin, sondern fast ausschließlich moralisch-asketisch und anagogisch auf das Leben des Christen auslegt. Diese Auffassung ist in der Geschichte der Exegese ebenso verbreitet wie die typologische, Gregor scheint sich aber speziell der auf Philo von Alexandrien zurückgehenden Deutungstradition anzuschließen, ebenso wie sein Freund Gregor von Nazianz. Gregor von Nyssa beschränkt sich dabei in allen seinen Werken auf wenige Verse aus *Ex* 12 (5, 8-11, 22 f., 29, 35 f.), da sie alle wesentlichen asketischen und anagogischen Elemente enthalten.

IV.

ANHANG

El trabajo en las homilías sobre el Hexamerón de San Basilio de Cesarea

José Luis ILLANES

Los primeros capítulos del Génesis constituyen, en la teología de nuestro tiempo, punto de referencia obligado para toda reflexión sobre el sentido humano y cristiano del trabajo. Una tal perspectiva es reciente: en épocas antiguas, cuando la atención se dirigía a esos pasajes de la Sagrada Escritura, era más bien para ponderar el origen de los seres y subrayar la soberanía y trascendencia del acto creador divino. Acudir a las homilías de San Basilio sobre el Hexamerón[1] con el deseo, precisamente, de encontrar una enseñanza sobre el trabajo humano, puede, por eso, parecer extemporáneo. La realidad es, sin embargo que, aun manteniendo el enfoque y las preocupaciones propias de su época, en las homilías basilianas se contienen no sólo diversas alusiones a las profesiones y oficios - bien en general, bien en cuanto que desempeñados por los oyentes[2] -, sino también conceptos y anotaciones que si bien no autorizan a atribuirle, propiamente hablando, una doctrina sobre el trabajo, sí permiten captar lo que, en ese momento, se daba por recibido en torno a la naturaleza del trabajo y señalar los elementos que etapas posteriores aprovecharán y desarrollarán.

1. Creación divina y trabajo humano

La primera y más amplia referencia de San Basilio al tema del trabajo la encontramos en el primera de las homilías, en los párrafos dedicados a comentar precisamente las palabras iniciales del Génesis: "En el principio creó Dios los cielos y la tierra". En ese contexto, y después de haber comentado lo que significa la locución "en el princi-

[1] Citaremos estas homilías por la edición de GIET: SC 26 bis; mencionaremos, en todos los casos los números marginales incluidos por Giet al margen del texto griego, que reproducen la paginación y la numeración marginal del Migne (PG 29). La versión castellana es nuestra.

[2] Ver, por ejemplo, *hex* 3,1.5 (53 AB: 188-190 GIET; 65 B: 216 GIET); 9,6 (204 CD: 514 GIET). Sobre el ambiente social de la época basiliana y el eco que ese ambiente encuentra en sus escritos, ver GIET; GEOGHEGAN.

pio", San Basilio se enfrenta con el vocablo que completa la frase: creó, en griego ἐποίησεν.

La distinción establecida por Aristóteles entre artes teoréticas, prácticas y productoras o creadoras, acude aquí en ayuda del obispo de Cesarea. Estas últimas artes son concretamente las que le interesan. En ellas - comenta -, "en las artes que se refieren a la actividad creadora, aun cuando cesa la actividad, la obra permanece: así ocurre en las obras producidas por la arquitectura, por la carpintería, por la forja, por el hilado y por otras actividades del mismo género, que, aun desaparecido el artesano, manifiestan claramente por ellas mismas el buen hacer de quien las produjo, de modo que es posible admirar en su obra al arquitecto, al herrador o al tejedor"[3].

Estas consideraciones no se prolongan, en el texto de San Basilio, mediante un ulterior análisis del trabajar humano, sino que provocan - como corresponde por lo demás a la intención del texto del Génesis - una glorificación del poder de Dios cuya acción es expresada en el libro sagrado no con un vocablo cualquiera, sino con el más preñado de sentido creador: "Para que el mundo aparezca como una obra de arte, que se ofrece a la contemplación de todos y da a conocer la sabiduría del autor, el sabio Moisés no se ha servido de otros términos. Ha dicho: *En el principio, creó Dios*. No dice: ha producido. Ni tampoco: ha fundado. Sino ha creado (ἐποίησεν)"[4].

La presentación del mundo como una obra de arte, que da a conocer la sabiduría y el poder de la divinidad, está presente de hecho en otros muchos pasajes de las homilías; en las que es también corriente que Dios, en su referencia al mundo, sea calificado como artesano divino, como demiurgo de las grandes obras, como autor de maravillas[5]. Paralelamente, el mundo, en cuanto que surgido de las manos de Dios, es descrito como obra de arte, como realidad dotada de belleza y bondad, es decir - pues ambos rasgos se unen en la concepción basiliana de la belleza - integrado por una pluralidad de partes que se unen entre sí armónica y proporcionadamente, concurriendo de esa forma a la realización del fin que les resulta adecuado y al que se ordenan[6]. "Una mano colocada aisladamente, un ojo separado del ros-

[3] *Hex* 1,7 (17 AB: 114 GIET).

[4] *Ib.*

[5] Cf. *ib.* 1,7 (20 A: 116 GIET); 3,10 (77 B: 242 GIET); 4,1 (80 B: 246 GIET); 9,5 (201 D: 510 GIET).

[6] La simetría o armonía entre las partes y la adecuada ordenación al fin son presentadas por Basilio como notas integradoras de la belleza y bondad de los seres compuestos en diversas ocasiones, por ejemplo: *hex* 2,7 (45 C-48 AB: 172-176 GIET); 3,10 (76 CD: 238-240 GIET); 4,6 s. (92 B-93 C: 270-276 GIET). Ello está en relación, como resulta obvio, con la afirmación de que Dios es creador en virtud de su sabiduría, es decir de esa cualidad que capacita para gobernar, para ordenar

tro, cualquier miembro de una estatua separado del tronco, no producen - escribe - impresión de belleza. Colocadlos en el lugar que les es propio, y la belleza que tienen en virtud de su proporción con el conjunto, velada momentos antes, se hace patente, incluso a los ojos de las personas ignorantes". Ello es así - prosigue Basilio, que completa de este modo la reflexión sobre la naturaleza de la producción artística, a la par que explica las frases de alabanza a la creación que jalonan el Génesis, aun antes de llegar al séptimo día - no por fruto del acaso, sino en virtud de una inteligencia que ha sido capaz de concebir la obra de arte, antes de darle vida. "El artesano, por su parte, conoce, aun antes de realizar la síntesis, la belleza de las diferentes partes; y por ello puede alabarlas, todas y cada una de ellas, teniendo presente, en su pensamiento, el fin al que las ordena. Dios nos es descrito (está comentando, subrayémoslo, el versículo del Génesis en el que, al final de la obra del segundo día, se comenta que "vió Dios que era bello y bueno") como un hábil artesano que hace el elogio de cada parte de sus obras; más tarde, una vez terminada la obra, completará la alabanza que merece el conjunto del mundo"[7].

Pero si la comparación con el artesano, con su inteligencia, con su capacidad de percibir intelectualmente la armonía, el sentido y la finalidad, plasmándolos luego en las obras, le sirve a San Basilio para cantar la sabiduría y el poder de Dios, no se le oculta que una tal comparación es válida sólo hasta cierto punto. Dios puede ser llamado artesano, pero a condición de no olvidar que es mucho más que un artesano, es decir mucho más que alguien cuya actividad productora está en dependencia de una materia preexistente que puede dominar y moldear, pero a la que no da el ser. Este punto, capital en la doctrina cristiana de la creación y ampliamente reafirmado por la literatura patrística frente a los planteamientos dualistas de uno u otro género, ocupa de hecho un lugar central también en las homilías basilianas.

El texto de la primera homilía, antes citado, en el que subraya que el Génesis dice precisamente que Dios creó (ἐποίησεν), y no produjo (ἐπέργησεν) ni fundó (ὑπέστησεν)[8], apunta en esa dirección. Aún más netamente lo declara un pasaje de la segunda homilía. Comentando las palabras de la Escritura según las cuales "la tierra era invisible e informe" (*Gen* 1,2), el obispo de Cesarea se enfrenta con quienes inter-

---

los seres a sus fines, fines que, en el caso de la creación, radican, como subrayaremos enseguida, en la elevación y salvación del hombre.

[7] *Hex* 3,10 (76 D-77 A: 240 GIET); otro texto análogo en la homilía siguiente 4,1 (80 BC: 246 GIET).

[8] *Ib.* 1,7 (17 B: 114 GIET).

pretan ese texto como referido a una materia eterna que Dios habría dotado después de forma y figura. ¿Cómo no se avergüenzan - apostrofa - de afirmar tal blasfemia?, ¿no se dan cuenta de que hablar así es atribuir a la materia una dignidad igual a la de Dios?. "Lo que los engaña - prosigue, llegando así al punto que aquí nos interesa - es la pobreza o limitación de la naturaleza humana. Entre nosotros, cada una de las artes actúa sobre una materia determinada, como el hierro en el caso del herrero o la madera en el del carpintero. En estas actividades, una cosa es la materia sobre la que se trabaja, y otra la idea según la cual el trabajo es realizado. Cabe pues distinguir entre la materia recibida del exterior, la idea que el arte infunde en ella, y el resultado, que es la síntesis de una y de otra, es decir de la idea y de la materia"[9].

Basilio prosigue su argumentación mostrando que la aplicación a Dios de un tal esquema implica, no sólo negar su poder soberano, sino también su libertad[10]. Para subrayar este último punto vuelve de nuevo a evocar el trabajo humano, y más concretamente sus limitaciones: "Las artes se dividen entre nosotros según la materia que utilizan, y son introducidas en nuestra vida cuando las carencias hacen sentir su necesidad. ... La lana existía precedentemente; sólo más tarde se comenzó a tejerla, a fin de que el arte del tejedor supliera las deficiencias de la naturaleza. Había también madera, y de ella tomó posesión el arte del carpintero: transformando la materia según lo que requería en cada momento la necesidad, nos ha mostrado sus múltiples posibilidades ofreciendo remos a los marineros, palas útiles para el venteo a los agricultores, lanzas a los soldados"[11].

Nada de eso se aplica a Dios, comenta: Dios decidió dar el ser a todo cuanto iba a existir antes de que nada existiera; fue, pues, a la vez y al mismo tiempo cómo estableció que existiera el mundo y cuál era la forma con que debía existir; en suma, produjo con la forma la materia adaptada a ella. "Dios - concluye con trazo enérgico - no es un descubridor de esquemas: ha creado la naturaleza misma de los seres"[12]. No es alguien que, escudriñando una materia que se sitúa frente a él, descubre su naturaleza íntima y puede, en consecuencia,

---

[9] *Ib.* 2,2 (32 B: 144-146 GIET).

[10] La omnipotencia y la libertad divina en la creación habían sido afirmadas ya en la primera de las homilías 1,2.7 (8 C-9 A, 17 B-20 A: 94-96, 114-116 GIET).

[11] *Ib.* 2,2 (32 C-33 A: 146-148 GIET).

[12] *Ib.* 2,3 (33 B: 148 GIET). Una comparación antitética análoga, referida esta vez no al proceso de la producción de los seres, sino a la enunciación de la palabra en *hex* 3,2 (53 C-56 A: 192 GIET) (ya antes *hex* 2,7: 45 BC: 172-174 GIET). Por lo demás las referencias al acto creador divino como acto que determina la entera naturaleza a los seres son amplias y reiteradas: *hex* 4,2 (81 C: 250 GIET); 7,1 (148 BC, 148 D-149 A: 392, 394 GIET).

acuñar esquemas en virtud de los cuales dominarla y explicitar sus potencialidades, sino el Señor que ha creado de la nada, con sólo su poder, la naturaleza entera, dotándola de cuanto la constituye y orientándola, desde lo más íntimo de su ser, al fin en el que encuentra su perfección íntima y acabada.

2. El trabajo como actividad humana perfectiva

Los textos que acabamos de citar ponen de manifiesto que San Basilio conoce bien las reflexiones que la filosofía griega había ido explicitando en torno al trabajo a partir, sobre todo, de los textos aristotélicos; más aún, que ha asimilado esas reflexiones hasta el punto de estar en condiciones de servirse agilmente de ellas como contrapunto para exponer la doctrina cristiana sobre Dios Creador. Si nos limitáramos a los textos ya alegados, podríamos concluir que hay, sin duda, en las homilías basilianas una doctrina sobre el trabajo, pero una doctrina a la que se presta atención no por razón de ella misma, sino de otra verdad diversa. No son, sin embargo, esos lugares los únicos en los que San Basilio habla del trabajo: las homilías sobre el Hexamerón contienen - aunque, en algunos aspectos, de forma sólo embrionaria - otras consideraciones que completan las anteriores, ofreciendo el punto de partida para una enseñanza sobre el trabajo que integre las perspectivas teológicas y cristianas.

Dos afirmaciones de fondo constituyen el transfondo de los textos de San Basilio a los que vamos a referirnos. En primer lugar, la ya aludida visión del mundo como realidad surgida del acto creador de Dios y regida por una sabiduría divina de la que son reflejo y efecto el orden y la finalidad del cosmos. En segundo lugar, la consideración del hombre como ser creado a imagen de Dios, como ser a quien Dios ama con un amor de predilección en virtud del cual la creación material - la tierra en la que habita - queda colocada a su servicio[13]. La

[13] La afirmación es constante en S. Basilio, que no sólo afirma la universalidad de la providencia divina y el particular cuidado con que Dios provee al hombre (ver, por ejemplo, *hex* 5,8: 113 A: 314 GIET; 7,5: 160 B: 416 GIET; 8,5: 177 AB: 456-458 GIET; 9,5: 200 B: 504 GIET), sino también - en coherencia con esa acentuación de la utilidad como elemento de la bondad del cosmos antes señalada - que ese cuidado particular de Dios implica precisamente que el resto de la creación material sea querida y prevista en orden a la utilidad del hombre. Los textos son abundantes y en ocasiones extremadamente concretos. Citemos, a modo de ejemplo, uno tomado de la quinta homilía. Comenta ahí nuestro Autor el mandamiento por el que Dios ordena que la tierra produzca hierba y forraje. ¿Quiere eso decir - se pregunta - que Dios prepara alimento para los animales y no para nosotros los hombres? "Hay que decir ante todo - responde - que al procurar que exista forraje para los bueyes y los caballos, el Creador te prepara riquezas y alegrías. Porque el que alimenta con solicitud a los rebaños, enriquece de esa forma tu propia existencia. Además ¿el

consecuencia de todo ello será una visión del trabajo como actividad mediante la cual el hombre toma posesión de esas realidades materiales que Dios ha querido precisamente en orden a la humana utilidad, y, de esa forma, se realiza a sí mismo y contribuye a que la creación alcance el despliegue al que está destinada. Ofrecen, en suma, los textos basilianos una doble perspectiva antropológica y cosmológica desde la que abordar el tema del trabajo.

Antropológica, en primer lugar, ya que el hombre, dotado de razón, se nos presenta no sólo como superior a los demás seres, sino capaz de conocerlos, de captar la ley o razón por la que se rigen y, en consecuencia, de servirse de ellos: las fuerzas de los otros seres - en muchos aspectos superiores a las suyas - se convierten así en fuerza humana, en fuerza que el hombre usa y domina. Si te elevas hasta contemplar el universo desde la luz de Dios, "te reconocerás a tí mismo - escribe Basilio - como terrestre por naturaleza, y, sin embargo, obra de las manos divinas; dotado de una fuerza inferior - y en muchos grados - a la de los seres carentes de razón, y no obstante constituido dueño de las bestias que carecen de alma. La naturaleza te ha equipado menos que a ellos, pero la superioridad de tu razón te hace capaz de elevarte hasta el cielo"[14].

El obispo de Cesarea, en el texto recién citado, apunta - como manifiesta la frase final y confirman las sucesivas - sobre todo a la vocación divina del hombre, a la capacidad de apertura y ordenación a Dios propias del espíritu, pero connota también la capacidad de dominio sobre el resto de los seres creados, que el hombre en virtud de su razón posee. Y ello no sólo porque esa razón le otorgue una superior dignidad que le ordena y acerca a Dios, sino porque la razón permite desentrañar la naturaleza de los seres y, en consecuencia, dominarlos. Así lo señala, por lo demás, clara y expresamente, en otros lugares, en los que al actuar de los animales que obedecen ciega o inconscientemente a la ley impresa en ellos por Dios, contrapone el obrar del hombre, que pudiendo captar y comprender esas leyes está en condiciones de subordinar la naturaleza a su propio beneficio y, en consecuencia, de progresar.

Alguien - escribe por ejemplo en la quinta homilía - puede quizá quejarse e incluso murmurar del Creador, por el hecho de que existan

---

aparecer de las semillas no es acaso una preparación de tu vida?; sin olvidar, por otra parte, que hay muchas hierbas y legumbres que nos sirven de alimento también a los hombres" (*hex* 5,1: 96 BC: 280-282 GIET). El hombre es, en suma, el objeto principal y, en cierto modo, único, en cuanto central, de la providencia divina. Otros textos muy parecidos en *hex* 5,4.9 (101 BC, 116 AB: 292-294, 318-320 GIET); 7,6 (161 B: 420-422 GIET).

[14] *Hex* 6,1 (117 D-120 A: 328 GIET).

hierbas que al hombre le resultan dañinas y venenosas. ¿No te das cuenta - replica - de que eso mismo de que te quejas puede contribuir, de múltiples maneras, "a las necesidades de nuestra vida"? Ovejas y cabras, aunque eviten lo que les daña, no saben en realidad qué es lo que les resulta nocivo: sólo los sentidos y no la razón les alejan de unas hierbas y les hacen acercarse a otras; tú, en cambio "con tu razón, con el arte de la medicina para procurarte lo que te es saludable, con la experiencia del pasado que te invita a huir de lo que te hace mal", estás en condiciones de saber y determinar lo que constituye un veneno. Más aún, sabes incluso sacar bienes de lo que en otros momentos resulta nocivo: "por medio de la mandrágora, los médicos nos procuran el sueño; gracias al opio, adormecen la violencia de los dolores corporales (...): y de esa forma, aquello mismo de lo que pretendías tomar ocasión para quejarte del Creador, se ha convertido para tí en un nuevo motivo de acción de gracias"[15].

Tal es el origen de las diversas artes, expresión todas ellas de la inteligencia humana[16]. Más aún, de una inteligencia espoleada por la necesidad, por la advertencia por parte del hombre de su limitación e indigencia. Es en efecto esa indigencia lo que, unida a la percepción de que puede ser suplida mediante el uso de las fuerzas o potencialidades de los seres materiales, provoca el surgir de los oficios, artes y profesiones[17].

El resultado de todo ello es el reconocimiento de la capacidad que el hombre tiene como creador de cultura, como ser que puede modificar su entorno, dando lugar a nuevas condiciones de vida. "Una ley de naturaleza asigna a cada uno (de los seres materiales), con igualdad y con justicia, el lugar que responde a sus necesidades. No ocurre en cambio lo mismo con nosotros. ¿Por qué? Porque nosotros cambiamos sin cesar los límites inmutables que habían fijado nuestros predecesores. Nosotros parcelamos la tierra: añadimos casa a casa, y campo a campo, para despojar a nuestro prójimo". El acento conservador de ese texto - en el que no sólo se critica la avaricia, sino se postula una cierta inmutabilidad de la condición humana - es innegable. No es, sin embargo, la única ni la última palabra de Basilio, que, unos párrafos después, toma pie de la misma realidad - el sometimiento de los animales a leyes que les asignan su lugar y su modo de vida - para

---

[15] *Hex* 5,4 (101 A-104 A: 292-294 GIET).

[16] La idea expresada en el texto anterior, reaparece en otros muchos lugares, referida a artes y experiencias diversas: *hex* 3,5 (65 AB: 214-216 GIET); 5,7 (109 D-112 A: 310 GIET); 6,4 (125 CD: 346 GIET); 7,5 (160 A: 416 GIET); 9,3 (196 AB: 494-496 GIET).

[17] La necesidad como origen de las artes es afirmada en el texto de la segunda homilía ya citado en la nota 9.

invitar a la acción y a una acción encaminada a servirse de la naturaleza para el bien del hombre: "Algunos peces atraviesan mares en busca de determinada ventaja, tú ¿qué dirás de tí mismo, si vives en la ociosidad?. La ociosidad es fuente de perversión... Y que nadie alegue ignorancia. Pues hay en nosotros una razón natural, que nos muestra la conveniencia del bien, y nos inspira la repulsión de los actos dañinos"[18]. El trabajo es ley, y ley de la que ningún hombre puede eximirse: la codicia, el alterar los límites de la realidad en beneficio del propio egoísmo, es maldad y pecado; el servirse de los seres materiales en servicio de los otros, es ejercicio de lo que reclama la naturaleza humana.

Estas consideraciones antropológicas, esta visión del hombre como ser capaz de dominar la naturaleza y, por tanto, de mejorar la condición humana mediante el trabajo, se puede completar tomando pie de otros textos basilianos desde una perspectiva diversa, la que antes calificábamos de cosmológica. Citamos al respecto un importante pasaje de la segunda homilía, destinado a comentar el segundo versículo del Génesis: "la tierra era invisible e informe".

¿Qué significa que la tierra era informe?, se pregunta Basilio. Que carecía del "estado de perfección que implica su propia fertilidad", responde enseguida; es decir que no existían todavía, en ese primer día de la creación, esas semillas y esas plantas, esos árboles y esos frutos, que estaban destinados a surgir más tarde - cuando lo determinara el mandamiento divino -, constituyendo como la cabellera u ornato de la superficie terrestre[19]. Inmediatamente después, nuestro Autor dirige la atención al otro adjetivo con que ha sido calificada la tierra: invisible. Dos son las razones - comenta - por las que eso ocurría: en primer lugar "porque el espectador, es decir, el hombre, no existía aún"; en segundo lugar, porque, recubierta todavía por las aguas, la tierra no podía ser contemplada por ojo alguno[20]. Esta segunda consideración es ampliamente desarrollada: la invisibilidad de la tierra es lo que centra el comentario de Basilio en esta homilía. Sólo páginas más adelante se fija de nuevo en el carácter de informe. Y ello a partir precisamente de la referencia a esas aguas que, cubriendo la tierra, impedían contemplarla: "Esa era la razón - afirma - por la que la tierra era no sólo invisible, sino informe. Porque el exceso de humedad es, incluso ahora, un obstáculo a la fecundidad de la

---

[18] *Hex* 7,4 s. (156 B, 157 D-160 A: 410, 414-416 GIET). La crítica de la ociosidad o, a la inversa, el elogio de la laboriosidad, aflora en otros textos, por ejemplo: *hex* 4,1 (77 C-80 A: 244-246 GIET); 8,4.7 (173 BC, 181 BC: 448-450, 466 GIET).

[19] *Ib.* 2,1 (29 AB: 140 GIET).

[20] *Ib.* (29 B: 142 GIET). Líneas después añade una tercera razón: no existía aún la luz, y lo que yace en las tinieblas no puede ser visto.

tierra. Y así la misma causa que impedía verla, la hacía ser informe, al menos si la forma u ornato de la tierra es la belleza que le es propia y que conviene a su naturaleza: mieses que ondulan en las hondonadas, praderas verdes adornadas con todo tipo de flores, valles cubiertos de bosques, colinas de cumbres umbrosas. De ninguna de esas cosas estaba la tierra dotada todavía: llevaba en su seno el germen de todas ellas, en virtud de la potencia allí depositada por el Creador, pero esperaba aún el tiempo en el que, de acuerdo con el mandato divino, todos esos frutos deberían ser situados ante la luz"[21].

El obispo de Cesarea detiene ahí su comentario. No nos parece que traicionemos su espíritu - aunque ciertamente implique ir más allá de su texto y de sus preocupaciones - si relacionamos esas afirmaciones, con las otras - constantes a lo largo de las homilías - sobre la ordenación de la creación material al bien del hombre, a la utilidad que el hombre puede obtener, percibiendo con su razón la potencialidad impresa por Dios en la naturaleza y usando de ella en su propio beneficio. Si así lo hacemos el trabajo se nos aparecerá como fuerza destinada a completar la naturaleza, haciendo que fructifiquen los gérmenes colocados en ella por Dios, y no para otra cosa, sino para que acaben produciendo fruto; en suma, como elemento integrante del plan divino sobre la perfección del cosmos.

3. De lo terreno a lo eterno

La exposición que antecede confirma cuanto apuntábamos en un principio: que cabe desarrollar, a partir de las homilías basilianas, una reflexión teológica sobre el trabajo. Resulta claro a la vez que, como también ya advertimos, una tal reflexión surge sólo *a partir de* las homilías, puesto que, propiamente hablando, no se encuentra expresa y desarrolladamente en ellas: los elementos para una teología del trabajo están presentes en Basilio, pero subyacentes, dormidos e inconexos, y los dota de vida sólo una lectura hecha desde preocupaciones distintas de las suyas. Las homilías sobre el Hexamerón son, en ese sentido, un testimonio claro de la diferencia de esa actitud entre la teología antigua y la reciente a la que hicimos referencia al comenzar.

El obispo de Cesarea sabe que el trabajo forma parte de la condición humana, más aún que entronca con la voluntad originaria del Creador[22], y se manifiesta capaz de asimilar y prolongar el análisis de

---

[21] *Ib.* 2,3 (36 AB: 152 GIET).

[22] No hay, en las homilías sobre el Hexamerón, ningún texto que vincule el trabajo

la ποίησις realizado por los pensadores que le anteceden. Pero sus preocupaciones se orientan en otro sentido. De una parte, y a nivel dogmático, hacia la proclamación de la absoluta y plena soberanía de Dios[23]. De otra, y a nivel ascético o existencial, hacia la invitación a reconocer a Dios, a maravillarse ante su amor y a prorrumpir en acciones de gracias. Habla por eso de la capacidad del hombre para comprender y dominar la naturaleza, pero su exhortación más frecuente tiene por objeto no el trabajo, sino la necesidad de admirarse ante la belleza y orden del mundo para pasar de ahí a admirarse aún más ante la belleza y amor de su Autor.

"Cuando contemples las plantas que llenan los jardines y los campos, las acuáticas y las terrestres, las que tienen flores y las que carecen de ellas, reconoce en esos débiles objetos la grandeza de Dios y haz que aumente sin cesar tu admiración; haz que crezca, te lo suplico, el amor que tienes a tu Creador"[24]. "Instruidos por estas enseñanzas - añade poco después, en un texto en el que la consideración de la belleza de la creación, se une a la de su utilidad para el hombre y a la de la providencia divina para con los seres humanos - nos descubriremos a nosotros mismos; conoceremos a Dios; adoraremos a nuestro Creador; serviremos a nuestro Señor; glorificaremos a nuestro Padre; amaremos a Aquel que nos da el alimento; reverenciaremos a nuestro benefactor; no cesaremos de ofrecer nuestra veneración al autor de nuestra vida presente y futura, a Aquel que, mediante los bienes que ya nos ha procurado, nos da la garantía de los que nos ha prometido, y que, con la experiencia del presente, nos confirma en la esperanza del porvenir. Porque, ¿si los bienes temporales son tales y tantos, cómo serán los eternos?, ¿si los seres visibles son tan bellos, cómo serán los invisibles?"[25].

---

con el pecado; antes bien la bondad plena del estado originario - lo que implica el reconocimiento del aspecto positivo y no penal del trabajo - es subrayada en diversos textos, como éste de la quinta homilía: "La rosa era entonces sin espinas; fue sólo más tarde cuando, a la belleza de la flor, se le añadió la espina, a fin de que la satisfacción del gozo estuviera, en nosotros, acompañada por el dolor y nos recordara asi el pecado por el que la tierra fue condenada a producir espinas y abrojos" (*hex* 5,6: 105 BC: 300 GIET).

[23] De ahí la insistencia, común a otros muchos autores cristianos de la época, en afirmar que todo el desarrollo de la naturaleza no es sino el despliegue de los gérmenes que Dios depositó en ella desde el principio, tal y como lo hemos encontrado dicho en algunos textos ya citados y como puede encontrarse en otros. Sin desconocer que en Basilio está ausente la idea de evolución - más aún, que no faltan en su obra afirmaciones sobre la inmutabilidad de las especies (ver por ejemplo *hex* 5,5: 104 AB: 296 GIET) -, cabe subrayar que la preocupación basiliana no es predominantemente cosmológica, sino teológica: lo que aspira a afirmar no es que el mundo pueda o no evolucionar, sino que cuanto acontece en él obedece a la sabiduría y voluntad del Creador.

[24] *Hex* 5,9 (116 B: 320 GIET).

[25] *Ib.* 6,1 (120 A: 328-330 GIET).

Es por ello por lo que San Basilio, al mismo tiempo que combate la holganza y afirma el valor de la laboriosidad, invita a centrar el corazón no en la vida presente, ni en los frutos del trabajo y del empeño humanos, sino en la vida futura. "El tiempo entregado a Dios - exclama en la tercera homilía, y precisamente después de señalar que entre quienes le escuchan hay numerosos artesanos y trabajadores manuales, a los que puede pesar una predicación demasiado larga, pues les acucia el deseo y la necesidad de volver a la tarea -, el tiempo entregado a Dios no es nunca perdido: Dios lo devuelve con un interés acrecentado. Porque cualquier circunstancia que pueda dar origen a dificultades será vencida por Dios: a quien antepone los intereses espirituales, Dios le dará fuerza en el cuerpo; firmeza a su alma; facilidad en los negocios; prosperidad en todas las cosas de la vida. Y si, en el tiempo presente, el éxito no corresponde a nuestras esperanzas, sepamos que, de cara a la otra vida, es un gran tesoro el habernos colocado a la escucha del Espíritu Santo. Arroja de tu corazón toda preocupación por la vida presente"[26], pues no es ésta, sino la futura, la existencia definitiva. Y desde ahí, por lo demás, debe juzgarse el presente y, por tanto, también el trabajar humano.

Resümee

Die ersten Kapitel des Buches Genesis stellen in der heutigen Theologie einen der obligatorischen Bezugspunkte jeder Theologie der Arbeit dar. So war es zwar in der Alten Kirche nicht, dennoch finden sich in den Homilien des hl. Basilius über das Sechstagewerk einige Ideen, die die Skizzierung einiger Überlegungen zur Theologie der Arbeit erlauben.

Der hl. Basilius zeigt gute Kenntnisse der Aussagen der klassischen Philosophie, vor allem der aristotelischen, zur Arbeit und bedient sich ihrer, um das göttliche Schöpfungswerk darzulegen. Er vergleicht bisweilen das Werk Gottes mit dem eines Künstlers und hebt die göttliche Weisheit hervor, wobei er gleichzeitig einige interessante Beobachtungen zum Ursprung der Künste und Handwerke bietet. An anderen Stellen zeigt er die Unterschiede zwischen der göttlichen Tätigkeit, die das gesamte Sein hervorruft, und der des Künstlers, der eine bereits existierende Natur durch sein Forschen verstehen lernt, um sie zu beherrschen.

---

[26] *Ib.* 3,1 (53 B: 190 GIET); textos muy parecidos en *hex* 5,6 (108 D-109 A: 306 GIET); 9,3 (193 C: 492-494 GIET). Sobre la ascética basiliana puede verse BARDY 1276-1283; GIET, Basile; HUMBERTCLAUDE; AMAND; GRIBOMONT, Renoncement.

Der hl. Basilius stellt den Menschen als ein Wesen dar, das nach dem Bilde Gottes geschaffen ist, begabt mit einer Intelligenz oder Vernunft, die es ihm erlaubt, seine körperliche Schwäche wettzumachen. Die verschiedenen Künste entstehen als Frucht dieser Intelligenz, die sich, getrieben von der Notwendigkeit, die Natur zunutze macht und sie in den Dienst des Menschen stellt. Die Arbeit erscheint so als eine Realität, die von Gott zur Vervollkommnung des Menschen vorgesehen ist und die Welt einschließt, deren Potenzen durch die Tätigkeit des Menschen entdeckt und entfaltet werden.

Diese Vorstellungen sind im Werk des hl. Basilius ausdrücklich genannt, allerdings nicht ausgeführt. Die beherrschende Sichtweise seiner Homilien ist die Anbetung Gottes, das Staunen vor dem Wunder der Natur und demzufolge die Sehnsucht nach den ewigen Gütern.

Salvian über Gallien und Karthago

Zu Realismus und Rhetorik in der spätantiken Literatur[1]

Jürgen BLÄNSDORF

Der nicht eben häufige und für den Raum nördlich der Alpen noch seltenere Fall, daß ein antiker Autor historisch bedeutende Ereignisse aus eigenem Erleben schildern kann, erweckt die Hoffnung auf verläßliche historische Daten und eine realistische Schilderung von Zuständen und Begebenheiten, ihren Ursachen und Folgen.

1.

Salvianus[2], der spätere Mönch von Lerinum und Presbyter von Massilia, wurde um die Wende zum 5. Jahrhundert im nördlichen Gallien, vielleicht in Trier selbst geboren und erlebte dort einen der vier Germanenüberfälle, von denen die Stadt zwischen 410/11 und 428 bzw. 435 heimgesucht wurde[3]. H. Heinen hat die Ereignisse und ihre Darstellung durch Salvian jüngst in seinem Werk "Trier und das Trevererland in römischer Zeit", dem ersten von drei Bänden über "2000 Jahre Trier", kritisch und in historischem Zusammenhang gewürdigt[4]. Quellenkritische, chronologische und besiedlungshistorische Fragen klärte H. H. Anton in seinem Aufsatz "Trier im Übergang von der römischen zur fränkischen Herrschaft". Mit diesem Titel ist auch die Situation, in der Salvian das Imperium Romanum erlebte, umrissen: "... der römische Staat, der schon tot ist oder doch sicher in den letzten Zügen liegt"[5]. "Denn beinahe im gesamten römischen Weltkreis sind Frieden und Sicherheit nicht vorhanden. Wa-

---

[1] Dieser Beitrag erregte in Trier, dem Ort der Leiden Salvians, Ihre Kritik aus theologischer und literarischer Sicht. Er sei Ihnen, verehrter Herr Kollege Spira, hiermit in Erinnerung an unsere Diskussion über Historizität und patristische Rhetorik im Dienste der Seelsorge herzlich gewidmet.

[2] Vgl. HALM: MGH.AA 1/1; LAGARRIGUE: SC 220 mit wichtiger Einleitung.

[3] Die biographischen Probleme diskutiert PRICOCO.

[4] 369, bes. 379 f.

[5] *Gub Dei* 4,30 (MGH.AA 1/1,41,17 f.): ... *Romana res publica vel iam mortua vel certe extremum spiritum agens.*

rum überdauern allein die Laster?"[6] Rom, die einstige Herrin der Welt, mußte aus Gründen der Selbsterhaltung den Barbaren Steuern zahlen: "Wir sind den Barbaren steuerpflichtig. Feinde verkaufen uns den Nießbrauch des Lebenslichtes. So sehr ist unser ganzes Heil ein Handelsobjekt"[7].

Von den Barbaren waren Italien, Gallien, Spanien und bald auch das römische Africa verwüstet[8]. Salvian, der "Jeremias des 5. Jahrhunderts", wie er von Gregori 1847 treffend genannt wurde[9], zog sich nach 418 nach Südgallien zurück, wo er in klösterlicher Einsamkeit das christliche Ideal radikaler Askese vorlebte und in Schriften verkündigte. Zwischen 439 und 451 schrieb er den umfangreichen Traktat *De gubernatione Dei* in 8 Büchern, worin er, Disputation und Strafpredigt in glänzender rhetorischer Manier verbindend[10], zu beweisen versuchte, daß die Klage der sich von Gott verlassen fühlenden Zeitgenossen ungerechtfertigt sei. Denn gerade das Leid, das die Völkerwanderung über die Christen des Imperium Romanum gebracht habe, beweise die Lenkung der Welt durch Gott, der dies als Strafe für die ungeheuerlichen Sünden verhängt habe - nicht um die orthodoxen Christen, die Katholiken, zu vernichten, sondern um sie zu bessern[11]. Die Hand Gottes, so heißt es in *gub Dei* 7,54, hat die Vandalen sogar gegen ihren Willen nach Afrika geführt, um die verworfene Christenheit zu züchtigen[12]. Mit diesem Beweisziel schildert Salvian auch die Verwüstung Triers durch germanische Scharen. Im Fall Triers sieht er den Beweis, daß sich vorläufig die sittenlosen Römer eher vernichten als bekehren lassen. Bekannt sind die Schilderungen der Verwüstung der Stadt und ihrer Ursachen in *gub Dei* 6,82-84; 89[13]: "Schließ-

---

[6] *Ib.* 7,5 (84,31 f.): *In omni enim ferme orbe Romano et pax et securitas non sunt. Cur sola tantum vitia perdurant?*

[7] *Ib.* 6,98 (83,29 f.): ... *nos vectigales barbaris sumus. Vendunt nobis hostes lucis usuram, tota admodum salus nostra commercium est.*

[8] *Ib.* 6,67 f. (78,18-26).

[9] Nach GREGORI, Examen critique des œuvres de Salvien que Bossuet appelle l' éloquent prêtre de Marseille et qui fut nommé autrefois le Jérémie des Gaules: Congrès scientifique de France, quatorzième session tenue à Marseille en Septembre 1846, II, Marseille-Paris 1847, 174 f. (zitiert nach BADOT 396 Anm. 16); vgl. LIETZMANN 2017.

[10] LAGARRIGUE: SC 220, Introduction 80-84.

[11] *Gub Dei* 1,6; 1,29 f.; 4,10 (MGH.AA 1/1,3,20-28; 8,30-9,17; 37,19-26).

[12] *Ib.* 93,19-21.

[13] *Ib.* 80,32-81,4,30-37: (82) *Denique breviter id probari potest excisa ter continuatis eversionibus summa urbe Gallorum, cum omnis civitas combusta essset, malis et post excidia crescentibus.* (83) *Nam quos hostis in excidio non occiderat, post excidium calamitas obruebat, cum id, quod in excidio evaserat morti, post excidium non superesset calamitati. Alios enim inpressa altius vulnera longis mortibus necabant, alios ambustos hostium flammis etiam post flammas poena torquebat. Alii interibant fame, alii nuditate, alii tabescentes, alii rigentes, ac sic in unum exitum mortis per diversa moriendi genera conruebant.* (84) *Et quid plura? Excidio*

lich kann dies (nämlich die Besserungsunwilligkeit, die Unbußfertigkeit) kurz anhand der bedeutendsten Stadt der Gallier bewiesen werden, die durch drei Zerstörungen nacheinander vernichtet wurde, und anhand des Unglücks, das, als die ganze Stadtgemeinde verbrannt war, selbst nach der Zerstörung noch anwuchs. Denn die Menschen, die der Feind bei der Zerstörung nicht getötet hatte, überwältigte nach der Zerstörung das Unglück, als das, was bei der Zerstörung dem Tode entronnen war, nach der Zerstörung das Unglück nicht überlebte. Allzu tief geschlagene Wunden töteten nämlich die einen in langem Todeskampf; die anderen, die von den Flammen der Feinde Brandwunden erlitten hatten, quälte auch nach den Flammen noch die Strafe. Die einen gingen an Hunger zugrunde, andere durch Nacktheit, die einen siechten dahin, die anderen erstarrten vor Kälte; und so brachen sie auf verschiedene Weisen des Sterbens in einem einzigen Tod zusammen. Und was noch darüber hinaus? Durch die Zerstörung einer einzigen Stadt wurden auch andere Gemeinden schwer betroffen. Denn es lagen weithin - was ich selbst gesehen und erlitten habe - die Leichen beiderlei Geschlechts, nackt, zerfetzt, die Augen der Stadt besudelnd, von Vögeln und Hunden zerfleischt. Die Pest der Lebenden war der Leichengestank der Toten: Tod atmete Tod aus... Welcher Teil der Stadt ist von diesem Unglück frei? Wo ist nicht Blut vergossen, wo sind nicht Leichen hingestreckt, wo gibt es nicht zerfleischte Glieder dahingemetzelter Menschen? Überall der Anblick einer eroberten Stadt, überall der Schrecken der Gefangenschaft, überall das Bild des Todes. Es liegen die Reste des unglücklichen Volkes auf den Gräbern ihrer Toten ..." - und nun der Beweis der ungeheuerlichen Sittenlosigkeit dieser Trierer: "... und dennoch verlangst du, Trierer, nach Circusspielen! Schwarz vom Brande ist die Stadt, und du nimmst die Miene festlicher Heiterkeit an. Obendrein forderst du mit den schändlichsten Verlockungen Gott heraus und reizt mit schlimmstem Aberglauben die Gottheit zum Zorn. Ich wundere mich wirklich nicht, daß dir das Unglück widerfahren ist,

unius urbis adfligebantur quoque aliae civitates. Iacebant siquidem passim, quod ipse vidi atque sustinui. Utriusque sexus cadavera nuda, lacera, urbis oculos incestantia, avibus canibusque laniata. Lues erat viventium, foetor funereus mortuorum: mors de morte exhalabatur. ... (89) *Quae enim urbis pars his malis omnibus vacat? Ubi non cruor fusus, ubi non strata corpora, ubi non concisorum membra lacerata? Ubique facies captae urbis, ubique horror captivitatis, ubique imago mortis. Iacent reliquiae infelicissimae plebis super tumulos defunctorum suorum, et tu circenses rogas: nigra est incendio civitas, et tu vultum festivitatis usurpas: lugent cuncta, tu laetus es. Insuper etiam inlecebris flagitiosissimis deum provocas et superstitionibus pessimis iram divinitatis inritas. Non miror plane, non miror evenisse mala tibi, quae consecuta sunt; nam quia te tria excidia non correxerant, quarto perire meruisti.*

das nachfolgte: weil dich drei Zerstörungen nicht bessern konnten, verdientest du es, durch die vierte zugrundezugehen".

Die Ursachen dieser Katastrophe hatte Salvian vorher in ähnlich rhetorischer Manier geschildert: die ungeheure Sittenlosigkeit, die die Einwohner von Trier und Köln ergriffen hatte, empörte Salvian, der sie selbst erlebt hatte[14]: Spiel, Gelage, Hurerei waren so sehr der einzige Lebensinhalt von Jung und Alt, in großen und kleinen Städten ganz Galliens, besonders in Aquitanien, das Salvian als ein einziges Bordell beschreibt[15], daß trotz der Germanengefahr niemand an Abwehrmaßnahmen oder auch nur an Flucht dachte. Diese Welt war zum Untergang reif[16], aber Salvians Absicht war es, sie mit seiner Strafpredigt zu retten[17].

2.

Dieser von Autopsie gestützte Realismus könnte der Idealfall einer historischen Quelle sein. Obwohl Salvians Ziel ein theologisches, nicht ein historisches ist, hat die Fülle der von ihm genannten Länder, Orte und Völker die Historiker jeder Provenienz dazu verlockt, ihn als historische Quelle auszuwerten. Zuversichtlich urteilte der Kirchenhistoriker O. Bardenhewer: "Daß er die Schattenseiten der in der römisch-christlichen Welt herrschenden Zustände in den Vordergrund rückt, ist durch seinen Zweck bedingt, aber den Verdacht unwahrer Übertreibung zu begründen, ist kaum irgendwo gelungen"[18]. Am Anfang des 20. Jahrhunderts hat G. Sternberg, der als erster alle historischen Fakten aus Salvian systematisch auswertete, sogar eine quellenkritische Begründung für den historischen Wert der Werke Salvians zu geben versucht: "(Salvians Werke) sind darum schon vorzüglich zur historischen Quelle geeignet, weil sie allesamt einen anderen Zweck als den der Geschichtsschreibung verfolgen und darum durch den gelegentlichen Charakter ihrer geschichtlichen Angabe die Zuverlässigkeit derselben in hohem Grade verbürgen"[19]. Bezeichnend

---

[14] "*Vidi*": *gub Dei* 6,72.78 (79,10. 80,2).

[15] *Ib.* 7,12-16 (86,10-87,4).

[16] *Ib.* 6,80 f. (80,14-27). In dieser Überzeugung sieht ISICHEI 105 die Neuheit des salvianischen Geschichtsbildes: waren die früheren Apologeten noch vom Fortbestand des römischen Reiches überzeugt, so Salvian von seinem Niedergang.

[17] *Ib.* 6,82 (80,28-34).

[18] BARDENHEWER IV 575.

[19] STERNBERG 46.

scheint mir, daß selbst der Historiker E. Stein[20] aus Salvian ohne jeden Hinweis auf die fragliche Glaubwürdigkeit der Quelle referiert. Wo aber geschichtliche Ereignisse nicht nur beiläufig erwähnt werden, vielmehr als theologisches Argument dienen, kann Sternbergs These nicht uneingeschränkt gelten. Aber nicht nur die Glaubwürdigkeit der historischen Angaben ist betroffen. Denn wenn der Prediger seine Verurteilung der Welt auf historische Ereignisse und Zustände stützt, setzt er die Berechtigung seiner Strafpredigt der historischen Kritik aus. Diese scheint, wie wir am Schluß sehen werden, offensichtlich schon bald nach Salvians Tod erfolgt zu sein.

Lassen wir die fatale Rolle[21] beiseite, die Salvian auf deutscher Seite als Künder germanischer Sittenreinheit und auf französischer Seite als Verräter des Imperium Romanum und seiner Kultur, ja geradezu als Vaterlandsverräter gespielt hat[22] - wobei die volle Glaubwürdigkeit der Quelle immer vorausgesetzt oder ausdrücklich behauptet, der Text allerdings nur in tendenziöser Verkürzung ausgewertet wurde -, und betrachten wir nun solche Untersuchungen, die quellenkritische Thesen diskutieren. Von der Seite der Kirchengeschichte besteht ein besonderes Interesse an der Sittengeschichte, zu der Salvians Schilderungen dank seiner unerbittlichen Beobachtung

[20] STEIN I 512-515; in der französischen Übersetzung 344-347. Vgl. SCHAEFER 1: "Salvian zählt im Gegensatz zu Ausonius, Sidonius und anderen zu jenen Schriftstellern der ausgehenden Antike, 'die einen Griff in das volle Leben ihrer Zeit wagten' (mit Berufung auf NORDEN 509); - 52: "Gewiß mag auch manchmal dem freimütigen Sittenprediger, dem scharfen Kritiker ein kühnes Wort, ein drastisches Bild, eine Verallgemeinerung unterlaufen, die vielleicht nicht haarscharf die wirklichen Verhältnisse widerspiegeln, Ausdrücke, die nicht bis ins kleinste und einzelne hinein gepreßt werden dürfen." - 54: "Man darf zusammenfassend - was den historischen Quellenwert Salvians angeht - mit Zschimmer behaupten, daß er überall, wo er sich nicht lediglich in superlativischen Deklamationen ergeht, sondern auf bestimmte einzelne Tatsachen und Verhältnisse hinweist, unbedingt zuverlässig ist".

[21] Als Beispiel diene der Artikel von HERZOG, in dem mit antiken Parallelen (über Salvian 103 f.) der nahe Untergang des britischen Weltreiches bewiesen werden soll.

[22] De LABRIOLLE 685: "Mais il ne serait pas surprenant qu'avec son éloquence fougueuse, sa verve haute en coleurs, sa tonitruante rhétorique, formée à l'école des Pères plus encore qu'à celle des classiques, Salvien ait contribué à incliner les esprits à l'acceptation du nouvel état de choses qui était en train de se constituer parmi tant d'angoisses et d'épreuves". COURCELLE, Invasions germaniques 155: "Peut-être a-t-il subi des influences germaniques dans sa jeunesse, puisqu'il est originaire de Germanie romaine. Il ne se contente pas, selon la tradition des Chants sibyllins, de lancer contre Rome des imprécations oratoires; il participe activement, par sa propagande, à détruire son empire et sa culture; il prépare les esprits à accepter ou même à appeler de leurs voeux la domination des royaumes germaniques." Noch bei PASCHOUD 310 liest man den scharfen Vorwurf, daß Salvian 'défaitiste et profondément antipatriotique' sei. Umgekehrt hatte BORDONE 328-330, 344, Salvian wegen seiner Sorge um die Zukunft Roms und wegen seiner Bewunderung für die sittlichen Werte Altroms zum Vertreter römischer Kultur und Moral gestempelt. Erst BADOT hat systematisch die Zeitbedingtheit dieser Urteile aufgearbeitet. Unparteiisch auch LAISTNER 74 f.

und seines Freimuts und trotz erkennbarer rhetorischer Übertreibungen wertvolle Hinweise liefern zu können scheinen[23]. Der marxistische Sozialhistoriker ist an Salvians Schilderungen sozialer Zustände, insbesondere der der Kleinbauern und Sklaven interessiert. I. Nachow, der 1980 Salvian für die russische Altertumsforschung entdeckte[24] - seine Kenntnis westlicher Literatur geht nicht über das Jahr 1909 hinaus - bestreitet ausdrücklich rhetorische Übertreibungen Salvians, da 1. andere Quellen noch furchtbarere Ereignisse berichten, da 2. zu Salvians Zeit in Gallien wieder eine gewisse Ruhe eingetreten war, so daß kein Grund für die Entstellung der Wahrheit vorgelegen habe[25], und da schließlich 3. sich die Schilderung des Unheils nicht aus Salvians Theodizee-Absicht erklären lasse. Es scheint, als ob sich die marxistische Geschichtswissenschaft noch immer nicht von der Widerspiegelungstheorie zu befreien vermag.

Denn die neuere Forschung konnte gerade immer genauer herausarbeiten, daß Salvians geschichtstheologische Position, die von Augustin und Orosius bestimmt ist, und sein seelsorgerisches Anliegen zu einer gefährlichen Verschiebung, ja Fälschung der historischen Wahrheit geführt haben.

Schon immer hatte der übermäßige Einsatz rhetorischer Mittel - sämtlicher Arten von Gorgianismen und schmückender Periphrasen bis hin zu übertriebener Drastik der Schilderung, wie sie an der Schilderung des geschändeten Trier kenntlich wurde - den Verdacht rhetorischer Übertreibung erweckt. Auch die Maßlosigkeit der pauschalen Verdammungsurteile, die Salvian über die Römer in Gallien, Spanien und Afrika ausspricht, hätte das Mißtrauen der Historiker auch gegenüber sonstigen Behauptungen des Presbyters hervorrufen müssen: "Was ist denn abgesehen von sehr wenigen, die vor dem Bösen fliehen, die gesamte Christengemeinde anderes als ein Lasterpfuhl? Denn wie wenige lassen sich in der Kirche finden, die nicht Trinker,

---

[23] Geschichtliche und sozialgeschichtliche Untersuchungen seitens der Kirchenhistoriker: ZSCHIMMER; HAEMMERLE; BORDONE; PELLEGRINO, der in einem Forschungsbericht über die Frage der historischen Glaubwürdigkeit (111-122) zwar darauf beharrt: "Anzitutto, la buona fede del nostro non può ragionevolmente essere messa in dubbio" (113), dann aber doch zugesteht: "Con tutto ciò, il giudizio di chi accettasse senza condizioni e senza discriminazioni tutti i dati salvianei peccherebbe certamente di esagerazione" (116). Die spätere methodische Differenzierung (s. u.) bahnt sich hier bereits an. FISCHER 169-173, 179, 255; GRIFFE II 40-52; BARMANN; HAMMAN, Actualité; DERS., Salviano.

[24] NACHOW (russ., für die Übersetzung danke ich Michael Hentz). In jeder Hinsicht unzureichend ist der Aufsatz von MAASS; seine Behauptung 151, die Sklaverei der Spätantike sei Ursache der wirtschaftlichen Ausbeutung der Bevölkerung gewesen, ist schwerlich nachvollziehbar.

[25] Diese These beruht auf einer fehlerhaften Interpretation von *gub Dei* 3,20 f. (MGH.AA 1/1,28,4-13), wo der gegenwärtige relativ gute Zustand mit der Zeit der Christenverfolgungen verglichen wird.

Fresser, Ehebrecher, Hurer, Räuber, Kneipbrüder, Diebe oder Mörder sind...: Leichter ließe sich jemand finden, der das alles ist, als einer, der nichts davon ist"[26]; oder: "ganz Aquitanien, ganz Karthago ein Bordell"[27]; oder: "Was ist das Leben aller Händler anderes als Betrug und Meineid, was das Leben der Ratsherren anderes als Ungerechtigkeit, das der Beamten anderes als Verleumdung, das aller Soldaten anderes als Raub?"[28] Ebenso übertrieben ist die Idealisierung der germanischen Sittenreinheit und Frömmigkeit, der gegenüber sogar ihre unleugbare Barbarei für Salvian bedeutungslos erschien[29].

Erst seit den 50er Jahren überwiegen die kritischen Stimmen. Ch. Favez[30] differenzierte zwischen den Schauergemälden der gallo–römischen Sitten, denen er fast jeden dokumentarischen Wert absprach, und den Schreckensszenen der Völkerwanderung, deren Augenzeuge Salvian geworden war, ohne jedoch konkrete Details der germanischen Invasoren mitzuteilen. - H. J. Diesner[31] ging einen Schritt über die Detailkritik hinaus, indem er erkannte, daß die von Augustin und Orosius vermittelte Theologisierung der Geschichte, d. h. die Anerkennung der durchgängig göttlichen Weltregierung, die Aufdeckung der natürlichen Kausalverknüpfungen beschränkt. - F. Paschoud[32] erklärte die Schilderungen und Wertungen, die Salvian

---

[26] *Gub Dei* 3,44 f. (32,27-31,34 f.): ... *praeter paucissimos quosdam, qui mala fugiunt, quid est aliud paene omnis coetus Christianorum quam sentina vitiorum? Quotum enim quemque invenias in ecclesia non aut ebriosum aut helluonem aut adulterum aut fornicatorem aut raptorem aut ganeonem aut latronem aut homicidam?* ... (45) *Facilius quippe invenias qui totum sit quam qui nihil.* [Vgl. 4,52.82 (46,17-24. 52,15-22)].

[27] *Ib.* 7,12-16.58.62-72 (86,10-87,4. 94,9-18. 95,10-97,10).

[28] *Ib.* 3,50 (33,29-32): *Quid autem aliud est cunctorum negotiantium vita quam fraus atque periurium, quid aliud curialium quam iniquitas, quid aliud officialium quam calumnia, quid aliud omnium militantium quam rapina?* [Vgl. 3,55 (34,19-27); über die Händler und Syrer 4,69 (49,28-50,2); über die Ratsherren 5,18 (58,33 f.): *Quot curiales, tot tyranni*].

[29] *Ib.* 4,60-70 (48,4-50,8); 5,15.36.57 (58,10-16. 62,6-12. 65,35-66,4); 7,24-28.39.45-49. 85-87.89-100 (88,22-89,13. 90,31-91,5. 91,33-92,28. 99,22-100,4. 100,11-102,11); auch die der Sklaven 4,28 f. (41,4-16). Salvian gesteht allerdings in 4,65-69 (49,1-50,2) zu, daß die Barbaren, hier die nicht getauften Germanen, die gleichen Laster wie die Römer besitzen, dafür aber nicht bestraft werden, weil sie anders als die Römer die Heilswahrheit und das christliche Sittengesetz nicht kennen.

[30] FAVEZ, bes. 78; Favez hebt aber den Wert anschaulicher, erlebnismäßiger Darstellung Salvians gegenüber der nüchternen Berichtsweise historischer Abrisse hervor.

[31] DIESNER, Antike und Mittelalter.

[32] PASCHOUD 297: "En fait, il n' a aucune connaissance particulière de ces peuplades, l' expérience directe lui fait défaut, il n' a pas vécu parmi elles comme ce grec que Priscus rencontre à la cour d' Attila. Aussi son exposé ne contient-il pas le moindre élément ethnographique et se restraint - il au domaine morale et religieux." 299: "Je pense donc que la signification politique qu' il donne à la chasteté des Germains est un pur produit de son idéal ascétique et de sa doctrine sur la Providence; il n' y a pas là de critère objectif utilisable pour la

von Germanen und Römern gab, vor allem aus seinen asketischen Idealen und aus seinem Glauben an die göttliche Vorsehung. Vor allem von den so idealisierten germanischen Stämmen habe er keinerlei ethnographische Kenntnis gehabt. Aber da er den Glauben an den Sinn des Imperium Romanum verloren habe, idealisiere er die Germanen ebenso maßlos, wie er die Römer bzw. die orthodoxen Christen in Grund und Boden verdamme.

3.

Über diese z. T. ausführlich vorgetragenen Thesen können wir hinauskommen, wenn wir zwischen den verschiedenen Teilen bzw. Themenbereichen von Salvians *De gubernatione Dei* differenzieren und sie einer sowohl auf Quellenvergleich basierenden historischen wie einer auf internem Textvergleich basierenden literarischen Kritik unterziehen.

1. Salvian analysiert im Hauptteil des 5. Buches (§ 55-56) die Ursachen für den inneren Zerfall der gallorömischen Welt aus genauer Kenntnis der sozialen Umstände, der römischen Verwaltung und der Steuerpraxis. Salvians Beobachtungen zur Flucht der von der Steuer ausgebeuteten Kleinbauern zu den aufständischen Bagauden, zu den Germanen oder ins Kolonat und in die Hörigkeit einer neuen Klientel werden von anderen Quellen bestätigt[33]. Der historische Gehalt dieser Werkpartien ist an der sachlichen Konkretheit der Ursachen, ihrer Bedeutung, ihrer Vielzahl und an Salvians Kenntnis der Fachsprache von Recht und Verwaltung ablesbar. J. Badewien und H. Heinen[34] haben vor kurzem die historisch verwertbaren Angaben Salvians unter ständiger Berücksichtigung seiner theologischen und seelsorgerischen Interessen quellenkritisch ausgegrenzt. G. Lagarrigue[35] bemerkte aber wohl zu Recht, daß Salvian durchaus nicht alle für den

---

connaissance historique ..." Noch strenger urteilt SIMONETTI, Letteratura cristiana 386: "Per passione polemica o per difetto di informazione il quadro che Salviano fa della maggiore sanità morale dei barbari è ben lungo dal rispecchiare l' obiettiva verità dei fatti, come li conosciamo da altre fonti."; Simonetti betont zu Recht, daß Salvians Kenntnisse auch im Bereich des Imperium Romanum beschränkt waren, wie seine völlige Verzerrung der Verhältnisse in Nordafrika zeige. Die verschiedenen Positionen der Forschung faßt versöhnlich HAMMAN, Salviano 504 zusammen.

[33] OROS *hist* 7,41,7 (CSEL 5,554,2-7); SID *ep* 5,7 (MGH.AA 8,82,1-83,17); vgl. ISICHEI 102 und ALFÖLDY 187-196 über die Entfremdung des Bürgers vom spätantiken Staat, die bäuerlichen Bewegungen und die um sich greifende Landflucht.

[34] BADEWIEN, Geschichtstheorie 265; HEINEN 369-373.

[35] LAGARRIGUE: SC 220, Introduction 39. Doch schon BORDONE 332-337 betonte zu Recht, daß der Sinn für Politik und Gesellschaft Salvian von anderen Quellen unterscheide.

Niedergang des Reiches relevanten Tatsachen gesehen hat, z. B. den Niedergang des Heeres, den Bevölkerungsrückgang und die allgemeine Verarmung und schließlich die Politik der Kaiser und Generäle. Salvian hat sicher richtig beobachtet, daß die Verteidigungsbereitschaft des römischen Staates erlahmt war, aber aus seiner bitteren Anklage sind wiederum keine konkreten Anhaltspunkte zu gewinnen, sind Ursache, Verantwortung und historische Folgen nicht zu bestimmen[36].

2. Über Salvians Methode, historische Ereignisse zu behandeln, äußerte sich treffend J. Badewien: "Dem paränetisch-persuasiven Charakter der Schrift korrespondiert ein vollständiger Verzicht auf historische Daten und Namen. Nur wenige historische Begebenheiten und Personen lassen sich anhand seiner Ausführungen identifizieren. Zur politischen und prosopographischen Erforschung des 5. Jahrhunderts trägt sein Werk nur wenig bei. Alle Aussagen zur Zeitgeschichte sind so stark verallgemeinert, daß sie für alle Leser als Exempel von Wert sein und in ihre jeweilige Lebenswirklichkeit transferiert werden können. Daher überwiegen Anklagen der Reichen, Adligen, Beamten, Richter, Kleriker, ja der Römer, der Christen allgemein"[37].

Werfen wir nun einen Blick zurück auf die so realistisch wirkende Schilderung der eroberten Stadt Trier, so fällt der völlige Mangel an konkreten Daten auf: Salvian interessierte sich nur für das Faktum der Strafe Gottes, aber weder für das Datum der Überfälle noch die Namen der angreifenden Germanenstämme, weder für den Hergang der Ereignisse noch für die Lokalität des Geschehens. Von der Stadt Trier wird dadurch, daß er den Blickwinkel der Beschreibung auf das grausige Detail verengte, keine Baulichkeit, geschweige denn die Topographie erkennbar. Trotz des "*vidi*", mit dem er seine Autopsie beteuert, könnte seine Beschreibung des eroberten Trier einer beliebigen rhetorischen "*Troiae halosis*" nachempfunden sein; lassen nicht die Worte "von Vögeln und Hunden zerfleischt" das Iliasproömium anklingen? Die rhetorischen Mittel dieser Ekphrasen des Grauenhaften sind so offenbar, daß sie hier nicht im einzelnen be-

---

[36] *Gub Dei* 6,80 f. (MGH.AA 1/1,80,14-23): *Dixi de urbibus praeclarissimis. Quid reliquae in diversis Galliarum partibus civitates? Numquid non consimilibus habitatorum suorum vitiis conciderunt? Nam ita cunctos crimina sua presserant, ut nec metuerent periculum suum: praenoscebatur captivitas nec formidabatur. Ablatus quippe erat a peccatoribus timor, ne posset esse cautela. Itaque barbaris paene in conspectu omnium sitis nullus erat metus hominum, non custodia civitatum. Tanta animorum vel tanta potius peccatorum caecitas fuit, ut cum absque dubio nullus perire vellet, nullus tamen id ageret ne periret. Totum incuria et segnities, totum neglegentia et gula, totum ebrietas et somnolentia possidebant, secundum illud scilicet, quod de talibus scriptum est: quia sopor domini inruerat super eos. Sopor quippe infunditur, ut perditio subsequatur.*

[37] BADEWIEN, Geschichtstheologie 29.

nannt werden müssen. - Zudem ist es den Historikern und Archäologen gelungen, den Wirklichkeitsgehalt der scheinrealistischen Schilderungen Salvians zu überprüfen: H. Heinen und H. H. Anton[38] kommen zu dem Ergebnis, daß entgegen Salvians Bericht Trier im Jahre 435 nicht endgültig zerstört wurde, sondern als städtisches Gemeinwesen und Verwaltungsmittelpunkt noch bis über die Mitte des 5. Jahrhunderts hinaus funktionierte, ja daß die römische Kultur und lateinische Sprache dieser Region auch unter fränkischer Herrschaft fortbestanden[39].

Der konkrete historische Wert der Ereignisschilderungen Salvians ist also gering, obwohl - oder gerade weil! - Salvian an derartigen Ereignissen das Wirken Gottes in der Geschichte nachweisen wollte.

3. Von begrenztem Wert sind auch seine Schilderungen der staatlich organisierten öffentlichen Feste[40]. Der *Codex Theodosianus* läßt zwar erkennen, daß auch nach der Einführung des Christentums als alleiniger Staatsreligion die mit der Amtsführung verbundenen Kultbräuche wie v. a. die *ludi publici* beibehalten wurden[41], ja daß sogar ihre Abhaltung an kirchlichen Festtagen eigens verboten werden mußte[42]. So erscheint es nicht unglaubwürdig, daß das Volk gelegentlich aus der Kirche lief, wenn Festspiele angesagt wurden oder daß es - was Salvians besondere Empörung hervorrief - nach einem Sieg oder einer Rettung aus drohender Gefahr, statt ein Dankgebet am Altar zu verrichten, in den Circus lief, um sich an blutigen Schauspielen zu ergötzen[43]. Doch Salvians empörte Verurteilung aller Spiele, besonders der blutigen Circusspiele und der theatralischen Vorstel-

[38] HEINEN 370-378; ANTON 12.

[39] Ein Brief des Apollinaris Sidonius an den Comes Arbogast in Trier aus den Jahren 475-477 [*ep* 4,17 (MGH.AA 8,68,1-24)] beweist, daß Trier noch römisch war, obwohl das Umland schon aus dem Reichsverband ausgeschieden war. Vgl. HEINEN 370.

[40] *Gub Dei* 6,9-13 (MGH.AA 1/1,68,23-69,19).

[41] *Ib.* 6,12.24 (69,10-15. 71,9-15).

[42] *Cod Theod* II 8, 20 (17. Apr. 392); 23 (27. Aug. 399); 24 (4. Febr. 400); 25 (1. Apr. 409); XV 5, 5 (1. Febr. 425). Über die Gründe der Beibehaltung der heidnischen Festspiele seitens des Staates vgl. CANCIK.

[43] *Gub Dei* 6,37 f. 93-95 (MGH.AA 1/1,73,23-74,2. 82,23-83,13). Salvian wird bestätigt von AUG *ciu* I 32 (CSEL 40/1,55,1-26), der beklagt, daß der Wahnsinn der Römer so weit ging, daß sie "*Romana urbe vastata, quos pestilentia ista* (die Theaterleidenschaft) *possedit atque inde fugientes Carthaginem pervenire potuerunt, in theatris cotidie certatim pro histrionibus insanirent*". Papst LEO [s 84(81) *de neglecta solemnitate* (PL 54,433 f. = SC 200,66-70); von COURTOIS 195 auf 454, von COURCELLE, Invasions germaniques 184 Anm. 4 auf 410 datiert]: *Plus impenditur daemoniis quam apostolis, et maiorem obtinent frequentiam insana spectacula quam beata martyria. Quis hanc urbem reformavit saluti? quis a captivitate eruit? Quis a caede defendit? Ludus Circensium, an cura sanctorum?*

lungen, und hier wieder besonders der Mimen, als "*obscenitates*"[44] erklärt sich nicht nur aus den zuweilen obszönen Inhalten, sondern vor allem daraus, daß diese Veranstaltungen ehemals heidnischen Göttern geweiht waren und somit das Anschauen der Spiele noch immer als Götzendienst zu gelten hatte[45]. Hinzu kommt der tiefe Abscheu des Asketen vor jeder Art Belustigung und besonders vor dem Lachen[46], noch dazu im Augenblick tödlicher Bedrohung durch die Germanen. Hier fällt die paradoxe Formulierung, die alle Salvianleser begeistert hat: "Der ganze römische Weltkreis lebt in Unglück und in Schwelgerei. Wer, bitte, ist Hungerleider und Possenreißer, wer denkt an den Circus, wenn er die Gefangenschaft erwartet, wer fürchtet den Tod und lacht? Wir spielen in der Furcht vor der Gefangenschaft, und mitten in der Todesangst lachen wir. Man könnte denken, daß irgendwie das ganze römische Volk sich an sardonischen Kräutern sattgegessen hat: es stirbt und lacht"[47].

Aus tiefer Empörung über diese *ludi* verweigerte Salvian jederlei sachliche Informationen über die Inhalte der Stücke. Seine Tiraden, die sich weniger von der Anschauung als von der Tradition christlicher Polemik seit Tertullian, Lactantius und Augustin[48] speisen, sind für die Geschichte des spätantiken Theaterwesens wertlos - abgesehen von der Angabe, daß das Theaterwesen z. Zt. der Abfassung von *De gubernatione Dei* in Mainz, Köln, Trier und in den meisten Städten Galliens und Spaniens durch die allgemeine Verarmung oder durch die Zerstörung der Städte zum Erliegen gekommen war[49].

---

[44] *Gub Dei* 6,14 (MGH.AA 1/1,69,21).

[45] *Ib.* 6,30-34. 60 (72,20-73,12. 77,19-24).

[46] Die biblische Grundlage dieses christlichen Abscheus vor dem Lachen, *Lk* 6,25, wird von Salvian *gub Dei* 6,29 (72,10-19) und 7,6 (84,32-85,8) zitiert; ECO hat sie bekanntlich der Handlung seines 'giallo medioevale' "Il nome della rosa" zugrundegelegt.

[47] *Gub Dei* 7,6 (85,2-6): *Totus Romanus orbis et miser est et luxuriosus. Quis, quaeso, pauper et nugas, quis captivitatem expectans de circo cogitat, quis mortem metuit et ridet? Nos et in metu captivitatis ludimus et positi in mortis timore ridemus. Sardonicis quodammodo herbis omnem Romanum populum putes esse saturatum: moritur et ridet.*

[48] TERT *spec* passim; LACT *inst* 6,20,27-36. 21,1 f. (CSEL 19,560,3-562,8); AUG *ciu* I 32 f. (CSEL 40/1,55,1-56,24).

[49] LAGARRIGUE: SC 220, Introduction 34 urteilt hart über die fragliche Historizität und den argumentativen Wert dieser Partien : "Les livres VI et VII, consacrés à la dénonciation des jeux publics et de l' impureté, sembleront peut-être relever de l' anecdote plus que de l' Histoire. Certes il s' agit encore de faire le procès de la quasi-totalité des Romains; mais ici Salvien tient les méfaits pour tellement monstrueux qu' ils lui paraissent appeler le châtiment divin sans qu'il faille chercher ailleurs comment ils ont pu nuire à l' État."

4. Vollends ohne dokumentarischen Wert sind Salvians Sittenschilderungen und die Schauergemälde von Lastern[50]. Indizien sind hier die Stereotypie der Lasterkataloge, die rhetorische Kunst und die permanente Empörung, mit der sie vorgetragen werden[51]. Dazu paßt die ebenso stereotype Anklage, daß die Armen, die Witwen und Waisen ausgebeutet und mißhandelt werden[52]. In diesem Bereich sind wir am weitesten von der umsichtigen Analyse der gallo-römischen Gesellschaft entfernt, mit der wir diesen Themenkatalog begonnen hatten. H. Heinen hat zweifellos Recht, wenn er die Trierer der Spätantike vor den Anklagen des Rigoristen Salvian in Schutz nimmt[53].

4.

Salvians Berichte und Schilderungen über Gallien sind oft ausgewertet worden. Das daran gewonnene einfache Raster des quellenkritischen Wertes der verschiedenen Themenbereiche:

1. Zustand der Gesellschaft
2. Ereignisse und Topographie
3. Öffentliche Spiele
4. Sittenschilderungen,

das sich nach den Kriterien abnehmender Historizität, aber zunehmender Realistik und Rhetorik anordnen läßt, soll uns jetzt dazu dienen, Salvians viel seltener beachtete Ausführungen über die Provinz *Africa* und insbesondere Karthago zu analysieren, denen er mindestens den gleichen Raum wie Gallien gönnte. Seine Schilderungen

---

[50] *Gub Dei* 6,72-79 (MGH.AA 1/1,79,8-80,13) über Trier und Köln; 7,8-16 (85,17-87,4) Aquitania und Novempopulonia.

[51] Z. B. 4,52.85 (46,17-24. 52,31-53,7). Vgl. die Schilderung der sittenlosen Gelage von Jung und Alt; auch hier hebt die Pauschalität der Anklage und die groteske Schilderung der torkelnden Alten und die moraltheologische Deutung des Vorgangs den Wert als historische Quelle auf: *gub Dei* 6,78 f. (80,2-13): *Vidi ego illic res lacrimabiles, nihil scilicet inter pueros differre et senes. Una erat scurrilitas, una levitas; simul omnia, luxus, potationes, perditiones: cuncta omnes pariter agebant, ludebant, ebriabantur, moechabantur: lasciviebant in conviviis vetuli et honorati, ad vivendum prope iam imbecilli, ad vinum praevalidissimi, infirmi ad ambulandum, robusti ad bibendum, ad gressum nutabundi, ad saltandum expediti. Et quid plura? In hoc per cuncta illa, quae diximus, devoluti sunt, ut compleretur in eis dictum illud sermonis sacri: vinum et mulieres apostatare faciunt a deo. Nam dum bibunt, ludunt, moechantur, insaniunt, Christum negare coeperunt. Et miramur post ista omnia si ruinam rerum suarum passi sunt, qui tanto ante mentibus conruerunt. Nemo itaque urbem illam in excidio suo tantum perisse credat: ubi enim talia acta sunt, prius iam perierant quam perirent.*

[52] *Gub Dei* 5,18. 7,71 (58,32-59,6. 96,34-97,3).

[53] HEINEN 373. STERNBERG 164, 174 f., 198-205 dagegen hält die Schauergemälde der gallorömischen Sittenlosigkeit ebenso uneingeschränkt für wahr wie die Idealbilder der Germanen; vgl. auch GRIFFE 50: "Il y a incontestablement dans le *De Gubernatione Dei* des traits de moeurs que l' histoire peut et doit recueillir".

übertreffen noch die der gallischen Mißstände an Grellheit, seine Verurteilung der karthagischen Sittenlosigkeit erreicht die Schärfe der Satiren Iuvenals und die der Apokalypse[54]. Gerade hier jedoch erlaubt eine reiche Quellenlage die historische Kritik der Daten Salvians und ist die Scheinrealität an ihren literarischen Mitteln zu entlarven.

Salvian beschäftigt sich mit der Provinz Africa zuerst in einem kurzen Abschnitt des 6. Buches, als er die unstillbare Vergnügungssucht auch angesichts der Germaneneinbrüche behandelte, sodann ausführlich in *gub Dei* 7,54-100 und dem erhaltenen Teil des 8. Buches[55]. Trotz der außerordentlich breiten Schilderung des Zustandes Africas und Karthagos vor und nach der Eroberung durch die Vandalen sind die historischen Daten so dürftig, daß der Verdacht begründet ist, daß Salvian dieses Land, das er wegen seiner in grellen Bildern geschilderten Sittenlosigkeit dem gerechten Zorn Gottes verfallen sieht, nie selbst kennengelernt hat[56]. Zwar hat R. Kamienik versucht, mit Hilfe von prosopographischem Material die afrikanische Herkunft Salvians, ja sogar seine Studienzeit in Karthago zu beweisen. Aber die von ihm behauptete gute Landeskenntnis und der angebliche Realismus der Sittenschilderungen lassen sich aus dem Text nicht beweisen. Folgen wir unserem Raster und fragen wir zunächst:

1. nach Analysen des *sozialen und wirtschaftlichen Zustandes* der Provinz Africa, so fällt im Gegensatz zu den Gallien-Abschnitten ihr völliges Fehlen auf. Zwar weiß Salvian von dem geradezu sprichwörtlichen Reichtum der Hauptstadt, der Fruchtbarkeit der Provinz in sehr allgemeinen Worten zu berichten: "... selbst Africa, d. h. gleichsam die Seele des römischen Staates. ... und ich füge noch hinzu, daß Africa einst so reich gewesen ist, daß es, wie mir scheint, durch den Umfang seines Handels nicht nur die eigenen Schatzkammern angefüllt hat, sondern sogar die der ganzen Welt"[57]. Einmal erwähnt er

[54] ISICHEI 102: "Salvian is most harshly denunciatory, however, in the case of Africa. He bears incidental testimony to her glory and prosperity - as he does to that of Aquitaine - but her beauty makes her corruption the more repulsive. He attacks her in terms of passionate revulsion, which recall the satires of Iuvenal, or the Apocalypse, as 'a sinkpot of lust and fornication, like the muck collected from the offscorings of all the streets and sewers'" [*gub Dei* 7,72 (97,5-8)].

[55] *Gub Dei* 6,68 f. 7,54-100. 8,1-25 (78,22-32. 93,19-102,11. 103,30-108,7).

[56] Die von SCHAEFER 9-13 behauptete Kenntnis der Stadt Karthago und der Provinz Africa ist nicht erweisbar; alle konkreten Details gehen auf seine Quellen (s. u.) zurück; vgl. COURTOIS 151 und PELLEGRINO 113 f.

[57] *Gub Dei* 6,68 (MGH.AA 1/1,78,25 f.): ... *Africam ipsam, id est quasi animam captivavere rei publicae*; 7,60 (94,31-33): ... *ego plus addo, tam divitem quondam Africam fuisse, ut mihi copia negotiationis suae non suos tantum, sed etiam mundi thesauros videatur implesse*; vgl. 7,85 (99,22-27).

das Auftreten auswärtiger Händler in Karthago[58]. Aber er erwähnt nichts von den wirtschaftlichen Grundlagen dieses Reichtums[59], nichts von der sehr differenzierten sozialen Schichtung und den erheblichen sozialen Spannungen, die seit dem Ende des 4. Jahrhunderts mehrfach zu schweren Aufständen und Bürgerkriegen geführt hatten[60]. Die drückenden Steuerlasten hatten ähnliche Folgen wie in Gallien erzeugt. Analog zur Erwähnung der aufständischen Bagaudi Galliens hätte Salvian von den Unruhen der Circumcelliones Africas reden müssen, die vielfach mit den aufständischen Mauren und Berbern[61] gemeinsame Sache machten und mit den verarmten Bauern ähnlich wie in Gallien die einbrechenden Germanen zunächst freudig begrüßten. In einem weiteren Punkt läßt sich erweisen, daß Salvians Schweigen nicht auf Desinteresse, sondern auf Unkenntnis beruht: den Kirchenkämpfen. Denn als einzige Beweise für die strafwürdige Gottlosigkeit der Christen in der Provinz Africa führt er den Götzendienst und die Verspottung von Mönchen auf. Der Kult der von Heiden wie von Christen angeblich noch immer verehrten Caelestis, der punischen Tanit[62], der ihm aus Tertullians *Apologeticum*[63] bekannt war, mag sich hier und bis ins 5. Jahrhundert erhalten haben[64], aber er beeinträchtigte das Leben der christlichen Gemeinden keineswegs so tief wie der lange Jahrzehnte erbittert geführte Streit mit den Donatisten[65], deren Bewegung durch die Verbindung mit den Circumcelliones zu einer schweren Gefahr geworden war, welche durch die Verbote der Donatisten nur unterdrückt, nicht beseitigt werden konnte. Die einbrechenden Vandalen konnten sich diesen schwelenden Konflikt zunutze machen, als sie die katholische Kirche bekämpften. Hier hätte Salvian das geeignete Material gehabt, um den inneren Zerfall des Imperium Romanum und die Sündhaftigkeit der Christen

58 *Ib.* 7,73 (97,10-15).

59 Anders zu Aquitanien *ib.* 6,85 (81,5-10).

60 GAUTIER 118-120 gibt ein Bild der wirtschaftlichen Blüte Africas vor der Invasion der Vandalen.

61 Angriffe auf das *fossatum*, den nordafrikanischen Limes, hatten um 425 eingesetzt.

62 *Gub Dei* 8,9-13 (MGH.AA 1/1,105,12-106,6).

63 12,4. 23,6. 24,7 (CSEL 69,34,16-20. 64,28-65,33. 69,31-34).

64 Er wird noch von AUG *ciu* II 4.5.26 (CSEL 40/1,63,5-66,2. 102,18-104,22), *s* 105,9.12 (PL 38,622. 623 f.) und VIC *hist pers* 1,4 (CSEL 7,4,2-10) bezeugt. Aber zur mangelnden Autopsie Salvians vgl. PELLEGRINO 118 f.: er nimmt als Quelle für den Africa-Abschnitt den aus Africa stammenden und durch Apollinaris Sidonius bekannten Domnulus an (JÜLICHER 1526, Nr. 2).

65 Verbote der Donatisten im *Cod Theod* XVI 5,37-41.43.46.54 f. zwischen 400 und 414. Die Zahl der Verbote zeigt die Bedrohlichkeit der Bewegung an; vgl. COURTOIS 147.

zu beweisen. Er hat diese Konflikte offenbar nicht gekannt. Statt der erbitterten Kämpfe serviert er dem Leser grelle Szenen von im Grund harmlosen Ereignissen: "Das war also nicht ohne Grund, daß innerhalb der Gemeinden Africas und besonders innerhalb der Mauern Karthagos das ebenso unglückliche wie ungetreue Volk einen Menschen, der mit dem Pallium bekleidet[66], der bleich und, weil ihm die Mähne fließender Haare abgeschnitten war, bis auf die Haut geschoren war, nicht ohne Schmähung und Verfluchung sehen konnte. Und wenn einmal ein Diener Gottes von den Klöstern Ägyptens oder den heiligen Stätten Jerusalems oder der heiligen und verehrungswürdigen Klause eines Eremiten in Pflichterfüllung einer heiligen Aufgabe zu jener Stadt kam, empfing er, sobald er dem Volke sichtbar wurde, Beschimpfungen, Sakrilege und Schmähungen. Nicht allein das: er wurde vom schändlichsten Gelächter verwerflicher Menschen und von den Abscheu ausdrückenden Pfiffen der Lacher wie von Ochsenziemern zerfetzt - wahrlich so, daß wenn jemand ahnungslos diese Vorgänge beobachtete, er glauben konnte, daß nicht irgendein Mensch verspottet, sondern ein neues und unerhörtes Ungeheuer vertrieben und verstoßen werde"[67]. Eine durch die Beschreibung des Mönchs und die Schilderung der Reaktionen des Pöbels lebendig wirkende Szene - jedoch verrät sie Salvians Unkenntnis historischer Ursachen und Zusammenhänge.

2. *Historische Ereignisse und ihre Topographie:* Salvian weiß natürlich von der Wanderung der Goten und Vandalen (merkwürdigerweise erwähnt er die Burgunder nicht, obwohl in ihrem Reich sein Zögling Salonius lebte). Er berichtet jedoch das bloße Faktum der Eroberung Nordafrikas[68], ohne auf den Hergang der kriegerischen Ereignisse einzugehen. Aus einer Erwähnung der Belagerung von Cirta und Karthago, durch die sich angeblich die Karthager nicht von ihrer Circus- und Theaterleidenschaft abschrecken ließen, kann eine Eroberungsgeschichte nicht rekonstruiert werden, zumal sich der Topos bei

---

[66] Die gewöhnliche und auf den nordafrikanischen Mosaiken öfter abgebildete Bekleidung der Bauern und der Unterschicht war der mit einer Kapuze versehene wollene *cucullus*, von dem das antike Pallium der Mönche auffällig abstach.

[67] *Gub Dei* 8,21 f. (MGH.AA 1/1,107,17-26): *Non sine causa itaque illud fuit, quod intra Africae civitates et maxime intra Carthaginis muros, palliatum et pallidum et recisis comarum fluentium iubis usque ad cutem tonsum videre tam infelix ille populus quam infidelis sine convicio atque execratione vix poterat. Et si quando aliquis dei servus aut de Aegyptiorum coenobiis aut de sacris Hierusalem locis aut de sanctis heremi venerandisque secretis ad urbem illam officio divini operis accessit, simul ut populo apparuit, contumelias, sacrilegia et maledictiones excepit. Nec solum hoc, sed improbissimis flagitiosorum hominum cachinnis et detestantibus ridentium sibilis quasi taureis caedebatur: vere ut si quis ea inscius rerum fieri videret, non aliquem hominem ludificari, sed novum inauditumque monstrum abigi atque exterminari arbitraretur.*

[68] *Ib.* 6,68 f. 7,50-57 (78,22-32. 92,29-94,9).

Trier und Köln[69] wiederholt. Abgesehen von pauschalen Bemerkungen über die Grausamkeit der Vandalen und die Zerstörung der Provinz[70], berichtet er wenig von den Leiden des Volkes und der besonderen Verfolgung der katholischen Kirche. Das Verschweigen der afrikanischen Greuel kann nicht, wie E. Bordone (337) es deutet, damit entschuldigt werden, daß Salvian im Wüten der Vandalen die gerechte Strafe Gottes gesehen hätte. Denn nicht Sünder litten, sondern unschuldige Gläubige; und die angebliche Geißel Gottes war den Opfern moralisch keineswegs überlegen.

Von Karthago als Stadt hat Salvian nur oberflächliche Kenntnisse[71]. Als Einleitung seiner Sittenbeschreibung zählt er die Einrichtungen dieser nach Rom bedeutendsten Stadt des Imperium Romanum (7,67) auf; aber alles scheint allein aus dem Begriff der bedeutendsten Stadt abgeleitet oder aus einer *notitia dignitatum* abgeschrieben (selbst Augustins *Confessiones* hätten reicheres Material geboten!): natürlich verfügte Karthago über Einrichtungen von Verwaltung und Heer, Rechtsprechung und Bildung (*artium liberalium scolae, philosophorum officinae*) und war Sitz eines Proconsuls. Doch schon bei den nächsten Ämtern weicht er auf unverbindliche Formeln aus: "alle Schatzmeister und nach Rang wie Bezeichnung verschiedene Würden"[72]. Der Unterschied zu seiner über Gallien bezeugten Sachkenntnis könnte nicht größer sein.

Geradezu grotesk ist seine Vorstellung des städtischen Lebens von Karthago: "Genügten etwa die Schamlosigkeit und Unflätigkeit nicht allein für die Ausrottung der Afrikaner? Denn welcher Teil der Stadtgemeinde war nicht voll von (moral.) Schmutzigkeit, welche Straße und welche Gasse in der Stadt war nicht ein Bordell? So sehr hatten gleichsam Fallgruben der Lüste beinahe alle Wegkreuzungen und alle Straßen unterbrochen oder hatten gleichsam Netze sie umgarnt, so daß auch die Menschen, die hiervor tiefinnerlich zurückschreckten, kaum vor ihnen ausweichen konnten. Man hätte Diebeswachtposten sehen können, die der Beute der dort verkehrenden Rei-

---

[69] *Ib.* 6,80 f. (80,14-27).

[70] *Ib.* 7,84 (99,18-21). Obwohl PELLEGRINO 113 weitgehend die Glaubwürdigkeit Salvians einräumt, hebt er die auffällige Diskrepanz zwischen Salvian und den anderen zeitgenössischen Quellen hervor. Dagegen ist für CLELAND Salvians Urteil von seinem theologischen und moralischen Standpunkt aus zu erklären; er leugne nicht, daß die Vandalen die *vastatores Africae* seien [*gub Dei* 7,84 (99,18-21)], und lobe sie nur ihrer Sittenreinheit und ihres darauf zurückzuführenden Erfolges wegen; aber sein Interesse seien nicht die Barbaren an sich, sondern die Römer, die unter der verdienten Geißel Gottes zu leiden hätten.

[71] *Gub Dei* 7,67-69 (MGH.AA 1/1,96,9-26).

[72] *Ib.* 7,68 (96,18 f.): *omnes rerum dispensatores et differentes inter se tam gradu quam vocabulo dignitates.*

senden auflauerten, die durch die Dichte zahlreichen Hinterhalts so sehr alle Gassen, alle Biegungen und Scheidewege (oder Seitenwege) abgeriegelt hatten, daß fast niemand so vorsichtig war, daß er nicht in irgendwelche Fallstricke des Hinterhalts hineingeriet, auch wer sich von den meisten noch hatte freimachen können. Es stanken sozusagen alle Bürger jener Stadt vom Kot der Lust und hauchten sich selbst gegenseitig den schmutzigen Gestank der Schamlosigkeit ein"[73]. Der Abschnitt fährt mit dieser Skatologie genüßlich noch einige weitere wohlgedrechselte Perioden fort. Wer will, kann in dieser Beschreibung das Gassengewirr maghrebinischer Souks wiedererkennen. Doch die eigentliche Behauptung, ganz Karthago sei eine einzige Lust- und Räuberhöhle, ist absurd. Die rhetorische Machart unseres Abschnittes ist offenbar: von der ersten These "*quae enim fuit pars...*" verfährt Salvian mit ständiger *amplificatio* desselben Gedankens, um damit die *evidentia* zu erreichen. Der scheinbare Realismus dient wiederum dem theologisch-sittenrichterlichen Anliegen Salvians. Eine wirkliche Kenntnis usw. ist an keiner Stelle erkennbar.

3. Die *öffentlichen Vergnügungen* der Römer in Karthago erwähnt Salvian nur einmal[74] und nicht innerhalb des Africa-Abschnittes, obwohl das Vorhandensein von Theatern, Odeen und Circus-Gebäuden in Karthago und fast allen römischen Städten Nordafrikas reiches Material für seine Strafpredigt gegeben hätte[75]. Auch hier fehlt Salvian die Sach- und Ortskenntnis.

4. Der weitaus größte Teil des Africa-Abschnittes[76] behandelt die *ungeheure Sittenlosigkeit* der Christen und die davon angeblich unberührte Sittenreinheit der Vandalen. Salvian wartet sogleich mit der üblichen pauschalen Verdammung aller römischen Christen in Nordafrika auf: "Mit Ausnahme weniger Gottesdiener war das ganze Territorium Afrikas nichts als ein einziges Haus der Laster"[77]. "Wer wüß-

---

[73] *Ib.* 7,72 f. (97,5-15): *Quid ergo impudicitia atque impuritas, de qua loquor, numquid non ad eversionem Afrorum sola suffecerat? Quae enim fuit pars civitatis non plena sordibus, quae intra urbem platea aut semita non lupanar? Adeo omnia paene compita, omnes vias aut quasi foveae libidinum interciderant aut quasi retia praetexebant, ut etiam, qui ab hac re penitus abhorrerent, tamen vitare vix possent. Latronum quodammodo excubias videres commeantium viatorum spolia captantes, qui insidiarum frequentium densitate ita omnes admodum calles, omnes anfractus ac diverticula saepsissent, ut nullus ferme tam cautus esset, qui non in aliquos insidiarum laqueos incurreret, etiam qui se de plurimis expedisset. Faetebant, ut ita dixerim, cuncti urbis illius cives caeno libidinis, spurcum sibimetipsis mutuo impudicitiae nidorem inhalantes.*

[74] *Ib.* 6,69 (78,29 f.).

[75] Vgl. QUODV *bar* I 1,11 (CChr.SL 60,424,38-41).

[76] *Gub Dei* 7,50-100. 8,1-25 (MGH.AA 1/1,92,29-102,11. 103,30-108,7).

[77] *Ib.* 7,58 (94,9 f.): *Exceptis enim paucissimis dei servis quid fuit totum Africae territorium quam domus una vitiorum?*

te nicht, daß ganz Afrika immer von den obszönen Fackeln der Lust loderte"[78]. Roms althergebrachte Laster, von denen Salvian blumige Kataloge gibt[79], finden sich in Afrika ohne Ausnahme und in gesteigertem Ausmaß wieder, und während die Germanen neben ihren stammestypischen Lastern immer noch eine Tugend besitzen, gibt es in Afrika nichts als Laster und Verbrechen[80], aus denen Salvian nur zwei, die sexuellen Perversionen und die Gotteslästerung, herausgreift: Ehebruch, für den er Socrates verantwortlich macht, der die Welt zum Bordell gemacht habe[81], Prostitution, Homosexualität und Transvestitentum, Götzendienst und Verhöhnung der Mönche. Auch hier gestaltet Salvian gelegentlich anschauliche Szenen wie das Auftreten der Transvestiten[82], die Verspottung der Mönche[83]; doch insgesamt speist sich das Bild des sittenlosen Karthago, wie schon längst bemerkt, aus Cyprian, Augustin, Orosius und den Predigten des karthagischen Bischofs Quodvultdeus[84]. Augustin und Orosius führten das Leid der Römer und Spanier unter den germanischen Invasoren auf die Strafe Gottes für die Sittenlosigkeit zurück. Ebenso klagte Quodvultdeus die Christen in Africa an, die unter den Vandalen litten. Doch weder Augustin noch Orosius noch Quodvultdeus hatten je die Sünden in so grellen Farben dargestellt, und Augustin und Quodvultdeus urteilten unter dem Eindruck realen Erlebens der Leiden der Gläubigen, der Mönche und des Klerus anders: während der Belagerung von Hippo, die Augustin kurz vor seinem Tode mit durchlitt, blieb kein Gedanke mehr an ein moralisches Recht der Eroberer, nur noch Tränen für das entsetzliche Leid seiner eigenen Gemeinde und seiner Mitbürger, wie Possidius in der *Vita Augustini* 28[85] schildert. Quodvultdeus, den Salvian sicher benutzt hat[86], jedoch unter Änderung der Tendenz, konstatierte nicht nur die Sünden, sondern er beschrieb v. a. das Leiden, er spendete Trost und rief zur Buße auf[87].

---

[78] *Ib.* 7,65 (95,33 f.): *Quis nescit Africam totam obscenis libidinum taedis semper arsisse?*

[79] *Ib.* 7,62 f. 70 (95,10-24. 96,26-34).

[80] *Ib.* 7,64 (95,24-32).

[81] *Ib.* 7,103 (102,34): *Lupanar fecit e mundo.* Eine ferne Erinnerung an PL *pol* V 457 c 10-461 d 6.

[82] *Gub dei* 7,79-83 (MGH.AA 1/1,98,10-99,17)

[83] *Ib.* 8,21 f. (107,13-26).

[84] CYPR *ep* 14,3 (CSEL 3/2,512,1-15); AUG *conf* 3,1 (CChr.SL 27,27,1-20); *ep* 220 (CSEL 57,431-441); QUODV *bar* I und II (CChr.SL 60,421-437. 471-486), verfaßt um 430-440.

[85] PL 32,57-59.

[86] COURCELLE, Invasions germaniques 154 f.

[87] QUODV *bar* I 1,11. 3,19. II 2,6. 4,7. 5,5. 6,9-11. II 1,1 f. 5,4-16 (CChr.SL 60,424,38-41. 427,55-428,59. 474,16-20. 476,18 f. 477,16-18. 478,24-30. 473,1-6. 476,12-478,50).

Kein Gedanke an eine Idealisierung der Barbaren. Im Gegenteil suchte er gerade darin Trost, daß auch die jetzigen Sieger bald die gerechte Strafe ereilen werde.

Daß die Goten und Vandalen die rächende Hand Gottes sind, hatten auch Augustin und Orosius verkündet[88]. Aber weder sie noch Quodvultdeus hatten die Sittenreinheit der Barbaren gepriesen oder irgendeine ihrer Maßnahmen gutgeheißen. Nach Salvian haben die Vandalen, empört über die Sittenlosigkeit der römischen Christen, die Prostitution und die Homosexualität verboten, die Dirnen zur Ehe gezwungen und eine strenge Sexualstrafgesetzgebung erlassen[89]. Chr. Courtois[90] bemerkte zu Recht, daß jede Bezeugung solcher Maßnahmen fehlt. Das Interesse der Vandalen bei der Okkupation Nordafrikas ging bekanntlich in eine ganz andere Richtung: die Unterdrückung der katholischen Kirche, die sie mit Systematik, Tücke und Grausamkeit durchzusetzen versuchten. Der Bischof Victor von Vita, der selbst Opfer der Deportationen wurde, berichtet in seiner bald nach Salvians Tod verfaßten *Historia persecutionis Africanae provinciae* vom Wüten der Vandalen gegen die Gläubigen, den Klerus, gegen Kirchen, heilige Stätten und Friedhöfe und von der Habgier und Machtgier dieser Eroberer[91]. Der Widerspruch in der Beurteilung der

---

[88] DIESNER, Orosius und Augustin. Zur Zeit der Abfassung von *ciu* vermochte Augustin die Germanengefahr noch zu bagatellisieren, z. B. III 29 (CSEL 40/1,156,18–157,14). Orosius jedoch, der für die Vandalen nur schmähende Worte findet [*hist* 7,38,1 (CSEL 5,542,16-543,1): *interea comes Stilicho, Vandalorum inbellis avarae perfidae et dolosae gentis genere editus*], sieht ihre Greueltaten als gerechte Strafe Gottes an [7,38,7. 39,1. 41,3 (544,13-535,5. 553,5-9.)], hofft jedoch noch auf eine friedliche Koexistenz des siegreichen Rom mit den Barbaren und ist bereit, Gottes Willen darin zu erkennen, daß die Barbaren den Römern zwar Leid gebracht haben, aber letztendlich durch ihr Eindringen in das römische Reich doch zum rechten Glauben finden konnten [41,8 (554,7-14)]. Eine Humanisierung der einst verfluchten Barbaren glaubt er darin zu erkennen, daß einige Römer sich dazu entschließen konnten, unter ihnen zu leben [41,7 (554,2-7)] - eine Erscheinung, die Salvian radikaler als Orosius ausschließlich auf den unerträglichen Steuerdruck des römischen Staates zurückführte.

[89] *Gub Dei* 7,94-100 (MGH.AA 1/1,101,10-102,11).

[90] 230 mit Anm. 5.

[91] Victor von Vita sah im Gegensatz zu Salvian die *impietas* ausschließlich auf Seiten der Vandalen, die eine blühende und friedliche Provinz überfielen [*hist pers* 1,1,3 (CSEL 7,3,13-4,1)], gegen die Kirchen, Klöster und Friedhöfe mehr als gegen die Städte wüteten [1,1,4 (4,2-10)] und insbesondere den katholischen Klerus und die reichen Gläubigen durch Mord, Verbannung und Versklavung auszurotten suchten [1,4,12-18 (6,23-9,9)], um überall die königstreuen Arianer in die höchsten Stellen zu bringen [1,14,43 (18,24-19,11)]. Als durch eine ungeheure Trockenheit eine Hungersnot ausbrach, sah Victor darin nicht eine Strafe Gottes für die Sünden der römischen Bürger, sondern für die Verbrechen der Vandalen [3,55 (34,19-27)]; vgl. ISICHEI 105. Andere frühere, gleichzeitige und spätere Quellen über die Leiden der Völkerwanderungszeit in Gallien (behandelt von FISCHER), Spanien und Nordafrika [außer Victor von Vita v. a. Papst Leo I *ep* 12,8.11 (PL 54,653.655); SID *carm* 5,53-64 (MGH.AA 8,189) mit der Klage der von Geiserich eroberten *Africa*; PROC *bell Vandal* 1,2,7-5,25 (Italien), 1,8,3 (Africa unter Hunerich). Vgl. DIESNER, Vandalen, bes. 981 f.; ROMANELLI 648-662] beweisen, daß die Vandalenzüge

Barbaren kann nicht, wie L. F. Barmann (96 f.) es versucht, damit erklärt werden, daß Salvian und Victor von Verschiedenem reden. Salvian hat die erschütternden Ereignisse der letzten Jahrzehnte schlichtweg mißachtet, weil sie seine auf dem Urteil älterer Quellen beruhende Hauptthese gestört hätten. Wenn man sieht, daß der Machtkampf und der Glaubenskrieg die Realität Nordafrikas von 429 an, also zwei bis drei Jahrzehnte vor der Abfassung von Salvians *De gubernatione Dei*, beherrschten, mutet Salvians Anekdote von der Verspottung der Mönche in Karthago vor der Vandaleninvasion wie ein hilfloser Versuch an, die Christenverfolgung seitens der von ihm idealisierten Vandalen vergessen zu machen. Der Realismus der Schilderung hat hier geradezu einen manipulativen Charakter: der literarische Realismus gerät zum Gegenteil der Historizität.

Da Salvian der einzige der zeitgenössischen Autoren war, der die Barbaren nicht nur als Geißel Gottes anerkannte, sondern wegen ihrer sittlichen Qualitäten lobte, scheint er es zu sein, an den sich die Warnung Victors von Vita am Ende seiner *Historia persecutionis Africanae provinciae* richtet: "Ihr nicht wenigen Menschen, die ihr die Barbaren liebt und sie zu eurer eigenen Verdammnis lobt, prüft den Namen und lernt ihre Sitten kennen. Konnte man sie denn mit einem anderen Eigennamen benennen als mit dem Namen Barbaren, da sie doch nach der Wildheit, der Grausamkeit und dem Schrecken heißen. Wie groß die Geschenke auch sein mögen, mit denen du sie umhegst, wie tief der Gehorsam, mit dem du sie besänftigst: sie wissen nichts anderes als neidisch-haßerfüllt auf die Römer zu sein. Und was ihre Absichten angeht, so wollen sie stets den Glanz und den Adel des römischen Namens umwölken. Und ihr sehnsüchtiger Wunsch ist, daß kein Römer mehr lebt, und wo man noch davon hört, daß sie 'die Unterworfenen schonen' (*parcere subiectis*), schonen sie sie, um ihre Sklavendienste zu benutzen; denn keinen Römer haben sie je ge-

niemandem unbemerkt geblieben sein konnten. In allen Zeugnissen sind die Leiden der Bevölkerung unter den Wirren der Völkerwanderung das eigentliche Thema. Nur in dem Prosper v. Aquitanien unsicher zugeschriebenen *De vocatione omnium gentium* (PL 51,647-722) wird die Völkerwanderung als Strafgericht gedeutet. In einem Hymnus, der auf die Einfälle der zweiten Hälfte des 5. Jahrhunderts eingeht, ertönt die Bitte um Gnade für die Sünden, aber die Barbareneinfälle werden doch nicht als Geißel Gottes verstanden (AHMA 27 no. 205, 281). Die unerbittlichste Verurteilung der eigenen Zeitgenossen stammte dagegen von einem Mann, der im geschützten Winkel Südgalliens von Kriegsleid unberührt geblieben war.

liebt"[92]. Das Leiden gerade der Gläubigen verbot es, im Wüten der Vandalen die Strafe Gottes für die Gottlosigkeit zu erkennen, wie es der dem Kriegsgeschehen ferne Presbyter gewollt hatte.

Noch in einem weiteren Punkt wurde Salvian widerlegt: entgegen der von ihm behaupteten Unberührtheit der Vandalen vom Reichtum und Luxus der Provinz *Africa*[93] war Victor von Vita ihre ungeheure Habgier schon während der ersten Phasen der Eroberung aufgefallen[94]. Die Vandalen erlagen offenbar schon während der Regierungszeit des Geiserich auch den Annehmlichkeiten der spätantiken Kultur: die von Salvian so verteufelten öffentlichen Spiele - Theater, Mimus, Circus - hatten es ihnen ebenso angetan wie die Villen mit Schwimmbädern, umgeben von weiten Parks und Obstplantagen - etwa dort, wo heute die Touristenhotels von Hammamet stehen -, die Gelage und die Liebschaften. Schon um 458 stellte Apollinaris Sidonius die Verweichlichung der einstigen Kraft der Vandalen fest[95]. Der Verfall setzte erst recht nach dem Tode Geiserichs (477) ein[96].

5. Resümee

Das Ziel dieses Beitrages war es, das Vertrauen, das Salvians *gub Dei* noch vielfach als historische Quelle genießt, zu erschüttern. Lassen sich in den die gallischen Verhältnisse behandelnden Werkpartien hinter den rhetorischen Übertreibungen noch eigene Kenntnisse erkennen, so beruhen die Schilderungen Africas und Karthagos und besonders die des Sittenverfalls bei den dortigen Christen auf wesentlich früheren Quellen und treffen auf die Zeit nach der Vandalen-Invasion nicht mehr zu. Auch unter Abzug rhetorischer Übertreibungen lassen sich die historischen Zusammenhänge nicht mehr erkennen.

---

[92] 3,62 (CSEL 7,102,15-103,6): *Nonnulli qui barbaros diligitis et eos in condemnationem vestram aliquando laudatis, discutite nomen et intellegite mores. Numquid alio proprio nomine vocitari poterant, nisi ut barbari dicerentur, ferocitatis utique, crudelitatis et terroris vocabulum possidentes? Quos quantiscumque muneribus foveris, quantiscumque delinieris obsequiis, illi aliud nesciunt nisi invidere Romanis. Et quantum ad eorum adtinet voluntatem, semper cupiunt splendorem et genus Romani nominis nebulare; nec ullum Romanorum omnino desiderant vivere, et ubi adhuc noscuntur parcere subiectis, ad utendum servitiis illorum parcunt; nam nullum dilexerunt aliquando Romanum.*

[93] *Gub Dei* 7,85-87 (MGH.AA 1/1,99,22-100,4).

[94] *Hist pers* 1,4,12 (CSEL 7,6,23-7,7).

[95] *Carm* 5,327-341 (MGH.AA 8,195 f.).

[96] Malchos (FHG IV 121 MÜLLER/LANGLOIS); PROC *bell Vandal* 1,17,9 f.; 2,6,6-9 über die bereitwillige Übernahme sämtlicher Sparten luxuriöser Unterhaltung. Vgl. SCHMIDT 186 f.; DIESNER, Vandalen 987; DERS., Vandalenreich 104. Zur Entartung der Barbaren bei Caesarius v. Arles: LABRIOLLE 685.

Der scheinbare Realismus der Strafpredigt ist an die Stelle der geschichtlichen Tatsachen getreten. Zum Glück kann sich der Historiker an die anderen zeitgenössischen Quellen halten. Ob Salvian mit seiner radikalen Verdammung der Römer in Nordafrika seinen leidenden Glaubensgenossen Gerechtigkeit hat widerfahren lassen oder ob eine Strafpredigt, die nicht von den tatsächlichen Zuständen ausgeht, den sündigen Menschen auf den rechten Weg zu bringen vermag, steht auf einem anderen Blatt.

Longinus "On the Sublime" and Boethius "Consolation of Philosophy"[1]

Georg LUCK

The short treatise 'On the Sublime'[2], along with Aristotle's 'Poetics' and Horace's 'Art of Poetry', is one of the most important documents of ancient literary criticism. It is not a comprehensive textbook, but a monograph in the form of a letter to a friend, based on a more extensive treatment, now lost, by Caecilius of Caleacte.

This treatise has been traditionally ascribed to the Neoplatonist Cassius Longinus (c. 213-273 A.D.), the adviser of Queen Zenobia of Palmyra. This Longinus, called by Plotinus "not a philosopher but a philologist" and by Eunapius "a living library and a walking university", was put to death by the emperor Aurelian as an enemy of the Roman order.

The oldest surviving manuscript which contains the treatise ascribes it in the title to "Dionysius Longinus" which does not make sense as a name, and in the table of contents to "Dionysius or Longinus" which probably means that the authorship was disputed between Cassius Longinus and Dionysius of Halicarnassus (first century B. C.). Most scholar seem to reject either attribution and prefer to give the work to an unknown author of the first century A. D. whom they call "Pseudo-Longinus" or "L".

In an article published in 1967 in the Finnish periodical *Arctos*, I tried to show, following David Ruhnken and others, that Longinus, the Neoplatonist, has the best claims to be considered the author of the treatise. No one, I am sorry to say, has paid much attention to my arguments, in Finland or anywhere else. But I still believe that they are valid, and I would like to show that Boethius was familiar with a theory of the sublime in literature which very closely resembles the one proposed in the treatise. Since both Longinus and Boethius were

[1] This paper was delivered at the Patristics, Medieval, Renaissance Conference at Villanova University, Pennsylvania, on September 24, 1988 and, in a slightly revised form, at the Annual Meeting of the Society of Biblical Literature and the American Academy of Religion in Chicago on November 20, 1988. I am very grateful to Robert M. Berchman for suggesting this topic and inviting me to speak on it.

[2] Ed. RUSSELL 1964; 1968. Cf. MARTANO.

Neoplatonists, it is tempting to look for a Neoplatonist origin of the doctrine.

We know very little of the influence the treatise 'On the Sublime' had on later authors. It is a very personal document, quite spontaneous and more analytical than educational, but a serious writer could, at any point of his career, learn from this little book how to become more like the masters of the sublime - Homer, Plato and Demosthenes. But there is hardly any evidence that the theory was put to practical use. It was probably not much read, but it did survive.

Boethius' 'Consolation of Philosophy'[3] is also a personal document, as well as a literary masterpiece, reflecting, as it does, his own tragedy, his downfall after a very successful career, a total reversal which brought him into a dungeon and to a cruel death. Like any great work, it transcends the personal situation of the author and takes its place among the world's classics. It is nourished by the books Boethius had read, based on his study of Plato and Aristotle, inspired by his admiration for Horace and Seneca. It seems to me that Boethius' work can be understood as a living proof that Longinus' theory was right and that it worked.

Let me briefly present this theory. As I have said already, Longinus uses as a point of departure a monograph, now lost, by an earlier critic, Caecilius of Caleacte. From this he borrows some ideas and a number of illustrations, it seems, but he also disagrees with him frequently. As he reads Caecilius, Longinus develops his own theory.

The sublime is, to him, a kind of high point in speech or writing, the maximum effect that poetry or prose can achieve. He distinguishes between speech that is merely pleasant, persuasive or entertaining and speech that produces 'ecstasy', that is, an overpowering feeling: This is great!

Longinus' first chapter contrasts elaborate logical arguments which may sink in after a while and persuade the listener or reader to the sudden brilliant flash, the irresistible turn of phrase that captivates us at once. Only writers of genius can produce this effect most naturally and authentically, although - as Longinus will point out later on - some techniques may actually be learned. "Persuasion is something we can control", he says (1.4), "but amazement and wonder exert invincible power..." And again: "Sublimity, produced at the right moment, tears everything up like a whirlwind..." (*ib.*).

Longinus' next point is that sublimity is mainly a gift, even though it can be taught to a certain extent. One of his arguments

---

[3] Ed. BIELER 1957. Cf. GRUBER, Kommentar; COURCELLE, Consolation.

tends in the following direction: "Even though Nature is a law unto herself, as far as emotion and elevation are concerned, Nature does not work altogether without a method" (2.2).

This is the kind of argument that would have impressed Boethius, I think. One studies Nature and learns from her to use one's own natural strengths and talents in a better way. This is essentially what Horace says in the 'Art of Poetry' (vv. 408-411):

Natura fieret laudabile carmen an arte,
quaesitum est. ego nec studium sine divite vena
nec rude quid prosit video ingenium: alterius sic
altera poscit opem res et coniurat amice.

Directly or indirectly, this view is probably derived from Posidonius, a Stoic philosopher who influenced both Seneca and the Neoplatonists.

A little later, in ch. 3, Longinus discusses "turgidity" (τὸ οἰδεῖν), a fault to which all orators and writers who aim at greatness naturally incline, because they try too hard to escape the criticism of aridity and weakness. They believe that "to slip from a great prize is yet a noble fault" (3.3), a belief that Boethius would have accepted, I think, because he had aimed at the highest prizes in life, had achieved them and then fell from the heights he had reached to find consolation in a noble work of poetry and philosophy.

It becomes clear that the quality which Longinus calls 'the sublime' is not only an esthetic criterion but a moral one as well. To appreciate sublimity in literature and, of course, to produce it, an author must possess a certain ἦθος which transcends all the precepts of the literary critics and the professors of rhetoric, no matter how important these may be. It all becomes a matter of character, as we would say today. Education, training, good taste, and professional experience are not enough.

Longinus puts it as follows (7.1): "Nothing is truly great which it is great to despise", and he lists among these things wealth, honors, reputation, power and everything else which has a great deal of external pomp and circumstance, πολὺ τὸ ἔξωθεν προστραγῳδούμενον.

This is exactly the situation of Boethius. All these things he had achieved in life; and he had learned, after his fall, to despise them all. The very word προστραγῳδεῖν could have held a special meaning for him: he had been the protagonist of a great drama in which he played the role of a statesman, enjoyed wearing the costume which indicated his rank, the privileges of a grand person of his time, and then he lost it all and found himself in prison, accused of crimes he was sure he never had committed. In prison he begins to meditate on the true values of life, and they become real to him in a new way, for his own experience has given a deeper meaning to all the ideas he had read in books. His tragedy, as he tries to come to terms with it, generates in him the quality of μεγαλοψυχία, "greatness of soul" which, in turn, nurtured by his rich literary culture, produces a sublime work of literature, the 'Consolation of Philosophy'.

Longinus then lists the main "sources" of the sublime, for example the power to conceive great thoughts, to experience strong, inspired emotions, but also the use of certain figures of speech (8.1).

He returns to the idea that the "sublime" is the echo of a noble mind (9.2). Only a noble mind can produce anything admirable or worthy of eternity. How true this must have seemed to Boethius! He had no earthly hopes any more. Face to face with eternity, he could only hope to survive through this one work into which he put everything.

There is now a lacuna in Longinus' text, probably not a large one; after that, the author deals with the representation of supernatural beings in great literature. What he says makes one think of Boethius' representation of Philosophy at the very beginning of the 'Consolation'. Longinus quotes as an example the Fourth Book of the *Iliad* (vv. 440-442) where Eris, "Strive" is represented as having her head in the sky and her feet on the earth. This is the way Boethius sees Philosophy: "Sometimes she shortened herself to the normal height of human beings, but sometimes she seemed to hit the sky with the top of her head, and when she stretched her head even higher, she broke into the celestial sphere" (1.1.2)[4].

Boethius was no doubt familiar with the passage in Homer and did not need Longinus to point out to him the sublimity of the concept; on the other hand, it is possible that the treatise 'On the Sublime' made him aware of this particularly striking personification. Longinus argues that, as a writer, you may find sublimity in yourself, but you may also find it in other writers and adapt it to your needs. "Many are possessed by a spirit not their own" (13.2), is his way of describing this kind of creative *imitatio* or *aemulatio*, a technique which Boethius demonstrably used. Just as Plato, according to Longinus (13.3) "diverted to himself thousands of rills from Homer's spring", thus Boethius drew from Horace and Seneca.

At the end of ch. 14 Longinus urges every creative writer to ask himself the question "How will all posterity (ὁ μετ' ἐμὲ πᾶς αἰών) listen to what I am saying here?" (14.3). An author who is truly great

[4] See GRUBER, Kommentar note ad loc. (Bibliogr.) and his article "Erscheinung" 176; COURCELLE, Consolation 190.

must not be afraid of saying something which will outlive himself or his age. The image which Longinus uses is remarkable: A great literary work of art, he says, is like a human embryo that must wait until its time to be born has come, and that may be long after the author's death. It is a very unusual image, and I am not sure that scholars have paid sufficient attention to it. Such works Longinus calls πρὸς τὸν τῆς ὑστεροφημίας τελεσφορούμενα χρόνον.

A characteristic Neoplatonist idea occurs in ch. 15, and this alone would justify the attribution of the treatise to a Neoplatonist. Longinus quotes from Euripides' lost tragedy *Phaethon* (*fr* 779 N.[2]). The sun god Helios is giving instructions to his son on how to drive the chariot across the sky. On this passage the author of the treatise remarks: "May one not say that the writer's soul has mounted the chariot, has taken wing with the horses and shared the danger? Had it not been up there among the heavenly bodies and moved in their courses, he could never have visualized those things" (15.4). This is evidently an application of Plotinus' doctrine of the descent of the soul (e.g. *Enneads* 6.4.14; 4.8.4). To Longinus it means that Euripides - or any other great poet - could never have produced a passage of such truly sublime character unless his soul had ascended to cosmic heights, taken it all in and then descended to earth again.

Longinus summarizes part of what he has said so far in ch. 15.12: Sublimity of thought is produced by greatness of mind or imitation or visualization (φαντασία) or, one might add, a combination of all three.

The following sections are more technical. They deal, among other things, with figures of speech. This is the kind of expertise one could acquire in the schools of rhetoric, and Longinus obviously writes for those who are familiar with the essentials but shows how figures can contribute to the sublime.

At the beginning of the section on diction (φράσις) in ch. 30 we find another striking statement: "The choice of words of suitable magnificence (μεγαλοπρέπεια) is a wonderful source of power to entice and charm the listener... It makes grandeur, beauty, old-world charm[5], weight, force, strength and a kind of lustre[6] bloom upon our

[5] This is how RUSSELL, On Sublimity translates εὐπίνεια.

[6] Γάνωσις, the conjecture of an anonymous scholar of the early 19th century, to make sense of ms. †τᾶν ὥσι†.

words as upon beautiful statues[7]; it gives things life and makes them speak"[8].

Another memorable insight is granted in ch. 35.2 of the treatise: "What was the vision which inspired those godlike writers? They saw many things, but especially this one: nature did not make (ἔκτισε Seager for ms. ἐ_κρινε) us into humble or lowly creatures but brought us into life, into the universe, into a great festival, to be both spectators and very ambitious competitors..." This is a development of a famous passage in Aristotle's *Protrepticus*[9]: Some travel to Olympia to compete in the Games, some in order to do business, but some go as spectators, and they have chosen the best part. Longinus takes this image a step further. He thinks that it is possible, even necessary, if one aspires to be a creative writer, to be both spectator and competitor in the grandiose festival of life. You must take in what you see, but you must also write about it in an accomplished manner, which means that you have to compete with the great writers of the past as well as with those of your own age. The author writes: "Nature has implanted in our minds from the beginning an irresistible desire for anything which is great and, in relation to ourselves, more divine (than we ourselves). Therefore the whole universe is not wide enough for the range of human contemplation and speculation. If anyone looks around at life and contemplates the splendor (τὸ περιττόν), the beauty of which everything is full, he will understand at once what we were born for. It is natural inclination - God knows - that leads us to admire not the little streams, no matter how clear and useful they are, but the Nile, the Danube, the Rhine and, above all, the Ocean. Nor do we feel so much awe before the little flame we kindle - after all, it keeps its light clear and pure - as before the fires of heaven, even though they are often obscured. We do not think it (i. e. our little flame) more worthy than the craters of Etna whose eruptions bring up rocks and whole hills from the depth and sometimes pour forth rivers of earthborn, spontaneous fire. A single explanation fits all these examples: the useful and the necessary are easily available to people; it is the unusual (τὸ παράδοξον) which always excites admiration" (35.2-5).

---

[7] In an article soon to be published, "Aesthetic Pattern and Cultural Pattern", Robert BERCHMAN points out that, in Neoplatonic aesthetic, "statues ... are vehicles for the manifestation of the image of the form of beauty", and he refers to Plotinus, *enn* 1.6.3; 1.6.5; 5.8.1. Berchman further remarks that, for a Neoplatonist, statues are concrete manifestations of divine beauty itself, since the beautiful is divine.

[8] RUSSELL's (On Sublimity) excellent translation of φυχὴ φωνητική.

[9] *Protrept fr* B 42-44 DÜRING, from IAMB *protrept* (52,16-54,5 PISTELLI).

I have quoted this superb passage at length because it seems to anticipate an equally splendid passage in Boethius (1 m. 4.1-10): "Whoever orders his life in a serene mood, keeps proud Destiny under his feet, looks boldly at both kinds of Fortune and keeps control over his facial expression as he does this. The rage and the threats of the sea that stirs up from its bottom the waves again and again cannot shake him, nor Vesuvius, bursting its fiery channels here and there, as it twists flames and smoke, nor the impact of the burning lightning bolts which always hit the high towers",

quisquis composito serenus aevo
fatum sub pedibus egit superbum
fortunamque tuens utramque rectus
invictum potuit tenere vultum,
non illum rabies minaeque ponti
versum funditus exagitantis aestum
nec ruptis quotiens vagus caminis
torquet fumificos Vesaevus ignes
aut celsas soliti ferire turres
ardentis via fulminis movebit.

Here Boethius lists phenomena which Longinus would describe as θαυμάσια or παράδοξα, and he uses his poetic gift to stress their overwhelming power and terror. At the same time, he builds up the image of the wise man who is not shaken in the least by the storms and tribulations of life but always remains calm and in control. A poetic passage like this has all the qualities that Longinus admires, the sublimity of thought matching the powerful diction.

It is the idea of *nil admirari*, "not to be impressed by anything", presented by Horace in one of his *Epistles* (1,6), but in a much more jovial manner[10].

One of the finest passages in Boethius, the philosophical hymn 3 m. 9 can be read as an illustration of Longinus' theory of the sublime, especially the point he makes about the *cognatio rerum et sermonum*[11]. The hymn is a Neoplatonist interpretation of parts of the *Timaeus*[12].

The treatise on the Sublime has a curious appendix (ch. 44) which is sometimes entitled "Causes of the Decline of Literature" and is used as an argument for dating the work into the first century A. D. rather than in the third century, because in the first century there

---

[10] In his commentary, ad loc., GRUBER also lists parallels from Seneca and Marcus Aurelius.

[11] See 3.12.93 and COURCELLE, Consolation 164 f.

[12] Cf. KLINGNER 38-67; COURCELLE, Consolation 161-176, esp. 164 n. 2.

are parallels, for instance, Tacitus' *Dialogus de Oratoribus*, but in the third century there are no parallels that we know of. Needless to say, this is a feeble argument; a theme of this kind comes close to being a *topos*, and it is possible, in any century, to complain that literature is no longer what it used to be. But it is an argument which has seemed plausible to scholars who wrote on the treatise.

Longinus wishes to pursue a problem that was posed, as he says, by "one of the philosophers" (44.1). Scholars have said that this probably means that the author is making a distinction between himself and 'the philosophers'; therefore, he is not a philosopher; therefore, he cannot be Longinus. But this line of reasoning ignores the fact that Plotinus himself called Longinus a "philologist" rather than a "philosopher".

What was it the anonymous philosopher wanted to know? He asked: "Why is it that our age has not produced any great minds? Why don't we have literature that we can really admire?" (44.1) This is a question that might be asked in any period, especially in a period in which a neo-classical taste predominated, and this is not only the case in the first century A. D. The unknown philosopher offers a tentative answer: it is the loss of freedom (44.2-5). Great literature can only flourish in a climate of freedom and democracy. Such an idea should have appealed to the historical Longinus who was, according to tradition, the moving spirit behind a revolt against Roman rule in the Near East. In the course of the debate, as he reports it, the author does not actually reject the idea, but he plays it down a little by saying: "It is easy to find fault with the present situation" (44.6). Then he goes on to blame the decline of literature on human shortcomings, mainly avarice and greed, the love of pleasure, pride and luxury. Greatness of mind wanes, fades and loses its attraction, he says, when people concentrate on their mortal parts and neglect to develop what is immortal. Once more the author returns to his main theme, that greatness in literature is really a moral rather than an aesthetic issue. Even though it is possible, to some extent, to imitate the great authors of the past, it is not enough: to write like Plato, one has to be like Plato; it is necessary not only to imitate his style, but his life-style. Literature is much more than a *métier*: it is a moral commitment.

At the end of Book I of his work, Boethius presents the same ideas in a more poetic manner. He contrasts the search for truth with the passions that tend to cloud the human mind (1 m. 7,20-31): "If you want to see the truth with clear eyes and walk towards the goal on a straight path, you, too, must drive out pleasures, drive out fear, get rid of hope, remove pain. Where these are in control, the mind is clouded, shackled and blocked",

Tu quoque, si vis
lumine claro
cernere verum,
tramite recto
carpere callem:
gaudia pelle,
pelle timorem
spemque fugato
nec dolor adsit.
Nubila mens est
vinctaque frenis,
haec ubi regnant.

In the *Laches* (191 d) Plato deals with a number of particularly harmful emotions: λύπη, φόβος, ἐπιθυμία, ἡδονή. In his appendix on the decline of literature Longinus has a similar list: ἐπιθυμία, φιλοχρηματία, φιληδονία, φιλαργυρία, πλεονεξία. These passions are like diseases of the soul, and we are their slaves. We are not the victims of a political system but those of our own perverted nature. Only philosophy can free us from this kind of tyranny, and once we are free, Longinus says, we will be able to produce great literary works.

This, I think, is the essence of Longinus' appendix, and there seems to be a corresponding view in Boethius. He must have been familiar with this kind of thinking, and it would almost be too much of coincidence to find such striking parallels in two outstanding works created within the Neoplatonist tradition. Of course it cannot be shown beyond the shadow of a doubt that Boethius read the treatise. To me, it remains an attractive hypothesis, and I hope that others will be encouraged to do more work along these lines[13].

Resümee

Der Aufsatz versucht nachzuweisen, daß Boethius, als er seine Schrift "Vom Trost der Philosophie" verfaßte, eine literarische Theorie anwandte, die derjenigen von περὶ ὕψους verwandt ist. Da sowohl Longinus wie Boethius der neuplatonischen Schule angehören, ge-

[13] The connections between Longinus' and Plutarch's aesthetics deserve a closer investigation; see, for instance, RUSSELL, Plutarch 33. There are also points of contact between Quintilian and Longinus (see RUSSELL's commentary on the treatise XIV and the notes on ch. 15, the important section on φαντασία) on the one hand and Quintilian and Boethius on the other hand (see WINTERBOTTOM 83).

winnt die Zuweisung der Schrift an Longinus wieder an Wahrscheinlichkeit.

Das Parisurteil bei Fulgentius (*myth* 2,1) Tradition und Rezeption

Udo REINHARDT

Geschichten haben ihre Geschichte, zumal wenn sie so alt sind wie jener geniale poetische Entwurf aus den Anfängen abendländischer Dichtung: der Ratschluß des Zeus (Διὸς βουλή), der Apfel der Eris (Ἔριδος μῆλον) und das Urteil des Paris (Πάριδος κρίσις) - drei konstitutive Bauelemente für den größten und bedeutendsten Sagenkreis im epischen Kyklos, die Geschichten des trojanischen Krieges. Und wenn sich denn, wie hier, die Schemata von Trias und Klimax auf das Glücklichste verbinden, so scheint es als Festgabe für einen den Reizen der Rhetorik wie schöner und sinnfälliger Geschichten nicht eben abgeneigten Gelehrten durchaus nahezuliegen, die bekannteste und wohl auch interessanteste dieser drei Geschichten eingehender zu betrachten, das Parisurteil[1], "ein Unikum in der griechischen Mythologie", wie Karl Reinhardt [1938] seinen grundlegenden Beitrag zur Rolle des Motivs in 'Kyprien' und 'Ilias' beginnt. "Man bedenke: da kommen die drei Göttinnen zum Hirten Paris auf den Ida, jede verspricht ihm etwas, Hera die Herrschaft über Länder und Reiche, Athene Heldentum und Sieg, und Aphrodite - Helena. [...] Welches ist die Schönste? Das heißt: welches sind die höchsten Erfüllungen der höchsten Wünsche eines Sterblichen, die ihm die Götter gewähren können? Paris, der Hirten–Prinz, steht vor der Entscheidung: größter König? Oder größter Held? Oder glücklichster Liebhaber - Entführer und Besitzer der allerschönsten Frau?"[2] Daß sich der junge Mann, anders als Christus in der Wüste oder Herakles am Scheidewege, für die Versuchung - und damit für seinen und Troias Untergang - entscheidet, ist bekannt: *notior in terris fabula nulla fuit.*

---

[1] Allgemeine Literatur: HUNGER 305-308 s. v. Paris; SCHERER 10-23; RODNEY [Überblick zur Ikonographie]. Spezielle Literatur: BETHE 11 f. [Fragmente 'Kyprien'], 83; CLAIRMONT; DANIÉLOU, Hochzeit; KULLMANN 52 f. [Proklos, Kyprien], 236 ff. [Ilias]; RAAB; REINHARDT; ROBERT 1071-77; SEVERYNS 145-172.

[2] REINHARDT 16.

1.

Die Grundform des Mythos, literarisch zuerst in den 'Kyprien'[3] und in der 'Ilias' (24,25-30) faßbar, bildlich um 630 v. Chr. in einem spartanischen Elfenbeinkamm (Athen, NM) und im Bildfries unter dem Henkel der Chigi-Kanne (Rom, Villa Giulia)[4], bleibt für die weitere antike Tradition prägend[5]. Für uns Heutige erreicht sie ihre reifste Ausgestaltung erst relativ spät (2. Jh. n. Chr.), in Lukians Θεῶν κρίσις, der Vorlage für Christoph Martin Wielands kongeniale Nachgestaltung [1764][6], ohne jedoch jene exemplarische oder gar 'klassische' Ausformung des Mythos darzustellen, die der für uns verlorenen Grundform der 'Kyprien' im Bewußtsein der Antike zweifellos zukam[7].

Nicht minder interessant sind die sich im Rahmen der Grundform entwickelnden Variationen, Aus- und Umdeutungen, soweit sie uns noch faßbar sind. Schon einige eher beiläufige Accessoirs in der poetischen Ausgestaltung sind nicht ohne Reiz, wie z. B. das in der späteren Tradition ganz selbstverständliche Vorkommen des Erisapfels als Siegespreis im Parisurteil (wohl noch nicht in den 'Kyprien', sondern erst im att. Drama des frühen 5. Jh.s; bildlich zuerst auf gleichzeitigen att. rf. Vasen)[8], das spektakuläre Vorfahren der Göttinnen im Wagen (bildlich zuerst im Westfries des Siphnierschatzhauses zu Delphi um 530, literarisch wohl im att. Drama des 5. Jh.s)[9], die aus der Bühnenpraxis der att. Tragödie erklärbare phrygische Kostümierung des Paris (bildlich auf att. rf. Vasen ab Mitte 5. Jh.), vor allem aber die in der ikonographischen Entwicklung seit der Renaissance gerade-

[3] Proklos-Exzerpt 3 KULLMANN.

[4] CLAIRMONT 13-15 (K 1/3); RAAB 20 f., 69-71.

[5] So die Mythographen, z. B. APD *epit* 3,2.

[6] Comische Erzählungen (I). Das Urteil des Paris [1764, publ. anonym 1765]: Werke, Bd. 4, 75 ff.

[7] Dieses Faktum wird verkannt von FRIEDRICH 320 Anm. 26: "Generell ist festzustellen, daß das Thema im Gegensatz zur bildenden Kunst in der frühen griechischen Dichtung kaum behandelt wird" (mit bedenklichen Konsequenzen i. S. einer 'feministischen Mythologie'). Nicht jedes verlorene Werk (wie z. B. die 'Kyprien') war unbedeutend; und das Abhängigkeitsverhältnis frühgriechischer Sagenbilder von frühgriechischer Dichtung ist der Regelfall, Ausnahmen (wie z. B. vermutlich Westfries Siphnierschatzhaus) bestätigen die Regel.

[8] Dazu CLAIRMONT 102-104; RAAB 49-60, bes. 58 f.; literarisch explizit erst bei Lukian.

[9] Zum Westfries Siphnierschatzhaus zuletzt MOORE. Bildlich vergleichbar: att. rf. Pyxisdeckel Kopenhagen (um 430/20); vgl. CLAIRMONT 54 (K 160), RAAB 32 f.; camp. rf. Hydria Neapel (4. Jh.); vgl. CLAIRMONT 63 (K 197). Literarische Belege: SOPH *fr* 511 RADT; EUR *Andr* 277, *Hel* 357, *Tro* 924.

zu normale Nacktheit der Göttinnen (literarisch wohl schon im Anschluß an hellenistische Dichtung bei Properz und Ovid; bildlich bisher in der antiken Kunst nicht belegbar)[10]. Mehr von äußerem Interesse sind demgegenüber die komisch-lasziven Veränderungen der attischen Mythentravestie, die uns durch eine Papyrus-Hypothesis für den 'Dionysalexandros' des Kratinos (ca. 430 v. Chr.) mit dem Austausch eines distanziert-desinteressierten Paris durch einen lüsternen Dionysos unter dem Motto 'Der trojanische Krieg findet (fast) nicht statt' noch halbwegs nachvollziehbar ist[11]; ähnlich lustig die parodistische Metamorphose der Protagonisten in Hahn (Paris), Henne, Gans und Ente auf einem pompejanischen Marmorrelief[12] oder manch witzig-frivoles Detail in der Ausgestaltung bei Lukian (z. B. wenn Voyeur Paris die drei Göttinnen einzeln der Reihe nach inspiziert).

Wirklich bemerkenswert allerdings sind erst die Variationen im Kern der Geschichte, so z. B. die Reduzierung der Dreifigurengruppe Hera-Athene-Aphrodite auf die σύγκρισις einer erlesen parfümierten, sich in ihrem Handspiegelchen wohlgefällig betrachtenden Aphrodite (Ἡδονή) und einer herben, sich zu sportlicher Betätigung mit Olivenöl einmassierenden Athene (Φρόνησις/Νοῦς/Ἀρετή) in Sophokles' Satyrspiel 'Krisis'[13] - sicher schon ein Schritt in Richtung der Prodikosfabel 'Herakles am Scheidewege', wobei der mythische Tugendheld für die gesamte Tradition in einem überraschend weitgehenden Maße das positive Gegenbild zum phrygischen Hirtenprinzen darstellt[14]; die in der Reduzierung auf zwei Göttinnen[15] wohl schon *in nuce* ent-

---

[10] Zuerst Aphrodite mit entblößter Brust: böot. sf. Kabirenskyphos Boston [vgl. Anm. 11] (kurz nach 430 v. Chr.); dann Aphrodite und Hera nackt auf etruskischen Spiegeln; literarisch u. U. schon SOPH *fr* 360 RADT (Aphrodite); alle Göttinnen nackt PROP 2,2,13 f., OV *her* 5,33-36; 17,118 und spätere; vgl. auch RUFINOS: *Anth Gr* 5,35/36. Bei COLL *rapt Hel* 154 ff. wird die Entblößung Aphrodites als schamlos bezeichnet.

[11] Hypothesis Pap. Oxy. 663 (CGFP 70): *Poetae Comici Graeci* IV 140 f.; damit m. E. zu verbinden als bildliche Belege (beide unmittelbar nach 430 v. Chr.): böot. sf. Kabirenskyphos Boston 562 (99.533) CLAIRMONT 21 f. (K 12) und böot. sf. Kabirenskyphos London Pb (publiziert von LEVI); vgl. BRAUN/HAEVERNICK Nr. 366, 401.

[12] Neapel (aus Pompeji): CLAIRMONT 84 (K 269).

[13] SOPH *fr* 361 RADT = ATHENAIOS 15, 687 C. Wenn sich der att. rf. Stamnos Detroit 24.23 (Tyszkiewicz-Maler; ARV^2 291,28; CLAIRMONT 48 (K 135); RAAB 89 f.), der auf A Aphrodite (mit Taube), Athene (?, mit Stab) und Hermes, auf B Aphrodite (mit Spiegel) und zwei Horen zeigt, bereits auf dieses Satyrspiel bezieht, wäre es ein Frühwerk des Sophokles (ca. 480/470 v. Chr.).

[14] Zur Antike REINHARDT 16 f.; DANIÉLOU, Hochzeit 252 f.; zur Renaissance: PANOFSKY 58 ff.; LETHNER 175 f.; KOEPPLIN/FALK 613 ff.

[15] Auffallend, daß der böot. sf. Kabirenskyphos Boston (zitiert Anm. 11) auf A (Hermes holt die sitzenden Göttinnen Hera [Beischrift] und Aphrodite ab) und

haltene Umdeutung der Kriegs- und Siegesgöttin Athene zur Göttin der Weisheit, explizit für das Parisurteil erst spätantik (FULG *myth* 2,1) belegbar, hatte eine nicht minder breite Wirkung auf die Tradition in Mittelalter und Renaissance[16]. Vergleichbare Variationen sind die Ansätze einer rationalistischen Kritik in Euripides' 'Troerinnen' (969 ff.)[17] oder auch die rationalistisch-allegorisierende Umdeutung der Entscheidung für Aphrodite nicht im Blick auf ἡδοναί, sondern auf οἰκειότης und εὐγένεια der Zeustochter Helena bei Isokrates (*Hel* 43 f.).

Den weiteren Verlauf der Entwicklung bestimmen zwei (sich im Einzelfall keineswegs ausschließende) Grundtypen: auf der einen Seite die rationalistische Mythenkritik (i. S. einer ἱστορία) nach Art eines Antikleides von Athen (3. Jh. v. Chr.)[18], der das ganze Parisurteil als Schwindel zu entlarven sucht und zu einer 'Schönheitskonkurrenz' zwischen drei nicht eben keuschen Frauenzimmern einheimischer Provenienz entmythologisiert[19]; entsprechend sein respektloses Zerrupfen der Tradition aus 'Kyprien' bzw. Euripides, an welchem *locus amoenus* die hehren Göttinnen vor der Endausscheidung ihr Schönheitsbad genommen haben könnten[20]. Auf der anderen Seite steht die philosophisch-allegorisierende Erklärung: die Konstituierung (σύνθεσις) des Mythos nach Art des Stoikers Chrysippos, der im 10. Buch seiner Ἠθικά Paris am Dreiweg πολεμικὴ ἄσκησις ἢ ἐρωτικὴ ἢ βασιλική (von der Abstraktion ἄσκησις abgesehen, durchaus die Grundform der 'Kyprien') schließlich εἰς τὰ ἐρωτικά entscheiden läßt[21].

Verfolgen wir die eine eher rationalistisch-kritische Linie, so setzt sie sich fort in der Aufklärung der sog. 'Zweiten Sophistik', in den Reden des Dion Chrysostomos, zunächst in den mythen-

B (zwei Frauen, wohl die Göttinnen von A, Morra spielend; dazu sitzend Paris [Rest einer Beischrift]) eine Reduzierung auf Hera und Aphrodite enthält: Variation des Schemas aus Sophokles' 'Krisis' im Eröffnungsteil von Kratinos' 'Dionysalexandros'?

[16] Ein bezeichnendes Beispiel aus der Spätgotik: auf dem Kupferstich München, Bay. Staatsbibl. (KOEPPLIN/FALK Nr. 529) des 'Meister mit den Bandrollen' (um 1470) wirbt Pallas mit dem Spruch *tribuo victoriam et potestatem ultra Sampsonem* für sich, auf einem typologisch identischen mittelrhein. Gebäckmodel (um 1450/70; Zürich, Schweiz. Landesmuseum; KOEPPLIN/FALK Nr. 530) mit dem Spruch 'Ich geben segen und gwin in gei[st]'.

[17] Dazu ROBERT 1075 mit Anm. 6; STINTON 38 n.

[18] ANT ATH *fr* 15 f. (FGH II B 802,18-26).

[19] *Fr* 15 = *Schol Eur Andr* 277 (802,18-22).

[20] *Fr* 16 = *Schol Eur Andr* 285 (802,23-26).

[21] *Fr* 15 = *Schol Eur Andr* 277 (802,18-22).

kritischen Ausführungen seiner großen Troiarede (*or* 11,12-14), wo er nach dem Prinzip (11,11), alles aus der Dichtung selbst heraus als Schwindel zu erweisen, z. B. die kluge Frage stellt, wie für Hera ein anderer Richter als Zeus kompetent sein konnte (die poetisch-rhetorischen Ausgestalter meinen augenzwinkernd, die Sache sei Zeus selbst zu heikel gewesen)[22], oder mit einem kleinen mythologisch-genealogischen Taschenspielertrick die nicht weniger intelligente Frage, wie Aphrodite mit dem Siegespreis ihrer eigenen Schwester (Helena) den positiv für sie Entscheidenden und seine ganze Dynastie zum Dank ins Unglück stürzen konnte. Ungleich fruchtbarer für die weitere Tradition erwies sich allerdings eine Variante seiner 20. Rede (19-24), in der er das ganze Parisurteil in den Tagtraum eines jungen Mannes umdeutet, der bei seinen Herden auf dem Berg Ida Zeit genug hat (σχολὴν ἄγων), auf dumme Gedanken zu kommen, und sich in seiner blühenden Phantasie als höchstes Glück (weitaus erstrebenswerter als Macht/Reichtum oder Sieg im Kampf; s. Chrysipp / Grundform 'Kyprien') die schönste Frau wünscht - mit einer Zwangsläufigkeit, die in der 'poetischen' Formulierung Lukians οὐκ ἄλλη κρατήσει τῆς 'Αφροδίτης ἀγωνιζομένης, ἣν μὴ πάνυ ὁ δικαστὴς ἀμβλυώττῃ (*DMar* 7,2; ganz im 'mythischen' Rahmen) ihre Freud[23] sicher nicht minder als Wieland[24] einleuchtende Entsprechung hat. Daß der junge Herr mangels entsprechender Realisierungsmöglichkeiten unter den Töchtern des Landes und Umlandes zwar noch nicht bis Hollywood, immerhin aber schon bis Sparta denkt (mit einer autosuggestiven Ausmalung aller erdenklichen Vorzüge dieses Traumweibes), scheint bei einem Angehörigen des mythischen Hochadels ebenso naheliegend wie der Entschluß, mit Unterstützung seiner ganzen Dynastie diese Traumhochzeit (im wahrsten Sinne des Wortes) auch zu realisieren. Das ganze psychologische Raffinement dieser das Geschehen aus der fiktionalen Welt des Mythos in die subjektive Welt der eigenen Vorstellungen verlagernden Lösung blitzt in der Formulierung auf: οὕτω δὴ διελθών τε καὶ ἐξεργασάμενος τὴν αὑτοῦ δόξαν καὶ ἐπίνοιαν, οἷον ψυχῆς ἐν ὕπνῳ φαντασίαις καὶ

[22] Z. B. LUC *dear iud* 1/WIELAND; LIB *progymn* 27,2 (VIII 50 FOERSTER).

[23] Sigmund FREUD geht auf das Motiv m. W. nur einmal ein: in seinem Aufsatz 'Das Motiv der Kästchenwahl' [1913]. Am meisten fasziniert ihn die schweigende Zurückhaltung Aphrodites bei MEILHAC/HALÉVY, Libretto zu Jacques Offenbach, La Belle Hélène [1864], I 6: "La troisième, ah! la troisième ... la troisième ne dit rien, elle eut le prix tout de même" (die Idee dazu schon bei WIELAND 708 ff.). - Zu Freud vgl. auch FEDER 38 f.

[24] Als Motto zitiert zu Beginn seiner Verserzählung: Ausgabe 76.

δόξαις ἐπανακολουθούσης καὶ μακρόν τι καὶ συντεταγμένον ὑφαινούσης ὄναρ, κριτῆς τε ὑπὸ Διὸς γίγνεται τῶν θεῶν (22); tatsächlich nicht mehr ein Richter von Zeus' Gnaden, sondern von eigenen Gnaden - konsequenter Endpunkt von Entmythologisierung, Säkularisierung und Psychologisierung der alten Grundform aus den 'Kyprien'.

Kein Wunder, daß diese brillante 'Aufklärung' der alten Geschichte übernommen wurde in den rationalistisch-kritisch historisierenden Troiaromanen (die griechischen Originale der uns erhaltenen spätlateinischen Prosaversionen sind wohl für dieselbe Zeit, das 1./2. Jh. n. Chr., vorauszusetzen). Während allerdings bei dem griechenfreundlichen '*Dictys Cretensis*' die alte Trias Διὸς βουλή - Ἔριδος μῆλον - Πάριδος κρίσις als über den Bereich des Historisch-Rationalen hinausgehende, mythisch-metaphysische Motivation des trojanischen Krieges ebenso konsequent eliminiert wird wie die höhere Motivationsebene göttlichen Handelns aus Epos (und Tragödie) insgesamt, nimmt der trojafreundliche '*Dares Phrygius*' das wichtigste der drei Motive in einer Dion Chrysostomos nahekommenden, psychologisierenden Interpretation auf, indem er das ganze Geschehen - unter Vorwegnahme einer Kategorie, die sich wissenschaftlich erst in der Freudschen Psychoanalyse der Traumdeutung konstituiert - als Traumerlebnis des jagenden Prinzen Paris hinstellt: *nam sibi in Ida silva, cum venatum abisset, in somnis Mercurium adduxisse Iunonem, Venerem et Minervam, ut inter eas de specie iudicaret*...(7)[25]. Diese gegenüber der traditionellen poetisch-mythographischen Grundform aus 'Kyprien', Ovid, Lukian, Apuleius[26] sowie in der Spätantike Kolluthos (*rapt Hel* 101 ff.) und '*Excidium Troiae*'[27] neue Variante nahm über den lateinischen '*Dares Phrygius*' (5./Anfang 6. Jh.?) ihren Weg ins Mittelalter. Gegenüber der in der Renaissance des 12./13. Jh.s zunächst durchaus gleichwertigen, an Vergil (*Aen* 1,27), Ovid, Statius (*Ach* 1,66 ff.; 2,50 ff.) und dem '*Excidium Troiae*' sich orientierenden Grundform, wie sie sich im 'Roman d' Enéas' (99 ff.; ca. 1160), 'Floire et Blancheflor' (465 ff., Ekphrasis eines Bechers; ca. 1150/60), 'Athis et Pro-

[25] Auffallend die in dieser Weise singuläre Reihenfolge der Göttinnen (entsprechend 'Roman de Troie' 3875; anders Guido de Columnis p. 62,9: *Venerem videlicet, Palladem et Iunonem*).

[26] *Met* 10,30-34 (Schilderung einer Pantomimus-Vorstellung); dazu EICKE 24-61.

[27] P. 4,23 ff. ATWOOD/WHITAKER. Singulär die Versprechung Iunos: *et ipsa iam ei promisit duplicari fetus armentorum suorum, ut geminos parerent, ... quia Iuno dea conubii et fetus appellatur.*

philias' (5655 ff., Ekphrasis eines Prachtzeltes; ca 1180) und auch noch in Konrat von Würzburgs 'Trojanerkrieg' (611 ff.; nach 1280) findet, setzte sich die Traum-Variante im späteren Mittelalter nachhaltig und immer eindeutiger durch dank der politisch-historisierenden Tendenz in Benoît de Sainte-Maure's 'Roman de Troie' (ca. 1161)[28]. Dessen Ausgestaltung der Jagd- und Traumszene wurde als repräsentatives Vorbild in der lateinischen Prosaversion '*Historia destructionis Troiae*' des Guido de Columnis (1287)[29] mit einer ebenso detaillierten wie liebevollen Schilderung von Jagd und Traum des jungen Ritters in der Waldeinsamkeit des Idagebirges noch übertroffen und wirkte durch die verschiedenen nationalsprachlichen Prosaversionen[30] bis zur Renaissance - mit Ausnahme von Italien, wo nach Giovanni Boccaccio's '*Genealogie deorum gentilium*' (6,22/12,50; ca. 1347-60) schon im ganzen 15. Jh. wieder die traditionelle antike Grundform dominiert. Anders im Norden: das Motiv des 'Schlafenden Paris' bestimmt ikonographisch die Buchillustrationen u. ä. der Spätgotik bis hin zu den zahlreichen Parisurteilen von Lucas Cranach d. Ä. (zwischen 1508/1540)[31]; literarisch findet sie sich noch in der Historia 'Das urteil Paridis' (1546) und dem Gedicht 'Der traum Paridis' (1561) des Hans Sachs und zuletzt in einer hochdeutschen Version zu Guido de Columnis, dem Volksbuch 'Von der alten und in aller Welt berümbten Statt Troia' des David Förster an der Wende zum 17. Jh. (1598, Druck Basel 1612); daneben - in der dramatischen Gattung eher funktionsloses Randmotiv - auch im Humanistendrama '*Iudicium Paridis de pomo aureo*' (75 ff.) des Jacobus Locher Philomusus (1502). Da dieses Werk allerdings eine weitaus größere Bedeutung am Ende jener zweiten, philosophisch-allegorisierenden Linie hat, wenden wir uns zurück zu deren Ansatzpunkt, der Scheidung von ἄσκησις βασιλική - πολεμική - ἐρωτική bei dem Stoiker Chrysippos.

Wenn man im Anschluß an Jean Daniélou, der in seinem Beitrag 'Die Hochzeit von Thetis und Peleus im hellenistischen Allegorismus' [1961] die antike Tradition des Schwestermotivs behan-

[28] Vgl. auch die vom 'Roman de Troie' unabhängige Ausgestaltung mit drei großen Reden der Göttinnen bei Josephus Iscanus, *Frigii Daretis Ilias* 2, 210 ff. (lat. Hexameter, ca. 1189). Zum Mittelalter insgesamt EHRHART.

[29] P. 61,16 ff. GRIFFIN (Lib. VI, f. 32r-33r).

[30] Frz. Raoul LEFÈVRE 1464, engl. William CAXTON 1468/71, dt. mehrere Volksbücher des 15. Jh.s.

[31] Dazu BUCHTHAL, bes. 37 f.; EL-HIMOUD-SPERLICH; KOEPPLIN/FALK; weiterhin: SCHUBRING.

delt hat, die philosophische Ausdeutung des Parisurteils von der Stoa aus verfolgt, so ist ein weitgehend zusammenhängender, allegorisch-kosmologischer Interpretationsstrang zu erkennen: in den Pseudo-Clementinen (Grundschrift ca. 260 n. Chr.), bei den Neuplatonikern Sallustios (um 350 n. Chr.) und Proklos (um 450 n. Chr.) sowie - als spätem Nachzügler - dem Byzantiner Johannes Tzetzes (12. Jh.).

Die Pseudo-Clementinen behandeln den Gesamtkomplex Hochzeit Peleus/Thetis und Parisurteil offenbar im Anschluß an die (weitgehend verlorene) stoische Ausdeutung[32], was neben der kosmologischen und moralischen Intention der Allegorese auch das Interesse für Etymologien nahelegt. Dabei entspricht dem Symposion anläßlich der Hochzeit der gesamte Kosmos (*mundus*); Gesamtthema der Allegorese ist die Einweihung in dessen Erkenntnis. Eris - um nur die wichtigsten Entsprechungen im Blick auf das Parisurteil zu nennen - entspricht der φιλονεικοῦσα κακία (*concupiscentia carnis*); Hera der σεμνότης (*pudicitia*), Athene der ἀνδρεία (*fortitudo*), Aphrodite den ἡδοναί (*libidines*); Paris hingegen der ἀλόγιστος ὁρμὴ καὶ βάρβαρος - entsprechend sein Urteil (λογισμός/*sensus*); Hermes (auch etymologisch) dem ἑρμηνευτικὸς λόγος (*verbum, per quod sensui doctrina confertur*); der Apfel der Hesperiden schließlich dem verderblichen πλοῦτος, der sowohl die σώφρονες (Hera) zur ῥαθυμία wie auch die ἀνδρεῖοι (Athene) zur φιλονεικία wie auch die Schönheit der Seele (Aphrodite) zur τρυφή bringen kann. Das moralische Fazit des Urteils: *si ergo, aiunt, accidat in homine barbarum esse et imperitum sensum et rectum iudicium nescientem, spreta pudicitia et virtute libidini palmam, quod est malum, dabit, per quod non solum sibi, sed et civibus et universae genti subversio et pernicies aderit* (*rec* 10,41,9). Die Gesamtaussage nach Daniélou: "Eris, die den Apfel mitten in das Festmahl wirft, ist das Symbol des Konflikts zwischen philosophischer Erkenntnis und Lockung der Lust. Paris ist das unerfahrene Urteil, das sich nicht durch Hermes erziehen läßt, sondern sich an die Lust hängt und von der wahren Philosophie abwendet"[33].

Etwa ein Jahrhundert später deutet der Neuplatoniker Sallustios (*deis et mundo* 4,4) den Gesamtkomplex (als Musterbeispiel eines μικτὸν εἶδος τῶν μύθων) in der Weise, daß das Sympo-

---

[32] PS-CLEM *hom* 6,14-16 (GCS 42²,111,17-118,21); *rec* 10,40 f. (GCS 51, 352,1-353,13); 10,40,9 (353,2-6). Vgl. auch PÉPIN 399 f.

[33] Hochzeit 246.

sion den überweltlichen Mächten entspricht[34], der goldene Apfel dem Kosmos, der sich aus entgegengesetzten Bestandteilen (Eris) zusammensetzt; der Streit der Göttinnen findet seine Entsprechung in den unterschiedlichen Gaben der gegensätzlichen, die Welt lenkenden, miteinander um das Wohl des Kosmos wetteifernden und um die Zuwendung der Seele ringenden Mächte; Paris schließlich entspricht einer κατ' αἴσθησιν ζῶσα ψυχή, die in ihrer Sinnlichkeit von allen unterschiedlichen Weltkräften nur die Schönheit (Aphrodite) sieht. Insgesamt ist eine Umwandlung der ursprünglich stoischen Konzeption in neuplatonisches Gedankengut wahrscheinlich[35].

Proklos[36] beschränkt sich demgegenüber zunächst auf die schon bei Chrysippos gegebene, letztlich auf die 'Kyprien' zurückgehende Typologie: die Seele steht vor der Wahl zwischen drei βίοι, dem βασιλικός (Hera), dem ἐρωτικός (Aphrodite) und dem πολεμικός (Athene). Dabei werden diese drei Lebensformen allerdings nicht als gegensätzlich (wie wohl bei Chrysippos), sondern - im Anschluß an die übrige neuplatonische Theorie - als sich ergänzend dargestellt.

Tzetzes (*Antehom* 57-74) greift aus der Deutung des Sallustios die Allegorie von Apfel und Kosmos auf, dem, da er sich aus gegensätzlichen Elementen (Eris) zusammensetzt, die Rolle des Kampfpreises (ἄεθλον) zugeordnet ist. Anders als bei Sallustios werden jedoch die Elemente durch Thetis und Peleus (Wasser und Erde) sowie Hera und Athene (Feuer und Luft) wiedergegeben. Aphrodite erscheint als Vertreterin der φιλίη; ihr Sieg entspricht der Überwindung der gegensätzlichen Elemente in der Einheit einer allumfassenden Liebe, womit sie weder den ἡδοναί i. S. der Stoa (Chrysippos) noch sinnlicher Schönheit i. S. des Neuplatonismus entspricht, sondern eine sowohl von Stoa (Zenon) wie Neuplatonismus (Proklos) aufgenommene, ursprünglich wohl auf Empedokles zurückgehende Allegorie darstellt. Paris schließlich erscheint - als Rhetor, der in der Abgeschiedenheit seines ländlichen Daseins, διδασκόμενος περὶ πάντων, wie es sich für einen Sohn aus königlichem Hause geziemt, viele συγγράμματα über die Vorzüge der drei Göttinnen geschrieben hat und sich

[34] Cf. FULG *myth* 3,7: *omnes etiam deos Iuppiter ad nuptias dicitur convocasse illa de causa, quod putarent pagani singulas partes in homine deos singulos obtinere...*

[35] Eine Parallele zur Umdeutung von ἡδοναί (Stoa) zu κάλλος (Neuplatonismus) im Blick auf Aphrodite findet sich auch bei MAX *diss* 40,1.

[36] *Plat pol* (II 263,21 ff. KROLL).

sehr bewußt für Aphrodite (letztlich nicht als Ἐπιθυμία, sondern als Φιλία) entschied.

2.

Auf dem Hintergund des vorgelegten Materials, der poetisch–mythographischen Grundform, der rationalistisch-mythenkritischen Linie und der philosophisch-allegorisierenden Varianten, die, in ihrer Vielfalt ebenso faszinierend wie verwirrend, wohl doch nur einen Bruchteil der tatsächlich existierenden Ausdeutungen des mythischen Themenkomplexes darstellten[37], ist eine letzte Stelle zu betrachten, die, da sie dem *stilus* eines lateinischen Kirchenvaters entstammen könnte, sich der besonderen Aufmerksamkeit des mit diesem Beitrag geehrten Gelehrten erfreuen dürfte: die *Fabula de iudicio Paridis* in den 'mitologiae' des Fulgentius (2,1)[38].

Dabei scheint mir der Aspekt, inwieweit der Verfasser der 'mitologiae' (der sog. 'Mythograph' Fulgentius) mit dem Verfasser der bedeutenderen theologischen Werke (dem sog. 'Theologen' Fulgentius) identisch ist, eher eine Glaubensfrage. Pierre Langlois hat zweimal die Argumente für oder gegen die Identität der beiden Fulgentii gegeneinander abgewogen, mit dem Ergebnis, daß - im Gegensatz zu dem Verdikt Altaners und der eher negativen Einstellung der älteren patristischen Forschung, doch in Übereinstimmung mit der eher positiven Einstellung der philologischen Forschung von Helm bis Skutsch[39] - nichts Entscheidendes gegen diese Identität spricht. So möchte ich mich diesem Urteil anschließen, nicht ohne den Hinweis, daß die Möglichkeit, "le plus grand théologien et le plus saint évêque de son temps" (Bossuet)[40] könne in seiner Jugend - und die wenigen chronologischen Kriterien aus den 'mitologiae' weisen auf das ausgehende 5. Jh. - gleichsam als theologische Jugendsünde dieses für die weitere Tradition nicht eben unbedeutende Büchlein geschrieben haben, mir persönlich den gelehrten Verfasser noch liebenswerter machen würde, als wenn dem nicht so wäre.

---

[37] DANIÉLOU, Hochzeit 248 erweitert sie mit einem mir nicht nachprüfbaren archäologischen Beleg noch um die Möglichkeit einer neupythagoreischen Variante, in der Paris sich für Aphrodite als Symbol der himmlischen Liebe entscheidet.

[38] Ausgaben: HELM/PREAUX 1898/1970; WHITBREAD 1971. Literatur: LANGLOIS, Les Œuvres; DERS., Fulgentius.

[39] SKUTSCH 216,66 ff.

[40] Zitiert nach LANGLOIS, Fulgentius 632.

Daß Fulgentius am Ende des 5. Jh.s 'mitologiae' schreibt, entspricht einer bemerkenswerten Nachblüte mythologischer Dichtung und Gelehrsamkeit in der Spätantike. Im griechischen Osten schreibt Nonnos seine Διονυσιακά (5. Jh.), Kolluthos (Anfang 6. Jh.) seine Ἑλένης ἁρπαγή und die verlorenen Καλυδωνιακά. Im lateinischen Westen entstehen gleichzeitig die für das Mittelalter neben Vergil, Ovid, Statius und eben Fulgentius' 'mitologiae' grundlegenden mythologischen Handbücher, '*Excidium Troiae*' (5. Jh.?) und '*Mythographus Vaticanus I*' (6. Jh.?)[41], weiterhin die für das Mittelalter nicht weniger bedeutenden Versionen der griechischen Troiaromane des 1./2. Jh.s, '*Dictys Cretensis*' (4. Jh.?) und '*Dares Phrygius*' (5./Anfang 6. Jh.?). Die Vergilerklärung erlebt im Anschluß an die *Interpretationes Vergilianae* des Tiberius Claudius Donatus (Ende 4. Jh.) einen letzten Höhepunkt mit dem gerade in mythologischen Details erstaunlich präzisen Vergilkommentar des Servius (Ende 4./Anfang 5. Jh.)[42] und der wohl auf den Vergilkommentar des Aelius Donatus (4. Jh.) zurückgehenden Erweiterung des '*Servius Danielis*'; auch die '*Expositio Vergilianae continentiae secundum philosophos moralis*' des Fulgentius selbst gehört - wenngleich mit primär allegorisierendem Interesse - in diesen Zusammenhang.

Die 'mitologiae' selbst enthalten nach dem Prinzip *De fabulis secundum philosophiam moraliter expositis*[43] in drei Büchern eine kritische Allegorese von 50 Einzelsagen der klassischen Mythologie unterschiedlichster Provenienz[44], im 1. Buch überwiegend Göttersagen (z. B. Phaeton 1,16, daneben im Anschluß an Danae 1,19 mit Perseus/Gorgonen 1,21 und Admet/Alkestis 1,22 auch schon Heldensagen); im 2. Buch weniger Göttersagen (z. B. *adulterium Veneris* 2,7) als Heldensagen (z. B. Parisurteil 2,1; Heraklestaten 2,2-4; Sirenen/Skylla 2,8 f.); im 3. Buch neben verschiedenen Götter- und Heldensagen (z. B. Bellerophon 3,1; Hochzeit Peleus/Thetis 3,7; Metamorphosenthemen: Actaeon 3,3; Adonis

---

[41] Mit z. T. wertvollem mythographischem Material, z. B. 1,210 zur Motivation der Troilosepisode (letztlich Sagenstoff der 'Kyprien': Proklos-Exzerpt 45 KULLMANN).

[42] So z. B. zum *fatum*-Charakter der Troilosepisode (SERV *Aen* 2,13; cf. VERG *Aen* 1,474-478) bzw. der Rhesusepisode (SERV *Aen* 1,469: cf. VERG *Aen* 1, 469-473) oder zur göttlichen Motivation von Theseus' Verlassen Ariadnes auf Naxos (SERV *Georg* 1,222; cf. *Schol Hom Od* 11,322); PHER *fr* 148 (FGH I A 98,4-20).

[43] So die *tituli* der mittelalterlichen Handschriften (HELM 2), u. U. zurückgehend auf Fulgentius selbst.

[44] Vgl. die Übersicht bei WHITBREAD 17 f. Zur kritischen Tendenz p. 15,10: *ergo nunc de deorum primum natura, unde tanta malae credulitatis lues stultis mentibus inoleverit, edicamus.*

3,8; Marsyas 3,9; Orpheus 3,10; Arethusa 3,12) auch Märchenmotive (Hero/Leander 3,4; Amor/Psyche 3,6). Die Themen Hochzeit Peleus/Thetis und Parisurteil sind unabhängig voneinander behandelt, der von Daniélou für die frühere Tradition herausgearbeitete gemeinsame Kontext allegorisierender Ausdeutung ist weitgehend aufgegeben. Da beide Themen auch in Mittelalter und Renaissance eine zunehmend selbständige Rezeption erfahren haben, wird im Folgenden die *Fabula de iudicio Paridis* (2,1) für sich behandelt.

Wesentlich bei Fulgentius ist zunächst seine z. T. an die antike philosophische Tradition anschließende, zugleich mit christlichem Gedankengut harmonisierende Interpretation; so schon im Einleitungssatz: *Philosophi tripertitam humanitatis voluerunt vitam, ex quibus primam theoreticam, secundam practicam, tertiam filargicam voluerunt, quas nos Latine contemplativam, activam, voluptariam nuncupamus, ut etiam propheta ait...* Das alte, bei Pythagoreern, Platon und Aristoteles (z. B. Protreptikos/Politik) ursprünglich dualistische Schema βίος θεωρητικός - βίος πρακτικός wird mit einer gewissen Selbständigkeit der Exegese - wohl einer unbekannten Quelle folgend, die der allegorischen Ausdeutung des Mythos bei Chrysippos bzw. Proklos nahekam - um einen dritten Bereich, den βίος φιλαργικός, erweitert[45]; das Triptychon der drei Göttinnen stellt drei mögliche Lebensformen dar[46]. Das auffallende Nebeneinander von philosophischer Theorie und biblischem Schriftverweis (*Ps* 1,1) setzt sich konsequent fort: die *vita contemplativa* (als *sapientia* und *veritatis inquisitio*; mit predigerhafter Ausführung p. 36,12 ff.) wird heidnisch (*apud illos*) den *philosophi*, christlich (*apud nos*) den *episcopi, sacerdotes, monachi* zugeordnet; die *vita activa* (als *cupiditas*; nicht weniger rhetorisch-predigerhaft ausgeführt 36,15 ff.) heidnisch (*penes antiquos*) auf *aliqui tyranni* bezogen, christlich (*penes nos*) auf *mundus omnis*; die *vita voluptaria* schließlich (als *libido*; entsprechende Ausführung 36,22 ff.) heidnisch (*penes illos*) auf *Epicurei ac voluptarii*, christlich (*penes nos*) auf die menschliche *natura* allgemein (womit sie nicht, wie im heidnischen Sinn, *crimen* ist: *quia bonum nemo gerit, nec nasci bonum licet*).

[45] Ein eigenartiger Begriff, wie das lateinische ἅπαξ λεγόμενον *momentaliter* p. 39,1.6 (Iuno); 39,16; 40,12 (ThLL VIII 1390 s.v.), sonst nicht belegbar; ἀργία wohl i. S. eines negativen *otium* (von lat. *voluptarius* her wäre eher φιληδονικός o. ä. zu erwarten); Übernahme aus einer unbekannten Quelle wahrscheinlicher als Eigenbildung. DANIÉLOU, Hochzeit 252 nennt als gedankliche Parallelen PL *pol* 441, 580 d und PLUT *lib educ* 10.

[46] So der Selbstverweis FULG *myth* 3,7 (70,17 ff.): *ergo in conceptione hominis ex elementorum iugalitate tres deae, ut supra diximus, tres vitae certantur.*

Von der dichterischen Erfindung her erscheint das Parisurteil als *trium dearum certamina*, ein Wettstreit *de formae qualitate*. Die in antiker Literatur[47] eher am Rande behandelte Frage, warum Jupiter nicht selbst richtet, wird hier durchaus theologisch beantwortet: weil die heidnischen Dichter die Begrenztheit menschlichen Urteilens (*praefinitum mundi iudicium*) nicht realisierten, im Glauben, der Mensch sei von Natur aus zu freiem Willen disponiert (*in libertatem arbitrii constitutum*), und weil Jupiter, wenn er *velut deus* gerichtet hätte, mit seiner Entscheidung gegen zwei Möglichkeiten die Welt zwangsläufig auf das verbleibende Drittel reduziert hätte, eine Konsequenz, die bei Entscheidung aus dem scheinbar freien Willen eines Menschen (*cui liberum deligendi debetur arbitrium*) nicht gegeben war. Eine kurze Darstellung, wie sinnvoll (*bene*) die Wahl gerade eines Hirten als Richter war, mit Verweis auf eine gewisse primitive Mentalität (*brutum quiddam desipuit)* und Affinität zur *libido* dank Nähe zu *ferarum pecudum mos*[48] schließt die Betrachtung ab - nach der sonstigen Mythenbehandlung der 'mitologiae' durchaus ein denkbarer Schlußpunkt; nicht hingegen in diesem Fall: *sed quid sibi tres deae de tribus vitarum ordinibus vindicent, edicamus!*

Die folgenden Einzelkapitel machen die *Fabula de iudicio Paridis* umfangsmäßig mit Abstand zum längsten aller in den 'mitologiae' behandelten Themen[49], nur die Mythen von Amor/Psyche (3,6) und Apoll/Marsyas (3,9) erreichen annähernd (70 %) denselben Textumfang, während das Schwestermotiv 3,7 nicht einmal halb soviel Text bietet. Noch auffallender ist ein starker Bruch im Stofflichen: der Einleitungsteil, von dem Triptychon der βίοι ausgehend, bei aller predigerhaften Breite bis hin zur theologischen Diskussion der Frage *cur homo, non deus iudicaverit* mit dem durchgehenden Prinzip von *interpretatio pagana/christiana* letztlich doch konsequent von der Allegorese her konzipiert, enthält insgesamt sowohl antikes wie auch persönliches, für den christlichen Verfasser spezifisches Gedankengut. Demgegenüber bringen die Einzelkapitel mit geringen Ausnahmen[50] ausschließlich griechisch-römisches Gedankengut aus grammatisch-rheto-

---

47 Z. B. LUC *dear iud* 1; DIO *or* 11,12 f.

48 Hier könnte die antike Tradition des Hirten Paris als negatives Gegenbild zum Hirten Herakles im Hintergrund stehen; vgl. DANIÉLOU, Hochzeit 252 f. und Anm. 14.

49 WHITBREAD 17 zur inhaltlichen Sonderstellung: "being elaborate enough to constitute a miniature moral essay in itself".

50 Bibelzitat *Eccl* 11,29 (39,3 f.); gleich anschließend 39,5 der Regenbogen als *arcus pacis* nach *Gen* 9,13 ff.

rischer Schultradition und Gelehrsamkeit, sowohl in den Zitaten[51] wie auch in zahlreichen mythographischen Sachdetails[52], in verschiedenen, wohl meist aus stoischer Tradition (und Varro?) herrührenden Pseudoetymologien (durchweg in Verbindung mit der Allegorese) und schließlich in einem auffallenden Element, mit dem Fulgentius an die ikonographische Tradition der antiken Literatur anschließt, wie sie aus dem Bereich der 'Zweiten Sophistik' am deutlichsten in den Εἰκόνες des Philostrat, für das Parisurteil speziell in den Details der Pantomimus-Beschreibung bei Apuleius (*met* 10,30-34) faßbar wird.

Behandelt werden die Göttinnen in der Reihenfolge *De Minerva - De Iunone - De Venere*[53], was nicht dem seit den 'Kyprien' gegebenen traditionellen Handlungsschema entspricht, wohl aber dem Triptychon des Einleitungsteils[54] wie auch späteren Beurteilungskriterien aus Mittelalter, Renaissance und Barock, als das Parisurteil (analog dem positiven Paradeigma 'Herakles am Scheidewege') in Fürstenspiegel, tableau vivant, Humanistendrama, Emblematik u. a., zum negativen Paradeigma eines klassischen Fehlurteils wird[55]; doch mag das als Ergebnis einer allegorischen Ausdeutung naheliegen.

Der Voranstellung Minervas entspricht die Tatsache, daß sie (wohl im Anschluß an das Gegensatzschema φρόνησις-ἡδονή aus Sophokles' 'Krisis')[56] in den noch vorliegenden antiken Quellen zum Parisurteil zuerst hier ausschließlich als Göttin der Weisheit definiert ist, eine Typologie, die dann, nach einer gewissen Ambivalenz bis zur Spätgotik, das Mittelalter zunehmend, Renaissance und die spätere Zeit eindeutig bestimmte[57]. Die mythographische Begründung ihrer *sapientia* gibt ihre Geburt aus Jupi-

---

[51] Neben einem nicht näher identifizierbaren Theophrastzitat mit PLAUT *Trin* 851 und TER *Eun* 732 zwei Komödienstellen; dazu ein Pentameter des Dichters Optatianus Porphyrius (3./4. Jh.) und ein Verweis auf *Iuba in fisiologis* (3. Jh.?).

[52] Ohne Quellenangaben; auffallend oft Parallelen im Corpus der *Mythographi Vaticani* (Apparat HELM).

[53] Seltene Reihenfolge; als Handlungsschema COLL *rapt Hel* 136 ff., als Parodievariation bei MEILHAC/HALÉVY I 6 (Bericht).

[54] Umgekehrt als Steigerung (Klimax) in Miltons 'Paradise Regain'd' (1671): *vita voluptaria* 2,152 ff., *activa* 2,406 ff., 3,108 ff., 4,1 ff., *contemplativa* 4,212 ff.

[55] Eine frühe Kritik schon bei APUL *met* 10,33; ein später Beleg: SPENSER, Shepheardes Calender, July eclogue, 145 ff.

[56] Dazu schon Anm. 13; cf. HYG *fab* 92,3 (Doppelversprechung Minervas): *fortissimum inter mortales futurum et omni et artificio scium* (sc. *Paridem*).

[57] Dazu schon Anm. 16; entsprechend die ganz unterschiedlichen literarischen Angaben in den mittelalterlichen Epen.

ters Haupt. Ihre ikonographischen Erscheinungsformen (Rüstung, Gorgoneion, Helm und Schild, Lanze) entsprechen der Beschreibung APUL *met* 10,30,5 und der geläufigen antiken Typologie; hinzu kommt das ungewöhnliche Detail der *triplex vestis* und das schon seit frühester Zeit häufig belegte Attribut der Eule. All diese Einzelheiten werden (teils recht gezwungen, wie etwa beim Plautuszitat *Trin* 851) mit dem Bezugspunkt *sapientia* in Verbindung gebracht, z. T. mit mehreren Deduktionen[58]; zuletzt das Attribut *noctua* indirekt auch von der Etymologie her: *quod sapientia etiam in tenebris proprium fulgorem possideat.* Die zwei letzten Angaben, *conditrix Athenarum* (im Blick auf die Rolle Athens in der Philosophie?) und *athanate parthene*, wirken eher wie ein Nachtrag aus antiker Schulweisheit.

Wie bei Minerva (*vita theoretica*), schließt auch bei Iuno (*vita activa*) der Eröffnungssatz an das Triptychon des Einleitungsteiles an; dazu passend die Pseudoetymologie *Iuno a iuvando*[59]. Die mythographischen Details sind hier weniger einheitlich: einerseits Funktionsangaben (*regnis praeesse/dea partus)*, andererseits - weniger präzise als bei Minerva - ikonographische Elemente (*cum sceptro pingitur* analog APUL *met* 10,30,5; außerdem *velato capite*, während das geläufige Diadem o. ä. fehlt) und das relativ späte, doch in der weiteren Bildtradition eindeutig dominierende Attribut des Pfau; schließlich - analog zum Erscheinungsbild des Pfau - als Begleiterin Iris mit dem Regenbogen (nach *Gen* 9,13 ff. als christliches Bundeszeichen benannt). Bezeichnend für den handlungsfernen Verlauf der Allegorese, daß Iris nicht als Götterbotin erscheint[60], ebenso wenig vorher Mercurius als Götterbote. All diese Angaben werden, mehr oder weniger gewollt, mit den Bezugspunkten *divitiae/potentia/divitiarum gloriaeque appetitus* in Verbindung gebracht.

Im Gegensatz zu inhaltlicher Gewichtung und äußerer Reihenfolge wird Venus am ausführlichsten behandelt (der Textumfang entspricht den Texten zu Minerva/Iuno zusammengenommen). Auch hier am Anfang der Rahmenverweis (*voluptaria vita*); die Pseudoetymologien *Venerem - bonam rem* (Epikureer ?) bzw. *vanam rem* (Stoiker) dienen als Ansatz, die unterschiedliche Einstellung beider Philosophien zur ἡδονή zu skizzieren. Es folgt ein

[58] Zu *triplex vestis* gleich drei, wobei die Wiederholung p. 38,6 f. wie eine Marginalie wirkt.

[59] So schon VARRO *L* 5,69.

[60] Im Zusammenhang mit dem Parisurteil selten auf griech. Vasen (CLAIRMONT 111 und RAAB 91), nicht römisch. Bei APUL *met* 10,31,3 erscheinen als Begleiter Iunos die Dioskuren Castor und Pollux.

auffallend langer Abschnitt voll grammatisch-mythographischer (u. U. auch philosophischer) Gelehrsamkeit zum Namen Afrodis (ἀφρός/*spuma*), mit zwei eher fern- als naheliegenden Ausdeutungen, deren erste die Verbindung zum Bezugspunkt *libido* (*momentaliter/in nihilum*) herstellt, die zweite im Begriff *semen* zum Mythologem der Venusgeburt aus den abgeschnittenen Genitalien des Saturn[61], wie sie von den antiken Dichtern (seit HES *Theog* 188 ff.) berichtet wird. Die postulierte *poetica vanitas* der Geschichte wird p. 40,1 ff. - wiederum auf das Bezugswort *libido* hin - deduziert; Terenz hätte sich gewundert, das menandreische *sine Cerere et Libero friget Venus* (*Eun* 732) in einem so frostigen Belegzusammenhang zu finden.

Mit explizitem Verweis auf das Medium Malerei (*pingunt*) werden dann eine Reihe für Venus typischer ikonographischer Details benannt: ihre Nacktheit[62], das Attribut der Rosen (literarisch schon im Parisurteil der 'Kyprien')[63] und der Tauben[64], weiterhin ihre Begleitung durch die drei Chariten[65], ein Motiv, das literarisch ebenfalls schon im Parisurteil der 'Kyprien' (neben Horen und Nymphen)[66] nachweisbar ist, weiterhin bei APUL *met* 10,32,3 (neben Horen und Eroten), ikonographisch mit der Typologie *duas ad nos conversas, unam a nobis aversam* bzw. *nudae* in Verbindung zum Parisurteil sowohl in der antiken Kunst[67] wie auch in Botticellis Gemälde 'Primavera', dessen Nähe zum Parisurteil Edgar Wind erkannt hat[68]. Doch auch hier sind die ikonographischen Details nicht Selbstzweck, sondern Ansatzpunkte einer breiten Ausdeutung in Richtung *libido*, was bei der Nacktheit (p. 40,6 ff.) mit drei eher frostigen Deduktionen, bei den Rosen (40,9 ff.) mit einer recht erbaulichen Betrachtung über Rosen und Dornen und erneutem *vanitas*-Verweis (*libido libet momentaliter, fugit perenniter*), bei den Tauben mit Hinweis auf die

[61] = Kronos, hier mit Pseudoetymologie zu χρόνος, cf. CIC *nat deor* 2,64 (Kommentar von PEASE z. St. 710 mit weiterem Material); PLUT *Is et Osir* 32 (*mor* 363 D) u. a.

[62] Dazu schon Anm. 10; bei APUL *met* 10,31,1 eher mit manieristisch-schwülem Raffinement geschildert.

[63] *Fr* 4,4 BETHE, cf. CHOR *dial* 39,7.

[64] Ikonographisch beim Parisurteil schon auf att. rf. Vasen, in der späteren Tradition neben Amor häufigstes Attribut.

[65] Auffallend hier, wie schon in den gesamten Einzelkapiteln, die griechische Terminologie (Quelle?).

[66] *Fr* 4,1/5,4 BETHE (bei der Schmückung vor dem Urteil).

[67] Z. B. röm. Theaterrelief Sabratha (Leptis Magna): CLAIRMONT 79 (K 245).

[68] WIND 135 ff., 312-14.

zoologisch hinreichend bekannte Laszivität dieses Federviehs (*in coitu fervidae*) erfolgt, bei den Chariten mit zwei Bemerkungen, die dem Prinzip *de fabulis moraliter expositis* durchaus entsprechen.

Am Ende steht, mit zwei weiteren Verweisen auf das Medium Malerei, inhaltlich an das Mythologem der Venusgeburt (39,14 ff.) anschließend, eine präzise Beschreibung des Typus *Venus marina*[69]: *hanc etiam in mari natantem pingunt/conca etiam marina portari pingitur* (wie in Botticellis Gemälde 'La nascita di Venere'); der Gesamtintention entsprechend jeweils recht eindeutig verbunden mit dem Begriff *libido* (Zitatverweis: *Porfirius in epigrammate*) bzw. *coitus* (Zitatverweis: *Iuba in fisiologis*). Gerade dieser Abschluß zeigt, wie wenig es Fulgentius noch auf das mythische Geschehen selbst in der traditionellen poetischen Grundform ankommt (sicher auch eine Folge der zwischenzeitlichen christlich-theologischen Mythenkritik bei Augustinus u. a.). Während die Begegnung des Paris mit den drei Göttinnen (ohne Beteiligung des Götterboten Mercurius) im Einleitungsteil zumindest noch im Hintergrund stand, wird der mythische Kontext in den drei Einzelkapiteln weitgehend aufgegeben. Athenes Kopfgeburt, Iuno Lucina und Venus marina sind bezeichnende Details dieser Tendenz: für Fulgentius geht es, weit weniger noch als für seine philosophischen Vorgänger, um poetische Realisierung der alten Geschichte, vielmehr nahezu ausschließlich um allegorische Interpretation; selbst das im Einzelnen ausgeprägte mythographisch-ikonographische Substrat bleibt demgegenüber sekundär.

Entsprechend die Rezeption der *fabula de iudicio Paridis* und der 'mitologiae' des Fulgentius insgesamt in Mittelalter, Humanismus und Renaissance[70]: dank einer auffallend breiten Handschriftenüberlieferung (Archetypus α 8./9. Jh.) überlebte das kleine spätantike Werk als eine wesentliche Quelle allegorisch–metaphorischer Mythendeutung im Verlauf des Mittelalters, wie gegen dessen Ende, im 14. Jh., etwa gleichzeitig mit den allegorischen Ausdeutungen von Ovids Metamorphosen im 'Ovide moralisé' (ca. 1320) und im '*Ovidius moralizatus*' (ca. 1337-1340) des

[69] Cf. PLIN *nat* 35,87/91: Typus der Aphrodite Anadyomene (Gemälde des Apelles).

[70] Weiterführende Literatur bei WHITBREAD 10 (allgemein), 32 ff. (zu den 'mitologiae').

Pierre Bersuire[71], ein als '*Fulgentius Metaforalis*' bekannter Traktat (ca. 1330) des Franziskaners Johannes Ridewall zeigt[72], eine Überarbeitung der 'mitologiae' i. S. christlicher Moraltheologie[73]. In der erweiterten Fassung verschiedener Handschriften des 14./15. Jh.s erscheinen nach der bei Ridewall selbst zentralen allegorischen Behandlung heidnischer Götter (im Anschluß an Fulgentius' 1. Buch) auch einige Themen der antiken Heldensage, ausgedeutet im Blick auf die Kardinaltugenden: *Danae pudicitia, Perseus fortitudo, Alceste continentia* und (im Anschluß an Fulgentius 2,1) Paris als negatives Gegenbeispiel zu *iusticia* (in Verbindung mit dem Triptychon *vita contemplativa - vita activa - vita luxuria*) als Schlußpunkt.

Unmittelbar auf Fulgentius bezieht sich dann, zu Beginn des 16. Jh.s, ein Schüler von Sebastian Brandt und Konrad Celtis, in seiner Studienzeit in Pavia (um 1492/93) bereits durch Baptista Pius mit den 'mitologiae' in Berührung gekommen und später der erste Herausgeber (Augsburg 1521) für den Bereich nördlich der Alpen: der Humanist und *poeta laureatus* Jacobus Locher Philomusus in seinem 1502 an der Universität Ingolstadt uraufgeführten Schuldrama (in Distichen) '*Iudicium Paridis de pomo aureo*'[74]. In dieser Bühnenversion, die das ganze mythische *argumentum* vom Apfelwurf der Discordia bei der Hochzeit von Peleus und Thetis bis zum Raub der Helena und zum Ausbruch des trojanischen Krieges umfaßt, bildet der 2. Akt (in dem bei Konrat von Würzburg vorgegebenen, Locher wohl aus spätmittelalterlichen Volksbüchern naheliegenden Rahmen des 'Paris bei Hofe') das dramatische Zentrum des Stückes[75]. Direkt auf die Ausdeutung des Fulgentius zurückgehend[76] und auch seiner Reihenfolge der Einzelkapitel folgend, stellen die drei großen Reden der Göttinnen Pallas (115 ff.: *promittit sapientiam*), Iuno (151 ff.: *promittit honores et regna*) und Venus (187 ff.: *spondet Helenam et voluptates*) eine originelle dramatische Synthese der spätantiken alle-

[71] Dazu GUTHMÜLLER 21 ff. ('Bersuire und Boccaccio. Der Mythos zwischen Theologie und Poetik').

[72] LIEBESCHÜTZ 1926. Datierung um 1330 (falsch WHITBREAD 28: "around the year 1430"). Vgl. auch LANGLOIS, Fulgentius 635; GUTHMÜLLER 29 f.

[73] So Kap. 1 (Ydolatria): *Nisi enim fabule tales poetice ordinarentur ad mores, theologi de eis se non deberent intromittere, sed eas pocius sicut vanas et frivolas devitare* (65,5 ff. LIEBESCHÜTZ).

[74] Dazu LETHNER.

[75] Zur Struktur des Dramas vgl. LETHNER 156-158.

[76] Sein Einleitungsteil ist als *Argumentum totius spectaculi a Iacobo Philomuso editi ex Fulgentio Mythologo* der Ausgabe im Wortlaut anhangsweise beigegeben (LETHNER 136 ff.).

gorischen Interpretation und der - Locher wohl weitgehend unbekannten - poetischen Ausgestaltung antiker und mittelalterlicher Epik dar[77]. Die Bedeutung dieses Humanistendramas in seiner Zeit unterstreicht die Tatsache, daß es - abgesehen von seiner Wirkung auf die Comedi '*das judicium Paridis*' des Hans Sachs (1532)[78] - schon 1507 in einem Holzschnitt von Hans Burgkmair vorausgesetzt wird[79] und zwischen 1504/05 und 1512 von dem Nürnberger Humanisten Pankraz Bernhaupt gen. Schwenter in seine '*Apologia poetarum*' aufgenommen wurde, in der es zwischen 1512 und 1514 in einer kolorierten Federzeichnung von Peter Vischer d. J. illustriert wurde (freilich unabhängig von den ikonographischen Details bei Fulgentius, stilistisch an Dürer und italienische Vorbilder der Renaissance anschließend)[80].

Die bei Fulgentius eher sekundäre, immerhin doch ausgeprägte mythographisch-ikonographische Komponente schließlich blieb auch nicht ohne Wirkung: ihr verdankt das kleine Werk neben den in dieser Hinsicht überragenden Metamorphosen Ovids, dem "Grundbuch abendländischer Mythologie" (Guthmüller), seine Bedeutung als wichtige Nebenquelle für Mythologie und Ikonographie heidnischer Götter und Heroen schon in der Frührenaissance bei Petrarca[81] und Boccaccio (*Genealogie deorum gentilium*), vor allem aber in der Hochrenaissance, in den teils mythographisch, teils allegorisierend, teils ikonographisch interessierten Handbüchern des L. G. Giraldi (1548), Natale Conti (1551)[82] und - last but not least - Vincenzo Cartari (1556)[83]. - In seiner Weise gilt somit auch für dieses Büchlein auf der Grenze zwischen Antike und Christentum, Mittelalter und Renaissance: *habent sua fata libelli.*

---

[77] So z. B. die großen Rede-Agone bei Joseph Iscanus, *Frigii Daretis Ilias* 2,237 ff. oder bei Konrat von Würzburg, Trojanerkrieg 975 ff.

[78] Das *argumentum* bis zum Raub Helenas entspricht dem Humanistendrama Lochers annähernd; Höhepunkt auch hier die Reden von Juno, Minerva und Venus (im 3. Akt).

[79] Allegorischer Reichsadler des Konrad Celtis mit den Künsten, dem Musenbrunnen und dem Urteil des Paris, Holzschnitt 1507, Basel Kupferstichkabinett Kunstmuseum: KOEPPLIN/FALK Nr. 535.

[80] BRANDIS/BECKER 262 f. Nr. 125.

[81] Z. B. *De viris illustribus* pr - FULG *myth* 2,1.

[82] Seine Ausdeutung des Parisurteils entspricht der Rahmentrias FULG *myth* 2,1; vgl. BORINSKI 30.

[83] 95 ff. (Giunone), 188 ff. (Minerva), 272 ff. (Venere), 286 ff. (Le Gratie): enthält alle wesentlichen bei Fulgentius genannten ikonographischen Details.

Resümee

Das Parisurteil, eine der bekanntesten Geschichten des griechischen Mythos, literarisch seit den frühen Epen, bildlich seit etwa 630 v. Chr. belegt, hat über die Jahrhunderte hin mit einer breiten Wirkung in Antike, Mittelalter und Renaissance eine ganze Fülle von Aus- und Umdeutungen erfahren. Die klassische Grundform der 'Kyprien' wurde schon im Verlauf der Antike poetisch vielfach variiert, andererseits (vor allem seit der 'Zweiten Sophistik') rationalistisch-mythenkritisch behandelt (bis hin zur mittelalterlichen Epik: 'Roman de Troie'), schließlich (spätestens seit Chrysippos) Gegenstand allegorisch-kosmologischer Interpretation, vor allem in Stoa und Neuplatonismus.

Auf dem Hintergrund der antiken Tradition und Rezeption wird versucht, die *Fabula de iudicio Paridis* aus den 'mitologiae' des Fulgentius (wohl Ende 5. Jh.) in ihrer Besonderheit einzuordnen: philosophischer Allegorismus (mit Ansätzen christlicher Interpretation) als Hauptanliegen, sekundär auch ein weniger an poetischer Darstellung als an grammatisch-rhetorischer Schultradition und Gelehrsamkeit der Antike orientiertes Interesse für das mythographisch-ikonographische Substrat. Abschließend wird die Wirkungsgeschichte in Mittelalter ('*Fulgentius Metaforalis*', um 1330), Humanismus (Locher, '*Iudicium Paridis de pomo aureo*', 1502) und Renaissance (Handbücher des 16. Jh.s) kurz skizziert.

INDICES

ABKÜRZUNGEN

AAH	*Acta Antiqua Academiae Scientiarum Hungaricae. Acta Ant(iqua) Hung(arica)*, Budapest.
AHMA	*Analecta Hymnica Medii Aevi*, Leipzig.
ALC	Ancient Literary Criticism. The Principal Texts in New Translations, ed. by Donald Andrew RUSSELL and Michael WINTERBOTTOM, Oxford 1972.
AnBoll	*Analecta Bollandiana*, Brüssel.
AnGr	*Analecta Gregoriana*, Rom.
ANRW	Aufstieg und Niedergang der Römischen Welt, hrsg. von Hildegard TEMPORINI und Wolfgang HAASE, Berlin-New York 1972 ff.
Antaios	Antaios. Zeitschrift für eine freie Welt, Stuttgart.
Anton.	*Antonianum. Periodicum philosophico-theologicum trimestre*, Rom.
Arctos NS	Arctos. *Acta Philologica Fennica, Nova Series*, Helsinki.
ARV^2	John Davidson BEAZLEY, Attic Red-figure Vase-painters, Oxford [2]1963.
AUB	*Annales Universitatis Budapestinensis*, Budapest.
Aug.	*Augustinianum. Periodicum quadrimestre Instituti Patristici* "Augustinianum", Rom.
BAC	Biblioteca de Autores Cristianos, Madrid.
BCH	Bulletin de Correspondance Hellénique. École Française d' Athènes, Paris u. a.
BEvTh	Beiträge zur Evangelischen Theologie, München.
BGrL	Bibliothek der Griechischen Literatur, Stuttgart.
BHG	*Bibliotheca Hagiographica Graeca*. Ed. Socii Bollandiani, Brüssel.
BiblThom	Bibliothèque Thomiste, Paris.
BICS	Bulletin of the Institute of Classical Studies of the University of London, London.
BKV	Bibliothek der Kirchenväter, Leipzig, Kempten, München.
BPatr.S	*Bibliographia Patristica, Supplementum*, Berlin.
BSS	*Bibliotheca Sanctorum*. Istituto Giovanni XXIII nella Pontificia Università Lateranense, Rom 1962 ff.
BT	*Bibliotheca Teubneriana*, Leipzig-Stuttgart.
BVC	Bible et Vie Chrétienne, Paris.
BZNW	Beihefte zur Zeitschrift für die Neutestamentliche Wissenschaft, Berlin u. a.
CChr.SA	*Corpus Christianorum, Series Apocrypha*, Turnhout.
CChr.SL	*Corpus Christianorum, Series Latina*, Turnhout.
CGFP	*Comicorum Graecorum Fragmenta in papyris reperta*, ed. Colinus AUSTIN, Berlin-New York 1973.
CorpAp	*Corpus Apologetarum Christianorum Saeculi secundi*, ed. Ioannes Carolus Theodorus de OTTO, 9 vol., Jena [3]1861-1881 (1-6, 9), 1857-61 (7-8) (= Wiesbaden 1969).
CPG	*Clavis Patrum Graecorum, cura et studio* Mauritii GEERARD, 5 vol., Turnhout 1974-1987.
CPT	Cambridge Patristic Texts, Cambridge.
CSEL	*Corpus Scriptorum Ecclesiasticorum Latinorum*, Wien.
CSion	Cahiers Sioniens, Paris.
CTom	Ciencia Tomista, Salamanca u. a.
DACL	Dictionnaire d' Archéologie Chrétienne et de Liturgie, Paris.
DB(H)	Dictionary of the Bible. Ed. by James HASTINGS u. a., Edinburgh.
DBS	Dictionnaire de la Bible. Supplément, Paris.

DHGE	Dictionnaire d' Histoire et de Géographie Ecclésiastique, Paris.
DPAC	Dizionario Patristico e di Antichità Cristiane, diretto da Angelo DI BERARDINO, 2 vol., Casale Monferrato 1983.
DS	Heinrich DENZINGER / Adolf SCHÖNMETZER, *Enchiridion symbolorum definitionum et declarationum de rebus fidei et morum*, Freiburg u. a. ^{36}1976.
DSp	Dictionnaire de Spiritualité, Ascétique et Mystique, Paris.
DThC	Dictionnaire de Théologie Catholique, Paris.
ECR	Eastern Churches Review, Oxford.
EcR	Ecclesiastical Review, Washington D. C.
EE	Estudios Eclesiásticos. Revista teológica de investigación e información, Madrid.
EkklPh	Ekklesiastikos Pharos, Alexandria.
EPhM	Études de Philosophie Médiévale, Paris.
ErJb	Eranos-Jahrbuch, Zürich.
EstMar	Estudios Marianos, Madrid.
ETH	Études de Théologie Historique, Paris.
FChLDG	Forschungen zur Christlichen Literatur- und Dogmengeschichte, Paderborn.
FGH	Die Fragmente der griechischen Historiker, von Felix JACOBY, 3 Teile in 15 vol., Leiden ^{2}1957-1969.
FHG	*Fragmenta Historicorum Graecorum*, ed. Carolus et Theodorus MÜLLER et Victor LANGLOIS, 5 vol., Paris 1841-1938.
FKDG	Forschungen zur Kirchen- und Dogmengeschichte, Göttingen.
Francia	Francia. Forschungen zur westeuropäischen Geschichte, München.
FRLANT	Forschungen zur Religion und Literatur des Alten und Neuen Testaments, Göttingen.
FTS	Frankfurter Theologische Studien, Frankfurt.
GCS	Die Griechischen Christlichen Schriftsteller der ersten drei Jahrhunderte, Berlin.
GNO	*Gregorii Nysseni Opera*, ed. Werner JAEGER, Hermann LANGERBECK, Heinrich DÖRRIE, Hadwig HÖRNER u. a., (Berlin 1921-1925) Leiden 1959 ff.
Gym.	*Gymnasium*. Zeitschrift für Kultur der Antike und humanistische Bildung, Heidelberg.
HThK	Herders Theologischer Kommentar zum Neuen Testament, Freiburg/Br.
HThR	Harvard Theological Review, Cambridge/Mass.
Irén.	Irénikon. Chevetogne u. a.
JHS	Journal of Hellenic Studies, London.
JÖB	Jahrbuch der Österreichischen Byzantinistik, Wien.
JÖBG	Jahrbuch der Österreichischen Byzantinischen Gesellschaft, Wien.
JPTh	Jahrbücher für Protestantische Theologie, Braunschweig u. a.
JThS	Journal of Theological Studies, Oxford u. a.
JThS NS	... New Series.
KPS	Klassisch-Philologische Studien, Leipzig-Wiesbaden.
Lampe	A Patristic Greek Lexicon, ed. G. W. H. LAMPE, Oxford 1961.
Lat.	*Lateranum. Facultas Theologica Pontificii Athenaei Lateranensis*, Rom.
Latomus	*Latomus*. Revue d'Études Latines, Brüssel.
LCI	Lexikon der Christlichen Ikonographie, Freiburg/Br. u. a.
LCL	The Loeb Classical Library, London-Cambridge/Mass.
LSJ	Henry George LIDDELL / Robert SCOTT / Henry Stuart JONES, A Greek-English Lexicon. With a Supplement 1968, Oxford 1985 (= ^{9}1940).
MBTh	Münsterische Beiträge zur Theologie, Münster.

MGH.AA	*Monumenta Germaniae Historica inde ab a. C. 500 usque ad a. 1500, Auctores Antiquissimi*, Hannover u. a.
ML.T	*Museum Lessianum*, Section Théologique, Brüssel.
N.[2]	*Tragicorum Graecorum Fragmenta*, rec. Augustus NAUCK, Leipzig [2]1889.
NPNF	A Select Library of (the) Nicene and Post-Nicene Fathers of the Christian Church, Oxford-London. Nachdruck Grand Rapids (Mich.).
NTA	Neutestamentliche Abhandlungen, Münster.
OCT	Oxford Classical Texts, Oxford.
OECT	Oxford Early Christian Texts, Oxford.
OrChrA	*Orientalia Christiana Analecta*, Rom.
OrChrP	*Orientalia Christiana Periodica*, Rom.
OrLoA	*Orientalia Lovaniensis Analecta*, Louvain.
PatMS	Patristic Monograph Series, Cambridge (Mass.).
Patrologia III	Patrologia, vol. III: Dal Concilio di Nicea (325) al Concilio di Calcedonia (451). I Padri latini a cura di Angelo DI BERARDINO con una presentazione di Johannes QUASTEN, Casale Monferrato 1978.
PCG	*Poetae Comici Graeci*, ed. Rudolfus KASSEL et Colinus AUSTIN, Berlin-New York 1983 ff.
PG	*Patrologiae cursus completus.* Accurante Jacques-Paul MIGNE, *Series Graeca*, Paris.
PhB	Philosophische Bibliothek, Leipzig.
Phoibos	Phoibos. Bulletin du Cercle de Philologie classique et orientale, Brüssel.
PhP	*Philosophia Patrum.* Interpretations of Patristic Texts, Leiden.
PhW	Philologische Wochenschrift, Leipzig.
PL	*Patrologiae cursus completus.* Accurante Jacques-Paul MIGNE, *Series Latina*, Paris.
PRE	Paulys Real-Encyclopädie der classischen Alterthumswissenschaft, Stuttgart.
PRE.S	... *Supplementum.*
PUCSC	Pubblicazioni (Edizioni) della Università Cattolica del Sacro Cuore, Mailand.
PUCSC.FL	... Contributi. Scienze Filologiche e Letteratura.
RAC	Reallexikon für Antike und Christentum, Stuttgart.
RAM	Revue d'Ascétique et de Mystique, Toulouse.
RBPH	Revue Belge de Philologie et d' Histoire, Brüssel.
RCCM	Rivista di Cultura Classica e Medioevale, Rom.
REG	Revue des Études Grecques, Paris.
RestQ	Restoration Quarterly. Studies in Christian Scholarship, Austin (Texas).
RET	Revista Española de Teología, Madrid.
RHE	Revue d' Histoire Ecclésiastique, Louvain.
RIL.L	Rendiconti. (R.) Istituto Lombardo, Accademia di Scienze e Lettere. Classe di lettere e scienze morali e storiche, Mailand.
RMP	Rheinisches Museum für Philologie, Frankfurt u. a.
RSPhTh	Revue des Sciences Philosophiques et Théologiques, Paris.
RSR	Recherches de Science Religieuse, Paris.
RUO	Revue de l' Université d' Ottawa, Ottawa.
Sal.	*Salesianum.* Pontificio Ateneo Salesiano, Turin.
SBW	Studien der Bibliothek Warburg, Leipzig.
SC	Sources Chrétiennes, Paris.
Schol.	Scholastik. Vierteljahresschrift für Theologie und Philosophie, Freiburg/Br.
ScrTh	*Scripta Theologica.* Facultad de Teología de la Universidad de Navarra, Pamplona.
SGLG	Studia Graeca et Latina Gothoburgensia, Stockholm u. a.
SicGym	*Siculorum Gymnasium.* Rassegna semestrale della facoltà di lettere e filosofia dell' università di Catania, Catania.
SOC.C	*Studia Orientalia Christiana. Collectanea*, Kairo.

SPMed	*Studia Patristica Mediolanensia*, Mailand.
StAns	*Studia Anselmiana. Philosophica [et] Theologica*, Rom.
StPatr	*Studia Patristica*. Papers Presented to the International Conference on Patristic Studies, Berlin.
SVTQ	St. Vladimir's Theological Quarterly, New York.
TDEHC	Textes et Documents pour l' Étude Historique du Christianisme, Paris.
TGrF	*Tragicorum Graecorum Fragmenta*, 4 Bde., Göttingen 1971-1977.
ThH	Théologie Historique, Paris.
ThLL	*Thesaurus Linguae Latinae*, Leipzig 1900 ff.
ThLZ	Theologische Literaturzeitung, Leipzig.
Theol(P)	Théologie. Études publiées sous la direction de la Faculté de Théologie S. J. de Lyon-Fourvière, Paris.
Thom.	Thomist. A Speculative Quarterly Review of Theology and Philosophy, Washington D.C.
ThStKr	Theologische Studien und Kritiken. Zeitschrift für das gesamte Gebiet der Theologie, Hamburg u. a.
ThWAT	Theologisches Wörterbuch zum Alten Testament, hrsg. von Gerhard Johannes BOTTERWECK, Helmer RINGGREN und Heinz-Josef FABRY, Stuttgart 1970 ff.
ThWNT	Theologisches Wörterbuch zum Neuen Testament, hrsg. von Gerhard KITTEL u. a. 1933 ff.
ThZ	Theologische Zeitschrift. Theologische Fakultät der Universität Basel, Basel.
ThZS	Theologische Zeitschrift aus der Schweiz, Zürich u. a.
TK	Texte und Kommentare, Berlin-New York.
TRE	Theologische Realenzyklopädie, Berlin-New York 1978 ff.
TS	Theological Studies. Theological Faculties of the Society of Jesus in the United States, Woodstock (Md.) u. a.
TU	Texte und Untersuchungen zur Geschichte der altchristlichen Literatur, Berlin u.a.
TzF	Texte zur Forschung, Darmstadt.
UCPCP	University of California Publications in Classical Philology, Berkeley-London.
VigChr	*Vigiliae Christianae*. Review of Early Christian Life and Language, Amsterdam-Leiden.
VS	Vie Spirituelle, Ascétique et Mystique, Paris.
WBTh	Wiener Beiträge zur Theologie, Wien.
WMANT	Wissenschaftliche Monographien zum Alten und Neuen Testament, Neukirchen-Vluyn.
WSt NF	Wiener Studien. Zeitschrift für klassische Philologie und Patristik, Neue Folge, Wien u. a.
WZ(G)	Wissenschaftliche Zeitschrift der Ernst-Moritz-Arndt-Universität Greifswald, Greifswald.
ZKG	Zeitschrift für Kirchengeschichte, Stuttgart u. a.
ZKTh	Zeitschrift für Katholische Theologie, Wien u. a.
ZNW	Zeitschrift für die Neutestamentliche Wissenschaft und die Kunde der Älteren Kirche, Berlin u. a.

QUELLEN

A. Antike

Acta Iohannis
cura Eric JUNOD - Jean-Daniel KAESTLI, 2 Bde.: CChr.SA 1-2 (1983).

AMBROSIUS (AMBR)
ep - *Epistula de causa Ioviniani* [42]: PL 16, 1124-1129.
Ex - *Exameron*, ed. Carolus SCHENKL: CSEL 32/1 (1897) 1-261.
exh - *Exhortatio virginitatis*: PL 16, 335-364.
fid - *De fide (ad Gratianum Augustum)*, ed. Otto FALLER: CSEL 78 (1962).
inc - *De incarnationis dominicae sacramento*, ed. Otto FALLER: CSEL 79 (1964) 223-281.
inst - *De institutione virginis et S. Mariae virginitate perpetua ad Eusebium*: PL 16, 305-334.
Lc - *Expositio Evangelii secundum Lucan*, ed. Carolus SCHENKL: CSEL 32/4 (1902).
myst - *De mysteriis*, ed. Otto FALLER: CSEL 73 (1955) 87-116.
paen - *De paenitentia*, ed. Otto FALLER: CSEL 73 (1955) 117-206.
par - *De paradiso*, ed. Carolus SCHENKL: CSEL 32/1 (1897) 263-336.
Ps - *Explanatio Psalmorum XII*, ed. Michael PETSCHENIG: CSEL 64 (1919).
118 Ps - *Expositio de Psalmo CXVIII*, ed. Michael PETSCHENIG: CSEL 62 (1913).
spir - *De Spiritu Sancto libri tres*, ed. Otto FALLER: CSEL 79 (1964) 1-222.
virg - *De virginibus*: PL 16, 187-232.

ANTICLIDES ATHENIENSIS (ANT ATH)
FGH II B Nr. 140, Leiden ^{2}1962, 799-803.

Apocrypha Novi Testamenti
Apokryfy Nowego Testamentu, pod redakcja ks. Marka Starowieyskiego. Tom. I: Ewangelie Apokryficzne, Lublin 1980.

APOLLINARIS HIERAPOLITANUS (APOLL)
fr pas - *Fragmenta ex libro De pascha*: CorpAp 9 (^{3}1872) 486 f.

APOLLODORUS (APD)
epit - *Epitome*: Apollodorus, The Library. With an English Translation, ed. James George FRAZER, vol. 2 (= LCL 122), London-New York ^{4}1963 (= 1921), 127-307.

APULEIUS (APUL)
met - *Metamorphoses: Apulei Platonici Madaurensis opera quae supersunt*, ed. Rudolfus HELM, vol. 1, Leipzig 1955.

ARISTOTELES (ARIST)
int - *Categoriae et liber de interpretatione*, recogn. Lorenzo MINIO-PALUELLO (= OCT), Oxford 1949.
poet - *De arte poetica liber*, recogn. Rudolfus KASSEL (= OCT), Oxford 1965.
protrept - Aristotle's *Protrepticus*. An Attempt at Reconstruction by Ingemar DÜRING (= SGLG 12), Stockholm u. a. 1961.

ATHANASIUS ALEXANDRINUS (ATH)
ep Marcell - *Epistula ad Marcellinum*: PG 27, 12-45.
-- Everett FERGUSON, Athanasius, *Epistola ad Marcellinum in interpretationem Psalmorum* (Introduction - Translation): EkklPh 60 (1978) 378-403.
gent - *Contra gentes* and *De incarnatione*, ed. and transl. R. W. THOMSON (= OECT), Oxford 1971, 2-133.
-- *Oratio contra gentes*: PG 25, 4-96.

ATHENAEUS (ATHEN)
Athenaei Naucratitae Dipnosophistarum libri XV, rec. Georgius KAIBEL, 3 vol., Leipzig (= BT) 1887-1890.

AUGUSTINUS HIPPONENSIS (AUG)
ciu - *De civitate Dei*: *Opera* V 1-2, rec. Emanuel HOFFMANN: CSEL 40 (1899-1900).
conf - *Confessiones*, ed. Lucas VERHEIJEN: CChr.SL 27 (1981).
diu qu - *De diversis quaestionibus LXXXIII* , ed. Almut MUTZENBECHER: CChr. SL 44 A (1975) 11-249.
ep - *Epistulae*, ed. Alexander GOLDBACHER: CSEL 34/1 (1895), 34/2 (1898), 44 (1904), 57 (1911).
Io eu tr - *In Iohannis Evangelium tractatus CXXIV*, ed. Radbodus WILLEMS: CChr.SL 36 (1954).
mag - *De magistro*, ed. Klaus-Detlef DAUR: CChr.SL 29 (1970) 139-203.
s - *Sermones*: PL 38-39.
-- *Sermones de Vetere Testamento*, ed. Cyrillus LAMBOT: CChr.SL 41 (1961).

BASILIUS CAESARIENSIS CAPPADOCIAE (BAS)
ep - Lettres I-III. Texte établi et traduit par Yves COURTONNE, Paris 1957-1966.
-- *Epistulae*: PG 32, 220-1112.
Eun - Contre Eunome. Introduction, traduction et notes de Bernard SESBOÜÉ, Georges-Matthieu de DURAND, Louis DOUTRELEAU: SC 299 (1982), 305 (1983) 10-175.
hex - Homélies sur l' Hexaéméron. Texte grec, introduction et traduction de Stanislas GIET: SC 26 bis (1968).
hom - *Homiliae*: PG 31, 164-617. *Homiliae dubiae*: 1429-1513.
hom in Ps - *Homiliae in psalmos*: PG 29, 209-493.
spir - Sur le Saint-Esprit. Introduction, texte, traduction et notes par Benoît PRUCHE: SC 17 bis (1968).

BOETHIUS (BOETH)
cons phil - *Philosophiae Consolatio*, ed. Ludovicus BIELER: CChr.SL 94 (1957).

CASPARI, Carl Paul
Alte und neue Quellen zur Geschichte des Taufsymbols und der Glaubensregel, Brüssel 1964 (= Christiania 1879).

Catenae (*Cat*)
-- *Catenae Graecorum Patrum in Novum Testamentum*, ed. John Anthony CRAMER, 8 vol., Hildesheim 1967 (= Oxford 1839-1844).
-- STAAB, Karl: Pauluskommentare aus der griechischen Kirche. Aus Katenenhandschriften gesammelt und herausgegeben (= NTA 15), Münster 1933 (= 1984).

CHORICIUS GAZAEUS (CHOR)
dial - *Dialexes*, ed. Richardus FOERSTER et Eberhardus RICHTSTEIG (= BT), Stuttgart 1972 (= Leipzig 1929).

CHRYSOSTOMUS, Iohannes (CHRYS)
hom - *Homiliae*: PG 52, 391-460.
hom in Ac - *In Acta Apostolorum homiliae*: PG 60, 13-384.
hom in I Cor - *In epistolam I ad Corinthios homiliae*: PG 61, 11-382.
hom in Eph - *Homiliae in epistulam ad Ephesios*: PG 62, 9-176.
-- Kommentar zu den Briefen des hl. Paulus an die Galater und Epheser, übers. von Wenzel STODERL (= BKV^2, 2. REIHE 15), München 1936.
hom in Mt - *In Matthaeum homiliae*: PG 57-58.
hom in Rom - *Homiliae in epistolam ad Romanos*: PG 60, 391-682.
prod Iud - *De proditione Iudae homiliae* 1-2: PG 49, 373-392.

CICERO (CIC)
nat deor - *De natura deorum*, ed. Arthur Stanley PEASE, 2 vol., Cambridge (Mass.) 1955/58.

CIXILANUS TOLETANUS
v Ild - *Vita S. Hildefonsi Toletanae sedis metropolitani episcopi*: PL 96, 43-48.

CLEMENS ALEXANDRINUS (CLEM AL)
str - Stromata, ed. Otto STÄHLIN/Ludwig FRÜCHTEL/Ursula TREU: GCS Clem 2 (^{4}1985), 3 (^{2}1970) 1-102.

Codex Theodosianus (*Cod Theod*)
Theodosiani libri XVI cum constitutionibus Sirmondianis et leges novellae ad Theodosianum pertinentes, ed. Theodor MOMMSEN et P. M. MEYER, 2 vol., Berlin ^{3}1962 (= 1904-1906).

COLLUTHUS (COLL)
rapt Hel - Collouthos, L' enlèvement d' Hélène. Texte établi et traduit par Pierre ORSINI (= Coll. Budé), Paris 1972.

CRATINUS (CRAT)
Ed. Rudolf KASSEL et Colin AUSTIN: PCG 4 (1983) 112-337.

CYPRIANUS CARTHAGINIENSIS (CYPR)
ep - *Epistulae*, rec. Guilelmus HARTEL: CSEL 3/2 (1871) 463-842.

CYRILLUS ALEXANDRINUS (CYR AL)
I Cor - *Fragmenta in epistolam I ad Corinthios: S.P.N. Cyrilli Archiepiscopi Alexandrini in D. Joannis Evangelium. Accedunt fragmenta varia necnon tractatus ad Tiberium diaconum duo*, ed. Philippus Edvardus PUSEY, vol. 3, Oxford 1872 (= Brüssel 1965) 249-319.
Rom - *Explanatio in epistolam ad Romanos*: PG 74, 773-856.

CYRILLUS HIEROSOLYMITANUS (CYR H)
cat - *Catecheses*: PG 33, 369-1060.
-- Ed. Guilielmus Carolus REISCHL/Josephus RUPP: *S. Cyrilli Hierosolymorum Archiepiscopi Opera quae supersunt omnia*, 2 vol., München 1848/1860 (= Hildesheim 1967), I 28-321; II 1-343.
myst - *Catecheses mystagogicae*: PG 33, 1065-1128.
-- Ed. REISCHL/RUPP: II 344-395.
-- Catéchèses mystagogiques. Introduction, texte critique et notes de Auguste PIÉDAGNEL, traduction de Pierre PARIS: SC 126 (1966).

DARES PHRYGIUS (DARES)
Daretis Phrygii de excidio Troiae historia, rec. Ferdinandus MEISTER (= BT), Leipzig 1873.

DICTYS CRETENSIS (DICT)
Dictys Cretensis Ephemeridos belli Troiani libri a Lucio Septimio ex Graeco in Latinum sermonem translati, ed. Werner EISENHUT (= BT), Leipzig ^{2}1973.

Didascalia Apostolorum (*Didasc Ap*)
The Syriac Version Translated and Accompanied by the Verona Latin Fragments. With an Introduction and Notes by R. Hugh CONOLLY, Oxford 1929.

DIO CHRYSOSTOMUS (DIO)
or - *Orationes: Dionis Prusaensis quem vocant Chrysostomum quae exstant omnia*, ed. Johannes von ARNIM, 2 vol, Berlin 1893-1896.

EPICTETUS PHILOSOPHUS (EPICT)
ench - *Enchiridion*, ed. Joh. SCHWEIGHÄUSER: *Epicteti dissertationes ab Arriano digestae*, rec. Henricus SCHENKL (= BT), Leipzig 1894, 424-460.

EPIPHANIUS CONSTANTIENSIS (EPIPH)
haer - *Panarion* (*Haereses*), ed. Karl HOLL: GCS Epiph 1 (1915) 171-464, 2 (^{2}1980), 3 (^{2}1985) 1-496.

EUAGRIUS SCHOLASTICUS (EUAGR)
h e - *Historia ecclesiastica*, ed. J. BIDEZ et L. PARMENTIER, London 1898 (= Amsterdam 1964).

EUNOMIUS CYZICENUS (EUN)
-- The Extant Works. Text and Translation by Richard Paul VAGGIONE (= OECT), Oxford 1987.
apol - *Apologia*, ed. Bernard SESBOÜÉ: SC 305 (1983) 177-299.

EURIPIDES (EUR)
Fabulae, vol. 1-2 rec. James DIGGLE (= OCT), Oxford 1984/81; vol. 3 rec. Gilbertus MURRAY (= OCT), Oxford [2]1913.
Andr - *Andromache*: I (1984) 273-332.
Hel - *Helena*: III ([2]1913).
Tro - *Troades*: II (1981) 177-240.

EUSEBIUS CAESARIENSIS (EUS)
pas - *De solemnitate paschali:* PG 24, 692-705.
Ps - *Commentarii in Psalmos*: PG 23; 24, 9-76.

Excidium Troiae
Ed. E. Bagby ATWOOD and Virgil K. WHITAKER (= The Mediaeval Academy of America Publication 44), Cambridge (Mass.) 1944.

Florilegium Casinense (*Flor Cas*)
Bibliotheca Casinensis seu Codicum Manuscriptorum qui in tabulario Casinensi asservantur series 3/2, cura et studio monachorum Ordinis S. Benedicti, Monte Cassino 1877.

FULGENTIUS (FULG)
myth - *Mythologiae*: *Fabii Planciadis Fulgentii V. C. opera*, rec. Rudolfus HELM [Leipzig 1898]. Addenda adiecit Jean PREAUX, Stuttgart 1970.
-- Fulgentius the Mythographer. Translated from the Latin, with Introductions, by Leslie George WHITBREAD, Columbus 1971, 40-99.

GREGORIUS NAZIANZENUS (GR NAZ)
or - *Orationes*: PG 35, 396-1252. PG 36, 12-664.
-- Discours 4-5 Contre Julien. Introduction, texte critique, traduction et notes par Jean BERNARDI: SC 309 (1983).
-- Discours 24-26. Introduction, texte critique, traduction et notes par Justin MOSSAY et Guy LAFONTAINE: SC 284 (1981).
-- Discours 27-31 (Discours théologiques). Introduction, texte critique, traduction et notes par Paul GALLAY et Maurice JOURJON: SC 250 (1978).
-- Die fünf theologischen Reden. Text und Übersetzung mit Einleitung und Kommentar, hrsg. von Joseph BARBEL (= Testimonia 3), Düsseldorf 1963.

GREGORIUS NYSSENUS (GR NYSS)
an et res - *Dialogus de anima et resurrectione*: PG 46, 12-160.
-- Gregor's Bischof's von Nyssa Gespräch mit seiner Schwester Makrina über Seele und Auferstehung. Griechisch und deutsch von Franz OEHLER (= BKV I/1), Leipzig 1858, 1-171.
-- On the soul and the resurrection, transl. by William MOORE: Select Writings and Letters of Gregory, Bishop of Nyssa (= NPNF II/5), Grand Rapids (Mich.) 1979 (= Oxford-New York 1893), 428-468.
Apol - *Antirrheticus adversus Apolinarium*, ed. Fridericus MÜLLER: GNO III/I (1958) 131-233.
ascens - *In ascensionem Christi*, ed. Ernestus GEBHARDT: GNO IX (1967) 323-327.
beat - *Orationes VIII de beatitudinibus*: PG 44, 1193-1301.
benef - *De beneficentia*, ed. Adrianus van HECK: GNO IX (1967) 93-108.
Cant - *In Canticum Canticorum*, ed. Hermannus LANGERBECK: GNO VI (1960 = [2]1986).
castig - *Adversus eos qui castigationes aegre ferunt*: PG 46, 308-316.

CE - *Contra Eunomium libri III*, ed. Wernerus JAEGER: GNO I ([2]1960), II ([2]1960) 3-311.
-- Stuart George HALL, Gregory Bishop of Nyssa. A refutation of the first book of the two published by Eunomius after the decease of holy Basil, translation: MATEO-SECO/BASTERO 21-135.
comm not - *Ad Graecos (ex communibus notionibus)*, ed. Fridericus MÜLLER: GNO III/I (1958) 19-33.
deit - *De deitate adversus Euagrium*, ed. Ernestus GEBHARDT: GNO IX (1967) 331-341.
diem lum - *In diem luminum*, ed. Ernestus GEBHARDT: GNO IX (1967) 221-242.
Eccl - *In Ecclesiasten homiliae*, ed. Paulus ALEXANDER: GNO V (1962 = [2]1986) 277-442.
ep - *Epistulae*, ed. Georgius PASQUALI: GNO VIII/II ([2]1959).
-- *Ad Petrum fratrem de differentia essentiae et hypostaseos* (= BASILIUS, *Epistula* 38), ed. Yves COURTONNE: Saint Basile, Lettres I, Paris 1957, 81-92.
fid - *Ad Simplicium de fide*, ed. Fridericus MÜLLER: GNO III/I (1958) 61-67.
hex - *Apologia in hexaemeron*: PG 44, 61-124.
hom opif - *De hominis opificio*: PG 44, 125-256.
-- La création de l' homme. Introduction, traduction et notes par J. LAPLACE et Jean DANIÉLOU: SC 6 (1944).
inscr Ps - *In inscriptiones Psalmorum*, ed. Jacobus Mc DONOUGH: GNO V (1962 = [2]1986) 24-175.
mart 1 - *Encomium in XL martyres*: PG 46, 749-772.
mart 2 - *Encomium in XL martyres* II: PG 46, 773-788.
Melet - *Oratio funebris in Meletium episcopum*, ed. Andreas SPIRA: GNO IX (1967) 441-457.
nat - *Oratio in diem natalem Christi*: PG 46, 1128-1149.
occurs - *De occursu domini*: PG 46, 1152-1181.
or cat - *Oratio catechetica magna*: PG 45, 9-105.
-- Gregor's Bischof's von Nyssa Abhandlung vom Religionsunterricht. Griechisch und deutsch von Franz OEHLER (= BKV I/2), Leipzig 1858, 1-151.
-- Die große Katechese: Ausgewählte Schriften des heiligen Gregorius, Bischofs von Nyssa, nach dem Urtexte übersetzt von Heinrich HAYD (= BKV 24), Kempten 1874, 121-206.
-- The Catechetical Oration of Gregory of Nyssa, ed. James Herbert SRAWLEY (= CPT), Cambridge 1903.
-- Discours catéchétique. Texte grec, traduction française, introduction et index par Louis MÉRIDIER (= TDEHC 7), Paris 1908.
-- The Catechetical Oration of Gregory of Nyssa, transl. by James Herbert SRAWLEY (= Early Church Classics), London 1917.
-- *Oratio catechetica*. Ingeleid en vertaald door Willem Cornelis Van UNNIK (= Klassieken der Kerk. Eerste Reeks: De vroege Kerk 4), Amsterdam 1949.
-- Die große katechetische Rede. *Oratio catechetica magna*. Eingel., übers. und komm. von Joseph BARBEL (= BGrL 1), Stuttgart 1971.
or dom - *De oratione dominica orationes V*: PG 44, 1120-1193.
perf - *De perfecta Christiani forma*: PG 46, 252-285.
-- *De perfectione*, ed. Wernerus JAEGER: GNO VIII/I (1952 = [3]1986) 173-214.
-- Fine, professione e perfezione del cristiano. Traduzione, introduzione e note a cura di Salvatore LILLA (= Collana di testi patristici 15), Rom 1979, 77-115.
prof Chr - *De professione Christiana*, ed. Wernerus JAEGER: GNO VIII/I (1952 = [3]1986) 129-142.
Ps 6 - *In sextum Psalmum*, ed. Jacobus Mc DONOUGH: GNO V (1962 = [2]1986) 187-193.
Pulch - *Oratio consolatoria in Pulcheriam*, ed. Andreas SPIRA: GNO IX (1967) 461-472.
ref Eun - *Refutatio confessionis Eunomii*, ed. Wernerus JAEGER: GNO II ([2]1960) 312-410.
s pas - *In sanctum Pascha*, ed. Ernestus GEBHARDT: GNO IX (1967) 245-270.
spir - *De spiritu sancto*: PG 46, 696-701.
s s pas - *In sanctum et salutare Pascha*, ed. Ernestus GEBHARDT: GNO IX (1967) 309-311.
Steph 2 - *Encomium in S. Stephanum protomartyrem II*: PG 46, 721-736.

Thdr - *De S. Theodoro*: PG 46, 736-748.
tres dei - *Ad Ablabium quod non sint tres dei*, ed. Fridericus MÜLLER: GNO III/I (1958) 37-57.
trin - *Ad Eustathium de sancta trinitate*, ed. Fridericus MÜLLER: GNO III/I (1958) 3-16.
tr sp - *De tridui inter mortem et resurrectionem Domini nostri Iesu Christi spatio*, ed. Ernestus GEBHARDT: GNO IX (1967) 273-306.
-- Die drei Tage zwischen Tod und Auferstehung unseres Herrn Jesus Christus. Eingeleitet, übersetzt und kommentiert von Hubertus R. DROBNER (= PhP 5), Leiden 1982.
tunc et ipse - *In illud: Tunc et ipse Filius*, ed. J. Kenneth DOWNING: GNO III/II (1987) 3-28.
v Ephr - *In s. Ephraim*: PG 46, 820-849.
v Gr Thaum - *De vita Gregorii Thaumaturgi*: PG 46, 893-957.
virg - *De virginitate*, ed. Johannes P. CAVARNOS: GNO VIII/I (1952 = ^{3}1986) 247-343.
-- Traité de la virginité. Introduction, texte critique, traduction, commentaire et index de Michel AUBINEAU: SC 119 (1966).
v Macr - *Vita S. Macrinae*, ed. Virginia WOODS CALLAHAN: GNO VIII/I (1952 = ^{3}1986) 370-414.
-- Vie de Sainte Macrine. Introduction, texte critique, traduction, notes et index par Pierre MARAVAL: SC 178 (1971).
v Mos - *De vita Moysis*: PG 44, 327-430.
-- *De vita Moysis*, ed. Herbertus MUSURILLO: GNO VII/I (1964).
-- La vita di Mosè. Introduzione, traduzione e note a cura di Cesare BRIGATTI (= Patristica), Rom 1967.
-- La vie de Moïse, ed. Jean DANIÉLOU: SC 1 (^{3}1968).
-- The Life of Moses. Translation, Introduction and Notes by Abraham J. MALHERBE and Everett FERGUSON. Preface by John MEYENDORFF (= The Classics of Western Spirituality), New York u. a. 1978.
-- La vita di Mosè, a cura di Manlio SIMONETTI, Mailand 1984.

GREGORIUS THAUMATURGUS NEOCAESARIENSIS (GR THAUM)
annunt 1-3 - *Homiliae III in annuntiationem Virginis Mariae*: PG 10, 1145-1178.
deit - *De deitate et tribus personis* (CPG 1781), ed. Carl Paul CASPARI, Nogle nye kirkehistoriske Anecdota II. Et Gregorius Thaumaturgus tillagt Fragment: Theologisk Tidsskrift for den evangelisk-lutherske Kirke in Norge II 8 (1882) 53-59.
gen - *Homilia in s. Dei genetricem et semper Virginem Mariam (armenice)*, ed. Jean-Baptiste PITRA, *Analecta sacra* 4, Paris 1883, 159-162, 406-408.
pan Or - Remerciement à Origène suivi de la Lettre d' Origène à Grégoire. Texte grec, introduction, traduction et notes par Henri CROUZEL: SC 148 (1969).
trin - *Homilia de trinitate* (CPG 1787), ed. Bernd Manuel WEISCHER, Qərellos IV,3: Traktate des Severianos von Gabala, Gregorios Thaumaturgos und Kyrillos von Alexandrien (= Äthiopische Forschungen 7), Wiesbaden 1980, 119-131.

HERACLITUS MYTHOLOGUS (HERACL)
all - Allégories d' Homère. Texte établi et traduit par Félix BUFFIÈRE, Paris 1962.

HESIODUS (HES)
Theog - *Theogonia: Hesiodi Theogonia, Opera et Dies, Scutum*, ed. Friedrich SOLMSEN (= OCT), Oxford 1970, 5-48.

HOMERUS (HOM)
Il - Ilias, *Homeri Opera* I-II, rec. David B. MONRO et Thomas W. ALLEN (= OCT), Oxford ^{3}1920.

HYGINUS (HYG)
fab - *Fabulae*, ed. Herbert Jennings ROSE, Leiden 1963 (= 1934).

IAMBLICHUS (IAMB)
protrept - *Protrepticus*, ed. Hermenegildus PISTELLI, Leipzig 1888.

IGNATIUS ANTIOCHENUS (IGN)

Eph - *Epistula ad Ephesios:* Die Apostolischen Väter. Eingeleitet, herausgegeben, übertragen und erläutert von Joseph A. FISCHER (= Schriften des Urchristentums 1), Darmstadt [9]1986 (= 1956), 142-161.

Smyrn - *Epistula ad Smyrnaeos*: *ib.* 204-215.

ILDEFONSUS TOLETANUS (ILD)

virg - *De virginitate perpetua beatae Mariae*: PL 96, 53-110.

IOHANNES DAMASCENUS (IO D)

f o - *De fide orthodoxa*: PG 94, 789-1228.

IOHANNES PHILOPONUS (IO PHILOP)

res - *De resurrectione*: Albert VAN ROEY, Un traité cononite contre la doctrine de Jean Philopon sur la résurrection: ΑΝΤΙΔΩΡΟΝ. Hommage à Maurits GEERARD pour célébrer l' achèvement de la *Clavis Patrum Graecorum* I, Wetteren 1984, 123-139.

IOSEPHUS HISTORICUS (IOS)

Ap - *De Iudaeorum vetustate sive contra Apionem*: *Flavii Iosephi Opera ex versione Latina antiqua*, ed. Carolus BOYSEN: CSEL 37 (1898).

IRENAEUS LUGDUNENSIS (IREN)

dem - Démonstration de la prédication apostolique. Nouvelle traduction de l' arménien avec introduction et notes par L. M. FROIDEVAUX: SC 62 (1959).

haer - Contre les hérésies livre V, ed. Adelin ROUSSEAU, Louis DOUTRELEAU, Charles MERCIER: SC 152-153 (1969).

ISIDORUS PELUSIOTA (ISID)

ep - *Epistolae*: PG 78, 177-1645.

ISOCRATES (ISOCR)

Hel - Helena: *Isocratis Orationes*, rec. Gustavus Eduardus BENSELER, editio altera cur. Friderico BLASS, vol. 1 (= BT), Leipzig 1891 (= 1878), 225-241.

IUSTINUS APOLOGETA (IUST)

I apol - *Apologia I*: CorpAp 1 (Jena [3]1879) 2-193.

dial - *Dialogus*: Die ältesten Apologeten. Texte mit kurzen Einleitungen, hrsg. von Edgar J. GOODSPEED, Göttingen 1914, 90-265.

LACTANTIUS (LACT)

inst - *Divinae institutiones*, rec. Samuel BRANDT et Georgius LAUBMANN: CSEL 19/1 (1890) 1-672.

LEO I PAPA (LEO)

ep - *Epistolae*: PL 54, 593-1218.

s - *Sermones*: PL 54, 141-468.

-- Sermons. Introduction de Jean LECLERCQ, traduction, notes et index de René DOLLE, 4 vol.: SC 22 bis (1964), 49 bis (1969), 74 bis (1976), 200 (1973).

LIBANIUS (LIB)

progymn - *Progymnasmata*: *Libanii Opera*, rec. Richardus FOERSTER, vol. 8 (= BT), Leipzig 1915, 21-571.

LONGINUS RHETOR (LONGIN)

subl - *Libellus de Sublimitate Dionysio Longino fere adscriptus*, recogn. Donald Andrew RUSSELL (= OCT), Oxford 1968.

-- 'Longinus' On the Sublime, edited with Introduction and Commentary by Donald Andrew RUSSELL, Oxford 1964.

-- 'Longinus', On Sublimity, translated by Donald Andrew RUSSELL: ALC 460-503.

LUCIANUS SOPHISTA (LUC)
-- *Luciani Opera*, rec. Matthew Donald MACLEOD, 4 vol. (= OCT), Oxford 1972-1987.
dear iud - *Dearum iudicium:* II (1974) 201-211.
DMar - *Dialogi Marini*: IV (1987) 230-260.
Rh Pr - *Rhetorum Praeceptor*: II (1974) 317-330.

MALCHUS PHILADELPHENSIS HISTORICUS (MALCH)
fr - *Fragmenta*: FHG IV 111-131 MÜLLER/LANGLOIS.

MAXIMUS TYRIUS (MAX TYR)
diss - *Dissertationes: Maximi Tyrii Philosophumena*, ed. Hermann HOBEIN (= BT), Leipzig 1910.

MELITO SARDENSIS (MEL)
pas - On Pascha and Fragments. Texts and Translations, ed. Stuart George HALL (= OECT), Oxford 1979.

METHODIUS OLYMPIUS (METH)
-- Ed. G. Nathanael BONWETSCH: GCS 27 (1917).
cibis - *De cibis*: 425-447.
res - *De resurrectione*: 217-424.
symp - *Symposium*: 1-141.

MYTHOGRAPHUS VATICANUS PRIMUS (MYTH VAT I)
Ed. Georgius Henricus BODE: *Scriptores rerum mythicarum latini tres Romae nuper reperti*, vol. 1, Celle 1834 (= Hildesheim 1968), 1-73.

NILUS ANCYRANUS (NIL)
ep - *Epistolae*: PG 79, 81-582.

Oracula Sibyllina (*Orac Sib*)
Alfons KURFESS, Sibyllinische Weissagungen. Urtext und Übersetzung, München 1951.

ORIGENES (OR)
Cels - *Contra Celsum*, ed. Paul KOETSCHAU: GCS Or 1 (1899), 2 (1899) 1-293.
-- Contre Celse, tome III (Livres V et VI). Introduction, texte critique , traduction et notes par Marcel BORRET: SC 147 (1969).
-- *Contra Celsum*, Translated with an introduction and notes by Henry CHADWICK, Cambridge ^{3}1980
comm in Rom - *Commentarii in Romanos*: PG 14, 837-1292.
hom comm ser 10 in Mt - *Commentariorum series in Matthaeum*, ed. Erich KLOSTERMANN und Ernst BENZ, 2. bearb. Aufl. hrsg. von Ursula TREU: GCS Or 11 (^{2}1976).
hom in Ex - *Homiliae in Exodum*, ed. W. A. BAEHRENS: GCS Or 6 (1920) 145-279.
hom in Lc - Homélies sur S. Luc. Texte latin et fragments grecs. Introduction, traduction et notes par Henri CROUZEL, François FOURNIER, Pierre PÉRICHON: SC 87 (1962).
-- Orygenes, Homilie o ewangelii św. Łukaska. Prekład i operacowanie S. KALINKOWSKI. Wstęp ks. Marek STAROWIEYSKI: Pisma Starochrześcijańskich Piszary 36, Warschau 1986.
hom in Num - *Homiliae in Numeros*, ed. W. A. BAEHRENS: GCS Or 7 (1921) 1-285.
Io - *Commentarium in Joannem*, ed. Erwin PREUSCHEN: GCS Or 4 (1903).
pas - Sur la Pâque. Traité inédit publié d' après un papyrus de Toura par Octave GUÉRAUD et Pierre NAUTIN (= Christianisme antique 2), Paris 1979.
princ - *De principiis*, ed. Paul KOETSCHAU: GCS Or 5 (1913).
-- Traité des principes, tomes I-IV. Introduction, texte critique de la version de Rufin, traduction par Henri CROUZEL et Manlio SIMONETTI: SC 252, 253, 268, 269 (1978-1980).
-- Vier Bücher von den Prinzipien, herausgegeben, übersetzt, mit kritischen und erläuternden Anmerkungen versehen von Herwig GÖRGEMANNS und Heinrich KARPP (= TzF 24), Darmstadt 1976.
sel in Ex - *Selecta in Exodum*: PG 12, 281-298.

OROSIUS (OROS)
hist - ***Historiae adversum paganos***, rec. Carolus ZANGEMEISTER: CSEL 5 (1882) 1-564.

OVIDIUS (OV)
her - ***Epistulae Heroidum***, ed. Henricus DÖRRIE (= TK 6), Berlin-New York 1971.

PARMENIDES (PARMEN)
Die Fragmente der Vorsokratiker, griechisch und deutsch von Hermann DIELS, Bd. 1, Berlin [4]1922, 138-165.

PETRUS I ALEXANDRINUS (PETR AL)
fr pas - ***Fragmentum ex chronico paschali***: PG 18, 511-520.

PETRUS CALLINICENSIS (PETR CALL)
c Dam - ***Contra Damianum***: *adhuc ineditum* (vgl. CPG 7252).

PHERECYDES ATHENIENSIS (PHER)
FGH I A Nr. 3, Leiden [2]1957, 58-104.

PHILO IUDAEUS (PH)
-- *Philonis Alexandrini opera quae supersunt*, ed. Leopold COHN, Paul WENDLAND et Siegfried REITER, 6 vol., Berlin 1962 (= 1896-1915).
congr - ***De congressu eruditionis gratia***: III 72-109 WENDLAND.
deus imm - ***Quod deus sit immutabilis***: II 56-94 WENDLAND.
fr - ***Fragmenta***: Fragments of Philo Iudaeus, newly edited by James Rendel HARRIS, Cambridge 1886.
heres - ***Quis rerum divinarum heres sit***: III 1-71 WENDLAND.
leg - ***Legum allegoriarum libri I-III***: I 61-169 COHN.
mig Abr - ***De migratione Abrahami***: II 268-314 WENDLAND.
Mos - ***De vita Mosis I-II***: IV 119-268 COHN.
post - ***De posteritate Caini***: II 1-41 WENDLAND.
qu Ex - ***Quaestiones et solutiones in Exodum:*** Questions and Answers on Exodus. Translated from the Ancient Armenian Version of the Original Greek by Ralph MARCUS: Philo-Supplement II (= LCL 401), London-Cambridge/Mass. 1953.
qu Gen - ***Quaestiones et solutiones in Genesin***: *ib.* I (= LCL 380), 1953.
sacr - ***De sacrificiis Abelis et Caini***: I 202-256 COHN.
spec - ***De specialibus legibus I-IV***: V 1-265 COHN.
v cont - ***De vita contemplativa***: VI 46-71 COHN.

PLATO PHILOSOPHUS (PL)
-- *Opera*, rec. Ioannes BURNET, 5 vol. (= OCT), Oxford 1900-1906.
Laches - ***Laches***: 3 (1903).
Phd - ***Phaedo***: Platons Dialog Phaidon oder über die Unsterblichkeit der Seele, übers. und erl. von Otto APELT (= PhB 147), Leipzig [2]1920.
Phdr - ***Phaedrus***: 2 (1901).
pol - ***Politeia***: 4 (1902).
symp - ***Symposium***: 2 (1901).
Ti - ***Timaeus***: 4 (1902).

PLAUTUS (PLAUT)
Trin - ***Trinummus***: *T. Macci Plauti Comoediae*, rec. Georgius GOETZ et Fridericus SCHOELL, fasc. 7 (= BT), Leipzig 1896, 1-66.

C. PLINIUS SECUNDUS [MAIOR] (PLIN)
nat - ***Naturalis historia***, ed. Carolus MAYHOFF, 5 vol., Stuttgart 1967 (= Leipzig 1892-1909).

PLOTINUS PHILOSOPHUS (PLOT)
enn - ***Enneades***, *Plotini Opera*, ed. Paul HENRY et Hans-Rudolf SCHWYZER, 3 vol. (= OCT), Oxford 1964-1982.

PLUTARCHUS (PLUT)
lib educ - *De liberis educandis*: *Moralia*, vol. 1, rec. W. R. PATON, I. WEGEHAUPT, Hans GÄRTNER (= BT), Leipzig ²1974, 1-27.
Is et Osir - *De Iside et Osiride: Moralia*, vol. 2/3, rec. W. NACHSTÄDT, W. SIEVEKING, J. B. TITCHENER (= BT), Leipzig 1971 (= 1935).

POSSIDIUS (POSS)
v Aug - *Vita Augustini*: PL 32, 33-66.

PROCLUS DIADOCHUS (PROCL)
Plat pol - *In Platonis rem publicam commentarii*, ed. Guilelmus KROLL, 2 vol. (= BT), Leipzig 1899-1901.

PROCOPIUS CAESARIENSIS (PROC)
bell Vandal - *De bello Vandalico: Procopii Caesarensis opera omnia*, rec. Jacobus HAVRY, add. et corr. Gerhard WIRTH, vol. 1 (= BT), Leipzig ²1962, 305-552.

PROPERTIUS (PROP)
eleg - *Sexti Properti Elegiarum libri IV*, ed. Paulus FEDELI (= BT), Stuttgart 1984.

PROSPER AQUITANUS (PROSP)
voc - *De vocatione omnium gentium*: PL 51, 647-722.

PSEUDO-CHYRSOSTOMUS (PS-CHRYS)
annunt et Ar - *In annuntiationem deiparae et contra Arium impium*: PG 62, 763-770.
pas 1 - Une homélie inspirée du traité sur la Pâque d' Hippolyte. Étude, édition et traduction par Pierre NAUTIN: SC 27 = Homélies Pascales I (1950).
pas 2 - Trois homélies dans la tradition d' Origène. Étude, édition et traduction par Pierre NAUTIN: SC 36 = Homélies Pascales II (1953).
pas 4 - *In sanctum Pascha* IV: PG 59, 731 f.
pas 5 - *In sanctum Pascha* V: PG 59, 731-736.

PSEUDO-CLEMENTINA (PS-CLEM)
hom - Die Pseudoklementinen I: Homilien, ed. Bernhard REHM, zum Druck besorgt durch Johannes IRMSCHER, 2. verb. Aufl. besorgt von Franz PASCHKE: GCS 42² (1969).
rec - Die Pseudoklementinen II: Rekognitionen in Rufins Übersetzung, ed. Bernhard REHM, zum Druck besorgt durch Franz PASCHKE: GCS 51 (1965).

PSEUDO-HIPPOLYTUS (PS-HIPP)
fr in Pss - *Fragmenta in Psalmos* (*Introductio Graeca*): PG 10, 712-721.
-- Hippolyt's Werke I 2, ed. H. ACHELIS: GCS 1 (1897) 136-145.

PSEUDO-IUSTINUS (PS-IUST)
coh Gr - *Cohortatio ad Graecos* (*Gentiles*): CorpAp 3 (³1879) 18-127.

QUINTILIANUS (QUINT)
inst - *Institutio Oratoria*, ed. Ludwig RADERMACHER [1907/35], add. et corr. coll. Vinzenz BUCHHEIT, 2 vol., Leipzig 1959.

QUODVULTDEUS (QUODV)
bar - *De tempore barbarico I-II*: *Opera Quodvultdeo Carthaginiensi episcopo tributa*, ed. René BRAUN: CChr.SL 60 (1976) 421-437, 471-486.

RUFINUS (RUFIN)
ep - *Epigrammata: Anthologia Graeca V*, ed. Hermann BECKBY, vol. 1, München ²1965.

SALLUSTIUS PHILOSOPHUS (SALL)
deis et mundo - Des dieux et du monde. Texte établi et traduit par Gabriel ROCHEFORT (= Coll. Budé), Paris 1960.

SALVIANUS MASSILIENSIS (SALV)
gub Dei - *De gubernatione Dei*, rec. Carolus HALM (= MGH.AA 1/1), Berlin 1877 (= München 1978), 1-108.
-- Du Gouvernement de Dieu: Œuvres, vol. 2. Introduction, texte critique, traduction et notes par Georges LAGARRIGUE: SC 220 (1975).

Scholia Graeca in Homeri Odysseam (*Schol Od*)
Ed. Gulielmus DINDORFIUS, 2 vol., Oxford 1855.

Septuaginta (LXX)
Id est Vetus Testamentum graece iuxta LXX interpretes, ed. Alfred RAHLFS, 2 vol., Stuttgart 1935.

SERVIUS GRAMMATICUS (SERV)
Aen - *Commentarius in Vergilii Aeneidos libros: Servii Grammatici qui feruntur in Vergilii carmina commentarii*, rec. Georgius THILO et Hermannus HAGEN, vol. 1-2, Leipzig 1881-1884.
Georg - *Commentarius in Vergilii Georgica: Servii Grammatici qui feruntur in Vergilii Bucolica et Georgica commentarii*, rec. Georgius THILO (= vol. 3/1), Leipzig 1887, 128-360.

SIDONIUS APOLLINARIS (SID)
-- *C. Sollii Apollinaris Sidonii Epistulae et carmina*, rec. Christianus LUETJOHANN (= MGH.AA 8), Berlin 1961 (= 1887).
carm - *Carmina*: 173-264.
ep - *Epistulae*: 1-172.

SOCRATES SCHOLASTICUS (SOCR)
h e - *Historia ecclesiastica*: PG 67, 29-841.

SOPHOCLES (SOPH)
Ant - *Antigone: Sophoclis Tragoediae*, tomus II, ed. Roger D. DAWE (= BT), Leipzig 1979, 55-110.
fr - *Fragmenta*, ed. Stefan RADT (= TrGF 4), Göttingen 1977.

STATIUS (STAT)
Ach - *Achilleis*, recogn. H. W. GARROD (= OCT), Oxford 1965 (= 1906).

Stoicorum Veterum Fragmenta (SVF)
Ed. Johannes von ARNIM, 3 Bde., Stuttgart 1978/79 (= Leipzig 1903-1905).

SUDA
Suidae Lexicon, ed. Ada ADLER, 5 vol. (= *Lexicographi Graeci* I 1-5), Stuttgart 1967-1971 (= Leipzig 1928-1938).

SYMEON METAPHRASTES (SYM)
s - *Sermones*: PG 32, 1115-1382.

TERENTIUS (TER)
Eun - *Eunuchus*, *Comoediae*, recogn. Robert KAUER, Wallace M. LINDSAY, Otto SKUTSCH (= OCT), Oxford 1958 (= 1926 with additions).

TERTULLIANUS (TERT)
apol - *Apologeticum*, ed. Henricus HOPPE: CSEL 69 (1939).
cor - *De corona*, ed. Aemilius KROYMANN: CChr.SL 2 (1954) 1037-1065.
Marc - *Adversus Marcionem*, ed. Aemilius KROYMANN: CChr.SL 1 (1954) 437-726.
mon - Le mariage unique (*De monogamia*). Introduction, texte critique, traduction et commentaire de Paul MATTEI: SC 343 (1988).
spec - *De spectaculis*, ed. Augustus REIFFERSCHEID et Georgius WISSOWA: CSEL 20 (1890) 1-29.

THEODORETUS CYRRHENSIS (THDT)
Rom-Philm - Interpretationes in Pauli epistulas: PG 82, 43-877.

THEODORUS MOPSUESTENUS (THDR MOPS)
Eph - In epistolam ad Ephesios, ed. Henry Barclay SWETE, *Theodori Episcopi Mopsuesteni in Epistolas B. Pauli Commentarii*. The Latin Version with the Greek Fragments. With an Introduction, Notes and Indices, vol. I, Cambridge 1880, 112-196.

Traditio Apostolica (*Trad Ap*)
Hippolyte de Rome, La tradition apostolique d' après les anciennes versions. Introduction, traduction et notes par Bernard BOTTE: SC 11 bis (1968).

TZETZES, Iohannes (TZ)
Antehom - Antehomerica: Ioannis Tzetzae Antehomerica, Homerica et Posthomerica, rec. Immanuel BEKKER, Berlin 1816, 1-21.

VARRO (VAR)
L - De lingua Latina, rec. Georgius GOETZ et Fridericus SCHOELL, Leipzig 1910.

VERGILIUS (VERG)
Aen - Aeneis: Opera, rec. Roger A. B. MYNORS (= OCT), Oxford 1972 (= 1969 with corrections).

VICTOR VITENSIS (VIC)
hist pers - Historia persecutionis Africanae provinciae, rec. Michael PETSCHENIG: CSEL 7 (1881).

B. Mittelalter

ATHIS ET PROPHILIAS
Li Romanz d' Athis et Prophilias (L' Estoire d' Athenes), hrsg. von Alfons HILKA, 2 vol. (= Gesellschaft für Romanische Literatur 29, 40), Dresden 1912/16.

BENOÎT DE SAINTE-MAURE
Le Roman de Troie, publ. par Léopold CONSTANS, tom. 1-6 (= Société des Anciens Textes Français), Paris 1904-1912.

FLOIRE ET BLANCHEFLOR
Le conte de Floire et Blancheflor, ed. Jean-Luc LECLANCHE (= Les classiques français du moyen âge 105), Paris 1980.

GUIDO DE COLUMNIS
Historia destructionis Troiae, ed. Nathaniel Edward GRIFFIN (= The Mediaeval Academy of America Publ. 26), Cambridge (Mass.) 1936.

JOHANNES RIDEWALL
Fulgentius Metaforalis, ed. Hans LIEBESCHÜTZ (= SBW 4), Leipzig-Berlin 1926.

JOSEPH ISCANUS
Frigii Daretis Yliados libri sex: Joseph Iscanus, Werke und Briefe, hrsg. von Ludwig GOMPF (= Mittellateinische Studien und Texte 4), Leiden-Köln 1970, 77-211.

KONRAT VON WÜRZBURG
Der trojanische Krieg, hrsg. von Adelbert von KELLER, Stuttgart 1858.

Roman d' Enéas
Publ. par Jacques SALVERDA DE GRAVE (= *Bibliotheca Normannica* 4), Halle/S. 1891.

THOMAS AQUINAS
s th - *Sancti Thomae Aquinatis Doctoris Angelici Ordinis Praedicatorum Summa Theologiae, cura Fratrum eiusdem Ordinis,* vol. 1-5 (= BAC 77, 80, 81, 83, 87), Madrid [4]1978/85 (I-II), [3]1963-65 (III-V) (= 1951).

C. Neuzeit

BOCCACCIO, Giovanni: *Genealogie deorum gentilium*, ed. Vinzenzo ROMANO, 2 vol. (= Scrittori d' Italia 200), Bari 1951.
CARTARI, Vincenzo: Le Imagini con la sposizione de i dei degli antichi [Venedig 1556] (= *Instrumentaria Artium*), Graz 1963 (= Venedig 1647).
Concilium Tridentinum (*Conc Trid*): DS 1500-1850.
CONTI, Natale: *Mythologiae sive explicationis fabularum libri decem*, Venedig 1551.
ECO, Umberto: Il nome della rosa, Mailand 1980.
FREUD, Sigmund: Das Motiv der Kästchenwahl [1913]: Studienausgabe Bd. 10: Bildende Kunst und Literatur, Frankfurt/Main 1982, 181-193.
GIRALDI, Lilio Gregorio: *De Deis gentium varia et multiplex historia*, Basel 1548.
LOCHER PHILOMUSUS, Iacobus: *Iudicium Paridis de pomo aureo*: Martha LETHNER, Das "*Iudicium Paridis de pomo aureo*" des Iacobus Locher Philomusus, Diss. Wien 1951/52 (daktyl.), 82-143.
MEILHAC, Henry / HALÉVY, Ludovic: La Belle Hélène. Opéra bouffe en trois actes, Paris 1865.
MILTON, John: Paradiese regain'd: The Poetical Works of John Milton, ed. Helen DARBISHIRE, vol. 2, Oxford 1955, 1-57.
PETRARCA, Francesco: *De viris illustribus*. Edizione critica per cura di Guido MARTELLOTTI, vol. 1, (= Edizione Nazionale delle Opere di Francesco Petrarca 2), Florenz 1964.
SACHS, Hans: Werke, hrsg. von Adelbert von KELLER und (ab Bd. 13) Edmund GOETZE, 26 vol. (= Bibliothek des Literarischen Vereins 102 ff.), Stuttgart 1870-1908 (= Hildesheim 1964).
-- Ein comedi, das *iudicium Paridis*, hat 15 personen und 5 actus: VII (= Bibliothek 115) (1873) 41-64.
-- Der traum Paridis: XXIII (= Bibliothek 207) (1895) 232 f.
-- Das urteil Paridis sampt der beraubung Helena auß Kriechenland: II (= Bibliothek 103) (1870) 148-153.
SPENSER, Edmund: The Shepheardes Calender. Introduction by Oskar SOMMER, New York 1967 (Facsimile of the first edition 1579).
WIELAND, Christoph Martin: Comische Erzählungen: Das urteil des Paris: Werke, hrsg. von Fritz MARTINI und Hans Werner SEIFFERT, Bd. 4, München 1965, 76-100.

LITERATUR

ABRAMOWSKI, Luise: Das Bekenntnis des Gregor Thaumaturgus bei Gregor von Nyssa und das Problem seiner Echtheit: ZKG 87 (1976) 145-166.
ALFÖLDY, Géza: Römische Sozialgeschichte, Wiesbaden 1975.
ALTANER, Berthold: Patrología, Madrid 1962 (übers. nach Freiburg [5]1958).
ALTHAUS, Heinz: Die Heilslehre des heiligen Gregor von Nazianz (= MBTh 34), Münster 1972.
AMAND, David (= AMAND DE MENDIETA, Emanuel): L' ascèse monastique de saint Basile. Essai historique, Maredsous 1949.
ANTON, Hans Herbert: Trier im Übergang von der römischen zur fränkischen Herrschaft: Francia 12 (1984) 1-52.
ASHBY, Godfrey William: Theodoret of Cyrrhus as Exegete of the Old Testament, Grahamstown 1972.
BADEWIEN, Jan: Geschichtstheologie und Sozialkritik im Werk Salvians von Marseille (= FKDG 32), Göttingen 1980.
-- Zum Verhältnis von Geschichtstheorie und Theologie bei Salvian von Marseille: StPatr 15 (= TU 128), Berlin 1984, 263-267.
BADOT, Philippe: L' utilisation de Salvien et de la *Vita Patrum Iurensium* comme sources historiques: RBPH 54 (1976) 391-405.
BAILLY, Anatole: Dictionnaire grec-français, rédigé avec le concours de Émile EGGER, à l' usage des élèves des lycées et des collèges, Paris [13]1929.
BALÁS, David L.: ΜΕΤΟΥΣΙΑ ΘΕΟΥ. Man's Participation in God's Perfections According to Saint Gregory of Nyssa (= StAns 55), Rom 1966.
-- *Plenitudo humanitatis*. The Unity of Human Nature in the Theology of Gregory of Nyssa: *Disciplina nostra*. Essays in Memory of Robert F. EVANS, ed. Donald F. WINSLOW (= PatMS 6), Cambridge (Mass.) 1979, 115-131.
-- Gregor von Nyssa: TRE 14 (1985) 173-181.
BALTHASAR, Hans Urs von: Présence et Pensée: Essai sur la philosophie religieuse de Grégoire de Nysse, Paris 1942.
BALZ, Horst Robert: Heilsvertrauen und Welterfahrung. Strukturen der paulinischen Eschatologie nach Römer 8,18-39 (= BEvTh 59), München 1971.
BARDENHEWER, Otto: Geschichte der altkirchlichen Literatur. Vierter Band: Das fünfte Jahrhundert mit Einschluss der syrischen Literatur des vierten Jahrhunderts, Darmstadt 1962 (= Freiburg [2]1924).
BARDY, Gustave: Basile (saint), évêque de Césarée de Cappadoce: DSp 1 (1937) 1273 bis 1283.
BAREILLE, Georges: Eucharistie, d' après les Pères: DThC 5/1 (1939) 1121-1183.
BARMANN, Lawrence F.: Salvian of Marseille re-evaluated: RUO 33 (1963) 79-97.
BASTERO, Juan Luis: Paralelismo Eva-María en S. Ambrosio de Milán: EstMar 50 (1985) 71-81.
-- Naturaleza del pecado en S. Ambrosio de Milán, Pamplona 1986.
BATIFFOL, Pierre: L' Eucharistie. La présence réelle et la transsubstantiation, Paris [2]1905.
BAYER, Leo: Isidors von Pelusium klassische Bildung (= FChLDG 13/2), Paderborn 1915.
BERMAN, Art: From the New Criticism to Deconstruction. The Reception of Structuralism and Post-Structuralism, Urbana (Illinois) 1988.
BERNARDI, Jean: La prédication des Pères cappadociens. Le prédicateur et son auditoire (= Publications de la Faculté des Lettres et Sciences humaines de l' Université de Montpellier 30), Paris 1968.
BETHE, Erich: Der troische Sagenkreis (= Libelli 157), Darmstadt 1966 (= Homer, Dichtung und Sage, Bd. 2, Leipzig-Berlin [2]1929).
BIANCHI, Ugo: Presuppositi platonici e dualistici nell' antropogonia di Gregorio di Nissa: DERS. (Hrsg.), La 'doppia creazione' dell' uomo negli Alessandrini, nei Cappadoci e nella gnosi (= Prometeo, Orfeo, Adamo 2), Rom 1978, 83-115.
Biblia Patristica. Index des citations et allusions bibliques dans la littérature patristique, 4 vol., Paris 1975-1987. Supplément: Philon d' Alexandrie, Paris 1982.

BLUMENBERG, Hans: Das Lachen der Thrakerin. Eine Urgeschichte der Theorie, Frankfurt 1987.
BORDONE, Enrica: La società romana nel quinto secolo nella requisitoria di Salviano Massiliense: Studi dedicati alla memoria di Paolo UBALDI (= PUCSC V/16), Mailand 1937, 315-344.
BORINSKI, Karl: Die Antike in Poetik und Kunsttheorie vom Ausgang des klassischen Altertums bis auf Goethe und Wilhelm von Humboldt, Bd. 2 (= Das Erbe der Alten 10), Leipzig 1924 (= Darmstadt 1965).
BRANDIS, Tilo / BECKER, Peter Jörg (Hrsgg.): Glanz alter Buchkunst. Mittelalterliche Handschriften der Staatsbibliothek Preußischer Kulturbesitz, Wiesbaden 1988.
BRAUN, Karin / HAEVERNICK, Thea Elisabeth: Bemalte Keramik und Glas aus dem Kabirenheiligtum bei Theben (= Das Kabirenheiligtum bei Theben 4), Berlin 1981.
BRAUN, René: "*Deus Christianorum*". Recherches sur le vocabulaire doctrinal de Tertullien, Paris ²1977.
BROCK, Sebastian P.: The Provenance of BM Or. 8606: JThS NS 19 (1968) 632 f.
-- Towards a History of Syriac Translation Technique: René LAVENANT (Hrsg.), III° *Symposium Syriacum* 1980: Les contacts du monde syriaque avec les autres cultures (Goslar 7-11 Septembre 1980) (= OrChrA 221), Rom 1983, 1-14.
BRUNNER, Emil: Dogmatik II: Die christliche Lehre von Schöpfung und Erlösung, Zürich 1950.
BUCHTHAL, Hugo: *Historia Troiana*. Studies in the History of Mediaeval Secular Illustration (= Studies of the Warburg Institute 32), London-Leiden 1971.
CAHILL, J. B.: The Date and Setting of Gregory of Nyssa's Commentary on the Song of Songs: JThS NS 32 (1981) 447-460.
CANCIK, Hubert: Nutzen, Schmuck und Aberglaube. Ende und Wandlungen der römischen Religion im 4. und 5. Jh.: Hartmut ZINSER (Hrsg.), Der Untergang von Religionen, Berlin 1986, 65-90.
CANÉVET, Mariette: Grégoire de Nysse: DSp 6 (1967) 971-1011.
-- Nature du mal et économie du salut chez Grégoire de Nysse: RSR 56 (1968) 87-95.
-- Grégoire de Nysse et l' herméneutique biblique. Étude des rapports entre le langage et la connaissance de Dieu, Paris 1983.
CANTALAMESSA, Raniero: L' omelia "*In S. Pascha*" dello Pseudo-Ippolito di Roma. Ricerche sulla teologia dell' Asia Minore nella seconda metà del II secolo (= PUCSC.FL 16), Mailand 1967.
CARO, Roberto: La homilética mariana griega en el siglo V (= Marian Library Studies, A New Series 3-5), Dayton 1971-1973.
CASCIARO RAMÍREZ, José María: Estudios sobre Cristología del Nuevo Testamento (= Universidad de Navarra, Colección Teológica 32), Pamplona 1982.
CATTANEO, Enrico: Trois homélies pseudo-chrysostomiennes sur la pâque comme œuvre d' Apollinaire de Laodicée. Attribution et étude théologique (= ThH 58), Paris 1981.
CAVALLERA, Ferdinand: Cantique de Cantiques II. Histoire de l' interprétation spirituelle 1. À l' époque patristique: DSp 2/1 (1953) 93-101.
CERULLI, Enrico: Il libro etiopico dei miracoli di Maria e le sue fonti nelle letterature del medio evo latino (= R. Università di Roma. Studi orientali pubblicati a cura della scuola orientale 1), Rom 1943.
CHERNISS, Harold Frederick: The Platonism of Gregory of Nyssa: UCPCP 11/1 (1930) 1-92.
CLAIRMONT, Christoph: Das Parisurteil in der antiken Kunst, Diss. Zürich 1951.
CLELAND, D. J.: Salvian and the Vandals: StPatr 10 (= TU 107), Berlin 1970, 270-274.
COCCHINI, Francesca: Mosè I. Nella patristica: DPAC 2 (1983) 2320-2322.
COURCELLE, Pierre: Histoire littéraire des grandes invasions germaniques, Paris 1948.
-- La consolation de Philosophie dans la tradition littéraire. Antécédents et posterité de Boèce, Paris 1967.
COURTOIS, Christian: Les Vandales et l' Afrique, Paris 1955.
CROUZEL, Henri: Grégoire le Thaumaturge et le Dialogue avec Élien: RSR 51 (1963) 422-431.
CUERVO, Manuel: La transubstanciación según Santo Tomás y las nuevas teorías físicas: CTom 84 (1957) 283-344.
DANIÉLOU, Jean: *Sacramentum Futuri*. Études sur les origines de la typologie biblique (= ETH), Paris 1950.

-- Bible et liturgie. La théologie biblique des sacrements et des fêtes d' après les Pères de l' Église (= LO 11), Paris 1951.
-- Platonisme et théologie mystique. Doctrine spirituelle de Saint Grégoire de Nysse (= Theol(P) 2), Paris ²1953.
-- Terre et paradis chez les Pères de l' Église: ErJb 22 (1953) 433-472.
-- Moïse exemple et figure chez Grégoire de Nysse (= CSion 8 [1954]): Moïse, l' homme de l' alliance, Paris u. a. 1955 , 267-282.
-- Eunome l' arien et l' exégèse néo-platonicienne du Cratyle: REG 69 (1956) 412 bis 432.
-- Die Hochzeit von Thetis und Peleus im hellenistischen Allegorismus: Antaios 3 (1962) 244-257.
-- L' *Adverus Arium et Sabellium* de Grégoire de Nysse et l' Origénisme cappadocien: RSR 54 (1966) 61-66.
-- La chronologie des œuvres de Grégoire de Nysse: StPatr 7 (= TU 92), Berlin 1966, 159-169.
-- Exodus: RAC 7 (1969) 22-44.
-- Théôria: DERS., L' être et le temps 1-17.
-- L' être et le temps chez Grégoire de Nysse, Leiden 1970.
DASSMANN, Ernst: Der Stachel im Fleisch. Paulus in der frühchristlichen Literatur bis Irenäus, Münster 1979.
DELEHAYE, Hippolyte: Cyprien d' Antioche et Cyprien de Carthage: AnBoll 39 (1921) 314-332.
DÍAZ Y DÍAZ, Manuel C.: De patrística española: RET 17 (1957) 3-46.
DIEKAMP, Franz: Die Gotteslehre des heiligen Gregor von Nyssa. Ein Beitrag zur Dogmengeschichte der patristischen Zeit, Münster 1896.
-- *Theologiae dogmaticae manuale. IV: De sacramentis*, Paris 1946.
DIESNER, Hans-Joachim: Zwischen Antike und Mittelalter. Salvian von Massilia als Historiker und Geschichtsdenker: WZ(G) 4 (1954/55) 411-414.
-- Orosius und Augustin: AAH 11 (1963) 89-102.
-- Vandalen: PRE.S 10 (1965) 957-992.
-- Das Vandalenreich. Aufstieg und Untergang (= Urban-Bücher 95), Stuttgart 1966.
DODDS, Eric Robertson: Pagan and Christian in an Age of Anxiety. Some Aspects of Religious Experience from Marcus Aurelius to Constantine, Cambridge 1965.
DÖRMANN, Johannes: Vorwort zu GNILKA, ΧΡΗΣΙΣ 5-9.
DÖRRIE, Heinrich / ALTENBURGER, Margarete / SCHRAMM, Uta (Hrsgg.): Gregor von Nyssa und die Philosophie. Zweites Internationales Kolloquium über Gregor von Nyssa (Freckenhorst bei Münster 18.-23. September 1972), Leiden 1976.
DÖRRIES, Hermann: Griechentum und Christentum bei Gregor von Nyssa. Zu H. Langerbecks Edition des Hohelied-Kommentars in der Leidener Gregor-Ausgabe: ThLZ 88 (1963) 569-582.
DONDERS, Adolf: Der hl. Kirchenlehrer Gregor von Nazianz als Homilet, Münster 1909.
DRÄSEKE, Johannes: Über den Verfasser der Schrift πρὸς Εὐάγριον μόναχον περὶ θεότητος: JPTh 8 (1882) 343-384, 553-568 (= Gesammelte patristische Untersuchungen, Altona-Leipzig 1889, 103-168)
DROBNER, Hubertus R.: Bibelindex zu den Werken Gregors von Nyssa, Paderborn 1988.
DUBARLE, André Marie: Le gémissement des créatures dans l' ordre divin du cosmos (*Rom.* 8,19-22): RSPhTh 38 (1954) 445-465.
DUNN, James D. G.: Paul's Epistle to the Romans: An Analysis of Structure and Argument: ANRW II 25/4 (1987) 2842-2890.
EBIED, Rifaat Y. / VAN ROEY, Albert / WICKHAM, Lionel R.: Peter of Callinicum, Anti-Tritheist Dossier (= OrLoA 10), Leuven 1981.
EHRHART, Margaret J.: The Judgment of the Trojan Prince in Medieval Literature (= The Middle Ages), Philadelphia 1987.
EICKE, Wolfgang: Stilunterschiede in den Metamorphosen des Apuleius von Madaura, Diss. Göttingen 1956 (daktyl.).
EL-HIMOUD-SPERLICH, Inge: Das Urteil des Paris. Studien zur Bildtradition des Themas im 16. Jh., Diss. München 1977.
Epektasis. Mélanges patristiques offerts au Cardinal Jean Daniélou, ed. Jacques FONTAINE et Charles KANNENGIESSER, Paris 1972.
ESPER, Martin: Enkomiastik und Christianismos in Gregors epideiktischer Rede auf den Heiligen Theodor: SPIRA, Biographical Works 145-159.

FAVEZ, Charles: La Gaule et les Gallo-Romains lors des invasions du Ve siècle d' après Salvien. (Quelques aspects du pays, attitude et sort des habitants): Latomus 16 (1957) 77-83.

FEDER, Lillian: Ancient Myth in Modern Poetry, Princeton 1971.

FERGUSON, Everett: Gregory of Nyssa and *Psalmos*: RestQ 22 (1979) 77-83.

-- The Active and Contemplative Lives: The Patristic Interpretation of Some Musical Terms: StPatr 16/2 (= TU 129), Berlin 1985, 15-23.

-- Athanasius' 'Epistola ad Marcellinum in interpretationem Psalmorum': *ib.* 295 bis 308.

FEUILLET, André: Romains (Epître aux): DBS 10 (1985) 739-863.

FISCHER, Joseph: Die Völkerwanderung im Urteil der zeitgenössischen kirchlichen Schriftsteller Galliens unter Einbeziehung des Heiligen Augustinus (Diss. Würzburg), Heidelberg 1948.

FRIEDRICH, Annegret: Dekonstruktion des Mythos - Beispiel Parisurteil: Frauen-Bilder, Männer-Mythen. Kunsthistorische Beiträge (3. Kunsthistorikerinnentagung Wien Sept. 1986), Berlin 1987, 304-321.

FROIDEVAUX, Léon: Le Symbole de saint Grégoire le Thaumaturge: RSR 19 (1929) 193-247.

FRÜCHTEL, Ludwig: Isidoros von Pelusion als Benützer des Clemens Alexandrinus und anderer Quellen: PhW 58 (1938) 61-64.

-- Neue Quellennachweise zu Isidoros von Pelusion: *ib.* 764-768.

GAÏTH, Jérome: La conception de la liberté chez Grégoire de Nysse (= EPhM 43), Paris 1953.

GALLAY, Paul: La vie de saint Grégoire de Nazianze, Lyon-Paris 1943.

GAUTIER, Émile Félix: Genséric, roi des Vandales, Paris 1932.

GEOGHEGAN, Arthur Turbitt: The attitude towards labor in early Christianity and ancient culture (Diss. Catholic University of America 1942), Washington D. C. 1945.

GIAMBERARDINI, Gabriele: Il culto mariano in Egitto nei primi sei secoli. Origine, sviluppo, cause (= SOC.C 12), Kairo 1967.

GIERATHS, Hans <P. Kunibert>: Knechtschaft und Freiheit der Schöpfung. Eine historisch-exegetische Untersuchung zu Röm. 8,19-22, Diss. Bonn 1950 (daktyl.).

GIET, Stanislas: Les idées et l' action sociales de saint Basile, Paris 1941.

-- Saint Basile: l' appel à la vie parfaite: VS 69 (1943) 261-271.

GNILKA, Christian: ΧΡΗΣΙΣ. Die Methode der Kirchenväter im Umgang mit der antiken Kultur. I: Der Begriff des "rechten Gebrauchs", Basel- Stuttgart 1984.

GODET, P.: Grégoire de Néocésarée: DThC 6/2 (1925) 1844-1847.

GONZALEZ, Severino: La formula μία οὐσία τρεῖ ὑποστάσει en San Gregorio de Nisa (= AnGr 21), Rom 1939.

GORDILLO, Mauricio: La Virginidad trascendente de María Madre de Dios en S. Gregorio de Nisa y en la antigua tradición de la Iglesia: EstMar 21 (1960) 117-155.

GRAF, Georg: Zwei dogmatische Florilegien der Kopten, A. Die Kostbare Perle. B. Das Bekenntnis der Väter: OrChrP 3 (1937) 49-77, 345-402.

GREGORIOS, Paulos Mar: Cosmic Man. The Divine Presence. An Analysis of the Place and Role of the Human Race in the Cosmos, in Relation to God and the Historical World, in the Thought of St. Gregory of Nyssa (ca 330 to ca 395 A. D), New Dehli 1980.

GRIBOMONT, Jean: Le renoncement au monde dans l' idéal ascétique de saint Basile: Irén. 31 (1958) 282-307, 460-475.

-- Le Panégyrique de la virginité, œuvre de jeunesse de Grégoire de Nysse: RAM 43 (1967) 249-266.

GRIFFE, Élie: La Gaule chrétienne à l' époque romaine, vol. 2, Paris 1966.

GRILLMEIER, Alois: Vom Symbolum zur Summa. Zum theologiegeschichtlichen Verhältnis von Patristik und Scholastik: Mit ihm und in ihm. Christologische Forschungen und Perspektiven, Freiburg-Basel-Wien ^{2}1978, 585-636.

GRONAU, Karl: Poseidonios und die jüdisch-christliche Genesisexegese, Leipzig-Berlin 1914.

GROSSI, Vittorino: La Pasqua quartodecimana e il significato della croce nel II secolo: Aug. 16 (1976) 557-571.

GRUBER, Joachim: Kommentar zu Boethius *De Consolatione Philosophiae* (= TK 9), Berlin-New York 1978.

-- Die Erscheinung der Philosophie in der *Consolatio Philosophiae* des Boethius (Aus der ungedruckten Festschrift für Otto Seel, von seinen Schülern dargebracht, Erlangen 1967): RMP 112 (1969) 166-186.

GUILLAUME, Paul-Marie: Moïse 4. Époque patristique: DSp 10 (1980) 1464-1471.
GUINOT, J. N.: Un évêque exégète, Théodoret de Cyr: Le monde grec ancien et la Bible, ed. Claude MONDÉSERT, Paris 1984, 335-360.
GUTHMÜLLER, Bodo: Studien zur antiken Mythologie in der italienischen Renaissance, Weinheim (*Acta Humaniora*) 1986.
HAEMMERLE, Alois: Studien zu Salvian, Priester von Massilia, 3 Bde., Programm Landshut 1893, Neuburg a. d. Donau 1897-1899.
HAIDACHER, Sebastian: Chrysostomos-Fragmente: ΧΡΥΣΟΣΤΟΜΙΚΑ. Studi e Ricerche intorno a S. Giovanni Crisostomo a cura del comitato per il XV° centenario della sua morte (407-1907), Rom 1908, 217-234.
HAMMAN, Adalbert G.: L' actualité de Salvien de Marseille. Idées sociales et politiques: Aug. 17 (1977) 381-393.
-- Salviano di Marsiglia: Patrologia III 500-509.
HAMP, Vinzenz: הִידָה ḥîḏāh: ThWAT 2 (1977) 870-874.
HARL, Marguerite (Hrsg.): Écriture et culture philosophique dans la pensée de Grégoire de Nysse. Actes du colloque de Chevetogne (22-26 Septembre 1969), Leiden 1971.
-- Moïse figure de l' évêque dans l' Éloge de Basile de Grégoire de Nysse (381): SPIRA, Biographical Works 71-119.
HARNACK, Adolf von: Geschichte der altchristlichen Litteratur bis Eusebius, 4 Bde., Leipzig 1958 (= ²1893-1904).
-- History of Dogma. Translated from the 3rd German edition by Neil BUCHANAN, J. MILLAR, G. B. SPEIRS, W. MacGILCHRIST, 7 vol. in 4, New York 1961 (= London 1894-99).
HEIDEGGER, Martin: Platons Lehre von der Wahrheit, Bern 1947.
-- Unterwegs zur Sprache, Pfullingen 1959.
HEINEN, Heinz: 2000 Jahre Trier I: Trier und das Trevererland in römischer Zeit, Trier 1985.
HERZOG, Rudolf: Weltreichdämmerung: Gym. 51 (1940) 101-106.
HEUSSI, Karl: Untersuchungen zu Nilus dem Asketen: TU 42/2 (1917).
HOLL, Karl: Amphilochius von Ikonium in seinem Verhältnis zu den großen Kappadoziern, Tübingen-Leipzig 1904 (= Darmstadt 1969).
HORN, Gabriel: L' Amour divin. Note sur le mot "Eros" dans s. Grégoire de Nysse: RAM 6 (1925) 378-389.
HÜBNER, Hans: Paulusforschung seit 1945. Ein kritischer Literaturbericht: ANRW II 25/4 (1987) 2649-2840.
HÜBNER, Reinhard M.: Gregor von Nyssa und Markell von Ankyra: HARL, Écriture 199-229.
-- Gregor von Nyssa als Verfasser der sog. *Ep.* 38 des Basilius. Zum unterschiedlichen Verständnis der οὐσία bei den kappadozischen Brüdern: *Epektasis* 463 bis 490.
-- Die Einheit des Leibes Christi bei Gregor von Nyssa. Untersuchungen zum Ursprung der 'physischen' Erlösungslehre (= PhP 2), Leiden 1974.
HUHN, Josef: Das Geheimnis der Jungfrau-Mutter Maria nach dem Kirchenvater Ambrosius, Würzburg 1954.
HUMBERTCLAUDE, Pierre: La doctrine ascétique de saint Basile de Césarée (= ETH), Paris 1932.
HUNGER, Herbert: Lexikon der griechischen und römischen Mythologie, Reinbek 1974 (= Wien ⁶1969).
ISICHEI, Elizabeth Allo: Political Thinking and Social Experience. Some Christian Interpretations of the Roman Empire from Tertullian to Salvian (= University of Canterbury Publications 6), Christchurch 1964.
IVÁNKA, Endre von: Dunkelheit, mystische: RAC 4 (1959) 350-358.
JAEGER, Werner: Two Rediscovered Works of Ancient Christian Literature: Gregory of Nyssa and Macarius, Leiden ²1965 (= 1954).
JANIN, Raymond: Gregorio, Taumaturgo: BSS 7 (1966) 214-217.
JUGIE, Martin: Les homélies mariales attribuées à Saint Grégoire le Thaumaturge: AnBoll 43 (1925) 86-95.
KAMIENIK, R.: Quelques problèmes biographiques concernant Salvien de Marseille restés sans solution: Annales Univ. Mariae Curie-Skłodowska Sect. F 23-24 (Lublin 1968/69) 74-110.
KELLY, John Norman Davidson: Early Christian Doctrines, London ⁵1977.
-- Initiation à la doctrine des Pères de l' Église, Paris 1968.

KERTSCH, Manfred: Bildersprache bei Gregor von Nazianz. Ein Beitrag zur spätantiken Rhetorik und Popularphilosophie (= Grazer Theologische Studien 2), Graz ^{2}1980.
-- Zur unterschiedlichen Bewertung von 'Natur/äußerer Zwang' und 'freier Willensentschluß' bei Heiden und Christen im Hintergrund einer Aussage Gregors von Nazianz: WSt NF 18 (1984) 187-193.
-- Isidor von Pelusion als Nachahmer Gregors von Nazianz: JÖB 35 (1985) 113-122.
KLINGNER, Friedrich: *De Boethii Consolatione Philosophiae* (= Philologische Untersuchungen 27), Berlin 1921 (= Zürich-Dublin 1966).
KLOCK, Christoph: Architektur im Dienste der Heiligenverehrung. Gregor von Nyssa als Kirchenbauer (*ep.* 25): SPIRA, Biographical Works 161-180.
KNACKSTEDT, Hans Otto: Die Theologie der Jungfräulichkeit beim hl. Gregor von Nyssa, Rom 1940.
KOBUSCH, Theo: Name und Sein. Zu den sprachphilosophischen Grundlagen in der Schrift *Contra Eunomium* des Gregor von Nyssa: MATEO-SECO/BASTERO 247-268.
KOCH, Günter: Strukturen und Geschichte des Heils in der Theologie des Theodoret von Kyros. Eine dogmen- und theologiegeschichtliche Untersuchung (= FTS 17), Frankfurt 1974.
KOEPPLIN, Dieter / FALK, Tilman: Lucas Cranach. Gemälde, Zeichnungen, Druckgraphik (Ausstellung im Kunstmuseum Basel, 15. Juni bis 8. September 1974), 2 vol., Basel-Stuttgart 1974-1976.
KOPECEK, Thomas A.: A History of Neo-Arianism, 2 vol. (= PatMS 8), Cambridge (Mass.) 1979.
KORT, Wesley A.: Story, Text and Scripture. Literary Interests in Biblical Narrative, University Park (Pennsylvania) 1988.
KRAUS, Franz Xaver: Real-Encyklopädie der christlichen Althertümer, 2 Bde., Freiburg 1882-1886.
KRIVOCHEINE, Basil: Simplicity of the Divine Nature and Distinctions in God, According to St. Gregory of Nyssa: SVTQ 21 (1977) 76-104.
KÜNSTLE, Karl: Ikonographie der christlichen Kunst, 2 Bde., Freiburg 1926-1928.
KULLMANN, Wolfgang: Die Quellen der Ilias (Troischer Sagenkreis) (= Hermes Einzelschriften 14), Wiesbaden 1960.
LABRIOLLE, Pierre de: Histoire de la littérature latine chrétienne, Paris ^{3}1947.
LAISTNER, Max Ludwig Wolfram: Thought and Letters in Western Europe A. D. 500 to 900, London ^{2}1957.
LANGERBECK, Hermann: Zur Interpretation Gregors von Nyssa: ThLZ 82 (1957) 81-90.
LANGLOIS, Pierre: Les Œuvres de Fulgence le Mythographe et le problème des deux Fulgence: JAC 7 (1964) 94-105.
-- Fulgentius: RAC 8 (1972) 632-661.
LAUSBERG, Heinrich: Handbuch der literarischen Rhetorik. Eine Grundlegung der Literaturwissenschaft, 2 Bde., München ^{2}1973 (= 1960).
LEBEAU, Paul: L' interprétation origénienne de Rm 8.19-22: *Kyriakon*. Festschrift Johannes Quasten, Bd. 1, ed. by Patrick GRANFIELD and Josef A. JUNGMANN, Münster 1970, 336-345.
LECHNER, Gregor Martin: Johannes der Evangelist (der Theologe): LCI 7 (1974) 108 bis130.
LECLERCQ, Henri: Tabernacle: DACL 15/2 (1953) 1945-1947.
LÉCUYER, Joseph: Esodo: DPAC 1 (1983) 1227-1232.
LE DÉAUT, Roger / LÉCUYER, Joseph: Exode IV. Tradition chrétienne: DSp 4/2 (1961) 1973-1990.
LEVI, Peter: A Kabirion Vase: JHS 84 (1964) 155 f.
LEYS, Roger: L' image de Dieu chez saint Grégoire de Nysse. Esquisse d' une doctrine (= ML.T 49), Paris-Brüssel 1951.
LIESKE, Aloisius: Zur Theologie der Christusmystik Gregors von Nyssa: Schol. 14 (1939) 485-514.
LIETZMANN, Hans: Salvianus von Massilia: PRE II 1 A (1920) 2017 f.
LIMBURG, Klaus: Las homilías de San Juan Crisóstomo sobre la Epístola a los Romanos (cap. I-XI) (Excerpta e dissertationibus in Sacra Theologia 12), Pamplona 1987.
LOI, Vincenzo: La tipologia dell' agnello pasquale e l' attesa escatologica in età patristica: Sal. 33 (1971) 187-204.
-- L' omelia "*In sanctum Pascha*" di Ippolito di Roma: Aug. 17 (1977) 461-484.
LUCK, Georg: Die Schrift vom Erhabenen und ihr Verfasser: Arctos NS 5 (1967) 97 bis 113.

LUZ, Ulrich: Zum Aufbau von Röm. 1-8: ThZ 25 (1969) 161-181.

MAASS, E.: Salvians Sozialkritik - christlich-moralische oder klassenmäßige Gründe?: Zentralinstitut für Alte Geschichte und Archäologie der Akademie der Wissenschaften der DDR (Hrsg.), Historisch-archäologische Quellen und Geschichte bis zur Herausbildung des Feudalismus. Beiträge des I. und II. Kolloquiums junger Wissenschaftler archäologischer und althistorischer Disziplinen der DDR, Berlin 1983, 149-154.

McCLEAR, Ernest V.: The fall of man and the original sin in the theology of Gregory of Nyssa: TS 9 (1948) 175-212.

McKINNON, James W.: Music in Early Christian Literature, Cambridge 1987.

MACLEOD, Colin W.: ΑΝΑΛΥΣΙΣ: A Study in Ancient Mysticism: JThS NS 21 (1970) 43 bis 55.

MANGENOT, Eugène: Agneau Pascal: DThC 1/1 (1930) 582-585.

MARROU, Henri-Irénée: Une théologie de la musique chez Grégoire de Nysse?: *Epektasis* 501-508.

MARTANO, Giuseppe: Il 'Saggio sul Sublime'. Una interessante pagina di retorica e di estetica dell' antichità: ANRW II 32/1 (1984) 364-403.

MARTIN, Ch.: Note sur deux homélies attribuées à saint Grégoire le Thaumaturge: RHE 24 (1928) 364-373.

MARTNEZ, António: *De apparitionibus marianis in antiquitate christiana: De primordiis cultus mariani. Acta congressus mariologici-mariani in Lusitania a.* 1967 *celebrati*, vol. 5, Rom 1970, 195-211.

MATEO-SECO, Lucas Francisco: La teología de la muerte en la "*Oratio catechetica Magna*" de San Gregorio de Nisa: ScrTh 1 (1969) 453-473.

-- Kenosis, exaltación de Cristo y apocatástasis en la exégesis a Filipenses 2,5-11 de S. Gregorio de Nisa: ScrTh 3 (1971) 301-342.

-- Resucitó al tercer día. (Análisis de la doctrina de San Gregorio de Nisa sobre la resurrección de Jesucristo): ScrTh 5 (1973) 7-89.

-- Estudios sobre la cristología de San Gregorio de Nisa. Prólogo de Pio G. ALVES DE SOUSA (= Universidad de Navarra, Colección Teológica 19), Pamplona 1978.

-- La Mariología en San Gregorio de Nisa: ScrTh 10 (1978) 409-466.

MATEO-SECO, Lucas Francisco / BASTERO, Juan Luis (Hrsgg.): El "*Contra Eunomium I*" en la producción literaria de Gregorio de Nisa. VI Coloquio Internacional sobre Gregorio de Nisa (= Universidad de Navarra, Colección Teológica 59), Pamplona 1988.

MAY, Gerhard: Gregor von Nyssa in der Kirchenpolitik seiner Zeit: JÖBG 15 (1966) 105-132.

-- Die Chronologie des Lebens und der Werke des Gregor von Nyssa: HARL, Écriture 51-67.

MEREDITH, Anthony: The Answer to Jewish Objections (*De Tridui Spatio* p. 294,14-298,18): SPIRA/KLOCK, Easter Sermons 293-303.

MICHEL, Albert: Transsubstantiation: DThC 15/1 (1946) 1396-1406.

MOORE, Mary B.: The West Frieze of the Siphnian Treasury: A New Reconstruction: BCH 109 (1985) 131-156.

MOSS, C.: A Syriac Patristic Manuscript: JThS 30 (1929) 249-254.

-- Note on the Patristic Ms. Milan No 46: Muséon 49 (1936) 289-291.

MOSSHAMMER, Alden A.: The Created and the Uncreated in Gregory of Nyssa, *Contra Eunomium* 1,105-113: MATEO-SECO/BASTERO 353-379.

MÜHLENBERG, Ekkehard: Die Unendlichkeit Gottes bei Gregor von Nyssa. Gregors Kritik am Gottesbegriff der klassischen Metaphysik (= FKDG 16), Göttingen 1966.

-- Apollinaris von Laodicea (= FKDG 23), Göttingen 1969.

-- Die philosophische Bildung Gregors von Nyssa in den Büchern *Contra Eunomium*: HARL, Écriture 230-244.

MÜLLER, Carl Werner: Gleiches zu Gleichem. Ein Prinzip frühgriechischen Denkens (= KPS 31), Wiesbaden 1965.

MUNITIZ, Joseph A.: The Church at Prayer. Ecclesiological Aspects of St. Gregory of Nyssa's *In Canticum Canticorum*: ECR 3 (1971) 385-395.

NACHOW, I.: L' homme et le monde dans l' œuvre de Salvien de Marseille: AUB 8 (1980) 33-46 (russ.).

NADUVILEZHAM, Joseph: The Theology of the Paschal Lamb in Ephrem of Nisibis in Relationship to its Biblical Sources and Early Patristic Tradition, Diss. Aug. Rom 1980 (daktyl.).

NAUTIN, Pierre: Grégoire le Thaumaturge: DHGE 22 (1988) 39-42.

NEWMAN, John Henry: Développement de la doctrine chrétienne, preuves de la verité de la foi catholique, traduit de l' anglais sur la seconde édition, par L. BOYELDIEU D' AUVIGNY, Paris 1846 (Original: An essay on the development of Christian doctrine, London ²1846)..

NIKOLASCH, Franz: Das Lamm als Christussymbol in den Schriften der Väter (= WBTh 3), Wien 1963.

NORDEN, Eduard: Die lateinische Literatur im Übergang vom Altertum zum Mittelalter: P. HINNEBERG (Hrsg.), Die Kultur der Gegenwart. Ihre Entwicklung und Ziele I/8, Berlin-Leipzig ³1912, 483-533.

OPITZ, Hans-Georg: Das syrische *Corpus Athanasianum*: ZNW 33 (1934) 18-31.

ORBE, Antonio: Antropología de San Ireneo (= BAC 286), Madrid 1969.

OSTEN-SACKEN, Peter von der: Römer 8 als Beispiel paulinischer Soteriologie (= FRLANT 112), Göttingen 1975.

OTIS, Brooks: Gregory of Nyssa and the Cappadocian Conception of Time: StPatr 14 (= TU 117), Berlin 1976, 327-357.

OTT, Ludwig: Manual de teología dogmática, Barcelona 1958.

PANOFSKY, Erwin: Hercules am Scheidewege und andere antike Bildstoffe in der neueren Kunst (= SBW 18), Leipzig 1930.

PARTHEY, Gustav: *Mirabilia Romae e codicibus vaticanis emendata*, Berlin 1869.

PARVIS, P. M.: Theodoret's Commentary on the Epistles of St. Paul: historical setting and exegetical practice, Diss. pro manuscripto, Oxford 1975.

PASCHOUD, François: *Roma Aeterna*. Études sur le patriotisme romain dans l' occident latin à l' époque des grandes invasions (= *Bibliotheca Helvetica Romana* 7), Neuchâtel 1967.

PAULSEN, Henning: Überlieferung und Auslegung in Römer 8 (= WMANT 43), Neukirchen-Vluyn 1974.

PELLEGRINO, Michele: Salviano di Marsiglia. Studio critico (= Lat. NS V/4), Rom 1939.

PENIDO, Maurillo T.-L.: Le rôle de l' analogie en théologie dogmatique (= BiblThom 15), Paris 1931.

PÉPIN, Jean: Mythe et Allégorie. Les origines grecques et les contestations judéo-chrétiennes (= Philosophie de l' esprit), Paris 1958.

PERELMAN, Chaïm: L' empire rhétorique. Rhétorique et argumentation, Paris 1977 (dt.: Das Reich der Rhetorik. Rhetorik und Argumentation, München 1980).

PLANTINGA, Cornelius: Gregory of Nyssa and the Social Analogy of the Trinity: Thom. 50 (1986) 325-352.

PONCELET, Albert: La vie latine de saint Grégoire le Thaumaturge: RSR 1 (1910) 132-160.

POZO, Cándido: María en la obra de la salvación (= BAC 360), Madrid 1974.

PRICOCO, Salvatore: Una nota biografica su Salviano di Marsiglia: SicGym 29 (1976) 351-368.

PUECH, Henri-Charles: Sur le Manichéïsme et autres essais, Paris 1979.

QUASTEN, Johannes / OÑATIBIA, Ignacio: Patrología, 2 vol. (= BAC 206, 217), Madrid ²1968.

RAAB, Irmgard: Zu den Darstellungen des Parisurteils in der griechischen Kunst (= Archäologische Studien 1) (Diss. Mainz), Frankfurt 1972.

REDL, Gertrud: Isidor von Pelusium als Sophist: ZKG 47 (1928) 325-332.

REINHARDT, Karl: Das Parisurteil [1938]: Tradition und Geist. Gesammelte Essays zur Dichtung, hrsg. von Carl BECKER, Göttingen 1960, 16-36.

REFOULÉ, François: La date de la lettre à Évagre (PG 46, 1101-1108): RSR 49 (1961) 520-548.

RICHARD, Marcel: Notes sur l' évolution doctrinale de Théodoret: RSPhTh 25 (1936) 459-481.

RIEDINGER, Utto: Neue Hypotyposen-Fragmente bei Pseudo-Caesarius und Isidor von Pelusium: ZNW 51 (1960) 154-196.

ROBERT, Carl: Die griechische Heldensage, 3 Bde. (= Ludwig PRELLER, Griechische Mythologie II), Berlin ⁴1920-1926.

RODNEY, Nanette B.: The Judgment of Paris: The Metropolitan Museum of Art Bulletin 11 (1952/53) 57-67.

ROMANELLI, Pietro: Storia delle province romane dell' Africa (= Studi pubblicati dall' Istituto italiano per la storia antica 14), Rom 1959.

ROSSI, A.: Aspetti pneumatologici del Commento alla Lettera ai Romani di Teodoreto di Ciro, Tesi di Laurea pro manuscripto, Università degli Studi di Roma, Facoltà di Lettere, Rom 1981.

ROUSSEAU, Olivier: Les mystères de l' Exode d' après les Pères: BVC 9 (1955) 31-42.
ROXO, R.: "Omnis creatura ingemiscit". A teologia de Rom. 8,19-22 na patrologia e em S. Tomás. Diss. Gregoriana Rom 1952.
RUETHER, Rosemary Radford: Gregory of Nazianzus. Rhetor and Philosopher, Oxford 1969.
RUSSELL, Donald Andrew: Plutarch (= Classical Life and Letters), London 1973.
RYSSEL, Victor: Eine syrische Lebensgeschichte des Gregorius Thaumaturgus. Nach cod. Mus. Brit. syr. add. 14648 aus dem Syrischen übersetzt: ThZS 11 (1894) 228 bis 254.
SANNA, Ignazio: Spirito e grazia nel "Commento alla Lettera ai Romani" di Teodoreto di Ciro e sua dipendenza, in quest' opera, da Giovanni Crisostomo e Teodoro di Mopsuestia: Lat. 48 (1982) 238-260.
SAUGET, Joseph-Marie: Macrina l' Anziana: BSS 8 (1967) 455 f.
SAUSSURE, Ferdinand de: Course in General Linguistics, ed. by Charles BALLY and Albert SECHEHAYE with the collaboration of Albert RIEDLINGER. Translated and annotated by Roy HARRIS, London 1983 (orig.: Course de linguistique générale, Paris ^{2}1922).
SCHAEFER, Andreas: Römer und Germanen bei Salvian, Diss. Breslau 1930.
SCHELKLE, Karl Hermann: Paulus Lehrer der Väter. Die altkirchliche Auslegung von Römer 1-11, Düsseldorf 1956.
SCHERER, Margaret Roseman: The Legends of Troy in Art and Literature, New York 1963.
SCHLIER, Heinrich: Der Römerbrief (= HThK 6), Freiburg-Basel-Wien 1977.
-- ἀνακεφαλαιόομαι: ThWNT 3 (1938) 681 f.
SCHMIDT, Ludwig: Geschichte der Wandalen, München ^{2}1942.
SCHMITHALS, Walter: Die theologische Anthropologie des Paulus. Auslegung von Röm. 7,17-8,39, Stuttgart 1980.
SCHUBRING, Paul: Cassoni. Truhen und Truhenbilder der italienischen Frührenaissance. Text-, Tafelband, Leipzig ^{2}1923.
SEVERYNS, Albert: Pomme de discorde et jugement des déesses: Phoibos 5 (1950/51) 145-172.
SIEBEN, Hermann Josef: *Voces*. Eine Bibliographie zu Wörtern und Begriffen aus der Patristik (1918-1978) (= BPatr.S 1), Berlin-New York 1980.
-- *Exegesis Patrum*. Saggio bibliografico sull' esegesi biblica dei Padri della Chiesa (= Sussidi Patristici 2), Rom 1983.
SIMONETTI, Manlio: Gregorio Nazianzeno o Gregorio Taumaturgo?: RIL.L 86 (1953) 101-117.
-- Ancora sulla lettera ad Evagrio (PG 46, 1101-1108): RCCM 4 (1962) 371-374.
-- La letteratura cristiana antica greca e latina, Florenz/Mailand 1969.
SKUTSCH, Franz: Fulgentius 3: PRE 7/1 (1910) 215-227.
SORABJI, Richard (Hrsg.): Philoponus and the Rejection of Aristotelian Science, London 1987.
SPIRA, Andreas: Rhetorik und Theologie in den Grabreden Gregors von Nyssa: StPatr 9 (= TU 94), Berlin 1966, 106-114.
-- and Christoph KLOCK (Hrsgg.) with an Introduction by G. Christopher STEAD: The Easter Sermons of Gregory of Nyssa. Translation and Commentary. Proceedings of the Fourth International Colloquium on Gregory of Nyssa, Cambridge, England: 11-15 September, 1978 (= PatMS 9), Cambridge (Mass.) 1981.
-- Der Descensus ad Inferos in der Osterpredigt Gregors von Nyssa *De tridui spatio*: DERS., The Easter Sermons 195-261.
-- (Hrsg.): The Biographical Works of Gregory of Nyssa. Proceedings of the Fifth International Colloquium on Gregory of Nyssa (Mainz, 6-10 September 1982) (= PatMS 12), Cambridge (Mass.) 1984.
-- Le temps d' un homme selon Aristote et Grégoire de Nysse: Stabilité et instabilité dans la pensée grecque: Le temps chrétien de la fin de l' Antiquité au Moyen Âge, IIIe-XIIIe siècles: Colloques internationaux du CNRS 604, Paris 1984, 283 bis 294.
STAROWIEYSKI, Marek: Tytuł Theotokos w świadectwach przedefeskich: Analecta Cracoviensia 16 (1984) 409-449.
STEAD, G. Christopher: Ontology and Terminology in Gregory of Nyssa: DÖRRIE/ALTENBURGER/SCHRAMM 107-119.
-- Individual Personality in Origen, and the Cappadocian Fathers: Ugo BIANCHI and Henri CROUZEL (Hrsgg.), Arché e Telos. L' antropologia di Origene e di Gregorio di Nissa. Analisi storico-religiosa (Atti del Colloquio, Milano, 17-19

Maggio 1979) (= SPMed 12), Mailand 1981, 170-191.
-- Substance and Illusion in the Christian Fathers (= Collected Studies Series 224), London 1985.
-- Logic and the Application of Names to God: MATEO-SECO/BASTERO 303-320.
STEGMÜLLER, Otto: *Sub tuum praesidium*. Bemerkungen zur ältesten Überlieferung: ZKTh 74 (1952) 76-82.
STEIN, Ernst: Geschichte des spätrömischen Reiches I, Wien 1928. Frz.: Histoire du Bas-Empire, tome I, éd. française par Jean Rémy PALANQUE, Paris 1959 (= Amsterdam 1968).
STERNBERG, G.: Das Christentum des 5. Jahrhunderts im Spiegel der Schriften des Salvianus von Massilia: ThStKr 82 (1909) 29-78, 163-205.
STINTON, Thomas Charles Warren: Euripides and the Judgement of Paris (= JHS.S 11), London 1965.
SUTCLIFFE, Edmund Felix: Gregory of Nyssa and Paradise: EcR 84 (1931) 337-350.
TAILLE, Maurice de la: *Mysterium fidei. De augustissimo Corporis et Sanguinis Christi sacrificio et sacramento elucidationes L*, Paris [3]1931.
TELFER, William: The Cultus of St. Gregory Thaumaturgus: HThR 29 (1936) 225-344.
THOMSON, Robert W.: An Eighth-Century Melkite Colophon from Edessa: JThS NS 13 (1962) 249-258.
TIXERONT, Joseph: Historia de los dogmas III, Pamplona 1913 (Orig.: Histoire des dogmes dans l' antiquité chrétienne, Paris 1912).
TRENCH, Richard Chevenix: Synonyms of the New Testament, London 1880 (= Grand Rapids 1978).
TRISOGLIO, Francesco: Dalla Pasqua ebraica a quella cristiana in Melitone di Sardi: Aug. 28 (1988) 151-185.
TURNER, Cuthbert Hamilton: Greek Patristic Commentaries on the Pauline Epistles: DB(H) Extra Volume (1904) 484-531.
VAGAGGINI, Cipriano: Maria nelle opere di Origene (= OrChrA 131), Rom 1942.
VERGHESE, T. Paul: Διάστημα and διάστασι in Gregory of Nyssa. Introduction to a Concept and the Posing of a Problem: DÖRRIE/ALTENBURGER/SCHRAMM 243-260.
VICIANO, Alberto: Cristo Salvador y Liberador del Hombre. Estudio sobre la soteriología de Tertuliano (= Universidad de Navarra, Colección Teológica 51), Pamplona 1986.
VIVES, José: El pecado original en San Gregorio de Nisa: EE 45 (1970) 203-235.
VÖGTLE, Anton: Das Neue Testament und die Zukunft des Kosmos, Düsseldorf 1970.
VÖLKER, Walther: Zur Gotteslehre Gregors von Nyssa: VigChr 9 (1955) 103-128.
WEIJENBORG, Reinoldus: *De authenticitate et sensu quarumdam epistularum S. Basilio Magno et Apollinario Laodiceno adscriptarum*: Anton. 33 (1958) 197-240, 371-414; 34 (1959) 245-298.
WICKERT, Ulrich: Studien zu den Pauluskommentaren Theodors von Mopsuestia, als Beitrag zum Verständnis der antiochenischen Theologie (= BZNW 27), Berlin 1962.
WILES, Maurice F.: Eunomius: Hair-splitting Dialectician or Defender of the Accessibility of Salvation?: The Making of Orthodoxy, ed. R. D. WILLIAMS, Cambridge 1989.
-- The divine Apostle. The Interpretation of St. Paul's Epistles in the Early Church, Cambridge 1967.
WIND, Edgar: Heidnische Mysterien in der Renaissance, Frankfurt 1981 (Orig.: Pagan Mysteries in the Renaissance, Hammondsworth [2]1967).
WINDEN, James C. M. van / HECK, Adriaan van (Hrsgg.): *Colloquii Gregoriani III Leidensis* (18/23-IX-1974) *Acta*, Leiden 1976 (*pro manuscripto*).
WINTERBOTTOM, Michael: Quintilian and Boethius: BICS 14 (1967) 83.
YOUNG, Frances M.: The God of the Greeks and the Nature of Religious Language: Early Christian Literature and the Classical Intellectual Tradition. In honorem Robert M. Grant, ed. William R. SCHOEDEL and Robert L. WILKEN (= ThH 53), Paris 1979, 45-74.
ZORELL, Franciscus (Hrsg.): *Lexicon Hebraicum Veteris Testamenti*, Rom 1984.
ZSCHIMMER, Wilhelm Albert: Salvianus, der Presbyter von Massilia und seine Schriften. Ein Beitrag zur Geschichte der christlich-lateinischen Literatur des 5. Jahrhunderts (Diss. Jena), Halle 1875.

REGISTER

A. BIBEL

Vetus Testamentum

B. ANTIKE AUTOREN UND WERKE

C. MITTELALTERLICHE AUTOREN UND WERKE

D. NEUZEITLICHE AUTOREN UND WERKE

E. MODERNE AUTOREN UND WERKE

F. GRIECHISCHE WÖRTER UND BEGRIFFE

G. LATEINISCHE WÖRTER UND BEGRIFFE